천계와 지옥

상 권

E. 스베덴보리 지음

번역위원회 옮김

예 수 인

《천계와 지옥》 번역위원회가 드리는 말씀

주님 예수의 고마우신 뜻이 계셔서 나는 이 나이에 《천계와 놀라운 사실 그리고 지옥》(원저의 제목)을 번역하는 작업에 동참할 수 있었습니다. 내가 스물 소리를 했을 때부터 오늘까지 50여년간을 이 책과 함께 살아왔습니다. 맨 처음에 내가 접할 수 있었던 것은 미국의 스베덴보리 재단에서 발행한 선교용 작은 문고본이었습니다. 당시 내 영어 실력이 대단치 않았음에도 불구하고 나는 그 책 내용에 빨려 들어갔습니다. 일본 사람들이 벌써 이 책의 연구가 깊고 넓다는 사실을 알게 되어 사방으로 서신 연락을 해서 약 일 년 후에 일본 불교 선종의 대가인 스즈끼 다이세쯔(鈴木 大拙) 박사의 번역판과 가나이 다메이찌로(金井 爲一郞) 목사의 번역과 또 도이 요네조(土居 米造) 일본 새 교회 목사의 번역을 얻을 수 있어서 재미있게 연구를 할 수 있었습니다. 1949년에 아형 정인보 목사(당시는 장로)가 우리말로 번역을 완성했다고 해서 그 출판을 도와달라는 요청이 있어서 상·하 양권으로 출판하기로 정지강 목사의 애린 출판사와 의논이 되어 우선 상권을 출판하기에 이르렀는데 내가 그 서문을 쓰는 영광을 차지했었습니다. 그러나 6·25 동란으로 말미암아 하권을 내지 못하고 피난 생활과 또 중앙 신학교 피난 학교 운영을 맡아 골몰하느라고 더 이상 손을 쓰지 못했기 때문에 정 목사는 힘 자라는 대로 광주에서 하권을 내게 되었습니다. 당시 형편으로 지방 소도시의 출판 인쇄가 여의치 않아 인쇄와 장정이 불만스럽게 되었습니다. 정 목사께서 대단히 고마운 수고를 다 하셨으나 독자들 간에 "난해하다" "말이 잘 통하지 않는다"라는 불평이 있었습니다. 그러던 중 1974년에 와서 장로교 목사인 강홍수 씨가 새로 우리말 번역을 내게 되었고 문장이 좋아서 많은 환영을 받았습니다. 그러나 스베덴보리 사상에 미수하셨고 또 독단적인 해석으로 말미암아서 스베덴보리 연구자들 사이에서는 다시 번역하는 것이 좋겠다는 의견이 나왔었습니다. 그러나 나 자신은 물론 우리 예수교회 동지들은 그렇지 않아도 소개해야 할 책들이 산적해 있는 형편에 또 하나의 새 번역이 과연 필요한가를 되물으면서 주저해 왔습니다.

　1997년 겨울에 출판사 〈예수인〉이 내게 간절한 요청이 있었으므로 주저하다가 개인이 붓을 들기 보다 〈번역 위원회〉를 만드는 것이 옳겠다는 생각에서 동지들이 모여서 〈번역 위원회〉를 구성하고, 공동으로《천계와 지옥》의 새 번역에 착수했습니다.

　우리 위원들은 기존의 일어 번역(스즈끼 씨의 역)이 불교 용어가 많고 특히 문어체로 되어서 이해가 곤란하고 토거 목사의 번역과 야나세 씨의 것은 너무 축자적이어서 난해하고, 또 더러는 오역이 되어 있는 점들을 감안해서 우리는 자자구구 즉 축자 번역을 피하기로 했습니다. 오히려 평이한 일상 용어를 사용하고 또 뜻을 잘 이해할 수 있도록 의역하기로 결정을 보았습니다. 스베덴보리의 독특한 표현들을 현대 용어 또는 쉬운 일상적인 말로 옮기기로 하면서도 필요할 때에는 그의 라틴 어와 영어 교본의 단어들을 괄호 안에 넣어서 연구하는 사람들에게 편리를 제공하려고 애썼습니다. 그리고 원작의 장과 번호들은 대조하는 이들에게 혼란을 주지 않기 위해서 원작대로 따르기로 했습니다. 번역에 사용한 교본은 스베덴보리 재단에서 발행한 표준판(standard edition)을 사용하기로 했습니다.

　이번 번역 일에 종사하면서 느끼고 배운 바는 권말에 부치는 해설 편에 명기하기로 하고 우리 번역 위원들은 우리의 노력이 독자 여러분에게 일조가 되기를 바라는 마음에서 머리 숙여 기도합니다. 따라서 독자 여러분이 이 책을 읽어 가시는데 필요하다고 생각되는 몇 가지 용어들을 미리 알려 드리고자 합니다.

일러두는 용어들

1. 주님의 호칭으로 사용된 몇 가지 특이한 용어들:
신령존재(=신령하신 이·the Divine): 스베덴보리만이 아니라 서구 신학에서는 Divine이라는 말과 God이라는 말을 구별하고 있습니다. 그런데 스베덴보리는 이 Divine이라는 말에 정관사를 붙인 것과 안 붙인 것을 구분해서 사용했으며 거기에 God이라는 말과 the Lord라는 낱말들을 사용하고 있습니다. 우리는 Divine을 신령(형용사일 때에는 신령한)이라고 번역했고 정관사가 붙은 Divine을 신령존재(神靈存在) 또는 신령자라고 했으며 God은 하나님, the Lord는 주님이라고 했습니다.

2. 천계(天界)라는 말을 사용한 까닭은 우리말 성경에서는 천국이라고 하고 있지만 스베덴보리의 저술에서는 영·미 신학에서와 같이 Heaven과 Heavens라고 구별되는 즉 단수와 복수로 다르게 표현되어 있는 점과 《천계와 지옥》에서 읽어 가시면서 아시게 되겠지만 천계가 두 왕국으로 구별되어 있고 또 삼층으로 되어 있다는 증거에 맞추어서 단수 표현인 "천국"을 사용하지 않고 복수 개념의 "천계"를 사용하기로 했습니다. 따라서 지옥도 복수 존재이지만 별로 이상한 느낌을 주지 않는 것으로 사려되어서 그대로 "지옥"이라고 번역했습니다.

3. 동서의 문화와 언어 차이에서 볼 때 우리 말이나 일본어는 별로 단수와 복수를 딱 부러지게 구별해 쓰지 않으나 구미 언어는 그 구별이 명확합니다. 즉 주어 다음에 오는 동사가 주어의 수를 밝힙니다. 그래서 우리는 불편이 없는 한에는 주어와 목적어를 단수와 복수로 엄히 구별하지 않기로 했습니다.

4. 입류(入流·Influx)라는 말이 아마도 스베덴보리 사상을 이해하

는 데는 가장 필요한 개념일 것입니다. 그러나 우리는 가능한 한 "흘러든다, 침투한다"라는 말을 사용했고 꼭 필요한 특히 명사인 경우에는 "입류"라고 번역했습니다. 입류는 보편적으로나 개별적으로나, 주님의 계시를 말하는 것으로써 소위 말이나 생각을 부어 넣으시는 것만이 아니라 생명까지도 넣어주십니다.

  5. 기타에도 중요 개념들이 있습니다. 자유·평형·사랑·인애(仁愛＝이웃사랑)·영과 몸의 교류 등등. 그러나 역자들의 사족(蛇足) 없이도 이 책을 읽으면서 이해될 것으로 생각되어 시언을 폐하기로 합니다.

《천계와 지옥》 번역위원회   대표 이 모 세

천계와 지옥

상 권

목   차

〈번역 위원회〉가 드리는 말씀 …………………………………5쪽
들어가는 말 ……………………………………………………1*

제1편   천   계(天界)

제1장 천계의 하나님은 주님이시다 ……………………………2－6
제2장 천계를 만드는 존재는 주님이신 신령존재이다 ………7－12
제3장 천계에서 주님의 신령존재는 주님사랑이고 동시에
       이웃사랑(仁愛)이다 ……………………………………13－19
제4장 천계는 두 왕국으로 나뉘어져 있다 …………………20－28
제5장 삼층의 천계가 있다 ……………………………………29－40
제6장 천계는 무수한 사회들로 구성되어 있다 ……………41－50
제7장 각 사회는 보다 작은 형체의 천계이고 각 천사는
       최소 형체의 천계다 ……………………………………51－58
제8장 총체적으로 천계는 한 사람으로 보인다 ……………59－67
제9장 천계 안의 각 사회는 한 사람으로 보인다 …………68－72
제10장 천사는 하나의 완전한 인간 형체를 하고 있다 ……73－77
제11장 전체로도 부분으로도 천계가 사람을 반영하는 것은
       주님의 신령인간 때문이다 ……………………………78－86
제12장 천계의 모든 것들과 사람의 모든 것들 사이에는
       대응이 있다 ……………………………………………87－102
제13장 천계와 지상의 만물 사이에는 대응이 있다………103－115
제14장 천계의 태양 ……………………………………………116－125

＊1) 쪽수가 아니라 항수입니다.

제15장	천계의 빛(光)과 별(熱)	126-140
제16장	천계의 네 방위(方位)	141-153
제17장	천계에서의 천사들의 상태 변화	154-161
제18장	천계의 시간(時間)	162-169
제19장	천계의 표징과 외현	170-176
제20장	천사들의 의상	177-182
제21장	천사들의 주거지와 주택	183-190
제22장	천계의 공간(空間)	191-199
제23장	천계의 형체는 천계의 결연과 교류를 결정한다	200-212
제24장	천계의 통치 조직	213-220
제25장	천계의 신령예배	221-227
제26장	천계에 있는 천사들의 능력	228-233
제27장	천사들의 언어	234-245
제28장	사람과 교환하는 천사들의 언어	246-257
제29장	천계의 저작물(著作物)	258-264
제30장	천계에 있는 천사들의 지혜	265-275
제31장	천계의 천사들의 순진무구한 상태	276-283
제32장	천계 안에 있는 평화의 상태	284-290
제33장	천계와 인류의 결합	291-302
제34장	성언을 방편으로 한 천계와 사람의 결합	303-310
제35장	천계와 지옥은 인류에게서 비롯된다	311-317
제36장	천계에 있는 이방인 즉 교회 밖의 사람들	318-328
제37장	천계에 있는 어린 아이들	329-345
제38장	천계에 있는 현자(賢者)와 소박한 자	346-356
제39장	천계에 있는 부자와 빈자(貧者)	357-365
제40장	천계의 혼인	366-386
제41장	천계에서의 천사들의 직무	387-394
제42장	천계적 기쁨과 행복	395-414

제43장　천계의 광대무변(廣大無邊) ·····················415-420
《천계와 지옥》해설 ··382쪽

천계와 지옥

들어가는 말

1. 주님은 제자들 앞에서 시대의 종말 즉 교회의 마지막[*1]에 관해서 말씀하셨을 때, 사랑과 믿음에 관련된[*2] 단계적인 상태에 관계되는 말씀을 다음과 같이 하셨습니다.

그 환난의 날들이 지난 뒤에,
곧 해는 어두워지고,
달은 빛을 내지 않고,
별들은 하늘에서 떨어지고,
하늘의 세력들은 흔들릴 것이다.
그 때에 인자가 올 징조가 하늘에서 나타날 터인데, 그 때에는 땅에 있는 모든 민족이 가슴을 치며, 인자가 큰 권능과 영광으로 하늘 구름을 타고 오는 것을 볼 것이다. 그리고 그는 자기 천사들을 큰 나팔 소리와 함께 보낼 것인데, 그들은 하늘 이 끝에서 저 끝까지, 사방에서 선택된

저자의 《천계비의》에서 발췌 인용한 귀절들.
*1) 시대의 종말은 교회의 마지막 때를 가리킨다(4535·10622항).
*2) 마태복음서(24장과 25장)에서 시대의 종말과 주님의 강림, 결과적으로 계속적인 교회의 황폐(荒廢·vastation)와 최후심판에 관한 주님의 예언의 말씀들은 창세기 26—40장의 해설 서문에 기술하였다(3353—3356·3486—3489·3650—3655·3751—3757·3897—3901·4056—4060·4229—4331·4332—4335·4422·4424·4635—4638·4661—4664·4807—4810·4954—4959·5063—5071항).

사람들을 모을 것이다.
(마태 24:29-31)

이 말씀들을 글자적인 뜻(文字意)에 의거해서 이해하는 사람들은, 최후심판(最後審判)이라고 일컬어지고 있는 말기에 이 모든 것들이 서술된 것과 같이 그대로 일어날 것으로 즉 해와 달이 어두워지고, 별들이 하늘에서부터 떨어지고, 주님의 징조가 창공에 나타나고, 주님 자신이 나팔을 가진 천사들에게 수종되어 구름 속에 보이실 것이며, 더 나아가서는 다른 곳에서도 예언되었듯이 눈에 보이는 전체 우주가 파멸되고, 그 후에 새로운 하늘이 새로운 땅과 함께 존속하게 될 것이라는 믿음 이외에 다른 믿음을 가지지 못합니다. 오늘날 교회 안에 있는 대다수의 사람들의 의견이 그렇습니다. 그러나 그렇게 믿는 사람들은 성경말씀의 각각의 개별적인 표현 안에 숨겨져 있는 비의(秘義)에 전적으로 무지합니다. 성경말씀의 개별적인 표현들 안에는 속뜻(靈意·內意)이 있어서, 영적인 것들과 천적인 것들을 다루고 있습니다. 그것들은 문자적인 뜻이 다루고 있는 것 같은 자연적이고 세간적인 것들을 다루지 않습니다. 이것은 여러 낱말들의 뜻만이 아니라 각 단어의 개별적인 표현*1)에 있어서도 그렇습니다. 왜냐하면 성경말씀은 대응(對應·correspondence)*2)에 의해서 기록되었기 때문에 철두철미하게 작은 각각의 개별적인 표현에도 속뜻이 담겨 있습니다. 이 속뜻이 어떤 것인가는 1749-1756년에 출판된 《천계비의》(天界秘義)에서 그것에 관해서 말하고 현시(顯示)한 것과 1758년에 출판된 《묵시록 계현》 속의 《백마론》(白馬論)의 설명에서

---

*1) 성경말씀의 전체나 또는 개별적인 단어 안에는 속뜻 즉 영적인 뜻이 있다
(1143·1984·2135·2333·2395·2495·4442·9048·9063·9086항).
*2) 성경말씀은 전적으로 대응(對應)에 의하여 쓰여졌는데, 그 이유는 그것 안에 있는 개별적인 것이나 전체적인 것은 영적인 뜻을 가지기 때문이다
(1404·1408·1409·1540·1619·1659·1709·1783·2900·9086항).

보게 되는 내용들에서 명백해질 것입니다.

　앞서 인용한 "하늘 구름을 타고 오신다"는 말씀도 속뜻에 의거해서 이해되어야 합니다. "해가 어두워진다"고 말씀하셨지만 그 "해"는 사랑 면에서 본 주님*1)을 표의(表意)하고, "달"은 신앙 면에서 본 주님을 표의합니다.*2) "별들"은 선과 진리의 지식 또는 사랑과 믿음의 지식(知識·knowledge)*3)을 표의합니다. "하늘에 나타나는 인자의 징조"(=표징)란 신령진리의 현현을 의미하고 또 통곡하는 "땅의 족속들"은 진리와 선, 믿음과 사랑에 속한 모든 것*4)들을 표의합니다. "주님께서 권능과 영광을 가지시고 하늘의 구름들 안에 오신다"는 것은 주님께서 성언 안에 현존하신다는 뜻이며, 또 계시(啓示·revelation)*5)를 의미합니다. 즉 "구름"은 성경말씀의 겉뜻(文字意)*6)을, "영광"은 성경말씀의 속뜻(內意)*7)을 뜻합니다. "큰 나팔소리와 함께 오는 천사들"은 신령진리의 근원*8)인 천계를 의미합니다. 상술한 모든 것들에 의해서 주님께서 교회의 마지막에 대한

---

*1) 성경말씀에서 "태양"(sun)은 사랑 면에서, 그리고 주님의 사랑 때문에 주님을 뜻한다(1529·1837·2441·2495·4060·4696·7083·10809항).
*2) 성경말씀에서 "달"은 믿음 측면에서, 그리고 주님을 믿는 믿음 때문에 주님을 뜻한다(1529·1530·2495·4060·4696·7083항).
*3) 성경말씀에서 "별"은 선과 진리에 관한 지식을 뜻한다(2495·2849·4697항).
*4) "민족"은 복합체 안에 있는 모든 진리와 선, 따라서 믿음과 사랑에 속한 모든 것들을 뜻한다(3858·3926·4060·6335항).
*5) 주님의 강림은 성경말씀에서의 주님의 현존(現存)과 그리고 계시(啓示)를 뜻한다(3900·4060항).
*6) 성경말씀에서 "구름"은 문자 안에, 또는 성경말씀의 문자적인 뜻을 뜻한다(4060·4391·5922·6343·6752·8106·8781·9430·10551·10574항).
*7) 성경말씀에서 "영광"은 천계에 있는 것과 같은, 그리고 성경말씀의 속뜻 안에 있는 것과 같은 신령진리(神靈眞理)를 뜻한다(4809·5922·8267·8427·9429·10574항).
*8) "나팔" 또는 "불나팔"은 천계 안에 있는 신령진리나 또는 천계에서 계시된 신령진리를 뜻하고(8158·8823·8915항), "소리"(=음성)은 이와 유사한 뜻을 갖는다(6771·9926항).

이 말씀들이 의미하는 바가 명백해집니다. 즉 그 때에는 이미 어떤 사랑도 남아 있지 않고 따라서 믿음도 없게 되는데, 그 때 주님께서 성경말씀의 속뜻을 여시고 천계의 비의(秘義)를 계시하십니다. 이제 이 책에서 순서를 따라서 계시될 비의는 천계와 지옥에 관한 것이고, 또 인간의 사후생(死後生)에 관한 것입니다. 오늘날 교회에 속해 있는 사람은 이 모든 것들이 성경말씀에서 드러나 보여지고, 서술되어 있는데도 불구하고 천계와 지옥에 관해서나 자기의 사후생에 관해서 거의 아무것도 모르고 있습니다. 교회 안에 태어난 자들 중 거의가 이 비의를 믿으려 하지 않고 심중에서 "누가 저 세상에서 와서 우리에게 말했는가?"라고 말합니다. 그러므로 세상적인 지혜를 많이 가지고 있는 사람들에게 널리 만연되어 있는 부정적 태도가 소박한 마음과 순진한 믿음을 가진 사람들을 오염시키고 부패시키는 것을 막기 위해 나에게 사람과 사람이 대화하듯 천사와 사귀며 이야기하는 것이 허락되었습니다. 또 천계와 지옥이 어떠한지를 보게 하셨습니다. 그것도 13년 동안이나 계속되었습니다. 나는 이상과 같은 무지가 빛을 받아 불식되고, 불신(不信)이 소산(消散)하게 될 소망으로 내가 견문(見聞)한 것을 서술하는 사명을 받았습니다. 이러한 것들이 직접적인 계시로써 내게 부여된 것은 바로 이 계시가 주님의 강림을 의미하기 때문입니다.

제 1 편 천   계(天界)

제1장
천계의 하나님은 주님이시다

2. 무엇보다 먼저 천계(天界)의 하나님이 누구이신지를 알아야 하는데, 그 이유는 다른 모든 것들이 다 그 하나님 지식 위에 의존하고 있기 때문입니다. 천계 어디에 가나 홀로 한 분이신 주님 이외에 다른 이가 천계의 하나님으로 시인되지 않습니다. 주님 당신께서 친히 가르치신 것과 같이 이렇게 말씀하시고 계십니다.

> 주님께서 아버지와 하나이시다는 것, 아버지께서 주님 안에 계시며, 주님은 아버지 안에 계시다는 것, 주님을 본 자는 아버지를 본다는 것, 그리고 거룩한 모든 것이 주님에게서 나온다는 것.
> (요한 10:30, 38; 14:9-11; 16:13-15)

나는 이 주제에 관하여 천사들과 자주 이야기하였습니다. 그런데 그들은 한결같이 천계 안에서는 그들이 결코 신령존재를 셋으로 분할할 수 없다고 선언하였습니다. 왜냐하면 천사들은 신령존재가 한 분이시고 이 한 분이 주님 안에 계시다는 것을 알고, 지각하기 때문입니다. 천사들은 또 이 세상에서 삼위(三位)의 신령존재들을 믿는 생각을 가지고 온 교회인들은 결코 천계에 허입(許入)될 수 없다고 말하였는데 그런 사람들의 사상(思想·想覺)이 한 신령존재에서 다른 신령존재에게로 방황하게 하기 때문입니다. 그리고 물론 셋을 생각하면서 하나라고 말하는 것*¹⁾이 용납되지 않습니다. 천계에서는 모든 사람이 각각 자기의 상각(想覺)으로 말미암아 말합니다. 즉 천계의 언어란 상각의 직접적인 산물 즉 말하는 상각이기 때문입니다. 그러므로 이 세상에서 신령존재를 셋으로 나누고, 또 그 각각의 다른 개념들을 받아들이고 또 그 개념을 하나로 만들지 않으면서 그 유일성을 주님 안에 중심을 두지 않는 사람들은 결단코 천계에 받아들여질 수 없습니다. 그 까닭은 천계에서는 모든 사상이 상호 교류가 있기 때문에 셋을 생각하면서 하나라고 말하는 자는 즉시 탄로되어 추방됩니다. 그러나 선에서 진리를, 또는 사랑에서 믿음을 분리하지 않는 모든 사람들은 저 세상에서 교육을 받아서 만유의 하나님께서 주님이시라는 천계적인 주님관을 수용하게 됩니다. 그렇지만 믿음과 생활을 분리한 사람들 즉 참된 믿음의 교훈대로 살지 않는 사람들은 그렇게 되지 않습니다.

3. 교회 안에 있으면서, 주님을 부정하고 아버지만을 시인한 사람들, 그리고 그 신조로 자신을 굳힌 사람들은 천계 안에 있을 수 없습니다. 그들은 주님만이 홀로 예배를 받으신다는 천계로부터의 입류를 받을 수 없기 때문에, 그 주제가 무엇이든 간에 참된 것을 생각하는 기능이 점차로 줄어들어 급기야에는 벙어리 또는 미련하게 씨부렁거리는 자가 되고, 마치 관절에 힘이 빠진 것처럼 양팔을 늘어뜨리고 흔들흔들 거리고 허우적 거리며 걷습니다. 다시 또한 소시니안 교도들과 같이 주님의 신령성을 부인하고 주님의 인성만을 시인하는 사람들은 천계밖에 있게 됩니다. 그들은 약간 오른 쪽에 있

---

*1) 교회인들은 저 세상에서 한 분 하나님에 관한 그들의 개념에 관해서 조사를 받고, 또 그들이 세 분 하나님의 개념을 가지고 있다는 것이 발견되었다(2329·5256·10736·10738·10821항).
주님 안에 있는 신령 삼일성(神靈三一性·a Divine trinity)은 천계에서 시인된다(14·15·1729·2005·5256·9303항).

는 심연(深淵) 속에 밀어 넣어져서 기독교계에서 온 다른 사람들에게서 격리되고, 마침내는 만유의 근원 즉 우주의 혼(reality·實在)이라고 부르는 보이지 않는 존재(an invisible Divine)를 믿는다고 주장하면서, 주님을 믿는 신앙을 거부하는 자는 결국 어떤 신(神)도 믿지 않는다는 것이 드러나게 됩니다. 그들에게 있어서 보이지 않는 신령존재란 자연의 제일 원리(第一原理·first principle) 안에 있는 자연의 특성(自然特性·property of nature)이기 때문에 그것은 믿음과 사랑의 대상(對象·object)*1)이 될 수 없습니다. 왜냐하면 그것은 사상의 대상이 아니기 때문입니다. 이런 부류의 사람들은 자연숭배자(自然崇拜者)라고 부르는 무리 가운데서 그들의 영역을 차지합니다. 그러나 이방인이라고 불리우는 교회 밖에서 태어난 사람의 경우는 아주 다릅니다. 그들에 관해서 뒤에 상술하겠습니다.

4. 천계의 셋째부분(a third part)을 형성하고 있는 유아들은 모두 주님께서 아버지시며, 후에는 주님께서 만유의 주님이시고, 따라서 하늘과 땅의 하나님이시라는 시인과 신념을 전수받습니다. 아이들이 천계에서 성장하고, 지식이라는 방편에 의해서 완전해지고, 천사들의 이지(理智·聰明·intelligence)와 영지(英智·智慧·wisdom)에까지 이르게 된다는 것에 관해서는 후에 설명하겠습니다.

5. 교회에 속한 사람들은 주님이 천계의 하나님이시다는 것을 의심할 수 없습니다. 왜냐하면 주님 스스로 그렇게 가르치셨기 때문입니다.

아버지의 것은 모두 주님의 것이라는 것.
(마태 11:27; 요한 16:15; 17:2)

---

*1) 어떤 개념으로도 받아들일 수 없는 신령성(神靈性·a Divine)은 믿음에 의해서도 결코 수용될 수 없다(4733·5110·5663·6982·6996·7004·7211·9356·9359·9972·10067·10267항).

또 주님께서 하늘과 땅의 모든 권세를 가지고 계시다는 것.
(마태 28:18)

천계를 통치하시는 이가 땅도 통치하시는고로 즉 후자는 전자에 의존*¹⁾하고 있기 때문에 주님께서는 "하늘에서도 땅에서도"라고 말씀하셨습니다. "천계와 땅을 통치하신다"는 말씀의 뜻은 사랑에 속한 모든 선과 믿음에 속한 모든 진리를 주님에게서 받는다는 것입니다. 즉 모든 이지(理智·聰明)와 영지(英智·智慧), 따라서 모든 행복, 한마디로 영생을 주님에게서 받는다는 뜻입니다. 이것 역시 주님께서 가르치셨을 때 말씀하셨습니다.

아들을 믿는 사람에게는 영원한 생명이 있다. 아들에게 순종하지 않는 사람은 생명을 얻지 못한다.
(요한 3:36)

또—.

나는 부활이요 생명이니, 나를 믿는 사람은 죽어서도 살고, 살아서 나를 믿는 사람은 영원히 죽지 않을 것이다.
(요한 11:25, 26)

또—.

---

*1) 전 천계는 주님의 것이다(2751·7086항). 그분은 하늘과 땅의 모든 권세를 가지셨다(1607·10089·10827항). 주님께서는 천계를 다스리시기 때문에 그분은 역시 그것에 의존하는 모든 것들을 다스린다. 따라서 이 세상에 있는 것을 모두 다스린다(2020·2027·4523·4524항). 주님만이 홀로 지옥을 옮기는, 그리고 악이 손을 못 대고 선 안에 머물게 하는, 따라서 구원하는 능력을 가지셨다(10019항).

내가 곧 길이요 진리요 생명이다.
(요한 14:6)

6. 이 세상에 사는 동안 아버지를 믿는다고 공언했으면서도 주님에 대해서는 어떤 다른 한 사람처럼 생각하는, 그러므로 주님이 천계의 하나님이시다는 것을 믿지 않은 영들이 있었습니다. 이런 이유 때문에 그들은 주님의 천계 이외에 다른 어떤 천계가 있는지를 알기 원해서 어디든지 두루 돌아다니는 것이 그들에게 허용되었습니다. 그들은 여러 날 찾아다녔으나 그러나 그들은 어느 곳에서도 그런 천계를 찾을 수 없었습니다. 그들 중에는 천계의 행복을 영예와 권력에다 둔 자들도 있었기 때문에, 어느 곳에서도 그들이 바라는 것들을 차지할 수 없었으며, 또 그들은 다른 사람들 위에 군림하여 다른 사람들을 지배하고, 이 세상에 있을 때와 같이 전성기를 구가(謳歌)하는 천국을 갈망하였기 때문에 천계의 행복이 그런 것들로 되어 있지 않다는 말을 듣게 되었을 때 그들은 몹시 화를 내었습니다.

제2장
천계를 만드는 존재는
주님이신 신령존재(神靈存在·the Divine)이다.

7. 천계를 구성하고 있는 것이 천사들이기 때문에 천사들을 총체적으로 천계라고 일컫습니다. 그럼에도 불구하고 천계를 전체적으로나 부분적으로 이루고 있는 것은, 주님에게서 발원하여 천사들 안에 입류하고 또 천사들에 의하여 수용되는 신령존재(神靈存在·神靈者·the Divine)입니다. 주님에게서 발원하는 신령이 사랑의 선과 믿음의 진리이므로 천사들은 천사들이고, 그들이 선과 진리를 주님에게서

수용하는 정도만큼 천계입니다.

  8. 천계에서는 모두가 선을 자기 자신으로 말미암아 뜻하고 또 행할 수 없을 뿐 아니라, 그것들이 신령존재 즉 주님에게서 비롯된다는 것을 알고, 믿고, 지각합니다. 또한 자신에게서 비롯되는 선은 선이 아니고 자신에게서 비롯되는 진리는 진리가 아닌데, 그 이유는 그것들 안에는 신령존재로부터 오는 생명이 없기 때문입니다. 더구나 지심한 천계의 천사들은 입류(入流·influx)를 확실하게 지각합니다. 그 입류를 더 많이 받으면 받을수록 그들은 자신들이 더 많이 천계 안에 있는 것으로 여깁니다. 왜냐하면 그들은 사랑과 믿음 안에 더 많이 있고, 이지(理智·聰明)와 영지(英智·智慧)의 빛 안에 더 많이 있고 또 그것에서 비롯된 천계적인 기쁨 안에 있기 때문입니다. 이 모든 것이 주님의 신령존재에게서 발원되고 이런 것들 안에 있는 천사들은 그들의 천계를 가지게 됩니다. 따라서 천계를 이루는 것이 고유한 자기들의 것 어느 것에서 오는 것이 아니라 주님의 신령존재에게서 온다는 것이 명백합니다.*1) 이것이 성경말씀에서 천계가 주님의 "거처" 또는 "그의 보좌"라고 일컬어지고, 거기 있는 자

---

*1) 천계의 천사들이 모든 선은 주님에게서부터 존재하고, 자신들에게서부터 아무런 선이 존재하지 않는다는 것, 그리고 주님께서는 그분 고유속성 안에 있는 그것들 안에 사시지만 그들의 고유속성(固有屬性·own) 안에는 살 수 없다는 것을 시인한다(9338·10125·10151항).
그러므로 성경말씀에서 "천사들"은 주님에게 속한 것들을 뜻한다(1925·2821·3039·4085·8192·10528항).
더욱이 천사들은 주님에게서 비롯된 신령존재의 수용 그릇이기 때문에 "신들"(gods)이라고 불리웠다(4295·4402·7268·7873·8192·8301항).
또 선이면 모든 선, 진리이면 모든 진리, 결과적으로 모든 평화·사랑·인애·믿음 등등은 주님에게서 비롯된다(1614·2016·2751·2882·2883·2891·2892·2904항).
또한 모든 영지(英智·智慧)와 이지(理智·聰明)가 주님에게서 비롯된다(109·112·121·124항).
천계 안에 있는 모든 사람은 주님 안에 존재한다고 언급되었다(3627·3638항).

들이 주님 안에 거한다고 일컬어지는 이유입니다. 그러나 어떤 방식으로 신령존재가 주님으로부터 발원하고 천계를 채우는가는 아래에서 설명하겠습니다.

9. 천사들은 그들의 영지(英智·智慧·wisdom)에 의해서 더 깊은 이해에 나아갑니다. 그들은, 주님에게서 모든 종류의 선과 진리가 오는 것 뿐만 아니라 생명의 모든 것도 모두 주님에게서 온다고 말합니다. 그들의 확신은, 자기 자신들로부터 생성되는 것은 아무 것도 없고, 오로지 그들 보다 선재(先在)하는 것에서 생성된다는 것입니다. 따라서 최초의 것(第一存在·the First) 즉 그들이 만유의 생명의 본질 그 자체라고 일컫는 것에서 생성합니다. 그리고 그와 같은 방식으로 모든 것들이 존재를 계속합니다. 즉 계속적인 존재는 부단히 생성하는 것을 의미합니다. 무엇이든지 제일 첫째 것과 연결을 지으며 중간의 것들의 방편에 의해서 계속 유지되지 않는 것은 즉시 사라지고 그 자취를 감추게 됩니다. 그들은 한 생명의 샘(源泉)만이 존재하며 사람의 생명은 그 샘에서 흐르는 샘물인데, 이 샘물이 부단히 그 샘 근원으로부터 계속 흐르지 않는다면 결국 흘러가 버리고 맙니다.

〔2〕 그렇습니다. 그들은 말하기를, 그 생명의 유일한 생명의 샘(源泉) 즉 주님으로부터는 신령선과 신령진리 이외에는 발원하지 않으며 각자는 그것들을 수용하는 것에 일치하여 이 신령선(神靈善)과 신령진리(神靈眞理)에 감동됩니다. 그리고 신령선과 신령진리를 믿음과 삶 안에 받아들이는 사람들은 자신들 안에서 천계를 발견하지만, 그것들을 거부하거나 고갈되게 하는 사람들은 자신들을 지옥으로 바꾸어 놓습니다. 왜냐하면 그들은 선을 악으로, 진리를 거짓으로 변질시키고, 생명을 죽음으로 바꾸어지게 하기 때문입니다. 다시 말하면 생명에 속한 모든 것이 주님에게서 비롯된다는 것은 다음 사실로 확인됩니다. 즉 우주 안의 만물은 선과 진리에 관계가 있는데——사람의 의지에 속한 생명 즉 그 사람의 사랑에 속한 생

명인데, 그것은 선에 관계됩니다. 그리고 그 사람의 이해에 속한 생명은 그 사람의 믿음에 속한 생명인데, 그것은 진리에 관계됩니다. 선하고 참된 모든 것이 위로부터 오는 것이기 때문에, 생명의 모든 것은 응당 위로부터 와야 한다는 것은 당연합니다.

〔3〕 이것이 천사들의 신조이기 때문에 그들은 자기들이 행하는 선에 대한 감사는 어떤 것이든 거부하며, 만일 누가 그 선을 그들에게 귀속시킨다면 불쾌해 하며 물러섭니다. 그들은, 어느 누구가 스스로의 힘으로 슬기로워진다는 것이나, 자기 스스로의 힘으로 어떤 선을 행할 수 있다는 것을 믿지 않습니다. 자기 자신을 위하여 선을 행하는 것을 그들은 선이라고 여기지 않는데, 그 까닭은 그 선행이 자기자신에게서 비롯되었기 때문입니다. 그러나 선을 목적해서 선을 행하는 것은 신령존재로부터 비롯된 선이라고 부릅니다. 이러한 선이야말로 천계를 이루는 것이라고 말하는데, 그것은 이 선이 주님이시기*1) 때문입니다.

10. 이 세상에 있었을 때 자기가 행한 선과 자기가 믿은 진리가 자신에게서 비롯되었다고 믿고, 자기들의 것인 양 자기들의 전유물로 생각한 영들이 있었습니다. 그래서 그 선행을 공적(功績·merit)이라고 생각하고 그것에 대한 정당한 보상을 요구한 자들은 모두 천계에 받아들여지지 않고 거절되었습니다. 천사들은 그들을 인정하지 않고(avoid), 미련하고 도둑 같은 자들로 경멸했습니다. 그 미련함은 그들이 계속 자신들만을 우러르고, 신령존재는 우러르지 않기 때문이며, 그들이 도둑 같다는 것은 계속 주님에게서 주님의 것을 훔치기 때문입니다. 이런 자들의 태도는 천사들 안에 있는 주님의 신령성이 천계를 이룬다고 믿는 천계의 믿음과는 정반대가

---

*1) 주님에게서 비롯된 선은 내면적으로 그것 안에 주님을 소유하지만, 그러나 그 외의 고유속성에서 비롯된 선은 주님을 소유하지 않는다(1802·3951·8480항).

됩니다.

11. 천계에, 또는 교회 안에 있는 자들은 주님 안에 있고 또 주님은 그들 안에 있다고 다음과 같이 주님께서 말씀하셨습니다.

> 언제나 내 안에 머물러 있어라. 그러면 나도 너희 안에 머물러 있겠다. 가지가 포도나무에 붙어 있지 않으면, 스스로 열매를 맺을 수 없는 것과 같이, 너희도 내 안에 머물러 있지 않으면 열매를 맺을 수 없다. 나는 포도나무요, 너희는 가지다. 사람이 내 안에 머물러 있고, 내가 그 사람 안에 머물러 있으면, 그는 많은 열매를 맺는다. 너희는 나를 떠나서는 아무것도 할 수 없다.
> (요한 15:4, 5)

12. 이상 말씀드린 바에서 주님께서는 주님의 고유속성 안에 천계에 속한 천사들 안에 계시다는 것을 알 수 있습니다. 즉 주님께서는 천계의 모든 것 안에 있는 모든 것(the all in all things)인데, 그 이유는 주님에게서 비롯되는 선은 천사들 안에 존재하는 주님이시기 때문입니다. 왜냐하면 주님에게서 비롯된 것은 주님이시기 때문입니다. 그러므로 천사들에게 천계는 주님에게서 비롯된 선이고, 천사들 자신의 것은 아무것도 없습니다.

제3장
천계에서 주님의 신령존재는 주님사랑이고, 동시에 이웃인애(仁愛)이다

13. 천계에서는 주님에게서 비롯되는 신령존재를 신령진리라고 일컬어지는데 그 이유는 다음과 같습니다. 이 신령진리(神靈眞理·

Divine truth)는 신령애(神靈愛·Divine love)로부터 천계 안으로 입류합니다. 신령애와 그것에서 비롯되는 신령진리는 지상에서는 태양의 불과 그 빛처럼 서로 관계되어 있어서, 사랑은 태양의 불에, 진리는 그 불에서 나오는 빛에 비교될 수 있습니다.*1) 즉 대응(對應)에 의해서 불은 사랑을 의미하고 빛은 사랑에서 나오는 진리를 표의(表意)합니다. 그러므로 주님의 신령애로부터 발원하는 신령진리가 무엇인지 명확해집니다. 즉 신령진리는 본질상 신령진리에 결합되어 있는 신령선(神靈善)입니다. 그것이 결합되어 있는 까닭에 이 지상에서도 빛에 결합이 되어 있는 태양의 볕(熱)이 봄과 여름이 되어 지상 만물에 결실을 맺게 하듯, 천계에 있는 만물에 생기를 줍니다. 그러나 볕이 빛과 결합되어 있지 않고, 빛이 냉해지면 만물이 생기를 잃고 말라 죽습니다. 볕에 비해지고 있는 이 신령선은 천사들이 가지고 있는 사랑의 선입니다. 그리고 빛에 비해지고 있는 신령진리는 사랑의 선을 통과해서 나오는 경로이기도 하고 또 근거이기도 합니다.

14. 천계되게 하는 천계 안에 있는 신령존재는 곧 사랑입니다. 그 이유는 사랑이 영적 결합이기 때문입니다. 사랑은 천사들을 주님께 결합시키고 또 그들 상호간을 결합시킵니다. 이렇게 결합되어 있으므로 주님의 안전(眼前)에는 모두 합쳐서 하나가 되어 있습니다. 더더욱 사랑은 각자가 가지고 있는 생명의 존재(本質) 그 자체이므로 천사도 사람도 사랑으로부터 생명을 받습니다. 사람의 생명

---

*1) 성경말씀에서 "불"은 천계적 사랑 또는 지옥적 사랑을 뜻한다(934·4906·5215항).
"거룩한 천계적 불"은 신령사랑(神靈愛)과 그리고 그 사랑에 속한 모든 정동(情動·affection)을 뜻한다(934·6314·6832항).
불에서 비롯된 "빛"(光·light)은 사랑에 속한 선에서 나온 진리를 뜻하고, 천계 안에 있는 빛은 신령진리(神靈眞理·Divine truth)를 뜻한다 (3195·3485·3636·3643·3993·4302·4413·4415·9548·9684항).

의 지심(至深)한 활력이 사랑으로부터 비롯된다는 것은 곰곰이 숙고하는 사람은 누구나 알 수 있습니다. 사랑이 있으면 따뜻해지고, 사랑이 없으면 차거워지므로 사랑을 빼앗기게 될 때 사람은 죽습니다.*1) 여기서 알아야 할 것은 사람은 각각 그의 사랑의 질(質)이 곧 그 사람의 생명의 질(質)을 결정한다는 것입니다.

15. 천계에는 주님사랑과 또 이웃사랑의 두 종류의 사랑이 있습니다. 가장 깊은 즉 셋째 천계에는 주님사랑이, 둘째 천계 즉 중간 천국에는 이웃사랑이 존재합니다. 두 사랑이 모두 주님에게서 비롯되고 이 양자가 천계를 이룹니다. 이 두 종류의 사랑이 어떻게 구별되며, 어떻게 결합되는지는 천계에서는 확실하게 알려지지만, 지상에서는 막연하게 알려질 뿐입니다. 천계에서는 주님을 사랑하는 것이 주님을 한 인물(人物)로 사랑하는 것이 아니라 주님에게서 발원하는 선을 사랑하는 것을 뜻합니다. 선을 사랑하는 것은 사랑으로 말미암은 선을 원하고, 그 선을 행하는 것을 의미합니다. 또 이웃을 사랑한다는 것은 친구를 한 인물 때문에 사랑하는 것이 아니라 성경말씀에서 나오는 진리를 사랑하는 것이며, 진리를 사랑하는 것은 진리를 원하고 그것을 실행하는 것을 의미합니다. 이상 두 종류의 사랑은 선과 진리가 구별되는 것 같이 구별되며, 선이 진리와 결합되어 있는 것과 같이 이 두 사랑은 결합되고 있다*2)는 것이 밝혀집니다. 그러나 사랑이 무엇인지, 선이 무엇인지, 그리고 이웃이 무엇을 의미하는지를 알지 못하는 사람에게는 이해하기가 매우 어렵습니다.*3)

---

*1) 사랑은 생명의 볕이고, 생명 자체는 실제로 거기에서 비롯된다(4906·5071·6032·6314항).
*2) 주님사랑과 이웃사랑은 주님의 계명에 따라서 사는 것이다(10143·10153·10310·10578·10648항).

16. 나는 반복하여 이 문제에 관해서 천사들과 이야기를 했습니다. 그들은 교회인들이 주님을 사랑하고 이웃을 사랑하는 것이 선한 것과 참된 것을 사랑하는 것이며, 그것을 자기들의 의지에 의해서 실행하는 것임을 알지 못하고 있는 것에 놀라움을 금치 못하겠다고 말하였습니다. 그렇지만 교회인들도 사랑이 상대방이 소원하는 것을 원하고, 그것을 실행하는 것에 의해서 사랑을 나타내고, 상호간의 사랑과 결합이 이루어진다는 것을 알고 있을 것입니다. 상대가 소원하는 것을 행하는 것 없으면 그를 사랑하지 않는다는 것은 그것 자체 안에 사랑하는 것이 존재하지 않기 때문이라는 것을 알아야 합니다. 또 주님께서 선 안에 거하시므로 주님에게서 오는 선은 주님의 형상이며, 그것들을 원하고, 사랑하는 것에 의하여 자기들의 생명에 속한 선과 진리를 이루는 사람은 주님의 형상에 알맞고, 주님에게 결합되어 간다는 것도 알고 있을 것입니다. 의도(意圖·willing)하는 것은 실행하는 것을 사랑하는 것 이외에 다른 것이 아닙니다. 주님은 성경말씀에서 이렇게 가르치십니다.

내 계명을 받아서 지키는 사람은 나를 사랑하는 사람이요, …우리는 아버지께로 가서 아버지와 함께 살 것이다.
(요한 14:21, 23)

---

*3) 이웃을 사랑하는 것은 사람을 사랑하는 것이 아니라, 오히려 그 사람 안에 있는 그 사람이 되게 한 것이나 그의 됨됨이를 사랑하는 것, 즉 그의 진리와 선을 사랑하는 것이다(5028·10336항).
사람을 사랑하는 사람은 그 사람 안에 있는 그 사람이 되게 한 것이나, 그의 됨됨이를 사랑하지 않고, 악을 사랑하고 또 유사선(類似善)을 사랑하는 것이다(3820항).
인애는 진리를 목적으로 진리를 도모하고, 또 진리에 의하여 감동되는 것을 가리킨다(3876·3877항).
이웃을 향한 사랑인 인애는 선하고, 의롭고, 바른 것을 모든 행위나 모든 직무에서 행하는 것(8120-8122항).

너희가 나의 계명을 지키면, 나의 사랑 안에 머물러 있을 것이다.
(요한 15:10)

17. 주님에게서 비롯되고, 천사들을 감동시키고, 또 천계를 이루는 신령존재가 곧 사랑이라는 것이 천계에서의 나의 경험이 증명합니다. 왜냐하면 천계에 있는 모든 사람은 사랑과 인애의 형체들이고, 또 그들의 얼굴과 언어와 그들의 삶의 모든 개별적인 것들에서 빛을 발하는 사랑으로써 말할 수 없이 아름다운 모양으로 나타나기*[1] 때문입니다. 더구나 모든 천사와 영들에게서는 영적 생명의 영기(靈氣)가 나와서 그 주위를 감싸고 있습니다. 이 영기가 있기 때문에 그들이 어떤 사랑의 정동(情動)을 가지고 있는가가 먼 거리에서도 때때로 그 성품이 알려집니다. 모든 사람에게 있어서 이 영기는 그 사람의 정동과 그것에서 비롯된 사상 즉 그 사람의 사랑과 그것에 비롯된 믿음의 진수에서 유출됩니다. 천사들로부터 흘러 나오는 영기는 그들과 같이 하는 사람들의 생명의 지심한 곳까지 감동을 줄만큼 사랑으로 충만합니다. 나 자신이 반복해서 그들을 감지하였고, 따라서 나 역시 감동되었습니다.*[2] 천사들은 그들의 생명을 이 사랑에서부터 소유한다는 것은 저 세상에서는 누구나 그 사람의 생명에 일치하여 자기자신을 결정한다는 사실에서 매우 확실합니다. 즉 주님사랑과 이웃사랑 안에 있는 자는 줄곧 주님을 향해 있지만, 자아애 안에 있는 자는 줄곧 주님에게서 얼굴을

---

*1) 천사들은 사랑과 인애의 형체(form)들이다(3804·4735·4797·4985·5199·5530·9879·10177항).
*2) 영적 분위기(靈氣)는 생명에 속한 국면으로 누구에게서, 즉 사람·영들·천사에게서 흘러나오며 또 그들을 둘러쌉니다(4464·5179·7454·8630항).
영기는 그들의 정동과 거기서 비롯된 사상에 속한 삶에서부터 비롯된다(2489·4464·6206항).

돌립니다. 그리고 그들의 몸의 방향마저 그렇게 등을 돌리게 됩니다. 이렇게 되는 것은 저 세상에서는 장소가 사람의 내면의 상태에 의해서 정해지는 것으로, 방위(方位) 또한 이 세상의 그것과는 같지 않고, 사람이 얼굴을 돌리는 방향에 의해서 결정됩니다. 그럼에도 불구하고 천사들이 주님을 향해 얼굴을 향하는 것이 아니라, 주님에게서 비롯된 것들을 실행하고자 하는 사람을 주님 자신에게 마주 향하도록 주님께서 방향을 정하십니다.*1) 이 방위에 대해서는 저 세상(來世)의 방위를 말할 항목에서 상론하겠습니다.

18. 천계에 있는 주님의 신령존재는 사랑입니다. 그 이유는 천계의 모든 것들 즉 평화·이지(理智·聰明)·영지(英智·智慧)·행복 등 모든 것들의 그릇(受容器)이기 때문입니다. 왜냐하면 사랑은 개별적이든, 전체적이든 그것과 더불어 조화를 이루는 모든 것들의 그릇이기 때문에 그 스스로가 사랑을 원해서 그것들을 구하고, 찾고, 말하자면 시원스럽게 흡수합니다. 왜냐하면 그것들에 의해서 사랑은 더 한층 항상 풍성하게 되고, 더 완전한 것이 되기 때문입니다.*2) 이것 역시 사람들은 잘 알고 있습니다. 왜냐하면 그 사람에게 있어서 사랑은 말하자면 그 사람의 기억의 창고를 수색해서, 그것 자체에 일치하는 모든 것들을 끌어내어, 그것 안에 그리고 그것 밑에 배열하고 또 자기 것으로 둡니다. 즉 자기에게 수종들게 하기 위해서는 아랫 자리에 두고, 화합되지 않는 것은 물리치든가

---

*1) 영들이나 천사들은 변함 없이 그들의 사랑에 스스로 향한다. 천계에 있는 존재들은 변함 없이 스스로 주님을 향한다(10310·10189·10420·10702항).
저 세상에서의 방위(方位)는 이 세상의 경우와는 전혀 다르게, 각자에게는 그 자신의 얼굴의 방향에 일치하고, 또 그것에 의하여 결정된다(10130·10189·10420·10702항).

*2) 사랑에는 수많은 것들이 내포된다. 그리고 사랑은 사랑에 조화를 이루는 모든 것들을 자기 자신에게 거두어들인다(2500·2572·3078·3189·6323·7490·7750항).

배제해 버립니다.

사랑에는 자기에게 일치하는 진리를 수용하기 위한 모든 능력과 그런 진리를 사랑에게 결합시키려는 바람이 있습니다. 이것은 세상에서 소박하고 무학(無學)한 사람들이 천사들의 영지와 천계적 축복 안으로 들리워져서 천사들과 함께 있게 되는 것에서도 알 수 있습니다. 그 까닭은 그들이 선을 이루기 위한 선을, 그리고 진리를 찾기 위해서 진리를 사랑하고, 그것을 자기들의 삶 속에 심어 그것에 의해서 필설로 표현할 수 없는 천계를 수용할 수 있는 능력을 모두 구비하게 되기 때문입니다. 그러나 자아애와 세간애 안에 있는 사람들은 선한 것과 참된 것을 수용할 능력이 없으며, 그것을 지긋지긋하게 여겨 거부하고, 조금이라도 그것에 닿거나 입류받게라도 되면 도망하여 자기와 같은 사랑을 가진 무리들이 있는 지옥의 영들과 교분을 갖습니다.

천계적 사랑 안에 그런 능력이 있다는 것에 의심을 품고 있는 영들이 있었는데, 그들은 그것이 참인가 아닌가를 알고자 했습니다. 그들은 천계적 사랑의 상태로 옮겨졌고, 한동안 방해되던 것들이 제거되어서 천사들이 있는 천계를 멀리서 바라보고 그 참된 모습을 알아볼 수 있는 곳으로 옮기워졌습니다. 그들은 거기서 입으로는 말할 수 없는 내면적인 행복을 느꼈습니다. 그들은 그 상태에서 이전의 상태로 되돌려진 것을 매우 슬퍼하고 있다고 내게 말했습니다. 다른 자들도 천계에 들려 올라갔습니다. 그리고 그들은 보다 높은 즉 보다 내면적인 곳으로 들리워질수록 그때까지 이해하지 못했던 것들을 느낄 수 있도록 이지(理智·聰明)와 영지(英智·智慧) 안으로 들어갔다는 것입니다. 여기에서 확실한 것은 주님에게서 발원하는 사랑이야 말로 온 천계를 받아들이는 수용기(受容器)라는 것입니다.

19. 주님사랑과 이웃사랑 안에 신령진리 전체가 들어 있습니다. 이것은 주님 당신이 이 두 사랑에 관해서 말씀하신 바에 의해서

명백합니다.

'네 마음을 다하고 네 목숨을 다하고, 네 뜻을 다하여, 주 너의 하나님을 사랑하여라' 하였으니, 이것이 가장 중요하고, 으뜸 가는 계명이다. 둘째 계명도 이것과 같은데, '네 이웃을 네 몸 같이 사랑하여라' 한 것이다. 이 두 계명에 모든 율법과 예언자들의 본 뜻이 달려 있다. (마태 22:37-40)

"율법과 예언자들(=선지자들)"이란 전 성경말씀인 동시에 따라서 전 신령진리입니다.

제4장
천계는 두 왕국으로 나뉘어져 있다

20. 천계에는 무한한 변화가 있으며, 어느 한 사회가 다른 사회와 꼭 같을 수 없으며, 어느 한 천사도 다른 천사와 꼭 같지 않기[1] 때문에 천계에는 일반적으로나 종별적으로나 특칭적으로나 구별이 있

---

[1] 천계는 무한한 다양함이 있고, 어느 것 하나 꼭같은 것은 없다(7236·9002항).
천계들 안에도 역시 무한한 다양함이 있다(684·690·3744·5598·7236항).
천계들 안의 다양함은 선에 속한 다양함이다(3744·4005·7236·7833·7836·9002항).
천계들 안의 모든 사회들, 그리고 그 사회 안에 있는 모든 천사들은 서로서로 그것에 의하여 분별된다(690·3241·3519·3804·3986·4067·4149·4263·7236·7833·7836항).
뿐만 아니라 그들 모두는 주님에게서 비롯된 사랑에 의하여 각자 각자가 된다(457·3986항).

습니다. 일반적 구분은 두 왕국이고, 종별적으로는 세 천계가 있고, 특칭적으로는 무수한 사회들이 있습니다. 이 갖가지 것들에 관해서는 이제부터 설명하겠습니다. 일반적 구분으로 왕국들이 나뉜다고 말하는 까닭은 천계가 "하나님의 나라"라고 일컬어지기 때문입니다.

21. 주님에게서 발원하는 신령을 보다 더 내면적으로 수용하는 천사들이 있는가 하면 그것을 덜 내면적으로 수용하는 천사들이 있는데, 전자를 천적 천사(天的·天上的·celestial angel)들이라고 칭하고, 후자를 영적 천사들이라고 칭합니다. 이 둘의 차이 때문에 천계가 두 왕국으로 구분되며 하나를 천적 왕국, 다른 하나를 영적 왕국*1)이라고 합니다.

22. 천적 왕국을 구성하고 있는 천사들은 주님의 신령을 보다 더 내면적으로 수용하기 때문에 내면적인 천사들 또는 보다 높은 천사들이라고 일컫습니다. 이와 동일한 이유로 그 천사들이 구성하는 천계들을 보다 내면적 또는 보다 높은 천계*2)라고 일컫습니다. 보다 높다 또는 보다 낮다고 하는 것은 보다 내면적이다와 보다 외면적이다*3)라는 것을 의미하는 용어들입니다.

23. 천적 왕국 안에 있는 천사들이 소유하는 사랑을 천적 사랑이라고 하고, 영적 왕국에 있는 천사들이 소유하는 사랑을 영적 사랑이라고 부릅니다. 천적 사랑은 주님사랑이고, 영적 사랑은 이웃사랑입니다. 모든 선은 사랑과 관계되기 때문에(왜냐하면 어느 누구에게

---

*1) 전 천계는 두 왕국 즉 천적 왕국과 영적 왕국으로 나뉜다(3887·4138항).
천적 왕국에 속한 천사들은 그들의 자발적 부분에, 따라서 그들의 이지적 부분 안에 수용하는 영적 천사들에 비하여 보다 더 내면적인 것 안에 주님의 신령성을 수용한다(5113·6367·8521·9936·9995·10124항).
*2) 천적 왕국을 이루는 천계들은 보다 높은 천계라고 부르고, 한편 영적 왕국을 이루는 천계들은 보다 낮은 천계라고 부른다(10068항).
*3) 내면적인 것들은 보다 높은 것들에 의하여 묘사되고, 보다 높은 것들은 내면적인 것들을 뜻한다(2148·3084·4599·5146·8325항).

나 선은 곧 그 사람이 사랑하는 것이기 때문이다) 전자의 왕국에 속한 선을 천적 선이라고 부르고, 후자의 왕국에 속한 선을 영적 선이라고 부릅니다. 여기서 분명하게 알 수 있는 것은 주님사랑에 속한 선과 이웃사랑에 속한 선이 서로 다른 것과 같이, 꼭같은 방법으로 두 왕국은 서로 구별된다[1]는 것입니다. 주님사랑에 속한 선은 내면적인 선이고, 그 사랑은 내면적 사랑입니다. 그러므로 천적 천사들은 내면적 천사들이고, 보다 상위의 천사들이라고 하겠습니다.

24. 천적 왕국은 주님의 사제국(司祭國·the Lord's priestly kingdom)이라고 호칭되고, 성경말씀에서는 "주님의 거처"라고 일컬어지고 있습니다. 영적 왕국은 "주님의 군주국"(君主國·the Lord's royal kingdom)이라 칭해지고 성경말씀에서는 "주님의 보좌"라고 일컬어집니다. 지상의 주님에 대해서는 그의 천적 신령을 "예수"라고 칭했고, 그 영적 신령을 "그리스도"라 칭해졌습니다.

25. 주님의 천적 왕국에 있는 천사들은 영적 왕국에 있는 천사들보다 영지(英智·智慧)에 있어서나 그 영광에 있어서 매우 더 우월하기 때문에 그들이 주님의 신령을 훨씬 더 내면적으로 수용합니다. 따라서 주님사랑 안에 있으며 주님에게 더욱 가깝게, 그리고 더욱 굳게 결합되어 있습니다.[2] 천적 천사들이 우월한 까닭은 신령진리를 즉각 자기들의 생활 안으로 받아서 수용하기 때문이며, 영적 천사들처럼 먼저 기억이나 사상에 수용하는 일을 하지 않습니다. 신령진리가 그들의 중심에 새겨져 있어서 그것을 자기 안에서 직시하고 있는 듯이 감지합니다. 그것을 참이다 거짓이다 하여 이성으로 추론

---

[1] 천적 왕국에 속한 선은 주님사랑에 속한 선이고, 영적 왕국에 속한 선은 이웃사랑에 속한 선이다(3691·6435·9468·9680·9683·9780항).

[2] 천적 천사들은 지혜에 있어서 영적 천사들에 비하여 매우 탁월하다(2178·9995항).
천적 천사들과 영적 천사들과의 본성의 차이(2088·2669·2708·2715·3235·3240·4788·7068·8521·9277·10295항).

하는 따위는 하지 않습니다.*¹⁾ 예레미야서에 다음과 같은 기록이 있습니다.

> 내가 이스라엘 가문과 언약을 세울 것이니, 나는 나의 율법을 그들의 가슴 속에 넣어 주며, 그들의 마음 판에 새겨 기록하여, 나는 그들의 하나님이 되고, 그들은 나의 백성이 될 것이다. 그 때에는 이웃이나 동포끼리 서로 "너는 주를 알라라" 하지 않을 것이니, 이것은 작은 사람으로부터 큰 사람에 이르기까지, 그들이 모두 나를 알 것이기 때문이다. (예레미야 31:33, 34)

또 이사야서에서는 이렇게 기술하고 있습니다.

> 주께서 너의 모든 아이를 제자로 삼아 가르치실 것이고…
> (이사야 54:13)

"주의 가르침을 받은 제자들"을 주님에 의해서 가르침을 받는 자들이라고 주님 당신께서(요한 6:45, 46) 가르치고 있습니다.

26. 천적 천사들의 영지와 영광이 다른 천사들 보다 우월하다는 이유는 그들이 신령진리를 단번에 자기들 생활에 수용하였고 또 계속해서 수용하기 때문이라고 지금까지 설명하였습니다. 신령진리를 듣게 되면 기억 안에 저장한다거나, 그것이 진리인지 아닌지 추론해 보는 따위의 일은 하지 않고 즉시 그것들을 도모하고 실천합니다. 그들은 주님으로부터의 입류에 의해서 자기들이 들은 진리가 진리인지 아닌지를 그 자리에서 압니다. 왜냐하면 주님은 사람의 의도 속에 직접적으로 입류하시지만 그와 동시에 그 의도를 통하여 그 사람의 생각 속에도 간접적으로 흘러들어가기 때문입니다. 그와 같이 주님은 선 안에 진리의 입류를 직접 침투시키지만 사실은 그 선을 통하여 간접적으로 진리에 입류하십니다.*²⁾ 선은 의지와 그것에서 비롯된 행위

에 속하지만 진리는 기억과 그로부터 연유하는 사상에 속합니다. 더욱이 모든 진리는 의지 속에 들어올 때 곧 선으로 변하고, 사랑 안에서 활착(活着)합니다. 그러나 진리가 기억과 그것에서 비롯된 사상 속에 남아 있는 동안에는 그것은 선은 되어질 수 없으며, 살아 있지도 않고 사람에게 전유(專有)될 수도 없는데 그 까닭은 사람은 그의 의지와 그것에서 비롯된 이해 때문에 사람이지, 그의 의지로부터 분리된 이해로 말미암아 사람이 아니기 때문입니다.*3)

27. 천적 왕국의 천사들과 영적 왕국의 천사들 사이에 이 차이가

---

*1) 천적 천사들은, 그들이 자신들 안에서 믿음에 속한 진리들을 지각하기 때문에, 그것들에 관해서 추론하지 않지만, 영적 천사들은 그것들이 참인지 아닌지에 관해서 추론한다(202·337·597·607·784·1121·1384·1898·1919·3246·4448·7680·7877·8780·9277·10786항).

*2) 주님의 입류는 선 안에 흘러들고, 그 선을 통해서 진리에 들어온다. 그러나 그 역은 아니다. 따라서 주님의 입류는 의지에 흘러들고, 그 의지를 통해서 이해에 들어온다. 그러나 그 역은 아니다(5482·5649·6027·8685·8701·10153항).

*3) 사람의 의지가 그의 생명의 존재(存在·本質·esse)이고, 또 사랑에 속한 선의 수용그릇이다. 반면에 그의 이해는 그것에서 비롯된 실체(實體·existere)이고 또 믿음에 속한 진리와 선의 수용그릇이다(3619·5002·9282항).
그러므로 의지의 생명은 사람의 으뜸 생명이고, 이해의 생명은 그것에서부터 비롯된다(585·590·3619·7342·8885·9282·10076·10109·10110항).
의지에 수용된 것은 무엇이나 생명이 되고, 또 그 사람에게 전유된다(3161·9386·9393항).
사람은 그의 의지와 그것에서 비롯된 이해로 말미암아 사람이다(8911·9069·9071·10076·10109·10110항).
더욱이 올바르게 의도하고 이해하는 사람은 다른 사람들에 의하여 사랑 받고 존재가치를 인정받는다. 바르게 이해하고, 바르게 의도하지 않는 사람은 다른 사람들에 의하여 거부되고 경멸을 받는다(8911·10076항).
또한 사후(死後) 사람은 그의 의지와 그것에서 비롯된 이해였던 그대로 남는다. 그동안 이해에는 관계되지만 의지에는 관계가 없던 것들은, 그것들이 그 사람 안에 있지 않기 때문에, 모두 소멸된다(9069·9071·9282·9386·10153항).

있으므로 그들은 함께 자리도 하지 않고 있으며 상호간에 교류도 없습니다. 그들은 오직 중간적인 천사들의 사회들을 통해서만 교류할 수 있습니다. 이 중간적 천사적 사회들은 천적-영적 사회들입니다. 이 중간적 사회들을 통해서 천적 왕국이 영적 왕국 안으로 입류합니다.*1) 그래서 천계가 두 왕국으로 나뉘어 있지만 그러면서도 하나를 이루게 됩니다. 주님은 두 왕국의 교류와 결속에 이바지 하고 있는 중간적 천사들을 언제나 당신의 배려 아래 두고 계십니다.

28. 이 두 왕국의 천사들은 다음에 충분히 설명하겠으므로 개별적인 설명은 여기에서는 생략하겠습니다.

제5장
삼층의 천계가 있다

29. 천계는 분명하게 서로가 전적으로 다른 삼층의 천계들로 되어 있습니다. 그것은 지심한 또는 셋째 천계(三層天界)·중간 또는 둘째 천계(二層天界) 그리고 극외부 또는 첫째 천계(一層天界)입니다. 그것은 마치 사람에게 가장 높은 머리 부분이 있고, 중간 부분 즉 몸이 있고, 그리고 가장 낮은 부분 즉 발들이 있는 것과 같으며, 또 가옥에 상층과 중간층 그리고 아랫층이 있어서 층계를 이루고, 질서 있게 상호 관계를 가지는 것과 유사합니다. 주님으로부터 발원하여 내려오는 신령존재(神靈存在)도 이와 동일한 질서로 존재

---

*1) 두 왕국 사이에는 천적 영적이라고 일컫는 천사적 사회들에 의하여 교류와 결합이 있다(4047·6435·8796·8802항).
주님에 속한 입류는 천적 왕국을 통해서 영적 왕국에 들어온다(3969·6366항).

합니다. 따라서 질서의 필요성 때문에 천계는 삼층으로 되어 있습니다.

30. 사람의 마음과 성향(性向)에 속한 사람의 내면적인 것들도 이와 유사한 질서 안에 존재합니다. 사람은 지심한 부분, 중간 부분 그리고 극외의 부분을 가집니다. 왜냐하면 사람이 창조되었을 때 신령질서에 속한 모든 것들이 집중되어서 그에게 주어졌고, 그 때문에 그의 형상(形象)이 신령질서로 나타나서 축소형의 천계가 되었기 때문입니다.*1) 그 이유 때문에 사람은 그 내면적인 것으로 볼 때에는 천계와 교류를 가지게 되고, 사후에는 지고한 천계의 천사들 사이나 중간적 천사들 사이 또는 극외의 천사들 사이에 끼어들게 됩니다. 그러나 그것은 그 사람이 지상에 살아 있는 동안 주님으로부터 비롯되는 신령선과 신령진리를 수용한 것에 의해서 그렇게 되는 것입니다.

31. 주님으로부터 입류하는 신령존재가 셋째층 또는 지고(至高)한 천계에 수용되면 천적 신령존재라고 부르고, 그 결과로 거기 천사들을 천적 천사들이라고 합니다. 주님으로부터 입류하는 신령존재가 둘째 또는 중간 천계 안에 수용되면 그 신령존재를 영적 신령존재라

---

*1) 신령질서에 속한 모든 것들은 사람에게 집중되었고, 창조에 의하여 사람은 형체로 신령질서이다(3628·4219·4220·4223·4523·4524·5114·5168·6013·6057·6605·6626·9706·10156·10472항).
사람 안에는 천계의 이미지를 본따서 속사람(內的 人間·the internal man)이 지어졌고, 또 이 세상의 이미지를 본따서는 겉사람(外的 人間·the external man)이 지어졌다. 이것이 고대사람들에 의하여 사람을 소우주(小宇宙)라고 불리운 이유이다(3628·4523·5115·6013·6057·9279·9706·10156·10472항).
이와 같이 사람은 그의 내면적인 것들에 대하여 창조에 의하여 가장 큰 존재의 이미지를 본따서 가장 작은 형체 안에 천계가 존재한다. 그리고 사람 역시 주님에 의하여 새롭게 창조될 때 즉 중생될 때 이같은 사람이 된다(911·1900·1928·3624−3631·3634·3884·4041·4279·4523·4524·4625·6013·6057·9279·9632항).

고 하며 따라서 거기 천사들을 영적 천사들이라고 부릅니다. 그러나 주님으로부터 입류하는 신령존재가 극외 또는 첫째 천계 안에 수용될 때에는 자연적인 신령존재라고 하나, 그 천계의 자연적이라는 것이 이 세상의 자연적인 것과 같지 않고 그 안에 영적인 것과 천적인 것을 가지고 있으므로, 영적 자연적 천계, 또는 천적 자연적 천계라고 부릅니다. 따라서 거기 있는 천사들을 영적 자연적 천사들 또는 천적 자연적 천사들이라고 일컫습니다. 즉 영적 천계인 중간 또는 둘째 천계로부터 입류를 받는 천사들을 영적 자연적 천사들이라고 하고, 천적 천계인 셋째 또는 지고한 천계로부터 입류를 받는 천사들은 천적 자연적 천사들이라고 부릅니다. 영적 자연적 천사들과 천적 자연적 천사들은 서로 분명하게 구별됩니다. 그럼에도 불구하고 그들은 한 천계를 이루고 있으니 그들은 동일한 계도(階度·degree)에 있기 때문입니다.

32. 이상 말한 천계의 각각은 내면과 외면이 있는데, 내면에 있는 자들은 내면적 천사들이라고 부르고, 외면에 있는 자들은 외면적 천사들이라고 합니다. 천계들 안에 즉 각각의 천계 안에 있는 내적인 것들과 외적인 것들은 사람에게 있어서 의지와 이해의 관계와 같은 관계를 가지고 있으며, 그 내적인 것은 의지에 대응되고, 외적인 것은 이해에 대응됩니다. 의지에 속한 모든 것은 그것의 이해를 가집니다. 전자는 후자 없이 존재할 수 없습니다. 즉 의지는 불꽃에 비교될 수 있고, 이해는 그 불꽃에서 나오는 빛에 비교됩니다.

33. 천사들에게는 어떤 한 천계나 또는 다른 천계에 존재하게 하는 원인이 되는 내면적인 것들이 있다는 것을 확실하게 알아야 합니다. 그 까닭은 그들의 내면적인 것들이 주님을 향하여 열려 있으면 있을수록 그들은 보다 더 내면적인 천계 안에 있기 때문입니다. 각 천사나 영 안에는, 또 사람에게도 그 내적인 것들에 속한 세 계도가 있습니다. 셋째 계도가 열려 있는 자들은 지고한 천계 안에 있고, 둘째 계도가 열려 있는 자들이나, 첫째 계도만이 열려 있는 자들은 중

간적 천계나 극외적 천계 안에 있습니다. 내적인 것들은 신령선과 신령진리의 수용에 의해서 열려집니다. 신령진리에 감동되고 그것들을 생활 안으로 즉각 수용하는 자들 즉 의지 안으로 받아들여서 행동으로 옮기는 자들은 지고한 천계 즉 셋째 천계 안에 있으며, 진리를 원하는 정동에 의하여 선을 수용하는 정도에 따라 그 자리를 거기 가지게 됩니다. 진리들을 의지 안으로 즉각 수용하지 않는 자들, 즉 기억에 간직하고 이해한 뒤에 그 이해에 의해서 의도하고 행동하는 자들은 중간 천계 즉 둘째 천계 안에 있습니다. 또 도덕적으로 살고, 신령존재를 믿지만 그러나 가르침을 별로 중시하지 않는 자들은 극외적 천계 즉 첫째 천계 안에 있습니다.[*1] 이상에서 볼 때 내면들의 상태들이 천계를 이룩하는 것이 명백하며, 그 천계는 각자의 내면에 있지 그 사람밖에 있지 않다는 것을 주님께서 말씀하십니다.

> 하나님의 나라는 눈으로 볼 수 있는 모습으로 오지 않는다. 또 "보아라, 여기에 있다" 또는 "저기에 있다" 하고 말할 수도 없다. 보아라, 하나님의 나라는 너희 가운데(=안에) 있다.
> (누가 17:20, 21)

34. 더 나아가서 모든 완전함이 내면적인 것들을 향해서 증가하고, 외면적인 것들을 향하여는 감퇴합니다. 그 까닭은 내면적인 것들이 주님에게 가까이 나가며 자신들을 순수하게 하는 것이지만, 반대

[*1] 사람 안에 있는 생명의 계도는 여러 천계가 있는 것과 같이 수많은 계도가 있으며, 이것들은 사람이 사후(死後) 그 사람의 삶에 일치하여 열린다(3747·9594항).
천계는 사람 안에 존재한다(3884항).
그러므로 이 세상에서 자기 자신 안에 천계를 받아들인 사람은 사후 천계에 들어간다(10717항).

로 외면적인 것들은 신령존재로부터 멀리 떠나가며 자신들을 조잡하게 하기 때문입니다.*1) 이지(理智·聰明)와 영지(英智·智慧), 사랑 그리고 선한 모든 것과 그것들로부터 비롯되는 행복은 천사적인 완전을 이루지만, 이것들과 떠나서는 행복이 있을 수 없습니다. 왜 그런고 하면 그러한 행복은 외적이지, 내적이 아니기 때문입니다. 계도 안에서 열려져 있는 지고한 천계의 천사들 안에 있는 내면적인 것들의 완전함은 그 내면적인 것이 둘째 계도까지밖에 열려져 있지 않는 중간 천계의 천사들의 완전함을 측량할 수 없을 만큼 능가합니다. 그러므로 중간 천계의 천사들의 완전함도 극외적 천계의 천사들의 것 보다 훨씬 탁월합니다.

35. 이 구분 때문에 한 천계의 천사가 다른 천계의 천사들 사이에 끼어 들 수 없는데 즉 아무도 보다 낮은 천계로부터 올라갈 수도 없고 또 아무도 보다 높은 천계로부터 내려올 수도 없습니다. 보다 낮은 천계로부터 올라감은 몸부림칠 정도로 고뇌에 사로잡히게 하고 또 거기에 있는 자들을 보지 못하게 되고, 더구나 그들과 말을 주고 받을 수 있겠습니까! 반면에 보다 높은 천계로부터 내려옴은 그의 영지(英知·智慧)를 빼앗기고, 말을 더듬으며 실망에 빠지게 합니다. 천사들의 내면적인 것들이 천계를 구성하고 있다는 것을 일찍이 배우지 못한 가장 외적 천계에서 온 영들이 있었는데, 그들은 보다 높은 천사들이 있는 천계에 허입이 용납되

---

*1) 내면적인 것들은 신령존재에 가까우면 가까울수록 더욱 더 완전하다 (3405·5146·5147항).
내적인 것 안에는 외적인 것 안에서 하나의 일반적인 것처럼 나타나는 것은 수천의 것들이 존재한다(5707항).
사람이 외적인 것에서부터 내적인 것을 향해 일어나는 것만큼 그것에 비례하여 그 사람은 빛에로, 따라서 이지 안으로 들어간다. 그리고 그 제고(提高)는 구름 속에서 청명함으로 나오는 것과 같다(4598·6183·6313항).

기만 한다면 보다 높은 천계적 행복 안으로 들어갈 수 있겠다고 믿었습니다. 이들이 그러한 천사들 사이에 들어가는 것이 허용되었는데, 그들이 거기 들어갔을 때 비록 수 많은 군중들이 있었지만 아무리 찾아보아도 볼 수가 없었습니다. 왜 그런가 하면 거기 있는 천사들의 내면과 동일한 계도로 신참자(新參者·the new comer)의 내면적인 것들이 열리지 않았으므로, 그들의 시각 또한 그렇게 열려지지 않았기 때문입니다. 그들 자신이 살아 있는지 죽었는지를 거의 알 수 없을 정도로 당장 그들은 가슴이 터지는 것 같은 고통에 사로잡혔습니다. 그러므로 그들은 자기들이 전에 있던 천계로 급거 내려 가서 그들의 동료들 사이로 되돌아 올 수 있는 것을 기뻐했으며, 다시는 자기들의 삶과 일치하지 않는 보다 높은 것들을 탐내지 않겠다고 맹세하였습니다. 다시 내가 목격한 것인데, 어떤 이가 보다 높은 천계로부터 내려졌는데, 그들은 자기들 자신의 천계가 어떠했는지를 더 이상 알 수 없게 되기까지 그들의 영지(英知·智慧)는 모두 빼앗겼습니다. 그러나 가끔 일어나는 일이지만, 천사들이 주님에 의해서, 낮은 천계로부터 보다 높은 천계로 올리워집니다. 그 때에는 미리 중간 천사들이 둘러싸게 하여, 그들을 통하여 교류를 가지게 준비합니다. 이상에서 볼 때 삼층의 천계들이 서로 구별된다는 것을 명백하게 알 수 있습니다.

36. 그러나 동일한 천계 안에 있는 자들은 거기 있는 누구와도 친교할 수 있습니다. 그러나 그러한 친교의 기쁨은 그들이 들어와 있는 선의 유사성(類似性)에 의해서 측정되는데, 이것에 관해서는 뒤에 이어질 장(章)들에서 상세히 설명하겠습니다.

37. 그러나 한 천계의 천사들과 다른 천계의 천사들 사이에 어떤 우정도 존재할 수 없을 만큼 구별되어 있지만, 그럼에도 불구하고 주님은 직접적인 입류와 간접적인 입류로써 모든 천계들을 결연시키십니다. 즉 직접적 입류란 주님 자신으로부터 모든 천계로

들어가는 것이고, 간접적 입류란 한 천계에서 다른 천계로 들어가는 것입니다.*1) 이와 같이 주님은 세 천계들을 하나로 만들고 첫째 것 즉 주님과 극외적인 것들 사이에 단절됨이 없이 연결시키십니다. 중간적인 것들을 통하여 제일 존재(最初存在·the First)에 연결되지 않은 것은 무엇이나 영원한 존재가 될 수 없고, 소멸되고, 무가치(無價値)한 것이 됩니다.*2)

38. 계도(階度·degree)가 신령질서와 어떻게 관계되었는지를 아는 사람은 천계가 어떻게 구분되어지며 또 속사람과 겉사람이 의미하는 것까지도 이해할 수 있습니다. 대개의 세상 사람들은 무엇이 내면적인 것들이고, 또 무엇이 외면적인 것인지에 아무런 관념이 없습니다. 또는 무엇이 보다 높으며, 무엇이 보다 낮은지를 모르고, 다만 계속적인 무엇이 보다 순수한 것에서부터 조잡한 것으로 연속적으로 결합되었다는 생각밖에는 아무런 관념이 없습니다. 그러나 내면적인 것과 외면적인 것의 관계는 연속적인 것이 아니라 불연속의 것입니다.

계도에는 두 종류가 있습니다. 즉 연속적인 계도들과 그렇지 않은 것들입니다. 연속적인 계도들은 마치 휘황한 불길에서 암흑으로 사라지는 빛이 창백해지는 계도들(=정도들)과 같고, 또는 빛 가운데 있는 물체로부터 응달에 있는 물체를 보는 시각이 감퇴되는 정도들

---

*1) 주님에게서 비롯되는 입류는 그분 자신에게서 비롯되는 직접적인 입류와 한 천계를 통해서 다른 천계에 들어오는, 마찬가지로 사람의 내면적인 것들에 들어오는 간접적 입류가 있다(6063·6307·6472·9682·9683항).
주님에게서 비롯되는 신령존재에 속한 직접적인 입류(6058·6474-6478·8717·8728항).
영계(靈界)를 통한 자연계에 비롯되는 간접적인 입류(4067·6982·6985·6996항).

*2) 모든 것들은 그것들 보다 선재(先在)하는 것들, 따라서 제일 존재(the First)에서부터 생성된다. 마찬가지로 생존한다. 왜냐하면 실재(實在)하는 것들은 그침이 없이 연속하여 생성된다. 그러므로 연결되지 않은 것은 아무것도 없다(3626-3628·3648·4523·4524·6040·6056항).

(=계도들)과 같으며, 또는 밑바닥으로부터 꼭대기까지 대기의 순수도가 변하는 계도들과 유사합니다. 이 계도들은 거리에 의해서 결정됩니다.

〔2〕다른 한편, 연속적이 아니고, 불연속적인 계도들은 선재(先在)하는 것과 후래(後來)하는 것과 같이 선별되는데, 그것은 원인과 결과와 같이, 또 생산하는 것과 생산된 것과 같이 선별됩니다. 누구나 사물을 깊이 연구하는 사람은 온 세상에 있는 개별적인 것이나 전체적인 것들 안에 그것들이 무엇이든 생산하고, 합성하는 계도들이 있음을 볼 것입니다. 즉 하나에서 둘째 것, 셋째 것에, 그것에서 그 다음의 것에, 등등의 관계를 보게 될 것입니다.

〔3〕사람은 자신이 이 계도들의 지각을 터득하게 될 때까지 천계들 사이의 차이, 사람의 내면과 외면 기능의 차이, 그리고 영계와 자연계 사이의 차이, 사람의 영과 몸의 차이를 알 수 없습니다. 그러므로 자연과 대응이나 표징들의 근원 또는 입류의 본성을 이해할 수 없습니다. 관능적인 사람들은 이 차이들을 알지 못하는데, 그 이유는 그들이 이들 계도에 일치하여 연속적인 증가와 감퇴를 이루기 때문입니다. 그러므로 관능적인 사람들은 보다 순수한 자연적인 것 이상으로 영적인 것을 상상할 수 없습니다. 그래서 그 결과로 그들은 이지(理智·聰明)에서부터 아주 멀리 떨어져서, 밖에 머무릅니다.*[1]

39. 마침내 계도가 이해되지 않았기 때문에 세 천계들의 천사에

---

*1) 내면적인 것들과 외면적인 것들은 연속적이 아니라, 오히려 계도에 따라서 성질이 다르고 또 불연속적이고, 각각의 계도는 그것의 한계를 갖는다 (3691·5114·5145·8603·10099항).
어떤 것이 다른 것으로 말미암아 형성되었고, 그리고 그렇게 형성된 것은 계속해서 더 순수하지도, 조악하지도 않다(6326·6465항).
이와 같은 계도에 따라서 내면적인 것과 외면적인 것들과의 차이를 지각할 때까지 속사람이나 겉사람, 내면적 천계나 외면적 천계는 명확하게 이해할 수 없다(5146·6465·10099·10181항).

관한 하나의 비의(秘義·arcana) 즉 아직까지 어떤 사람의 마음에도 들어오지 않았던 비의를 설명하겠습니다. 각 천사와 각 사람마다 그 안에 지심하고 지고한 계도, 또는 지심하고 지고한 무엇이 있어서 그 안으로 주님의 신령존재가 일차적으로 또는 직접적으로 입류되고, 그것으로부터 질서의 계도들을 따라 입류하여서 그 사람 안에 다른 내면들을 배열합니다. 이 지심하고 지고한 계도가 천사와 사람에게 들어오시는 주님의 입구라고 합니다. 그리고 이것이 사람들에게서 자리를 마련하시는 주님의 거처 자체입니다. 사람이 사람되게 하고, 동물들과 구별되게 하는 것이 이 지심하고 지고한 계도의 덕입니다. 그렇습니다. 동물들은 이 계도를 가지지 못합니다. 그러므로 동물들과 같지 않게 사람은 마음과 성품에 관하여 그의 모든 내면들을 주님 친히 고양하시고, 주님을 믿고 주님사랑에 의하여 감동되게 하십니다. 그래서 주님을 우러르고, 이지와 영지를 받고, 또 이성으로부터 말을 합니다. 또한 사람이 영원히 사는 것도 이 덕분입니다. 그러나 이 지고한 계도 안에 있도록 주님께서 배열하고 마련하는 것은 어떤 천사의 지각에도 분명하게 입류하지 않는데, 그 까닭은 그 천사의 사상 이상이고, 그의 영지를 초월하기 때문입니다.

40. 이상이 세 천계에 대한 일반적인 진리들입니다. 그러나 각 천계에 대하여는 뒤에 개별적으로 다루겠습니다.

제6장
천계는 무수한 사회들로 구성되어 있다

41. 각 천계의 천사들은, 한 곳에 모여 있지 않고, 그들이 처해 있는 사랑과 믿음에 속한 선의 차이에 따라서, 또는 하나의 사회를 형성하는 동종의 선 안에 있는 사람들에 따라서 크고 작은 사회들로

나뉘어집니다. 천계 안에서 선들은 무한한 다양성 안에 있으며 각각의 천사는 말하자면 자신의 선과 같습니다.*1)

42. 더욱이 천계에서의 천사적 사회들이 개별적으로나 전체적으로나 그들 천사들의 선들의 차이에 따라서 서로 거리를 두고 떨어져 있습니다. 영계에서의 거리(距離)상의 지역은 내면들의 상태에 따라서 차이가 있는데, 천계에서는 그 사랑의 상태의 차이가 거리를 생기게 합니다. 그 차이가 크면 거리도 멀게 되고, 그 차이가 작으면 거리도 가깝게 됩니다. 그리고 그 사랑의 상태가 서로 닮았으면 함께 있게 됩니다.*2)

43. 동일한 사회 안에 있는 모든 천사들은 각기 그 상태에 따라서 상술한 바와 같이 배열이 됩니다. 즉 가장 완전한 천사들 다시 말해서 선함에서 우월하고, 사랑과 영지 그리고 이지가 우월한 천사들은 중앙에 있게 되고, 그보다 조금 떨어지는 천사들은 그 완전성의 감소에 따라서 거리를 두고 주변에 있습니다. 즉 그들의 배열은 빛이 중심으로부터 그 주변에 이르는데 따라서 감소되는 것과 흡사합니

---

*1) 무한한 다양성이 있지만 동일한 것은 하나도 없다(7236·9002항).
천계에는 무한한 다양성이 있다(684·690·3744·5598·7236항).
무한한 천계 안에 있는 다양성은 선에 속한 다양성이다(3744·4005·7236·7833·7836·9002항).
이들 다양성들은 진리들을 통해서 존재하고, 그것은 각각 진리의 선으로 말미암아 각양각색이다(3470·3804·4149·6917·7236항).
이런 이유로 해서 천계에 있는 모든 사회들과 또 한 사회 안에 있는 모든 천사들은 엄연히 다르다(690·3241·3519·3804·3986·4067·4149·4263·7236·7833·7836항).
뿐만 아니라 그들은 주님에게서 비롯된 사랑을 통해서 하나를 이룬다(457·3986항).
*2) 천계의 모든 사회들은 그들의 생명의 상태의 차이에 따라서, 즉 사랑과 믿음의 차이에 따라서 고정된 자리를 갖는다(1274·3638·3639항).
저 세상에서 즉 영계에서 놀라운 것들은 거리·상황·장소·공간과 시간에 관한 것이다(1273-1277항).

다. 중앙에 있는 자는 가장 밝은 빛 안에 있고, 주변에 있게 되는 정도만큼 그 빛은 점점 감소합니다.

44. 닮은 사람들끼리는 서로가 자발적으로, 말하자면 그 닮음만큼 모여 있습니다. 마치 가족들이 한 집에 있는 것과 흡사합니다. 서로가 다르면 마치 낯선 사람이나 외국인들과 함께 있는 듯 느끼게 되고, 서로 닮은 사람들끼리 함께 있게 되면 자유 안에, 따라서 모든 삶에 속한 기쁨 안에 있습니다.

45. 이러한 모든 내용은 천계 안에 있는 모든 것들은 선에 의해서 한 가족처럼 제휴하고, 선의 질에 의해서 구별된다는 것입니다. 그럼에도 불구하고 이렇게 그들 자신을 가족처럼 제휴하는 분이 천사들이 아니라 선의 근원이신 주님이십니다. 주님께서 그들을 인도하시고, 결합시키시고, 또 분리하셔서 그들의 선에 걸맞게 자유 안에 보전하십니다. 이와 같이 한 사람 한 사람을 그의 사랑과 믿음의 삶 또는 이지와 영지 속에 있게 하셔서 급기야는 행복한 삶을 누리게 하십니다.*¹⁾

46. 같은 선 안에 있는 자들 모두는 비록 이전에 한 번 만난 일이 없는 경우라고 하더라도 이 세상에서 마치 이웃한 사람이나 친척과 동무들이 하는 것과 꼭같이 서로 알아봅니다. 그 까닭은 저 세상에서는 영적인 관계, 친척 관계나 친구 관계를 제외하면 아무것도 존

✱1) 사람이 사랑하고, 또 그가 자유스럽게 행하는 그것 때문에 모든 자유는 사랑과 정동(情動·affection)과 관계된다(2870·3158·8987·8990·9585·9591항).

자유가 사랑과 관계되기 때문에 모든 사람의 삶과 기쁨은 그것에서 비롯된다(2873항).

그 사람의 자유에서 비롯된 것을 제외하면 그 사람의 고유속성(固有屬性·own)으로써 나타나는 것은 아무것도 없다(2880항).

바로 그 자유는 주님에 의하여 인도되는데, 그 이유는 이와 같이 선과 진리에 속한 사랑에 의하여 인도되기 때문이다(892·905·2872·2886·2890-2892·9096·9586-9591항).

재하지 않기 때문에 이러한 일은 사랑과 믿음으로 말미암아 생겨집니다.*1) 내가 몸을 떠나 영 안에 있었을 때 천사들의 사회에서 종종 목격한 것입니다. 어떤 경우는 내가 마치 아이 시절로부터 친숙히 알아 온 사람 같이 보였는가 하면, 다른 경우는 전혀 본 일이 없는 것 같이 서먹서먹하였습니다. 내가 아이 때로부터 친숙히 안 자 같이 보인 자들은 나와 같은 유사한 영의 상태 안에 있는 자들이었으나, 알지 못하는 자처럼 보인 자들은 그 상태가 나와 전혀 다른 상태 안에 있었기 때문입니다.

47. 동일한 천사적 사회를 형성하는 자들은 전반적으로 그 얼굴 생김새가 닮았으나, 개별적으로는 그렇지가 않습니다. 전반적으로 닮았으면서 개별적으로는 다른 모습을 하고 있다는 것이 어떠한지는 이 세상에서 동류의 사물들에서부터 어느 정도 알 수 있습니다. 즉 동일한 종족은 그 얼굴 생김새와 눈매가 공통적 특징을 가지고 있어서 다른 종족과 구별됩니다. 또 한 가족이 다른 가족과 그 생김새로 구별되는 경우가 있습니다. 그러나 그 구별이 더욱 완벽하게 되어지는 것은 천계에서 입니다. 거기서는 모든 내면의 정동이 얼굴에 나타나서 비쳐 나옵니다. 왜냐하면 거기서는 얼굴이 그 정동을 나타내는 외형이고 표징적인 형체이기 때문입니다. 천계에서는 자기 자신의 정동과 다른 얼굴을 가질 수 없습니다. 동일한 사회 안에서는 전반적으로는 닮았으나 어떻게 개개인이 다르게 되어 있는가를 깨닫게 하여 주었습니다. 서로 닮은 천사의 얼굴이 내게 보여졌는데, 그 얼굴은 단 하나의 사회에 속해 있는 자들이 그러하듯 선과 진리를 위한 정동에 따라서 변하였습니다. 이 변화는 오랜 동안 진행되었는데 나는 전반적으로는 동일한 얼굴이 바탕이 되었으나 그것에서 파생되

---

*1) 천계에서 모든 근접성(近接性)·친척관계·인척관계, 말하자면 혈연으로 맺어진 것들은 그것의 일치(一致)와 차이(差異)에 따라서 그리고 선에서 비롯된다(685·917·1394·2739·3612·3815·4121항).

고 산출된 것들은 그렇지가 않았다는 것을 알았습니다. 이와 같이 한 얼굴에 의해서 전체 사회의 정동들이 현현되었고 그것에 의해서 그 사회 안에 있는 자들의 얼굴들이 현현되었습니다. 그 까닭은 전술한 바와 같이 천사들의 얼굴들이 그들의 내면들의 형체이며 그들의 사랑과 믿음에 속한 정동들의 형체들이기 때문입니다.

48. 그러므로 영지(英智·智慧)에 뛰어난 천사는 다른 천사의 질을 그의 얼굴을 보아서 즉각 알아봅니다. 천계에서는 아무도 그 표현으로나 위장으로 자기 내면을 감출 수는 없습니다. 또 간교(奸巧)나 위선으로 남을 속이고 오도(誤導)할 수도 없습니다. 내면을 위장하고 밖으로 외면을 미화해서 그 사회에 속한 사람의 형체로 바꾸어 한 사회에 속한 천사로 겉꾸미는 위선자가 있어서 그 사회 안에 잠입해 들어간 일이 몇 번 있었습니다. 그러나 그들은 거기 오래 머물 수가 없었는데, 왜냐하면 그들은 내적인 고통과 고문을 겪어야 하였고, 안색이 검푸르게 되어 마치 죽은 자 같이 되었기 때문입니다. 이러한 변화는 그들에게 입류하고 역사하는 정반대의 생명 때문에 생긴 일입니다. 그래서 다급하게 그 동류들이 있는 지옥으로 몸을 던지고 두 번 다시는 그 사회로 올라갈 생각을 하지 않았습니다. 이런 일련의 사태는 마치 혼인 예복을 입지 않고 다른 초대 받은 손님들과 잔치 자리에 들어 갔다가 발견되어 바깥 어두운 곳에 내어 던져진 사람의 경우와 비슷합니다(마태 22:11-14).

49. 모든 천계의 사회들은 서로가 교류하고 있습니다. 그러나 그것이 개방적인 대화에 의해서 되는 것은 아닙니다. 그 까닭은 아무도 자기들 자신의 사회를 떠나서 다른 사회로 들어가는 일이 거의 없기 때문입니다. 자기들의 사회에서 나가는 것이 자기들의 생명을 버리고 떠나는 것이며, 또 자기와 어울리지 않는 다른 생명에로 옮겨가는 것이기 때문입니다. 그러나 모두 자기들의 생명에서 발출되는 영기(靈氣)의 파급으로 교류합니다. 생명의 영기(靈氣)란 사랑과 믿음의 정동에서 발하는 영기입니다. 이 영기가 사방으로 퍼져서 주

위 사회들에게까지 파급되어 갑니다. 그리고 정동이 더 내적이고 완전하면 할수록 아주 멀리 넓게 파급됩니다. 그 파급성의 대소 (大小)에 의해서 천사들은 이지(理智·聰明)와 영지(英智·智慧)를 가지게 됩니다.*1) 지고(至高)한 천계 안에 있는 자들 즉 천계 중앙에 있는 자들이나 중간 천계 안에 있는 자들은 온 천계 안에 그 영기를 뻗칩니다. 이와 같이 천계에서는 모두가 서로 간에 교류합니다.*2) 그러나 이 파급성에 관해서는 천계의 각 사회가 배열되어 있는 천계의 형체를 다루는 장에서 상론하겠습니다. 그 때에 천사들이 가지고 있는 영지와 이지에 관해서도 이야기하겠는데 천사들의 정동과 사상의 파급성은 모두 그 형체에 의해서 되어집니다.

50. 천계에는 크고 작은 사회들이 수없이 있다고 상술했는데, 큰 사회들은 수 억억의 천사들로 구성되어 있고, 작은 사회들은 천천의 천사들로 구성되어 있습니다. 그리고 아주 작은 사회는 수백의 천사들로 구성되어 있습니다. 또한 집집이 따로 떨어져서 가족끼리 사는 경우도 있지만 이렇게 분산되어 살면서도 일정한 사회에 속해 있는 자들처럼 서로 질서를 유지하고 있습니다. 그들 중에 보다 현명한 자는 중앙에, 그리고 숙맥들은 주변에 살고 있습니다. 그들은 주님의 인도하심에 즉시 순종하는 가장 선한 천사들입니다.

---

*1) 영기(靈氣)는 모든 사람·영들 또는 천사에게 비롯되는 생명의 기운이고, 그들을 에워싼다(4464·5179·7454·8630항).
그것은 그들의 정동과 사상의 진수(眞髓)에서 비롯된다(2489·4464·6206항).
이들 영기는 그것들 스스로 그들의 선에 속한 질(質)과 양(量)에 따라서 천사적 사회에 확장된다(6598-6612·8063·8794·8797항).
*2) 천계 안에서 모든 선을 나누는 것은 천계적 사랑이 그것 고유의 모든 것과 더불어 나누어지기 때문에 가능하다(549·550·1390·1391·1399·10130·10723항).

제7장
각 사회는 보다 작은 형체의 천계이고
각 천사는 최소 형체의 천계다

51. 각 사회가 작은 형체의 천계이고, 각각의 천사는 가장 작은 형체 안에 있습니다. 그 이유는 사랑과 믿음에 속한 선이 천계를 이루고 있고, 이 선은 천계의 각 사회와 그 사회의 각 천사 안에 있기 때문입니다. 그러한 선이 가는 곳마다 다르고 각양각색이지만, 그래도 천계의 선이라는 점에서 문제될 것은 없습니다. 즉 천계는 여기 저기서 다른 선을 가지고 있다는 것 외에는 아무런 차이가 없습니다. 그래서 사람이 천계의 어떤 사회에 들어 올려지게 되면 그가 천계 안에 있다고들 말합니다. 그리고 그 각자는 자기 자신에 걸맞는 천계 안에 있게 됩니다. 이것은 저 세상에서는 모두에게 알려져 있는 사실입니다. 따라서 천계 밖이나, 아래 있는 자들이 원거리에서 천사들이 모여 있는 것을 볼 때 천계가 여기에 있고 저기에도 있다고 말하게 됩니다. 이것은 마치 한 왕궁이나 성채에 있는 장관이나 관리 또 무관들이 각각 자기 영역(領域·quarter)이나 거처(居處)들을 가지고 살고 있어서, 어떤 자는 위에 어떤 자는 아래에 살고 있지만, 그들은 모두 그 임무에 따라서 왕을 섬기며 동일한 궁정이나 성채 안에 살고 있는 것과 흡사합니다. 이러한 내용은 주님 말씀의 뜻이 명확하게 합니다.

> 내 아버지의 집에는 있을 곳이 많다.
> (요한 14:2)

또한 예언자들이 천계의 주거라고 한 것과 천계들의 천계라고 말하고 있는 것도 다 상술한 내용을 증명합니다.

52. 천계의 각 사회가 전체 천계처럼 하나의 천계적인 형체를 가지고 있는 것을 보아 천계의 각 사회가 한 작은 형체의 천계임을 알 수 있습니다. 전체 천계에서 다른 천사들 보다 우월한 천사들이 중앙에 자리잡고, 좀 질이 떨어진 천사들은 그 모자라는 정도에 따라서 주변을 둘러싸고, 변두리까지 연결되어 있음은 전장 43항에서 서술하였습니다. 그러므로 여기에서 밝히 알 수 있는 사실은 주님께서 전체 천계 안에 있는 모두를 지휘하시기를 마치 하나의 개별 천사 같이 하시며 또 그 각 사회에서도 주님께서는 한 천사를 대하듯 지휘감독 하신다는 것입니다. 따라서 온 천계적 사회가 때때로 한 천사처럼 천사의 모양을 띤다는 것은 내가 주님의 허락을 받아서 목격해 온 사실입니다. 더욱이 주님께서 천사들의 중앙에 나타나실 때 많은 천사들에게 둘러 싸여 있는 모습이 아니라 한 천사의 모습을 하고 계십니다. 그러므로 성경말씀에서는 주님을 "한 천사"라고 일컫고 있으며, 하나의 전체 사회(society)를 "미가엘"·"가브리엘"·"라파엘"이라고 부르고 있는데, 그 호칭들은 각각 다른 역할 때문에 불리워지는 전체 천계의 이름들일 뿐입니다.*1)

53. 각각의 한 사회가 작은 형체 안에 있는 천계인데, 그러므로 천사는 가장 작은 형체 안에 있는 천계입니다. 왜인고 하니 천계는 천사 밖에 있지 않고 천사 안에 있기 때문입니다. 천사의 마음에 속한 내면적인 것들은 천계의 형체에 따라 배열되고, 따라서 그의 바

---

*1) 성경말씀에서 주님은 천사로 호칭되었다(6280·6831·8192·9303항).
온 천사적 사회를 하나의 천사로 호칭되고, 또 미카엘·라파엘이 천사적 사회들이고, 그러므로 그들의 역할로 말미암아 그렇게 호칭되었다(8192항).
천계의 모든 사회들이나 천사들은 이름을 가지고 있지 않지만, 그러나 그들은 그들의 선에 속한 질(質)에 의해서, 또 그것의 개념에 의하여 서로 구분된다(1705·1754항).

밖에 있는(outside of him) 천계에 속한 모든 것들을 받아들이도록 되어 있기 때문입니다. 각 천사는 주님에게서 받아 가진 선의 성품(質·quality)에 따라서 밖의 마음에 속한 내면적인 것들을 받아들이게 되어 있는 고로 이렇게 볼 때 천사도 또한 천계입니다.

54. 천계가 사람 밖에 있다고 말하는 것은 전혀 의미가 없는데 그 이유는 그것은 사람 안에 있기 때문입니다. 왜냐하면 천사는 각각 자신 안에 있는 천계에 따라서 자기 밖에 있는 천계를 받아들이고 있기 때문입니다. 그러므로 자기 자신의 내면적인 생명이 어떠하느냐에는 관계 없이 방편으로 여기는 자비(慈悲)에 의하여*1) 천사들 사이에 들리워 천계에 들어간다는 것으로 믿고 있는 사람이 얼마나 큰 오해를 하고 있는지 알게 될 것입니다. 천계가 사람 내면에 있지 않다면 사실 그 사람 밖에서 입류되고, 받아 가진다는 그런 식의 천계는 결코 없습니다. 이런 생각을 가지고 천계로 들리워 올라간 영들이 아주 많이 있는데, 그들이 천계에 와서는 그들의 내면적 삶이 천사들의 삶과 모순되기 때문에 지성이 어두워져서 미련한 자가 되고 그의 의지는 고통을 받아서 마치 미치광이들 같이 되었습니다. 한마디로 악한 생활을 하고서 천계에 들어온 사람은 숨이 차서 마치 물고기가 공기 속에 나온 것 같이 되든가, 공기가 빠져서 공기 주머니 안의 에텔 속에서 몸부림 치듯이 호흡곤란을 당하는 짐승 같습니다. 이상 말한대로 천계는 사람의 내면(內面·within)에 있고 외면

---

*1) 천계는 수단으로 비롯된 자비에 의하여 주어지지 않지만, 그러나 삶에 따라서 주어진다. 그럼에도 불구하고 삶에 속한 모든 것에 의하여 주님께서 그 사람을 천계로 인도하는 것은 자비에 속한 것이다. 이것이 바로 자비가 뜻하는 것이다(5057·10659항).
만약 천계가 방편으로 말미암은 자비로 주어진다면, 그것은 모두에게 공히 주어진다(2401항).
천계가 방편으로 말미암은 자비로 누구에게나 주어진다고 믿었던 악한 영들이 천계로부터 쫓겨났다(4226항).

(外面·outside of)에 있지 않습니다.*1)

55. 사람은 누구나 자기 안에 있는 천계의 성질에 따라서 자기 밖에 있는 천계를 수용하기 때문에, 그러므로 같은 방법으로 사람은 누구나 주님을 영접합니다. 그것은 천계를 이룩하는 분이 주님의 신령존재이시기 때문입니다. 그런 까닭에 주님께서 어떤 사회에 당신 자신의 현존(現存·His appearence)을 나타내실 때 그 사회가 자리하고 있는 선의 질에 따라 주님의 임재(臨在·present)를 명확히 들어 나타내십니다. 그러니까 한 사회에 나타내시는 임재가 다른 사회에 나타내시는 모습과 동일하지 않습니다. 이 다양한 임재는 주님 안에 있지 않고 자신들의 선으로 말미암아 우러르는 천사들 안에 그 원인이 있습니다. 즉 그들 천사들의 선에 따라서 이루어집니다. 다시 말하면 자기가 가지고 있는 사랑의 성질에 의거해서 주님을 우러르기 때문입니다. 주님을 지심하게 사랑하는 자들은 주님의 현존에 의하여 지심하게 가장 속 깊이(inmostly) 감동되고, 덜 깊게 사랑하는 자들은 덜 깊게 감동됩니다. 그러나 천계 밖에 있는 영들은 주님의 임재로 인하여 오히려 고통을 당하게 됩니다. 주님께서 어떤 사회에 나타나시는 경우 하나의 천사로 나타나시는데 강하게 비치는 주님의 신령한 광채 때문에 그들의 생명이 다른 천사들의 생명과 차이가 드러나게 됩니다.

56. 또 다시 말하면, 주님께서 시인되고, 믿어지고, 사랑받는 곳이 천계입니다. 다른 사회들이 다양한 선을 가지고 있는 까닭에 주님을 예배하는 것에도 다양성이 있지만, 이것은 해로운 것이 아니라 오히려 유익한 것입니다. 왜인고 하면 천계의 형체가 다양한 예배에서 비롯되기 때문입니다. 단일성이 완전하게 되기 위하여 어떻게 다양성이 형성되어야 하는가는 학계에서 일반적으로 사용되는 용어들의

---

*1) 천계는 사람 안에 존재한다(3884항).

힘을 빌리지 않고서는 잘 이해되지 않습니다. 모두 하나로 되어 있는 전체는 다양한 구성물들로 존재하는데, 그 전체인 하나가 다양한 구성물들이 없이는 아무것도 아닙니다. 즉 형체도 없고 어떤 성질도 가지지 못합니다. 옹근 하나는 다양한 구성물들로 되어지고 그 다양한 구성물들은 하나의 완전한 형체 안에 존재합니다. 그 완전한 형체 안에서, 순차로 화합하는 친구처럼 서로가 다른 구성물들과 뭉쳐 있습니다. 그래서 그 질은 완전합니다. 천계는 여러 가지 다양한 것들이 질서 있게 가장 완전한 형체로 배열되어 있는 하나의 옹근 즉 천계의 형체는 모든 형체들의 가장 완전한 형체입니다. 이것이 모든 완성의 터전이 되고 있음은 모든 아름다움의 본성 즉 감관과 마음을 움직이게 하는 즐거움과 기쁨의 본성에서 명백히 알 수 있습니다. 왜냐하면 이 성질들은 화합이 되거나 동질적인 구성물들이 질서있게 공존하거나 혹은 질서있게 따르는 구성물들의 통일과 조화에서 생겨나며, 많은 구성물들이 없는 한 옹근 것에서는 생겨나지 않기 때문입니다. 그래서 다양성이 기쁨을 준다고 말합니다. 알려져 있는 것과 같이 다양성의 본성은 기쁨을 가져다 줍니다. 이 모든 것들에서 우리는 천계에 있어서도 어떻게 완전성이 이루어지는지를 거울을 보듯 알 수 있습니다. 그렇게 말하는 것은 자연계 안에 존재하는 것들에게서 영계의 사물들을 거울로 보듯 볼 수 있기 때문입니다.*1)

57. 이상 천계에 관하여 서술한 바와 같이 교회에 관해서도 그렇게 말할 수 있겠습니다. 왜냐하면 교회는 지상에 있는 주님의 천계이기 때문입니다. 거기에는 수많은 교회들이 있는데, 그 각각이 교

---

*1) 모든 전체는 조화에서부터 그리고 많은 구성물들의 협약에서 비롯된다. 다른 방식으로는 그것은 결코 전혀 본질을 가지지 못한다(457항).
이상에서 볼 때 온 천계는 하나의 전체(全體·a whole)이다(457항).
그 이유는 거기의 모든 것은 주님을 가리키는 하나의 목적을 고려한다(9828항).

회(*ecclesia*＝불러 낸 자)라고 일컬어집니다. 즉 사랑의 선과 믿음의 선이 그 안에서 통치하고 있는 정도만큼 하나의 교회입니다. 이 교회에서도 다양한 부분(part)들에서부터 주님이 단일성을 형성하십니다. 다시 말해서 주님은 많은 교회들에게서 한 교회를 형성하십니다.*1) 총칭해서 교회에 관해서 이야기 할 수 있는 것은 교회가 사람 밖에 있지 않고 사람 안에 있고, 모든 사람은 사랑과 믿음의 선 안에 임재하는 주님이 그 사람 안에 있을 때 교회입니다.*2) 다시 말해서 천사 안에 천계가 들어 있는 것과 같이 사람 안에도 교회가 있다고 하겠습니다. 각 천사는 가장 작은 규모의 천계이고, 더 나아가서 자기 안에 교회를 가지고 있는 사람 마다 천사에게 있어서와 마찬가지로 천계입니다. 왜 그런가 하면 사람은 천계에 들어가서 천사가 되도록 창조되었기 때문입니다. 그러므로 주님에게서 비롯된 선을 가지고 있는 사람은 사람-천사(man-angel)입니다.*3) 인간이 천사와 공통되게 가지는 것 즉 공통점이 무엇이며 또 천사와 대등되게 가지는 것이 무엇인가를 설명하여야 하겠습니다. 사람은 천사들과 마찬가지로 천계와 닮은꼴인 내면적인 것들을 가지고 있습니다. 그리고 사랑과 믿음의 선 안에 있는 한에는 천계와 닮은꼴이 되도록 창조되었습니다. 그러나 천사는 가지지 못하였

---

*1) 만약 선이 교회의 특성을 가리키고 또 교회의 본질이고, 진리가 그 선에서 격리되지 않았다면 그 교회는 명실상부한 교회이다(1285·1316·2982·3267·3445·3451·3452항).
모든 교회는 선으로 말미암아 주님 안전에서 하나의 교회를 이룬다(7396·9276항).
*2) 교회는 사람 안에 있고 사람밖에 있지 않으며, 일반적으로 교회는 자신들 안에 교회를 가지고 있는 사람들로 이루어진다(3884·6637항).
*3) 교회인 사람은 가장 위대한 존재의 형상을 본따서 가장 작은 형체 안에 있는 천계이다. 왜냐하면 그 사람의 마음에 속한 그의 내면적인 것들은 천계의 형상을 본따서 배열되고, 결과적으로 천계에 속한 모든 것들의 수용그릇으로 배열되기 때문이다(911·1900·1928·3624-3631·3634·3884·4041·4279·4523·4524·4625·6013·6057·9279·9632항).

제1편 천 계

지만 사람에게는 세상과 닮은꼴인 외면적인 것들이 주어졌습니다. 그래서 사람은 선 안에 있는 한에는 천계에 종속되고, 천계를 섬기는 세상의 형체를 하게 됩니다.[*1)] 그 때에는 주님께서 마치 당신의 천계 안에 계시듯 세상과 천계에, 그리고 동시에 사람 안에 임재하십니다. 왜냐하면 주님은 질서이신 까닭에 주님께서는 세상과 천계 즉 양계(兩界) 안에 있는 주님의 신령질서 안에 계시기 때문입니다.[*2)]

58. 마지막으로 알아 두어야 할 것은 이것입니다. 자기 안에 천계를 가지고 있는 자는 자기에게 속해 있는 천계를 최대한으로 또는 총체적으로 가지게 될 뿐 아니라 가장 작은 것들 또는 개별적인 것 안에도 가지고 있습니다. 그래서 이 가장 작은 것들이 천계의 닮은꼴을 계속 유지합니다. 즉 한 사람 한 사람은 다 자기의 사랑이고, 그 사랑이 주도애(主導愛)가 된다는 것입니다. 그리고 이 주도애는 개개의 부속들에게 입류하고 그것을 정리해서 자기에게 닮아가게 합니다.[*1)] 천계에서는 주님사랑이 주도애인데, 왜냐하면 주님께서는 우선적으로 사랑을 받기 때문입니다. 거기서 주님은 모

[*1)] 사람은 내적인 것과 외적인 것을 갖는다. 그의 내적인 것은 천계의 형체를 본따서 창조에 의하여 완성되었다. 이런 이유로 해서 사람은 고대사람들에 의하여 소우주(小宇宙)라고 칭하였다(3628·4523·4524·5115·5368·6013·6057·9279·9706·10156·10472항).
그러므로 사람은 그 자신 안에 천계를 섬기는 세상을 가지도록 창조되었는데, 이같은 것은 선한 사람에게서 일어난다. 그러나 그 반대는 악한 사람에게서 일어나는데, 그 사람 안에 있는 천계는 이 세상을 섬긴다(9278·9283항).

[*2)] 주님은 질서이시다. 왜냐하면 신령선과 신령진리는 질서를 만드신 주님에게서부터 비롯되기 때문이다(1728·1919·2011·2258·5110·5703·8988·10366·10619항).
신령진리는 질서의 법칙들이다(2447·7995항).
사람이 질서에 따라서 사는 한, 즉 신령진리에 일치하는 선 안에서 사는 한 그는 사람이고, 교회와 천계는 그 사람 안에 존재한다(4839·6605·8513·8547항 참조).

든 것들의 모든 것이고, 또 개개의 것이나 전체의 것에 모두 입류하고 조정하고, 당신 자신에 닮게 하여 당신께서 계시는 곳에 천계를 만듭니다. 이리하여 천사는 가장 작은 규모의 천계이고, 천사의 사회는 그 보다 큰 천계이고, 사회 전체는 가장 큰 규모의 천계라고 말하게 됩니다. 주님의 신령존재가 천계를 만들고 그것이 모든 것의 모든 것(All in all)이라는 것은 이미 상술한 그대로 입니다(7-12항 참조).

제8장
총체적으로 천계는 한 사람으로 보인다

59. 천계를 총체적으로 볼 때 한 명의 사람으로 보인다는 것은 이 세상에서는 아직까지 알려지지 않은 비의(秘義)입니다. 그렇지만 이 사실은 천계에서는 당연한 것으로 알고 있습니다. 이런 사실을 알고, 또 그것에 관계되는 특수하고 개별적인 것들을 아는 것은 거기의 천사들에 속한 이지(聰明)의 주된 일입니다. 즉 이 지식에 많은 것들이 의존하고 있어서, 그것을 일반적인 원리로 하지 않고서는 그들의 마음에 속한 관념 속으로 명확하고 확실하게 들어갈 수 없을 것입니다. 천사들은 그들의 사회로써 천계의 모든 것들이 한 사람의 형체

---

*1) 모든 사람에게 있어서 주도애 또는 지배애는 그의 삶에 속하는 개별적인 것이나 전체적인 것 안에 있다. 따라서 그 사람의 사상과 의지에 속한 각각의 것이나 모든 것 안에 있다(6159·7648·8067·8853항).
사람은 그의 삶의 질을 지배하는 그런 존재이다(987·1040·1568·3570·6571·6935·6938·8853-8858·10076·10109·10110·10284항).
사랑과 믿음이 지배할 때 그것들은, 비록 그가 알지 못하지만, 사람의 삶의 모든 개별적인 것들 안에 있다(8854·8864·8865항).

로 보인다는 것을 알기 때문에 그들은 사실상 천계를 "최대 인간" (最大人間·the Greatest Man) 또는 "신령 인간"(神靈人間·the Divine man)*¹⁾이라고 부릅니다.

60. 영적이고 천계적인 것들에 관해서 바른 개념을 가지고 있지 못한 사람에게는 천적이고 영적인 것들이 앞서와 같은 모양과 형체로 배열되어 있고, 또 연결되어 있다고 말해 주어도 확실하게 이해하지 못합니다. 그래서 그들은 사람이 사람되게 하는 것이 가장 바깥을 구성하는 대지의 물질이며, 이 물질 없이는 사람이 사람될 수 없다고 생각합니다. 그러나 사람이 사람되게 하는 것은 그러한 물질 때문이 아니고, 진리를 이해하고 선을 도모하는 기능이라는 것을 알아야 하겠습니다. 영적인 것과 천적인 것이 사람을 사람되게 합니다. 즉 이해와 의지가 사람으로 하여금 사람되게 하는 영적이고 천적인 것들입니다. 더구나 사람마다의 그 질이 이해와 의지의 질에 따라 결정된다는 것이 알려졌습니다. 또 사람의 지상적인 몸은 이 세상에서 이해와 의지를 섬기도록 지어졌고, 자연의 궁극적 영역 안에서 그것들의 선용(善用·씀씀이·use)들이 숙련되게 성취하도록 지어져 있다는 것도 알 수 있습니다. 따라서 육체는 자기 스스로 무엇을 행하는 것이 아니라, 이해와 의지가 명하는 대로 전적으로 복종해서 무엇인가를 행하여야 합니다. 즉 혀와 입으로 말하거나 육체와 수족을 써서 무엇인가를 원하고 행동하고 있는 것까지도 그것은 이해와 의지가 행하고 있는 것이고 육체가 스스로의 독자적인 힘으로 행하는 것이 아닙니다. 그러므로 사람되게 하는 것은 이해와 의지이고 내면적인 이 양자가 사람이라고 일컬어집니다. 천계들은 가장 크고 가장 완전한 형체로 존재하는 사람입니다.

---

*1) 전 복합체 안에서의 천계는 사람과 같은 형체로 나타나는데, 그 이유는 천계가 최대인간(the Greatest Man)이라고 부르기 때문이다(2996·2998·3624-3649·3741-3745·4625항).

61. 천사들이 사람에 관해서 가지는 생각이 이러므로 천사들은 사람이 육체로 행하는 것에는 아무런 관심이 없고 그 몸을 사용해서 활동하는 의지에만 관심을 가집니다. 바로 그들 천사들이 인간 그 자체라고 부르는 것은 그의 의지를 이르는 것이고 의지와 연동(連動)하는 것만큼 이해를 사람이라고 부릅니다.*[1]

62. 천사들이 천계를 볼 때 그 전모(全貌)를 인간의 형체로 보는 것은 아닌데 그 이유는 어떤 천사도 온 천계를 한 눈으로 자기 시야에 넣을 수 없기 때문입니다. 그러나 수천만의 천사들로 구성된 멀리 떨어져 있는 천계의 사회들은 가끔 인간의 형체의 한 사람으로 보입니다. 하나의 사회, 한 부분으로부터 그들은 전체 천계에 대한 결론을 이끌어냅니다. 그것이 천계입니다. 각각의 사회들은 일부분으로 오로지 천계라는 사회로 뭉쳐 있습니다. 이렇게 말하는 것은 가장 완전한 공동사회의 모양 안에서 그들은 모두 부분 부분이고 또 그 부분 부분이 공동성을 가지고 있기 때문입니다. 서로 상이한 것은 동종의 것들이 대소가 다르게 되어 있다는 것에 불과합니다. 신령존재는 심오한 즉 가장 높은 존래로 만사를 보고 계시기 때문에 주님의 안전에 있는 온 천계는 사람의 형체로 있어야만 한다고 천사들은 말합니다.

63. 이상과 같이 천계는 한 명의 사람처럼, 또 따로 떨어져 있는 개체처럼 주님에 의해서 다스려집니다. 주지의 사실이지만 인간은 부분과 전체에 있어서 무수한 구성물들로 구성되어 있습니다. 수족, 기관(器官)들 그리고 내장들에 의하여 전체로써 한 몸을 구성하고,

---

*1) 사람에 속한 의지가 그의 생명의 본질이고, 그의 이해는 그것에서 비롯된 그의 생명의 실체(實體)이다(3619·5002·9282항).
사람의 주된 생명은 그의 의지에 속한 삶이고, 그것에서 비롯된 이해의 삶이다(585·590·3619·7342·8885·9282·10076·10109·10110항).
사람은 그의 의지의 기능과 그것에서 비롯된 이해의 기능에 의하여 사람이다(8911·9069·9071·10076·10109·10110항).

세포·신경·혈관 등으로 그 부분들을 이루고 있습니다. 지체는 또 그 지체들 안에서, 부분은 또 부분들 안에서 그 각각을 이루고 있는데 그럼에도 불구하고 그 사람이 행동할 때는 모두가 하나가 되어 움직입니다. 천계도 이런 식으로 주님에 의해서 배려되고 인도되고 있습니다.

64. 사람 안에 있는 각각의 다양한 것들이 하나가 되어 움직이는 것은 그 지극히 작은 것들이라 할지라도 전체를 위하여 무엇인가 유익한 것을 수행하고, 어떤 선용이나 수행(遂行·perform)하지 않는 것은 없기 때문입니다. 전체는 그 각 부분들을 위해서 선용을 완성하고, 부분들은 전체를 위하여 선용을 이루는 것은 전체가 부분들로 구성되어 있고 부분들은 전체를 구성하고 있기 때문입니다. 그러므로 그 개개의 것은 상호 배려하고, 서로가 관심을 가지고 서로를 위해서 일할 수 있도록 연결되어, 그 각각이 전체를 위하고 또 그 공동의 선을 위하여 활동할 수 있는 형태로 묶여져 있습니다. 즉 이와 같이 하나가 되어 활동하게 됩니다.

[2] 천계에는 동종의 입회자(入會者·affiliation)들이 같이 있습니다. 이들은 선용에 따라서 같은 형체로 결합되어 있습니다. 따라서 공동의 선(共同善·the common good)을 위하여 선용을 수행하지 않는 것들은 이질 분자로 여겨져 천계 밖으로 던져집니다. 선용을 수행한다는 것은 공동의 선을 위해서 서로가 남들이 잘 되기를 원하는 것이지만, 공동의 선을 위하지 않고 자신을 위해서 다른 사람이 잘 되기를 원하는 것은 선용을 수행하는 것이 아닙니다. 전자는 최상으로 주님을 사랑하는 일이 되지만, 후자는 최상으로 자신들을 사랑하는 짓입니다. 그러므로 천계 안에 있는 자들은 하나가 되어 행동하며, 그것도 주님으로 말미암아 행동하며, 자신들의 힘으로 행동하지 않습니다. 그들은 주님을 만유의 근원이신 유일하신 분(唯一存在·the Only One)으로 우러르고 있습니다. 그리고 주님의 나라를 그들이 추구해야 할 전체의 선이라고 생각합니다. 주님께서 말씀하신 뜻은 이

렇습니다.

> 너희는 먼저 하나님의 나라와 그의 의를 구하여라. 그리하면 이 모든 것을 너희에게 더하여 주실 것이다.
> (마태 6:33)

"그의 의를 구한다"는 것은 그의 선을 구한다는 뜻입니다.*1)
〔3〕이 세상에서 자신의 선보다 조국의 선을 사랑하고, 이웃의 선을 자기 자신의 선처럼 사랑하는 자들은 저 세상에서는 주님의 나라를 사랑하고 갈구합니다. 왜냐하면 저 세상에서는 조국 대신에 주님의 나라가 존재하기 때문입니다. 자기 자신을 목적으로 삼지 않고 선을 목적 삼아 남들에게 선행하기를 좋아하는 사람은 이웃을 사랑합니다. 왜냐하면 천계에서는 선이 이웃이기 때문입니다.*2) 이런 모든 것들이 최대 인간 즉 천계 안에 있습니다.

65. 천계 전체가 한 사람으로 나타나고 또 가장 큰 형체 즉 그 모습으로 계시는 신령한 영인(靈人·Divine spiritual man)이시기 때문에 천계도 한 사람처럼 지체와 그 각 부분들로 배열되어 있고, 그 호칭도 유사하게 되어 있습니다. 더구나 천사들은 이 사회나 저 사회가 어떤 지체로 존재하는지를 압니다. 그들은 이 사회가 어떤 한 부분 또는 머리에 해당되며, 가슴에 해당되는 어떤 부분, 또 허리 부

---

*1) 성경말씀에서 "의"(義·righteousness)는 선과 또는 진리에 속한 "심판"(審判·judgment)에 관해서 서술한다. 그러므로 "의를 행하고, 심판한다"는 말씀은 선과 진리를 실천한다는 것이다(2235·9857항).

*2) 가장 높은 뜻으로 주님은 우리의 이웃이다. 따라서 주님을 사랑한다는 것은 주님에게서 비롯된 것을 사랑하는 것이다. 그것은 주님께서는 그 자신에게서 비롯된 모든 것들 안에 계시기 때문에 선, 그리고 진리를 사랑하는 것이다(2425·3419·6706·6711·6819·6823·8123항).
그러므로 주님에게서 비롯된 모든 선은 우리의 이웃이고, 그 선을 원하고 행하는 것은 곧 이웃을 사랑하는 것이다(5028·10336항).

분에 해당되는 사회라고 말합니다. 전반적으로 가장 높은 천계 즉 삼층천은 머리로부터 목을 형성하고, 중간 즉 이층천은 가슴에서 허리와 무릎을 형성하고, 가장 낮은 즉 일층천은 발과 발바닥 그리고 팔과 손가락들을 형성합니다. 그 까닭은 팔들과 손들이 몸 좌우에 붙어 있으나 사람의 가장 낮은 부분에 속하기 때문입니다. 이렇게 볼 때 세층의 천계가 있다는 이유가 재삼 명백해집니다.

66. 천계 아래에 있는 영들은 천계가 위에 있을 뿐 아니라 아래에도 있다는 말을 듣고 매우 놀라워합니다. 그 이유는 이 세상의 사람들과 같이 천계가 위에 밖에는 없다는 신앙과 견해를 품고 있기 때문입니다. 즉 천계의 위치가 사람의 사지, 기관, 내장처럼 어떤 부분은 위에 있고 다른 부분은 아래 있다는 것, 또 어떤 사지, 기관 그리고 내장 안에 어떤 부분은 안쪽에 어떤 부분은 바깥 쪽에 있다는 것을 모르기 때문입니다. 그래서 천계에 관해서 잘못된 생각을 품습니다.

67. 상술한 것들로 보아 천계가 최대인간이라는 것을 잘 알 것입니다. 이 생각으로 일관하지 않으면 천계에 관한 것은 전혀 이해되지 않을 것입니다. 또 천계의 형체에 관해서도, 주님과 천계의 결합이나 천계와 사람의 결합, 천계로부터의 입류 또는 대응에 대해서도 알 수 없다고 생각하겠습니다. 이것을 이제 순서에 따라 설명하겠는데, 이 주제들에 관해서 약간의 빛을 주기 위하여 이상의 것들을 설명하였습니다.

제9장
천계 안의 각 사회는 한 사람으로 보인다

68. 천계의 각 사회가 한 사람으로 나타나 보이며, 한 사람의 모

습(likeness)을 가지고 있다는 것을 내게 몇번이고 자주 보도록 허락이 되었습니다. 어떤 사회에 그 안에 있는 빛의 천사들까지도 속일 수 있는 무리가 숨어 들어 온 일이 있었습니다. 이 자들은 위선자들인데, 그들이 천사들과 분리되었을 때 전체 사회가 처음에는 확연치 않은 한 물체처럼 보였으나 점차 또렷하지는 않지만 한 사람의 모습으로 보이기 시작했고, 마침내는 한 사람으로 똑똑히 보였습니다. 그 사람 안에서 사람이 된 자들은 그 사회의 선 안에 있는 자들 같았으나, 사람 안에 있지 않고 사람이 되지 않은 자들은 위선자들로 그들은 쫓겨났지만, 전자는 거기 머물어 있었습니다. 위선자들은 그럴듯 하게 말하고, 그럴싸한 행동을 했으나 이들 모두는 하는 일 마다 자신들만을 염두에 두었습니다. 그들은 천사처럼 주님에 대해서나 천계와 사랑 그리고 천계적 삶을 이야기했고, 옳게 행동도 해서, 그들이 공언하는 것처럼 나타나 보여질 수 있었습니다. 그러나 그들이 생각하고 있는 것은 달랐습니다. 그들은 아무것도 믿지 않았습니다. 누구에게도 선을 행하기를 원치 않았고 다만 자신들만을 위해서 선을 행하였습니다. 그들의 선행은 자신을 위한 것이고, 또는 남들을 위한 것이라 할지라도 겉모양 뿐이고 오직 자신만을 위한 선행이었습니다.

69. 주님께서 보이게 임재해 계시는 천사적 사회 전체가 하나의 사람 형체로 나타나는 것을 볼 수 있도록 나에게 허락된 적이 있었습니다. 동방을 향하여 높이 구름 같은 것이 나타났는데, 흰색이 차츰 붉어지고 그 둘레에는 작은 별들이 있었고 그 구름이 아래로 내려 오고 있었습니다. 그런데 그 구름은 내려옴에 따라서 빛이 났고 그것이 마침내 한 완전한 인간 모습으로 나타났습니다. 구름을 두르고 있던 작은 별들은 천사들이었는데 그들은 주님에게서 받은 빛으로 그렇게 나타났던 것입니다.

70. 천계의 시회들 안에 있는 모든 것이 하나로 뭉쳐 한 사람의 모습으로 보인다는 것을 필히 이해하여야 합니다. 그럼에도 불구하

고 한 사회가 다른 사회와 같은 종류의 사람은 아님을 알아야 합니다. 서로의 사회들이 상이한 것은 마치 한 가족의 다른 성원들의 얼굴이 다른 것과 같다고 하겠습니다. 그 이유는 이미 상술한 바와 같습니다(47항 참조). 즉 그들은 자신들이 들어 있는 선의 다양함에 따라서 그들 자신의 모습을 달리하고 있습니다. 지심하고 지고한 천계의 사회들은 천계 중앙에 있으며, 또 가장 완전하고 아름다운 인간의 형체로 나타납니다.

71. 어떤 사회의 구성원들이 많으면 많을수록 더 하나가 되며, 더 완전한 인간의 모습을 하고 있습니다. 천계의 형체로 배열된 다양함이 상술한 것처럼 완전함을 구성하기 때문이라는 것은 알아둘 가치가 있습니다(56항 참조). 그리고 수는 다양성을 만듭니다. 그리고 천계의 사회마다 그 구성원의 수가 날마다 증가합니다. 그 수가 증가함에 따라서 그 천계의 사회는 더 완전하게 됩니다. 이와 같이 각 천계의 사회가 더욱 완전해질 뿐 아니라 전체적으로 천계가 완벽해집니다. 왜냐하면 천계가 여러 사회로 되어 있기 때문입니다. 따라서 천계가 구성원의 수가 증가함에 따라서 완전하게 되는 까닭에 천계가 만원이 되어 닫혀질 것이라고 믿는 자들이 얼마나 잘못된 생각인가가 명백해졌습니다. 오히려 그 반대가 사실 옳습니다. 천계는 닫혀지지 않고 더욱 더 차고 넘침에 따라 더욱 완전해져 갑니다. 그러므로 천사들은 새로 들어오는 천사 신참자들이 많아지기를 원할 뿐입니다.

72. 전체로 볼 때 각 사회가 한 분이신 인간모습(人間像)으로 나타나 보이는데, 이것은 온 천계가 한 분이신 인간 형체를 하고 있기 때문이라는 것은 전 장에서 설명한 바 있습니다. 천계를 형성하고 있는 형체는 가장 완전하지만, 그 중에서 각 부분은 전체에 닮아 있고 그 최소의 것은 최대의 것을 닮은 관계에 있습니다. 천계에서는 보다 작은 것이나 부분적인 것이 그 한 사회 또는 작은 규모의 천계라는 것은 이미 상술한 바 있습니다(51-58항 참조). 이와 같이 서

로 닮음이 연면(連綿)하게 계속되게 되는 이유는 천계에서는 모든 선이 하나의 사랑에서 즉 하나의 기원에서 생겨나 있기 때문입니다. 모든 선의 기원이 되는 단 하나의 사랑은 주님을 위한 사랑이고 또 그 사랑은 주님에게서 비롯되는 사랑입니다. 따라서 총체적으로 보면 온 천계에, 소규모로는 각 사회에, 그리고 개별적으로는 하나 하나의 천사에 주님의 모습이 깃들어 있다는 결론을 얻게 됩니다(58항 참조).

제10장
천사는 하나의 완전한 인간 형체를 하고 있다

73. 앞의 두 장에서 설명한 바 있듯이 천계의 전모(全貌)는 한 사람으로 되었으며, 또 천계 안의 각 사회도 모두 그렇다고 말할 수 있는데, 그것은 원인과 결과라는 연결 고리에서 알 수 있듯이 천계의 하나 하나에도 같은 이야기가 된다고 할 수 있겠습니다. 천계가 최대의 형체를 한 인간이라면 천계의 각 사회는 소규모의 사람일 것이며, 천사 하나 하나는 최소의 형체를 한 사람입니다. 천계의 모형으로, 가장 완전한 모형 아래서는 부분들에는 전체의 모양이 깃들고, 전체에는 부분의 모양이 깃들어 있습니다. 그리고 천계는 서로 나누는 것(交流·sharing)이고, 천계에 있는 모든 자는 그 하나 하나가 서로 교류하고 있습니다. 즉 하나 하나가 천계의 전체와 서로 교류하는 것에 의해서 받아들이고 있습니다. 전 항에서 서술한 바 있거니와 천사는 받아들이는 그릇(受容器·recipient)이고 최소 형의 천계입니다. 또 사람도 천계를 수용하는 것에 따라서 그릇도 되고 천계도 됩니다(57항 참조). 묵시록에 다음과 같은 말씀이 수록되어 있습니다.

그가 성벽을 재어보니, 사람의 치수로 백사십사 규빗이었는데, 그것은 천사의 치수이기도 합니다.
(묵시록 21:17)

"예루살렘"은 주님의 교회를 의미하고,*1) 더 높은 뜻으로는 천계를 의미합니다.*2) "성벽"은 거짓과 악들의 침노를 막고 방어하는 진리를 의미합니다. "백사십사"라는 수는 복합체 안에 있는 모든 선과 진리들을 총괄해서 말하는 것이며*3) "척량"은 그 전체의 성격을 의미하고*4) "사람"은 전체와 부분을 포함하는 모든 선과 진리들이 존재하고 또 그 같이 천계가 들어 있는 자를 의미합니다. 이러한 논리에 의해 천사란 그 안에서 보면 사람이기 때문에 "인간의 척량 즉 천사의 척량"이라고 선언하고 있습니다. 이러한 것이 상술한 말씀이 뜻하는 영의(靈意)입니다. 이 영의에 의거하지 않고 누가 "예루살렘의 성벽"이 사람과 천사의 척량인 것을 이해할 수 있겠습니까!*5)

74. 자, 이제는 내가 경험한 것들을 이야기하겠습니다. 천사가 사람의 모습을 가지고 있고 또 사람이라는 것을 나는 몇 번이나 목격

---

*1) "예루살렘"은 교회를 뜻한다(402·3654·9166항).
*2) "성벽"은 거짓과 악에 속한 침략을 막는 진리를 뜻한다(6419항).
*3) "열둘"은 복합체 안에 있는 모든 진리와 선을 뜻한다(577·2089·2129·2130·3272·3858·3913항).
  마찬가지로 "일흔둘"과 "백사십사"도 같은 뜻인데, 왜냐하면 이들이 모두 열둘을 그것에 곱하는 것에서 이루어지기 때문이다(7973항).
  성경말씀에서 모든 숫자들은 사물(事物·thing)을 뜻한다(482·487·647·648·755·813·1963·1988·2075·2252·3252·4264·4495·5265항).
  곱해서 얻어진 숫자는 곱셈에 쓰여진 단순한 숫자가 갖는 뜻과 동일한 뜻을 갖는다(5291·5335·5708·7973항).
*4) 성경말씀에서 "척량"은 선과 진리에 대한 한 사물의 질을 뜻한다(3104·9603항).
*5) 성경말씀에 속한 영적인 뜻 즉 속뜻(內意)에 관해서는 《묵시록 해설》의 백마론(白馬論·the white horse)과 《천계적 교리 해설》의 부록에서 잘 읽을 수 있다.

한 바 있습니다. 어떤 때는 사람이 사람과 더불어 말하는 것처럼 그들과 이야기하였습니다. 어떤 때는 천사 한 사람과 이야기하고 어떤 때는 여러 천사들과 이야기하였습니다. 그런 그들의 모습이 사람과 전혀 차이가 없는 것을 알았습니다. 그것을 알고서는 몇 번이고 놀라지 않을 수 없었습니다. 그것은 환각이나 착각된 환상이 아닙니다. 나는 전적으로 각성한 상태로, 육체적인 감각과 지각 능력을 가지고 있었고 보고 들은 것이 확실합니다. 그들 천사들도 다음과 같이 말하였습니다. 기독교계의 사람들은 말도 안되는 맹목과 무지의 상태에 있어서 천사다, 영이다 하면 무형(無形)의 정신일 뿐이라든가, 순수한 사유(思惟)라든가, 생명을 가진 에텔 같은 것이라고 밖에 생각하지 않습니다. 그들은 천사와 사람 사이에는 사고능력을 가지고 있다는 점에서 공통점이 있고, 눈이 없어서 보지 못하고 귀가 없어서 듣지 못하고 입과 혀가 없어 말할 수 없다고 말할 정도이다 라고 하였습니다.

〔2〕 이런 생각에 대해서 천사들은 이렇게 말하였습니다. 이런 종류의 신앙이 세상에 유포되어서 지식인 특히 놀라운 것은 교직자들의 마음을 지배하고 있다는 것입니다. 이 사람들이 이렇게 오해하게 된 까닭은 지도적 입장에 있는 지식인들이 겉사람의 지각으로 생각하고 천사와 영들에 관해서 가져야 할 관념들을 애초부터 버렸기 때문입니다. 내면적인 빛과 만인에게 구비되어 있는 공통된 개념을 따르지 않고 감각으로만 생각하고 있기 때문에 알 수 없는 것입니다. 외면적 인간의 감각은 자연에만 국한되어 활동하므로, 자연을 초월하는 것은 불가능하며 어떤 생각도 떠오르지 않습니다.*[1] 이와 같은 주장은 지도자적 입장의 사람들에 의해서 생겨나서, 자기 스스로는 생각

---

*1) 사람이 겉사람의 감관 개념을 초월할 수 없다면 그 사람은 거의 영지(英智·智慧)를 갖지 못합니다(5089항).
 현명한 사람은 감관의 개념을 초월하여 생각한다(5089·5094항).

해 보려 하지 않고 그들 지도자의 생각을 그대로 추종하는 사람들에게 만연되어 있습니다. 또 처음에는 남의 이야기를 듣고 믿게 되고, 후에 자기의 이성에 의해서 알게 된다고 하더라도 그리 쉽게 그 잘못을 되돌릴 수는 없습니다. 그러므로 많은 사람이 그러한 잘못된 신앙에 빠져든다고 하였습니다.

〔3〕 천사들은, 계속해서 단순한 신앙과 순진한 마음을 가지고 있는 사람들은 천사들에 대한 이러한 그릇된 개념을 갖지 않으며, 오히려 천사란 천계의 사람이라고 생각한다고 말하였습니다. 그 까닭은 그들은 천계로부터 받아 그들에게 심어진 것(活着)을 버리고 학문에서 얻는 사상을 받지 않으며, 그러므로 형체가 없는 것은 생각하지 않기 때문입니다. 이것이 교회당에 걸려 있는 그림이나 조각품들에 나타나는 천사가 사람의 모양을 하고 있는 이유입니다. 천계로부터 온 이런 통찰력에 대하여 그들은 말하기를 믿음과 사랑의 선 안에 있는 사람들에게 주는 주님으로부터의 입류라고 하였습니다.

75. 나는 다년간의 경험에서 다음과 같은 단언을 할 수 있습니다. 천사의 모습은 그 얼굴·눈·귀·가슴·팔·손 그리고 발 등 모두가 사람과 전적으로 같다는 것입니다. 천사들은 그것을 사용해서 서로가 보고 듣고 말합니다. 한마디로 말해서 천사는 사람이 가지고 있는 모든 것을 가지고 있습니다. 다만 차이는 물질적인 육으로 덮혀 있지 않다는 것 뿐입니다. 나는 천사들을 이 세상의 달빛 보다 몇 배나 더 밝은 그들 자신의 빛 안에서 보았지만 그 용모는 지상의 인간이 가지고 있는 얼굴 보다 훨씬 확실했고 또 밝은 느낌을 주고 있었

사람이 이런 것을 초월할 때, 그 사람은 보다 밝은 빛 안에 들어가고, 종국에는 천계적 빛 안에 들어갈 수 있다(6183·6313·6315·9407·9730·9922항).
이것들에서의 제고(提高)와 타락은 고대 사람들에게 잘 알려져 있다(6313항).

습니다. 또 나는 지심한 천계의 천사를 보았는데 그 천사는 하층의 천계에 있는 천사들의 얼굴보다 훨씬 아름답게 빛나고 있었습니다. 자세하게 관찰해 보았지만 그 천사는 구석구석까지 완벽하게 사람의 모습을 하고 있었습니다.

76. 천사들은 사람의 육안으로가 아니고 사람 안에 있는 영안(靈眼)으로만 보여진다는 사실을 주지해야 합니다.*[1] 왜냐하면 영은 영의 세계 안에 있고, 모든 육적인 것은 자연계 안에 있기 때문입니다. 같은 류(類)의 것들이 같은 것을 본다는 것은 그것이 같은 류의 것으로 만들어졌기 때문입니다. 육체의 시각기관인 눈은 너무 조잡하게 되어 있어서 현미경에 의하지 않고는 미세한 것들은 볼 수조차 없다는 것은 우리가 다 아는 사실입니다. 더구나 자연계를 넘어선 영계의 것들을 볼 수는 없습니다. 그러나 사람이 육체의 시각으로부터 떠나서 영의 시각이 열리면 영계의 것들이 보이게 됩니다. 이러한 변화는 주님의 뜻이 있을 때에는 일순간에 일어납니다. 그 때에는 육안으로도 영계를 볼 수 있다고 나는 생각합니다. 이렇게 되어서 아브라함도 롯도 마노아도 그리고 예언자들도 천사를 보았습니다. 그리고 주님께서 부활하신 후에 제자들이 주님을 본 것도 다 그 맥을 같이 하고 있으며, 나도 또한 천사들을 보았다. 예언자들이 천사를 본 것 때문에 "선견자"(視靈者·seer)라고 하기도 했고, 또는 "눈이 열려진 사람"이라고 호칭되기도 하였습니다(사무엘 상 9:8; 민수기 24:4). 이렇게 볼 수 있게 되는 것을 "눈이 열려진다"라고 하지만, 이런 사건은 엘리사의 몸종에게도 일어났던 것으로 다음과 같이 기록이 되어 있습니다.

---

*1) 사람의 내면적인 측면에서 사람은 영(靈)이다(1549항).
   영이 그 사람 자체라는 것, 육신도 그 영으로 말미암아 산다는 것(447·4622·6054항).

엘리사는 기도를 드렸다. "주님, 간구하오니, 저 시종의 눈을 열어 주셔서, 볼 수 있도록 해주십시오." 그러자 주께서 그 시종의 눈을 열어주셨다. 그가 바라보니, 온 언덕에는 불 말과 불 수레가 가득하여, 엘리사를 두루 에워싸고 있었다.
(열왕기 하 6:17)

77. 나는 이러한 것에 관하여 선한 영들과 이야기를 나누었는데, 그들은 교회 안에서 천계와 영 그리고 천사 등에 관한 지식이 아주 결핍되어 있는 것을 개탄하고 노여워하였습니다. 그들은 모습이 없는 정신이나 에텔과 같은 영기가 아니라 모습이 진정 사람과 같아서 지상의 사람들과 꼭 같아서, 보고 듣고 느낄 수 있다고 긍정적으로 선언해 주기를 부탁하였습니다.*1)

제11장
전체로도 부분으로도 천계가 사람을 반영(反映)하는 것은 주님의 신령인간 때문이다

78. 천계에서는 그 전체건 부분이건 모두 주님의 신령인간(神靈人間·the Lord's Divine Human)에게서 인간 형체가 반영되고 있다는 것은 앞에서 논하고 제시한 모든 것들에서 결론지을 수 있겠습니다.

---

*1) 모든 천사가 주님에게서 비롯되는 신령질서의 그릇이므로, 천사는 사람의 형체 안에 있고, 또 그의 수용의 척도에 따라서 완전하고 아름답다(322·1880·1881·3633·3804·4622·4735·4797·4985·5199·5530·6054·9879·10177·10594항).
신령진리에 의하여 질서는 존재한다. 그리고 신령선은 질서의 본질(本質)이다(2451·3166·4390·4409·5232·7256·10122·10555항).

다음과 같은 것을 전장들에서 제시하였습니다. 즉 (1) 주님께서 천계의 하나님이시라는 것 (2) 주님의 신령존재가 천계를 이루고 있다는 것 (3) 천계가 무수한 사회들로 구성되어 있고, 각 사회는 작은 규모의 천계이고, 또 각 천사는 가장 작은 천계라는 것 (4) 천계 전체는 하나의 인간 형체를 반영한다는 것 (5) 천계의 각 사회도 한 사람의 형체를 하고 있다는 것 (6) 그러므로 각 천사도 또한 완전한 인간형체를 가지고 있다는 것. 이상 서술한 것에서 당연한 결론이 내려진다는 까닭은 천계를 이루고 있는 신령존재가 그 모습으로 보아 주님의 신령인간이기 때문입니다. 더구나 이 장 끝에 수록한 《천계비의》에서 발췌한 인용구절들을 보면 더 명확할 것입니다. 주님의 인성은 신령입니다. 그리고 교회 안에 있는 사람들이 믿는 바와 같이, 주님의 인성이 신령이 아니라는 것은 옳지 않다는 믿음을 가지고 증거한 《천계비의》와 《새 예루살렘과 그 천계적 교의》 마지막에 주님에 관한 장을 보면 그러한 불신앙이 옳지 않다는 것을 잘 알게 될 것입니다.

79. 그렇습니다. 내가 많은 경험에 의해서 이상과 같은 교회인들의 신앙 경향이 옳지 않다는 것을 증명하였는데, 그 중 몇 가지만 이야기하고자 합니다. 천계에서는 어떤 천사도 인간 모습을 가지지 않은 어떤 다른 존재로 신령존재를 지각한 적이 없습니다. 더욱 놀라운 것은 보다 높은 천계 안에 있는 천사들은 어떤 다른 방식으로도 신령존재에 대한 생각을 가질 수 없다는 것입니다. 이렇게 생각하지 않을 수 없는 필연성은 입류하는 신령 자체와 그들의 생각이 퍼져나가는 것과 조화되는 천계의 형체로부터 비롯되기 때문입니다. 천계에서 천사들의 생각은 모두 파급성이 있으며 그 파급성 여하에 따라 천사에게는 이지(理智·聰明)와 영지(英智·智慧)가 주어집니다. 그러므로 신령인간 자신은 자신 이외에서는 있을 수 없는 까닭에 천계에서는 모두가 주님을 시인합니다. 이것은 내가 천사들의 말을 들은 것만이 아니고 나 자신 천계의 지심한 곳에 있는 영기 안에 들리

위 올라가서 지각한 것입니다. 천사라 할지라도 그들의 영지(英智·智慧)가 고양(高揚)되면 그만큼 더 한층 밝히 지각됩니다. 즉 보다 슬기로운 천사들은 이 진리를 보다 더 확실하게 지각한다는 것은 아주 명백합니다. 그러므로 주님께서는 천사들에게 보여지는데, 천사의 모습 즉 사람의 모습으로 보여집니다. 신령존재를 보이지 않는 분으로 믿고 있는 사람들에게는 물론 그렇지 않습니다. 왜냐하면 전자는 자기들의 신령존재를 우러러 볼 수 있으나 후자는 그럴 수 없기 때문입니다.

80. 천사들은 보이지 않는 신령――그들은 모습이 없는 신령이라고 부른다――에 대한 지각(知覺·認識)이 없기 때문에, 그들은 사람의 모습으로 보이는 신령(a visible Divine)을 지각합니다. 그래서 그들은 이구동성으로 주님만이 사람이고 자기들은 주님께 의존해서만 사람이라는 것을 고백하고, 더 나아가서 하나 하나의 천사들은 주님을 수용하는 것에 의해서 보다 더 완전한 사람이 된다고 합니다. 주님은 선 그 자체요 진리 그 자체시기 때문에 주님을 받아들인다는 것이 주님에게서 비롯되는 선과 진리를 수용하는 것이다는 것을 잘 알고 있어서, 그런 수용을 영지(英知·智慧·*sapientia*·wisdom) 그리고 이지(理智·聰明·*intelligentia*·intelligence)라고 부릅니다. 그들은 또 사람이 사람되게 하는 것이 이지와 영지이고, 그러므로 이지도 영지도 없는 사람의 얼굴이 사람되게 하는 것이 아니라는 것을 누구나 주지할 것을 말하고 있습니다. 이것은 지심한 천계의 천사들을 보아서도 잘 알 수 있습니다. 그들은 주님의 선과 진리 안에 있기 때문에 이지와 영지를 구비하고, 인간의 가장 아름답고 완전한 모습으로 나타납니다. 좀 아래 천계에 있는 천사의 경우는 이보다 아름다움과 완전성이 약간 떨어집니다. 그와는 달리 지옥에 있는 자들은 사람의 형체로 보여지는 천계의 빛 안에는 거의 나타나지 않고 오히려 괴물처럼 나타나는데, 그들은 선과 진리 안에 있지 않고 악과 거짓 안에 있기 때문에 영지와 이지의 반대가 되고 있습니다. 그들의

생명은 생명이라고 일컫기 보다는 영적 죽음(靈的 死亡·spiritual death)이라고 하는 것이 더 좋겠습니다.

81. 천계가 부분적으로나 전체적으로나 주님의 신령인간으로 인하여 한 사람으로 반영되는 까닭에, 천사들은 자기들이 주님 안에 있다고, 또 어떤 이는 주님의 몸 안에 있다고 말하는데, 그것은 주님의 사랑의 선 안에 있다는 것을 뜻합니다. 주님께서도 다음과 같이 가르치십니다.

> 언제나 내 안에 머물러 있어라. 그러면 나도 너희 안에 머물러 있겠다. 가지가 포도나무에 붙어 있지 않으면, 스스로 열매를 맺을 수 없는 것과 같이, 너희도 내 안에 머물러 있지 않으면, 열매를 맺을 수 없다. … 너희는 나를 떠나서는 아무것도 할 수 없다. …너희가 나의 계명을 지키면, 나의 사랑 안에 머물러 있을 것이다. 그것은 마치 내가 나의 아버지의 계명을 지켜서 그 사랑 안에 머물러 있는 것과 같다.
> (요한 15:4-10)

82. 신령존재에 관하여 천계에서는 이상과 같이 지각하고 있기 때문에 신령존재를 사람의 형체로 생각하는 경향이 천계로부터의 입류를 어느 정도 받아들이는 사람 안에 활착되어 있습니다. 고대인들이 주님에 관해서 생각할 때 그러했고, 현대인도 교회의 안과 밖을 불문하고 그렇게 생각합니다. 단순한 사람은 주님 자신을 밝게 빛나는 빛 속에 있는 고대인(Ancient One)으로 이해하고 있습니다. 그러나 자기 자신의 영지(英智)나 악한 생활을 해서 천계로부터의 입류를 차단해 버린 사람은 모두 이 내적 통찰력(內的 洞察力·insight)을 말살해 버렸습니다. 자기 자신의 이지(理智)에 의거하는 사람은 하나님이 보이지 않는 분이 되기를 원하고, 악한 삶을 살고 있는 사람은 하나님의 존재를 부정합니다. 양자 모두가 이러한 통찰력을 잃고 있기 때문에 이 통찰력의 존재를 알지 못합니다. 그럼에도 불구하고

이 통찰력은 천상의 신령한 것으로서 원래 천계로부터 인간에게 입류해 오는 것입니다. 이와 같이 사람이 천계에 들어가도록 태어났으므로 신령에 대한 생각 없이 천계에 들어갈 수 있는 사람은 아무도 없습니다.

83. 이런 까닭에 천계에 대한 이해를 가지고 있지 않는 자 즉 천계를 만드신 신령존재에 대하여 올바른 생각을 가지고 있지 않는 사람은 천계의 문턱도 넘어설 수 없습니다. 이런 사람이 천계에 다다르면 반발과 저항을 느끼게 됩니다. 그것은 천계를 수용하기 위한 내면이 천계의 형체를 가지지 않고 닫혀져 있기 때문에 천계에 근접하면 할수록 그 마음은 한층 더 닫혀지게 되기 때문입니다. 소시니언주의 자들처럼 주님의 신령성을 부정하는 교회의 대부분의 사람들이 이 부류의 사람들 입니다. 교회 밖에 태어나서 성경말씀을 가지고 있지 않기 때문에 주님을 알지 못한 대부분의 사람들에 관해서는 뒤에 가서 설명하겠습니다.

84. 고대인들이 신령존재를 사람의 개념으로 가지고 있었다는 것에 대하여는 아브라함·롯·여호수아·기드온·마노아와 그 처에게, 그리고 다른 사람들에게 신령존재가 나타나셨다는 것에서도 잘 알 수 있습니다. 그들은 하나님을 사람으로 보았지만, 더 나아가서 전 우주의 하나님으로 그분을 예배하였고, 천지의 하나님, 즉 여호와라고 불렀습니다. 아브라함에게 나타나신 분이 주님 자신이셨음을 주님 자신이 요한복음에서(요한 8:56) 말씀하고 계시는데, 그 나머지 사람들에 대해서도 주님의 말씀에 의해서 명백히 입증됩니다.

> 일찍이 하나님을 본 사람이 없으나, 아버지의 품 속에 계시는 독생자 (=하나님이신 독생자께서)이신 하나님이 그분을 나타내 보이셨다.
> (요한 1:18; 5:37)

85. 하나님이 사람이라는 것은 겉사람(外的 人間·external man)의

감관(sense conception)에 의한 관념으로 모든 것을 판단하는 사람에게는 전혀 알 수 없습니다. 왜냐하면 관능적인 사람은 이 세상과 이 세상에 있는 것에 의해서 신령존재를 생각할 수밖에 없기 때문입니다. 그러므로 하나님이라든가 영으로서의 인간 따위에 관해서도 관능적으로나 자연적으로 밖에 생각할 수 없습니다. 이상에서 볼 때 관능적인 사람은 이렇게 결론을 내립니다. 만약 하나님이 사람이라면, 그분은 우주만큼 클 것이고, 또 만약 하나님이 하늘과 땅을 다스리신다면, 세상의 왕들이 하는 방법을 따라, 많은 다른 것들을 거쳐 그 일을 수행할 것입니다. 만약 그가 천계에는 이 세상과 같은 공간의 넓이가 없다는 말을 들으면 그것을 조금도 이해하지 못할 것입니다. 왜냐하면 그 사람은 자연과 자연적인 빛만으로 생각하기 때문에, 눈 앞에 있는 공간의 넓이를 기준으로 하는 것 외에는 전혀 상상조차 할 수 없기 때문입니다. 그러나 천계에 관해서 이런 식으로 생각한다면 대단한 실수입니다. 천계의 넓이는 이 세상의 공간과 다릅니다. 이 세상의 공간에는 한도가 있어서 측정이 가능하지만 천계의 넓이는 한도가 없으므로 측정이 불가능합니다. 다만 천계의 넓이에 대해서는 영계에서의 공간과 시간에 관해서 말할 때 다시 이야기하겠습니다. 여기 부연해서 말하고자 하는 것은, 모두 주저하는 사실이겠지만 시계(視界)를 넓혀서 태양과 별을 바라보면 그 만큼 시각이 아주 멀리 확장된다는 사실입니다. 그리고 깊이 생각하는 사람은 누구나, 사상에 속한 내적인 시각은 매우 넓은 시야를 가지며, 또한 더 한층 내면적 시각은 매우 넓게 확장된다는 것을 잘 알 수 있을 것입니다. 따라서 모든 것을 초월한 극히 내면적이고 최고의 경지에 있는 신령존재의 시각에 관해서는 그 때 무엇이라고 말하겠습니까? 사상들은 이러한 넓이가 있기 때문에, 천계에 있는 모든 천사는 서로 교류하고 더 나아가서 천계를 이루고 있고, 천계를 채우고 있는 신령존제에 속한 모든 것에 피급되고 있다는 것에 대해서는 전 장들에서 상술한 바와 같습니다.

86. 하나님은 보이지 않는 무엇(invisible something)이며 즉 어떤 형체도 취하지 않고 계신 분이라고 생각하는 사람들이 자신을 지성인이라고 생각하고, 그렇지 못한 사람들을 영지가 없는 불학무식(不學無識)한 사람이라고 말하는 것을 알고 천계의 천사들은 놀라고 한심스러워 합니다. 실은 그렇지 않습니다. 그들은 다음과 같이 말하고 있습니다. "자신을 지성인이라고 말하고 있는 사람은 마음 속을 감찰하고 깨닫게 될 것이지만 자연(自然·nature)을 하나님이라고 믿고 있는 것이 아닐까? 어떤 자는 눈 앞에 있는 자연을 하나님으로 모시고, 어떤 자는 눈 앞에 보이지 않는 자연을 하나님으로 모시고 있다. 하나님과 천사나 영들에 관해서, 사후에 계속 살아가는 자기의 영혼에 관해서도, 사람 안에 있는 천계의 생명도 모르고, 이지로 알 수 있는 각종의 것들에 대해서도 맹목적이며 아무것도 모릅니다. 그럼에도 불구하고 그들이 불학무식한 자라고 하는 사람들은 그들 나름대로 이상의 것을 모두 알고 있으며, 하나님이 사람의 모습을 하고 있는 신령존재이며, 천사가 천적인 인간이고, 자기의 영혼은 천사가 되어 사후에 계속 산다는 것, 그리고 신령계명을 따라 사는 것이야말로 사람 안에 있는 천계의 생명임을 알고 있다"고 말하고 있습니다. 천사들은 이 불학무식한 사람을 천계에 합당한 자라고 부르고, 전술한 사람들을 불학무식한 자라고 부릅니다.

주님과 주님의 신령인간에 관계되는
천계비의(天界秘義)에서 발췌한 인용귀절들

〔2〕 신령존재는 바로 수태시부터 주님 안에 내재해 있었다(4641·4963·5041·5157·6716·10125항).
주님 홀로 신령한 씨(種子)를 가지셨다(1438항).
그분의 영혼은 여호와시다(1999·2004·2005·2018·2025항).
따라서 주님의 지심(至深)한 것은 신령존재 자체이고, 그것의 피복

(被服)은 어머니에게서 비롯되었다(5041항).
신령존재 자체는 주님의 생명의 존재(存在·Being·*esse*)이고, 그 뒤 이것에서부터 인성이 나왔고, 또 이 존재에서부터 실체(實體·outgo·*existere*)가 되셨다(3194·3210·10269·10738항).
[3] 교회에는 성경말씀(聖言)이 있으며, 그것에 의하여 주님을 알 수 있고, 또 그것에 의하여 주님에게서 비롯된 주님의 신령함이나 거룩함은 도저히 부인될 수 없다는 것도 안다(2359항).
주님을 시인하지 않는 교회 안에 있는 사람들은 신령존재와의 결합을 결코 가질 수 없다. 그러나 이와는 달리 교회 밖에 있는 사람과의 결합은 가질 수 있다(10205항).
교회의 본질은 주님의 신성을 시인하는 것이고 또 아버지와 주님의 합일(合一)을 시인하는 것이다(10083·10112·10370·10730·10738·10816-10820항).
[4] 주님의 영광화(榮光化·榮化·glorification)이 성경말씀 여러 귀절에서 언급하였다(10828항).
성경말씀의 속뜻으로는 모든 곳에 있다(2249·2523·3245항).
주님께서는 그의 인간을 영화하셨지 신령존재를 영화하신 것은 아니다. 왜냐하면 이것은 그것 자체 안에서 영화되었기 때문이다(10057항).
주님은 그분의 인간을 영화하시기 위해서 이 세상에 강림하였다(3637·4287·9315항).
주님께서는 수태시부터 그분 안에 있었던 신령사랑을 방편으로 그의 인간을 영화하셨다(4727항).
이 세상에서의 주님의 삶은 온 인류를 향한 그분의 사랑이다(2253항).
주님의 사랑은 모든 사람의 이해를 초월한다(2077항).
주님께서는 그의 인간의 영화에 의해 온 인류를 구원히셨다(4180·10019·10152·10655·10659·10828항).

그렇지 않으면 전 인류는 영원한 죽음에서 완전히 멸망하였을 것이다(1676항).

주님의 영광과 겸비(謙卑)의 상태(1785·1999·2159·6866항).

주님에게 있어서의 영화는 그분의 인간과 신령존재의 결합을 가리키고, 영화되었다는 것을 신령하게 이루었다는 것을 뜻한다(1603·10053·10828항).

주님께서 그분의 인간을 영화하셨을 때 그분은 어머니에게서 비롯된 모든 인간적인 것을 벗으셨다. 즉 종국에 그분의 그녀의 아들이 아닐 때까지 인간적인 것을 벗으셨다(2159·2574·2649·3036·10830항).

〔5〕영원 전부터 하나님의 아들은 천계에 있는 신령진리를 가리킨다(2628·2798·2803·3195·3704항).

주님께서 이 세상에 계실 때 주님은 그의 인간을 그분 안에 내재했던 신령선으로부터 신령진리로 완성하셨다(2803·3194·3195·3210·6716·6864·7014·7499·8127·8724·9199항).

그 때 주님께서는 자신 안에 있는 것들을 모두 신령진리에 따라서 천계적 형체로 배열하셨다(1928·3633항).

이런 이유 때문에 주님을 신령진리를 가리키는 말씀(聖글·the Word)이라고 부른다(2533·2813·2859·2894·3393·3712항).

주님 홀로 자신에게서 비롯된 지각과 사상을 가지셨는데, 이것은 모든 천사적 지각이나 사상 보다 훨씬 뛰어난다(1904·1914·1919항).

주님 자신이신 신령진리를 주님께서는 자신 안에 내재한 신령선과 결합하셨다(10047·10052·10076항).

그 합일(合一)은 교호적이다(2004·10067항).

〔6〕이 세상에서 죽으시는 것으로 주님은 또한 그의 인간을 신령선으로 이루시었다(3194·3210·6864·7499·8724·9199·10076항).

이것이 아버지로부터 비롯된 그분의 오심과 아버지에게 되돌아 가셨다는 말의 뜻이다(3194·3210항).

이와 같이 그분은 아버지와 하나(一體) 되셨다(2751·3704·4766항).

그 신령진리와의 합일은 주님에게서 비롯되었다(3704·3712·3969·4577·5704·7499·8127·8241·9199·9398항).

신령진리가 어떻게 공포되었는지 그리고 그 실증들(7270·9407항).

주님께서 그분의 인간을 신령존재와 결합하신 것은 오로지 그분 자신의 능력으로 이룬 것이다(1616·1749·1752·1813·1921·2025·2026·2523·3141·5005·5045·6716항).

이상에서 볼 때 명확한 것은 주님의 인간은 다른 어떤 사람의 인간과 같지 않으며, 그 안에서 그 인간은 신령존재 자체로 말미암아 잉태되었다는 사실이다(10125·10825·10826항).

아버지와의 그분의 합일은 그분에게서 비롯된 그분의 영혼이다는 것은 두 인격적 존재(two persons) 사이가 아니라 영혼과 몸의 관계에서다(3737·10824항).

[7] 태고시대 사람들은 신령존재(神靈存在·the Divine Being·*esse*)를 예배할 수 없었고, 신령실체(神靈實體·the Divine Outgo·*existere*)을 예배할 수 있었는데 그 실체는 신령인간이요, 그러므로 주님은 신령존재에서 비롯된 신령실체가 되시기 위하여 이 세상에 강림하였다(4687·5321항).

고대시대 사람들은 신령존재께서 인간의 형체로 그들에게 나타나셨기 때문에, 신령존재를 시인하였는데, 이것이 신령인간이었다(5110·5663·6845·10737항).

무한존재(無限存在·the Infinit Being)는 신령인간의 방법으로 천사들에게 그리고 사람들에게 입류한다(1676·1990·2016·2034항).

천계에는 신령인간 이외의 다른 어떤 신령존재가 지각되지 않는다(6475·9303·10067·10267항).

영원 전부터 비롯된 신령인간이 천계 안에 있는 신령진리요, 친계를 통해서 온 신령존재이다. 따라서 그것은 신령실체인데, 그것은 그 뒤

주님 안에서 신령존재가 되셨다. 이것으로 말미암아 천계에는 신령
실체가 존재한다(3061·6280·6880·10579항).
주님 강림 이전의 천계의 상태(6371-6373항).
신령존재는 그것이 천계를 통해서 오기 전에는 지각되지 않는다
(6982·6996·7004항).
〔8〕 모든 지구들의 모든 주민은 인간 형체를 입으신 신령존재 즉 주
님을 예배한다(6700·8541-8547·10736-10738항).
그들은 하나님께서 실제적으로 사람(Man)이 되셨다는 것을 들었을
때 매우 기뻐하였다(9361항).
선 안에 있고, 인간 형체를 입으신 신령존재를 예배하는 사람들은
모두 주님께서 영접하신다(9359항).
하나님은 인간 형체 안에 존재하시는 것을 제외하면 생각되어질 수
없다. 또 이해되지 않는 존재는 어떤 개념도 형성되지 않으며, 그러
므로 믿음으로 형성될 수도 없다(9359·9972항).
사람은 몇가지 개념을 가졌을 때 예배할 수 있으나, 개념을 전혀 가
지지 못하면 예배는 전혀 불가능하다(4733·5110·5663·7211·9356
·10067·10267항).
그러므로 모든 지구들의 모든 주민으로부터 인간 형체를 입으신 신
령존재는 예배를 받으셔야만 된다. 이것은 천계에서 비롯된 입류의
결과이다(10159항).
삶에서 볼 때 선 안에 있는 사람은 그들이 주님에 관해서 생각하고,
또 신령인간을 생각하는 것이지, 신령존재로부터 유리된 그 인간
(the Human)을 생각하는 것은 아니다. 삶에서 볼 때 선 안에 있지
않는 사람의 경우는 이와는 다르다(2326·4724·4731·4766·8878·
9193·9198항).
오늘의 교회에서 삶에서 볼 때 악 안에 있고, 또 인애에서 분리된
믿음 안에 있고, 또 신령존재로부터 유리된 주님의 인간에 관해서
생각하는 사람들은 신령인간이 무엇인지 이해할 수 없다. 그들이 깨

닫지 못하는 이유(3212·3241·4689·4692·4724·4731·5321·6872·8878·9193·9198항).

주님의 신령인간은 아버지에 속한 존재 즉 그분의 영혼에서 비롯되었기 때문에 신령하다. 어린 아이들에게서 아버지의 닮음에 의한 실증(10269·10372·10823항).

주님의 신령인간은 신령사랑에서 비롯되었기 때문에 그 인간은 수태부터 그의 생명에 속한 존재이다(6872항).

모든 사람은 그 사람의 사랑과 같은 존재이고, 또 그 사람의 사랑이다(6872·10177·10284항).

주님은 내적으로나, 외적으로나 그의 모든 인간적인 것을 신령하게 만드셨다(1603·1815·1902·1926·2083·2093항).

그러므로 다른 사람과 달리, 그분은 온몸 전체를 다시 살리셨다(1729·2083·5078·10825항).

[9] 주님의 신령인간이 신령하다는 것은 성만찬에서 그분의 무소부재(無所不在)에 의하여 시인된다(2343·2359항).

제자들 앞에서의 그분의 변화에서(3212항).

구약의 성경말씀에서부터 그분은 하나님이라고 지칭되었다(10154); 또 여호와라고 호칭되었다(1603·1736·1815·1902·2921·3035·5110·6281·6303·8864·9194·9315항).

문자적인 뜻에서는 아버지와 아들 사이 즉 여호와와 주님 사이에는 엄연한 구별이 있다. 그러나 천계의 천사들이 가지고 있는 성경말씀의 속뜻으로는 구별이 없다(3035항).

기독교계에서는 주님의 신령인간이 신령하지 않다고 주장한다. 이같은 것은 교황의 목적 때문에 공의회에 행해진 것인데, 그것은 주님의 대리자(the Lord's vicar)로 인정받기 위해서다(4738항).

[10] 기독교인들은 저 세상에 한 분 하나님에 대한 관념에 대해서 시험을 치루는데, 그것은 세 분 신들(gods)의 개념을 고수하는 것으로 밝혀졌다(2329·5256·10736−10738·10821항).

성 삼위일체 즉 한 인격 안에 있는 삼위(三位)는 한 분 하나님으로 이루어진다는 것은 상상할 수는 있으나, 세 인격들 안에 있지 않다는 것은 상상할 수 없다(10738·10821·10824항).
주님 안에 계신 성삼위는 천계에서 시인된다(14·15·1729·2004·5256·9303항).
주님 안에 계신 삼위는 아버지라 칭하는 신령존재 자체이고, 아들이라고 부르는 신령인간이요, 거룩한 성령이라고 칭하는 신령발출(神靈發出)이다. 이 신령삼위는 한 분이시다(2149·2156·2288·2319·2329·2447·3704·6993·7182·10738·10822·10823항).
주님 자신은 아버지와 그는 하나다라고 가르치신다(1729·2004·2005·2018·2025·2751·3704·3736·4766항); 또한 거룩한 신령은 그분에게서 비롯되었고 그분의 것(His)이다(3969·4673·6788·6993·7499·8127·8302·9199·9228·9229·9264·9407·9818·9820·10330항).
[11] 신령인간은 천계에 입류하시고, 천계를 완성하신다(3038항).
주님은 천계 안에 계신 모든 존재(the all)이고, 천계의 생명이시다(7211·9128항).
천사들 안에 계신 주님은 그분 자신의 것 안에 사신다(9338·10125·10151·10157항).
결론적으로 천계 안에 있는 사람들은 주님 안에 있다(3637·3638항).
천사와 주님의 결합은 주님에게서 비롯된 그들의 사랑에 속한 선과 인애의 수용에 의해 측정된다(904·4198·4205·4211·4220·6280·6832·7042·8819·9680·9682·9683·10106·10810항).
온 천계를 주님과 관계를 갖는다(551·552항).
주님은 천계의 공통된 중심이다(3633·3641항).
천계에 있는 것들은 모두가 그들 스스로 주님을 향해 있는데, 주님은 천계들 보다 위에 계신다(9828·10130·10189항).

그럼에도 불구하고 천사들은 스스로 주님을 향하지 않지만 그러나 주님은 그들을 주님 자신에게 향하도록 하신다(10189항).

천사의 현존은 주님과 같이 하지 않지만 그러나 주님의 현존은 천사와 같이 한다(9415항).

천계에서는 신령존재 자체와의 결합은 결코 없지만 신령인간과의 결합은 있다(4211·4724·5663항).

[12] 천계는 주님의 신령인간과 대응되고, 따라서 일반적으로 천계는 단 한사람처럼 존재한다. 그런 이유로 천계를 대인(大人間·the Greatest Man)이라고 칭한다(2996·2998·3624－3649·3741－3745·4625항).

주님만이 오직 사람이시다. 다만 주님에게서부터 신령존재를 수용한 사람만이 사람이다(1894항).

그들이 수용한 것만큼 그들은 사람이고, 또 주님의 형상이다(8547항).

그러므로 천사들은 사람의 형체 안에 있는 사랑과 인애의 형체들이다. 그리고 이것은 주님에게서 비롯된다(3804·4735·4797·4985·5199·5530·9879·10177항).

[13] 전 천계(全天界)는 주님의 것이다(2751·7086항).

주님은 천계나 또는 지상에서 모든 권능을 가지셨다(1607·10089·10827항).

주님께서 전 천계를 다스리시기 때문에, 그분은 또한 거기에 의존하는 모든 것들을 다스리신다. 따라서 이 세상에 있는 모든 것을 다스리신다(2025·2026·4523·4524항).

주님 홀로 지옥을 제거하시고, 악에서부터 빼어내시고, 선 안에 간직하시고 즉 구원하시는 권능을 소유하셨다(10019항).

제12장
천계의 모든 것들과 사람의 모든 것들
사이에는 대응이 있다

87. 대응(對應·correspondence)이 무엇인지 오늘날 알려져 있지 않는 데는 많은 이유들이 있습니다. 그 주된 이유는 사람이 자아애(自我愛·love of self)와 세간애(世間愛·love of the world)로 말미암아 자신을 천계로부터 이탈하게 한 것입니다. 왜냐하면 자기와 세상을 무엇보다도 더 사랑하는 사람은 오로지 이 세상의 사물(事物)들밖에 보이지 않고, 또 이 세상의 사물들이 외적 감각에 친숙하게 되어 있어서 자기의 자연적인 바람에 맞기 때문에, 내적인 감각에 친숙하며 마음을 기쁘게 해주는 영적인 사물들에게는 눈도 돌리지 않기 때문입니다. 그러므로 그들은 영적인 것들을 내동댕이치면서, 그것들은 이해할 수 없을만큼 높은 데 있다고 말합니다. 고대인들의 경우는 그렇지가 않았습니다. 그들에게는 대응의 지식이야 말로 최고의 지식이었습니다. 대응을 방편으로 해서 그들은 이지와 영지를 획득하였습니다. 교회에 속한 사람들은 이 방편 즉 대응에 의해서 천계와 교류를 가졌는데 그 이유는 이 대응의 지식이 천사의 지식이기 때문입니다. 천적인 사람들 즉 태고시대 사람들은 천사들이 그러했던 것 같이 대응 자체에 의해서 생각하였습니다. 그러므로 그들은 천사들과 대화를 했고, 주님께서 자주 자주 그들에게 모습을 드러내셨으며, 그들은 주님으로부터 가르침을 받았습니다. 그러나 오늘날에 와서는 이 대응의 지식이 완전히 상실되었으므로 누구도 대응이 무엇인지를 모릅니다.*[1]

---

*1) 대응의 지식은 다른 지식에 비하여 매우 월등하다(428항).

88. 그러니까 대응이 무엇인지를 깨닫지 않고서는 영계가 무엇인지도 알 수 없으며, 영계가 자연계에 영향을 주고 있는 것이나 영계와 자연계의 관계 또 영혼이라고 불리워지는 인간의 영에 대해서도, 육체 안의 영의 활동에 대해서도, 또 인간의 사후 상태 등에 대해서도 명확한 그 어떤 지식을 가질 수 없습니다. 그러므로 대응이 무엇이며 그 본성이 어떠한지를 설명할 필요가 있겠습니다. 아마 이 설명이 이하에서 이야기 하려고 하는 것을 위한 길잡이가 될 것이라고 생각합니다.

89. 첫째, 대응이 무엇인지를 말하겠습니다. 온 자연계는 영계와 대응되는 관계에 있습니다. 그것은 자연적 세계 전체 뿐 아니라 또 개개의 부분들까지도 영계와 대응이 됩니다. 결과적으로 자연계의 모든 것들을 영계에서 생겨나는 대응(correspondent)이라고 부릅니다. 자연계가 영계로부터 생겨나서, 계속하여 존재하게 되는 것이 원인과 결과의 관계로 되어 있다는 것이 확실하게 이해되어야 합니다. 태양 아래 널리 퍼져 있고, 태양으로부터 빛과 볕을 받는 모든 것을 자연계라고 합니다. 그리고 그것에서 생존을 얻어내는 것들은 그 세계에 속한 것입니다. 그러나 영계는 천계이고, 천계 안에 있는 모든 것은 영계에 속합니다.

90. 사람은 이 최대의 세계를 본뜬 최소의 세상인 천계와 이 세상 두 세계에 존재하기 때문에(57항 참조), 그 사람 안에는 영계와 자연계가 마음에 속하고, 이해와 의지에 관계를 갖는 내면적인 것들(interior things)은 영계를 형성합니다. 그러나 사람의 몸에 속하고, 그 감각과 그 활동들에게 관계되어 있는 외면적인 것들은 그 사람의 자연계를 구성합니다. 그러므로 영계에서(즉 그의 마음에서, 그리고 그것의 이해와 의지에서) 그것의 존재를 얻고 있는 자연계 안에(즉 그의 육체와 그것의 감관과 활동 안에) 있는 모든 것들을 대응된 것(a correspondent)이라고 부릅니다.

91. 사람의 얼굴에서 대응이 무엇인지를 이해할 수 있습니다. 사

람의 얼굴에는 자기 자신을 감출 수 없도록 되어 있으며, 마음에 속한 모든 정동들이, 그들의 모양 안에 있는 것과 같이, 자연적 형체 안에서 자기 자신을 보이기 위하여 나타내 보여줍니다. 이 때문에 사람의 얼굴이 마음의 거울(index)이라고 일컬어집니다. 즉 사람의 마음은 자연계 안에 나타내 보인 그의 영계입니다. 그와 같이 이해에 속한 것은 언어에 나타내지고 의지에 속한 것은 육체의 동작에서 나타내 보여집니다. 그러므로 얼굴, 언어 또는 육체적인 동작 등등 육체 안에서 열매맺는 결과는 무엇이든지간에 대응이라고 부릅니다.

92. 이 모든 것이 속사람과 겉사람이 무엇인지를 알려 줍니다. 즉 사람의 속사람은 영적 인간이라 하고, 겉사람을 자연적 인간이라고 부릅니다. 그리고 속사람은 마치 천계가 이 세상과 구별되듯 겉사람과는 전혀 다릅니다. 또한 겉사람 즉 자연적인 사람에게서 생겨지고 존속해가는 것은 모두가 속사람 즉 영적 인간에게서 비롯되고 존속됩니다.

93. 지금까지는 사람의 속사람 또는 영적 인간과 겉사람 또는 자연적 인간의 대응에 관하여 언급하였는데 이제는 온 천계와 사람에게 속한 모든 것들의 대응을 다루기로 하겠습니다.

94. 앞에서 전체 천계가 한 사람을 반영하고, 한 사람의 모습으로 존재하므로 최대인간(最大人間·Greatest Man)이라고 부른다고 상술하였습니다. 또 천계를 구성하는 천사들의 사회들이 마치 사람 안에 있는 지체들, 기관들 그리고 내장들처럼 배열되어 있습니다. 그 중 어떤 것은 머리에, 어떤 것은 가슴에, 어떤 것은 팔, 어떤 것은 그 개별적인 신체 각 부분에 배열되어 있다(59-72항 참조)는 것도 설명하였습니다. 즉 어떤 지체에 속해 있는 사회들은 사람 안의 서로 닮은 지체와 대응됩니다. 즉 머리 안에 있는 사회는 사람의 머리에 대응되고, 가슴 안에 있는 사회는 사람의 가슴에, 팔 안에 있는 사회는 사람의 팔에 대응되는 등, 그와 같이 서로 대응됩니다. 사람은 이 대응으로 말미암아 영원한 존재가 되는데, 그 까닭은 사람이 천계로

말미암아서만 영원한 존재가 될 수 있기 때문입니다.

95. 천계가 두 왕국으로 나뉘어져 있고, 그 하나는 천적 왕국이라 하고, 다른 하나를 영적 왕국이라고 한다는 것은 앞에 두 장에서 이해하였을 것입니다. 천적 왕국은 일반적으로 심장과, 몸 전체 안에 있는 심장에 속한 모든 부분들에 대응되고, 영적 왕국은 폐장과 몸 전체 안에 있는 폐장에 속한 부분들에 대응됩니다. 이와 마찬가지로 사람 안에서 심장과 폐장은 두 왕국을 형성합니다. 심장은 동맥과 정맥을 통해서 다스리고, 폐장은 신경계 섬유와 운동계 섬유를 통해서 다스립니다. 이 양자는 모두 노력과 운동을 가지고 다스립니다. 사람에게서 그러하듯, 영적 인간이라고 칭해지는 그 사람의 영계에서도 두 왕국이 있으며, 하나는 의지의 나라요 다른 하나는 이해의 나라입니다. 의지는 선을 향한 정동들을 통해서 다스리고, 이해는 진리를 향한 정동들을 통해서 다스립니다. 이 두 왕국들은 육체에 있는 심장과 폐장의 나라에 대응됩니다. 천계에서도 다를 바 없습니다. 천적 왕국이 천계의 의지적 부분이고 그 의지 안에서는 사랑에 속한 선이 다스립니다. 그리고 영적 왕국은 천계의 이지적 부분인데, 거기서는 진리가 다스립니다. 이것들이 바로 사람 안에서 심장과 폐장이 하는 기능들에 대응되는 바입니다. 이렇기 때문에 성경말씀에서는 "심장"이 의지를 표의(表意)하고 또 사랑에 속한 선을 표의합니다. 또 폐장의 호흡은 이해와 믿음의 진리를 표의합니다. 동일한 이유로 정동들이 심장의 탓으로 돌려지고 있으나 그것들이 결코 심장 안에 있거나 심장에게서 오는 것은 아닙니다.*[1]

---

*1) 경험에서 볼 때 최대인간에게 있어서 심장과 폐장의 대응은 천계를 가리킨다(3883-3896항).
　심장은 천적 왕국 안에 있는 것들에 대응되고, 폐장은 영적 왕국 안에 있는 것들에 대응된다(3885-3887항).
　내면적이기는 하지만 천계에는 심장에 속한 것과 유사한 고동(鼓動)이 있고, 폐장에 속한 것과 유사한 호흡이 있다(3884·3885·3887항).

제1편 천 계

96. 천계의 두 왕국이 심장과 폐장에 대응되는 것은 사람에게 있어서 일반적인 천계의 대응입니다. 그리고 각각의 지체들, 기관들 그리고 내장들과의 관계에서는 덜(less) 일반적인 대응이 있는데 이것에 관해서도 설명하겠습니다. 천계이신 최대인간 머리 안에 있는 사람들이 다른 어떤 사람들 보다 선함에 있어서 우월합니다. 즉 사랑 안에 있고, 평화와 천진성, 영지와 이지 안에 있고, 따라서 기쁨과 행복 안에 있습니다. 이것들이 사람의 머리와 머리에 속한 것들 안으로 입류하고, 그 부분들에게 대응됩니다. 최대인간 즉 천계에 있어서 가슴 부분에 있는 사람들은 인애와 믿음의 선 안에 있고, 그들이 사람의 가슴 안으로 입류하고 그것에 대응됩니다. 최대인간 즉 천계 안에서 허리 부분과 생식기능에 속한 기관 안에 있는 사람들은 혼인애 안에 있습니다. 발에 있는 사람들은 영적 자연적 선(spiritual natural good)이라고 일컫는 천계의 가장 낮은 선 안에 있습니다. 팔과 손에 있는 사람들은 선에서 비롯된 힘 안에 있습니다. 눈들 안에 있는 사람들은 이해 안에 있고, 귀들 안에 있는 사람들은 주의해서 듣고 순종하는 것 안에, 그리고 코 안에 있는 사람들은 감지력을 가지고 있습니다. 입과 혀 부분에 있는 사람들은 이해와 지각으로 인해서 대화할 수 있는 능력 안에 있습니다. 신장 안에 있는 사람들은 탐구하고 분별하여 수정하는 진리 안에 있습니다. 간장이나 췌장 그리고 비장 안에 있는 사람들은 선과 진리의 갖양한 정화(淨化) 안에

심장의 고동은 사랑의 상태에 따라서 변하고, 폐장의 호흡은 인애와 믿음의 상태에 따라서 변한다(3886·3887·3889항).
성경말씀에서 "심장"은 의지를 뜻하고, "마음으로부터"(from heart)라는 말씀은 의지에서부터라는 것을 뜻한다(2930·7542·8910·9113·10336항).
성경말씀에서 "심장"은 역시 사랑을 뜻하고, "마음으로부터"(from heart)라는 말씀은 사랑으로부터라는 것을 뜻한다(7542·9050·10336항).

있습니다. 다른 부분에 관해서도 모두 이와 같습니다. 이 모두가 사람의 걸맞는 부분들에게 입류하고 그것들에게 대응됩니다. 이 천계의 입류는 신체의 지체들이 가지는 기능들과 선용들 안으로 행해집니다. 선용들은 영계로부터 입류되는 고로 자연계 안에서처럼 방편을 통해서 모습을 취하며, 이런 이유 때문에 대응이 존재합니다.

97. 동일한 이유로 해서 성경말씀에서는 지체, 기관 그리고 내장이 그 기능과 같은 뜻을 가지고 있습니다. 왜냐하면 성경말씀에서는 대응에 일치하여 의미를 가지기 때문입니다. 즉 "머리"는 이지와 영지를, "가슴"은 인애, "허리"는 혼인애, "팔과 손"은 진리의 힘, "다리"는 자연적인 것, "눈"은 이해, "코"는 지각, "귀"는 순종, "신장"은 진리의 탐구 등등을 의미합니다.[*1] 보통 대화에서 이지적이고 지혜로운 사람들은 머리가 좋다고 말합니다. 또 인애스러운 사람은 배가 맞는 친구라고 하고, 지각이 우수한 자는 코가 예민하다고 하고, 이지적인 사람은 눈빛이 예리하다고 하고, 힘이 있는 사람은 손바닥이 크다고 하고, 자기 의지로써 사랑하는 사람은 심장으로 말미암아 행하였다고 말합니다. 이상과 같이 사람의 입에 회자(膾

---

*1) 성경말씀에서 "가슴"은 인애를 뜻한다(3934·10081·10087항).
 "허리"와 생식기관은 혼인애를 뜻한다(3021·4280·4462·5050–5052항).
 "팔"과 "손"은 진리의 힘을 뜻한다(878·3091·4931–4937·6947·7205·10019항).
 "발"은 자연적인 것을 뜻한다(2162·3147·3761·3986·4280·4938–4952항).
 "눈"은 이해를 뜻한다(2701·4403–4421·4523–4534·6923·9051·10569항).
 "코"는 지각을 뜻한다(3577·4624·4625·4748·5612·8286·10054·10292항).
 "귀"는 순종을 뜻한다(2542·3869·4523·4653·5017·7216·8361·8990·9311·9397·10061항).
 "신장"은 진리의 탐구를 뜻한다(5380–5386·10032항).

炙)되고 있는 많은 것들이 대응에서 비롯된 것이며, 사람들은 그 사실에 관해서 무지하지만 이것들 모두가 다 영계에서 온 것입니다.

98. 나는 경험을 통해서 천계에 있는 모든 것들과 사람이 가지고 있는 모든 것들이 상술한 것과 같이 대응되고 있음을 알았습니다. 이런 종류의 경험이 되풀이 되는데 따라서 아무런 의심이나 의문도 없이 그저 내 확신은 굳어졌습니다. 그러나 이러한 경험들을 전부 수록한다는 것은 그 수량 때문에 불가능합니다. 그런즉 상세한 것은 《천계비의》 안에 수록한 대응, 표징, 영계로부터 자연계에로 흐르는 입류, 영혼과 육체의 교류에 관해 설명하는 장에서 알 수 있을 것입니다.*1)

99. 인체의 각 부분이 천계의 모든 것들에 대응되고 있지만, 사람이 천계의 형체라는 것이 그 사람의 겉모양을 두고 한 말이 아니라 사람의 내면적인 것에 관해서 한 말입니다. 왜냐하면 사람의 내면적인 것들은 천계를 수용하지만 외면적인 것은 세상을 수용하기 때문입니다. 그래서 사람이 내면적으로 천계를 수용하는 고로 그만큼 그 내면적인 것은 최대인간의 모습을 본떠서 가장 작은 모습의 천계가 됩니다. 사람의 내면적인 것이 천계를 수용하지 않으면 그만큼 세상을 수용하는 그의 외면적인 것이 있다고 하더라도, 천계도 최대인간의 모습도 아니고 세상질서를 따르는 형체 즉 각양한 아름다움을 나

---

*1) 경험에서부터 최대인간 즉 천계가 일반적이든 개별적이든 육체의 모든 기관에 대응된다(3021·3624−3649·3741−3750·3883−3895·4039−4054·4218−4228·4318−4331·4403−4421·4523−4533·4622−4633·4652−4660·4791−4805·4931−4954·5050−5061·5171−5189·5377−5396·5552−5573·5711−5727·10030항).
모든 경험에서부터 영계에서 자연계에의 입류 또는 천계에서 이 세상에의 입류, 영혼에서 육체에 속한 모든 것들에의 입류(6053−6058·6189−6215·6307−6326·6466−6495·6598−6626항).
경험에 의한 영혼과 육체의 교류(6053−6058·6189−6215·6307−6327·6466−6495·6598−6626항).

타내고 있는 형체 안에 있게 될 것입니다. 육체에 속해 있는 외적인 아름다움(美)의 근원은 부모 안에 있고, 또 자궁에서 형성되며, 그 후에는 세상에서 오는 일반적인 입류에 의해서 보전됩니다. 이런 이유로 사람의 자연적인 형체는 그의 영적 인간의 형체와는 엄청나게 다릅니다. 사람의 영의 형체가 무엇인지를 때때로 본 적이 있습니다. 겉으로 나타난 외모로는 아름답고 매력적으로 보이는 사람 안에서 그 영은 보기 흉하게, 검고 괴물처럼 기괴한 모습으로 보인 적이 있습니다. 그 모습은 지옥의 형체였고, 천계적이지는 않았습니다. 그러나 별로 아름답지 않은 얼굴을 한 사람 안에서는 아름답게 그리고 순수한 천사적인 모습을 이루고 있는 영이 있었습니다. 더욱이 사람의 영은 그가 지상에 사는 동안 그 육체 안에 있었던 것과 같이 사후에 나타납니다.

100. 그러나 대응은 사람에게 있어서 뿐만 아니라 더 광범위하게 적용됩니다. 왜냐하면 천계는 서로 서로에게 대응되기 때문입니다. 중간의 이층천은 지심한 천계 즉 삼층천과 대응이 되고, 극외부의 천계 즉 일층천은 중간 천계 즉 이층천과 대응이 됩니다. 그리고 이 극외부의 천계는 인체의 사지, 기관 그리고 내장이라고 불리워지는 부분에 대응이 됩니다. 이리하여 천계는 최종적으로 인간의 육체에 와서 끝을 맺게 되며 또 인간의 육체를 토대로 해서 그 위에 서 있습니다. 다만 이 비의에 대해서는 다른 장에서 설명하겠습니다.

101. 특별히 주지하지 않으면 안 될 것이 있습니다. 천계와의 대응이 모두 주님의 신령인간과의 대응이라는 것입니다. 그것은 전장들에서 누누히 말했듯이 천계가 주님 당신에게서 태어났고, 주님 당신이 천계라는 것 때문입니다. 왜냐하면 만약 신령인간이 온 천계에 두루 침투해서 대응에 의하여 지상 만물에 와 닿지 않으면, 천사도 사람도 존재하지 못한다는 것에서 명백해졌습니다. 여기서 우리는 주님께서 왜 사람이 되시고, 처음부터 최후까지 한 인간으로서 신령인간을 입으셨는지를 확실하게 알게 되었습니다. 다시 말해서 천계

가 비롯된 신령인간은 주님의 강림 이전에 존재하였습니다. 천계의 토대가 되는 인간이 질서를 뒤바꾸고 파괴했기 때문에 그대로는 만사를 지탱한다는 것이 충분하지 않게 되었습니다. 주님 오시기 전의 신령인간이 무엇인가, 그 때의 천계의 상태는 어떠하였는가에 대해서는 앞 장의 부분을 참조하시기 바랍니다.

102. 천사들은, 만사를 자연에 돌리고 신령존재에게 돌리지 않는 사람이 있거나, 천계의 아름다운 모습을 가지고 있는 인체가 자연의 집합체라고 하든가, 인간의 이성이 자연에서 생겨났다고 하는 식으로 믿는 사람이 있다는 이야기를 듣게 되면 귀를 의심할 만큼 놀라워합니다. 조금이라도 마음을 고양(高揚)한다면 이상 말한 것들이 자연에서 오는 것이 아니라 신령존재에게서 왔다는 것을 알 수 있습니다. 또 자연에 의하여 지어졌다는 것은 몸에 영을 지니기 위함이니, 결국 질서의 최종단계로 대응에 의하여 영을 지탱하기 위함이다는 것을 알 수 있을 것입니다. 그렇지만 이상과 같은 사람은 흑암 속에서는 보이지만 광명한 빛 안에서는 아무것도 볼 수 없는 부엉이에 비길 수 있습니다.

제13장
천계와 지상의 만물 사이에는 대응이 있다

103. 앞 장에서 무엇이 대응인지를 말했고 동시에 사람이 가지고 있는 동물적인 육체의 각 부분이나 전체에 걸쳐서 대응이 있다는 것도 말하였습니다. 다음 단계로 이제 지상 만물 즉 우주 전반에 걸쳐 있는 만물들에 대응이 있다는 것을 설명하겠습니다.

104. 지상에 있는 모든 것들은 세 종류의 세계(王國)로 분류되고 있습니다. 다시 말하면 동물계, 식물계 그리고 광물계가 그것입니다.

동물계의 모든 것들은 살아 있다는 것 때문에 첫째 계도에 존재하는 대응입니다. 식물계의 것들은 그것들이 단지 성장이 있을 뿐인고로 둘째 계도에 존재하는 대응입니다. 광물계의 것들은 생명도 그 성장도 없기 때문에 셋째 계도에 존재하는 대응입니다. 동물계 안에서 대응이 되는 것에는 지상을 걸어 다니는 것들이나 기어다니는 것들 그리고 공중을 나는 여러 종류의 동물들이 있습니다. 이것들에 대하여는 잘 알려져 있기 때문에 일일이 거명할 필요가 없겠습니다. 식물계에 있는 대응들은 정원과 논밭과 초장(草場)들에서 증식되고 풍성하게 되는 모든 것들입니다. 이것들에 대하여도 주지되고 있는 까닭에 일일이 설명하지 않겠습니다. 광물계 안의 대응들은 고급스러운 금속과 덜 고급스러운 금속들 그리고 보석과 그렇지 못한 돌들, 각양한 토양과 물이 되겠습니다. 이 밖에도 여러 가지 먹이, 의류, 가옥들 그리고 다른 건축물들과 같은 인공으로 씀씀이(use)를 위하여 가공된 것들에게도 대응이 있습니다.

105. 대지(大地) 위에도 해와 달 그리고 별들이 빛을 발하고 있고 대기 가운데 구름과 안개와 번개와 뇌성들 역시 대응들이 있습니다. 또 태양이 원인이 되어서 생겨지는 빛과 그림자, 덥고 추위가 있어서 대응이 됩니다. 또 태양의 운행으로 인해서 생겨지는 춘하추동의 사계절들이 있고, 아침과 낮, 그리고 밤과 낮과 같은 일시가 있는데 그것들에도 대응이 있습니다.

106. 한마디 말로 해서, 자연 안에 존재하는 것들에게는 그 작고 큼에 관계 없이 모두에게 대응이 있습니다.*[1] 이 모든 것들이 대응

---

*1) 세상에 있는 만물과 또 그것의 삼계(三界·三王國)는 천계에 존재하는 천적인 것들에 대응된다. 즉 자연계 안에 있는 것들은 영계 안에 있는 것들에 대응된다(1632·1881·2758·2760-2763·2987-3003·3213-3227·3483·3624-3649·4044·4053·4116·4366·4939·5116·5377·5428·5477·9280항).

이라는 것은 자연계에 존재하는 만유가 영계에 의해서 존속하고 또 자연과 영의 양계가 신령존재에 의해서 존속되기 때문입니다. 여기서 존속된다는 말을 했는데 그 까닭은 만물은 어떤 것이 발생하는 것으로부터 존속하기 때문에, 존속(存續)이란 영속적인 존재라는 말이 됩니다. 그리고 어떤 것이든 자기 스스로, 자기 힘으로 존속할 수 없습니다. 자기 보다 선재(先在)하는 것 즉 최초에 있는 것으로 말미암아 존속되고 있습니다. 그 선재하는 것에서 분리되면 아예 소멸되고 맙니다.

107. 신령질서에 의거하여 발생하고 존속하는 자연계의 사물은 다 대응을 가리킵니다. 신령질서는 주님에게서 유출되는 신령선에 의하여 기인(起因)됩니다. 신령질서는 주님 안에서 시작되며, 주님에게서 천계를 통하여 순차적으로 지상에로 발출되어 와서, 최외부의 것들에게서 끝나고 있습니다. 질서에 의거해서 지상에 있는 것들은 사물마다 대응을 가리킵니다. 또 이와 같은 질서를 따라 선용되기 위한 것들 즉 선함과 완전함을 가지는 모든 것들이 있습니다. 그 까닭은 선이란 사물이 얼마나 선용되는가 하는 그 만큼 선이기 때문입니다. 그리고 진리가 선의 형체(form)이기 때문에 선의 형체는 진리와 관계됩니다. 그렇기 때문에 온 우주와 이 세상 자연 안에 있는 만물은 신령질서에 따르고 있으며 선과 진리를 반영하고 있습니다.*1)

108. 동물계와 식물계 안에서 보는 하나 하나의 현상에서 분명한 즉 확신하게 되는 것은 세상에 있는 것은 모두 신령존재로부터 존재

대응에 의하여 영계와 결합되어 있다(8615항).
그 이유는 모든 자연은 주님 왕국에 속한 하나의 표징적 현장이다(2758·2999·3000·3483·4938·8848·9280항).
*1) 우주 안에 있는 모든 것 즉 천계와 자연계 안에 있는 모든 것들은 질서와 일치하는데, 그것은 선과 진리에 관계된다(2451·3166·4390·4409·5232·7256·10122항).
그리고 그 어떤 것이 되기 위하여 이들의 결합과 관계된다(10555항).

하며, 그 하나 하나가 자연 안에 존재할 수 있도록 자연 안에 있는 것으로 감싸져 있고, 또 선용을 완수할 수 있도록, 따라서 대응되고 있다는 것입니다. 동식물의 세계를 내면으로부터 생각해 보면 누구라도 알 수 있겠지만, 양계에 있는 사물들은 천계로부터 존재하게 되었다는 것을 알 수 있습니다. 이런 것을 예증하기 위한 것이 헤아릴 수 없이 많은데 그 중에 몇 가지만 예로 설명하고자 합니다. 먼저 동물계에서 살펴보겠습니다. 말하자면 모든 동물 안에는 어떤 지식이 천성으로 새겨져 있다는 것입니다. 꿀벌은 꽃에서 꿀을 모으고 밀랍으로 둥지를 틀고 그 안에 꿀을 저장합니다. 그것은 곧 밀어 닥칠 겨울을 대비해서 가족들의 식량을 확보하기 위해서 입니다. 여왕벌은 거기에 알을 낳고 다른 벌들은 그들의 자손이 부화되어 나오는 것을 대비해서 알들을 돌보고 감싸고 있습니다. 이 벌들은 본능으로 알고 있는 관리 체제 아래서 살아갑니다. 그들은 일벌들은 살아 남게 되고, 쓸모가 없는 수벌들은 날개를 뜯어내고 둥지 밖으로 쫓겨납니다. 선용을 위하여 천계로부터 벌들에게 심어준 이와 같은 여러 가지 놀라운 것들 말고도 그들이 만들어낸 밀납은 언제 어디서나 촛불을 밝힐 수 있도록 인류를 위한 선용이고 꿀 역시 먹거리에 단 맛을 더해주는 선용입니다.

〔2〕동물계에서도 가장 미물인 누에의 경우를 보면, 그들은 그들에게 알맞은 나뭇잎에서 먹이를 얻고, 때가 되면 막을 쳐서 자신을 감싸고, 태 안에 들어 있듯 자기의 새끼를 부화합니다. 다른 유충은 처음에 번데기가 되고, 실을 내서, 천신만고(千辛萬苦) 끝에 변신을 하고 날개를 달고서는 천계에라도 들어가듯 공중을 훨훨 날으며 짝짓기도 하고, 알을 낳아서, 자손을 이어갑니다.

〔3〕이밖에도 일반적으로 날아다니는 동물들의 경우를 보겠습니다. 그들은 자기들에게 영양이 되는 먹이가 어떤 것이며, 그것이 어디 있는지를 압니다. 각각 자신들에게 걸맞는 둥지를 틀고, 알을 낳아서 부화하고 새끼들을 먹이고, 자기들의 힘으로 살아갈 수 있게 되면

둥지에서 내보냅니다. 이것들은 새끼 때부터 피해야 할 적과 사귈만한 벗을 구별합니다. 알 속에는 자기 자신의 법칙을 따라 부화되어 나오는 새끼들의 생장과 양육이 모두 구비되어 있어서 그 놀라운 사실에는 입을 다물 수가 없습니다. 이 밖에도 물론 또다른 것들이 수없이 많습니다.

〔4〕 이성을 가진 사람이 지혜를 짜낸다 하더라도 이상 말한 것들이 영계로부터 오는 것이 아니라고 말할 수 있겠습니까! 자연의 세계는 영계에서 온 것에다 육체로 옷입힌 것이며, 원인이 되어 있는 영계의 것에 대하여 결과를 도맡는 것에 의해서 영계에 종속되어 있습니다. 지상의 짐승과 하늘을 나는 조류들에게도 이상과 같은 생득적 지식(生得的 知識)이 있는데 하물며 한층 우월한 인간에게 그러한 지식이 없는 것은 어찌된 까닭입니까? 그것은 동물에게는 그들의 삶 안에 일정한 질서만 있고, 이성이 없기 때문에 영계로부터 온 것을 파괴하지 못하도록 되어 있기 때문입니다. 다른 한편 영계에서 비롯된 사상을 가지고 있는 사람은 이성의 질서에 반대되는 생활을 해서 타락한 결과, 무지 안에 태어날 필요가 있고, 그러나 후에 가서는 신령질서라는 방편에 의해서 천계질서 안으로 인도됩니다.

109. 식물계의 대응이 어떻게 되어 있는지는 많은 사실에 의해서 알 수 있습니다. 나무들의 씨가 성장하면 가지와 잎을 내고, 꽃을 피우고, 열매를 맺습니다. 그리고 그 열매 안에 다시 씨가 들어 있습니다. 이러한 사실이 순서대로 그 나무의 존재를 유지하고 확보해가는 모양은 경탄스럽기 그지 없다. 이것은 얼마간의 묘사로써 끝낼 수 없고 몇 권의 책을 써야 할 것입니다. 식물들의 선용에 관해서는 그것들이 품고 있는 내면적인 비의 등 지식을 가지고는 다 알아낼 수 없습니다. 그 까닭은 그 사실들이 영계 또는 전술한대로 사람의 모습을 반영하는 천계에서 기인되기 때문입니다. 식물계에 있는 것은 모두 그 나름대로 인간이 가지는 특성과 일정한 관계가 있습니다. 이것은 학문의 세계에서도 어떤 학자들은 잘 알고 있습니다. 식물계

에 있는 모든 것들에게도 대응이 있습니다. 나에게 있어 이것은 회수를 거듭한 많은 영적 경험에 의해서 알 수 있게 된 사실이었습니다. 나는 곧잘 정원에서 수목이나 과실과 채소를 관찰하고 그것들에게 대응이 있다는 것을 깨달았습니다. 그리고 식물의 대응에 정통하는 천사들과 이야기를 해서 식물의 유래와 성격에 관해서 가르침을 받았습니다.

110. 이 세상에 있는 자연적인 것은 천계에 있는 영적인 것에 대응된다는 것을 오늘날에는 천계로 말미암은 사람을 제외하면 누구도 알지 못합니다. 왜냐하면 대응에 관한 지식을 깡그리 잃어버렸기 때문입니다. 그래서 나는 영계와 자연계 사이의 대응의 진수를 몇가지 예를 들어 설명하려고 합니다. 지상의 동물은 대개가 각종의 정동에 대응합니다. 유순하고 유익한 동물은 선한 정동에 대응되고, 난폭하고 사람에게 무익한 동물은 나쁜 정동에 대응합니다. 황소나 송아지는 자연적인 마음의 정동에 대응하고, 양과 어린 양은 영적인 마음의 정동에 대응하며, 새는 그 종류에 따라 자연의 마음과 영의 마음에서 오는 지성에 대응됩니다.*1) 따라서 황소와 송아지, 수양과 양, 수 염소와 염소, 암수의 새끼양, 그리고 비둘기와 산비둘기는 표징적인 교회였던 이스라엘 교회에서 신성한 목적을 위해서

＊1) 대응에서 보면, 유순하고 쓸모 있는 동물은 선한 정동에 대응되고, 사납고 쓸모 없는 동물은 악한 정동에 대응된다(41·45·46·142·143·246·714·716·719·2179·2180·3519·9280항 참조). 영계의 체험에 의한 예증들(3218·5198·9090항).
동물의 생명에 들어온 영계의 입류(1633·3646항).
대응에서 보면 가축과 그 새끼들은 자연적 마음에 속한 정동을 뜻한다 (2180·2566·9391·10132·10407항).
양과 어린 양이 뜻한 것(3994·10132항).
날으는 피조물들은 이지적인 것들을 뜻한다(40·745·776·778·866·988·991·5149·7441항), 영계의 체험에서 본 그것들의 종과 류에 따른 차이점들(3219항).

사용되었으며, 그것들로 희생과 번제를 삼았습니다. 선용이라는 면에서 보면 그 동물들은 여러 가지 영성(靈性)에 대응됩니다. 왜냐하면 그것들은 영적인 것과 또 천적인 것 안에 있는 것에 대한 선용에 대응되고, 또 이것들은 대응에 일치하여 이해되기 때문입니다. 동물이 그 종류에 따라 정동을 표징하고 있는 이유는 동물에게 생명이 있고 그 생명이 정동에서 생겨나서 정동에 호응하고 있기 때문입니다. 그러므로 어떤 동물에게도 자기의 생명의 정동에 기인하는 생득적인 지식이 있습니다. 사람도 그 자연성에서 보면 그들과 유사합니다. 그래서 착한 사람을 양이라든가, 어린 양이라고 부르고, 야만적인 사람은 곰 또는 이리라는 이름을 받게 되고, 교활한 사람을 여우 또는 뱀이라고 말해서 일상 회화에서 사용되고 있습니다.

111. 식물계의 대응도 이와 비슷합니다. 일반적으로 정원이라면 천계의 이지(理智)와 영지(英智·智慧)에 대응하고, 천계가 하나님의 동산 또는 낙원이라 또는 사람들에 따라서 천계의 낙원이라고들 말합니다.*1) 나무들도 그 종류에 따라 이지와 영지의 근원인 선과 진리의 지각과 인식에 대응됩니다. 성경말씀 안에도 나무들이 여러 번 기술되었습니다. 그같은 이유로 해서 대응에 정통한 고대 사람들은 숲에서 그들의 신성한 예배를 드렸습니다.*2) 그같은 이유는 성경말씀에서, 천계·교회·인간 등이 포도나무나 백향목, 감람

---

*1) 대응으로, 동산(=정원)이나 낙원은 경험에서 보면(3220항) 이지와 영지를 뜻한다(100·108항). 대응을 가지는 것들은 성경말씀에서도 동일한 뜻을 갖는다(2896·2987·2989·2990·2991·3002·3225항).

*2) 나무들은 지각(知覺)과 지식(知識)을 뜻한다(103·2163·2682·2722·2972·7692항).
이런 이유 때문에 고대사람들은 나무들의 대응에 따라서, 나무 아래나 숲에서 거룩한 예배를 드렸다(2722·4552항).
식물계의 내용물에의 천계적 입류는 나무나 들에 입류된 것과 같이 입류되었다(3648항).

나무 또는 다른 나무 같은 것들에 비유되고 있기 때문입니다. 선은 과수의 열매에 비유하기도 합니다. 그 까닭은 식량이 이 세상에서 자연의 생명을 양육하는 것과 같이*1) 선과 진리의 정동이 영적 생명을 양육하기 때문입니다. 곡물에서 얻는 빵은 전반적으로 선을 원하는 정동에 대응됩니다. 그 까닭은 빵이 생명을 지탱하고 식량 전반을 의미하기 때문입니다. 이 대응에 의거해서 주님은 당신 자신을 생명의 빵이라고 말씀하셨고 또 같은 이유로 이스라엘 교회에서는 빵을 신성한 의식에 사용하였으며 성막 안 제단에 진설해서 "진설병"이라고 불렀습니다. 더구나 희생이나 번제에 관한 거룩한 의식을 모두 "빵"이라고 불렀습니다. 기독교회의 가장 신성한 의식에 빵과 포도주를 사용해서 성찬의 의식을 행하는 것도 동일한 대응에 의한 것입니다.*2) 이상 몇몇의 예들로써 대응이 어떤 것인가가 이해되었을 것입니다.

112. 천계가 어떻게 대응에 의해서 세상과 결합되는지를 몇 마디 말로 설명해보겠습니다. 주님의 왕국은 선용을 목적으로 하는 나라입니다. 즉 선용의 나라는 목적의 나라와 꼭같습니다. 그 선용은 천계에서 시작되어 이 세상에 이르기까지 즉 자연계의 가장 외적인 것에 이르기까지 어디서나 계도를 따라 순차적으로 활동하고

---

*1) 대응에서 보면 양식은 영적 생명을 양육하는 그런 것을 뜻한다(3114·4459·4792·4976·5147·5293·5340·5342·5410·5426·5576·5582·5588·5655·5915·6277·8562·9003항).

*2) 빵은 사람의 영적 생명에 양분을 공급하는 모든 선을 뜻한다(2165·2177·3478·3735·3813·4211·4217·4735·4976·9323·9545·10686항).
이런 것들은 지성소의 제단 위에 진설되는 진설병의 표의를 가리킨다 (3478·9545항).
일반적으로 희생제물을 빵이라고 불렀다(2165항).
빵은 모든 양식을 포함한다(2165항).
따라서 그것은 모든 천적인 그리고 영적인 양식을 뜻한다(276·680·2165·2177·3478·6118·8410항).

결과를 얻도록 그 성질을 지니고 있습니다. 그러므로 영적인 것과 자연적인 것의 대응 즉 천계와 이 세상의 대응은 선용이 매개가 되고, 이음새가 되어 있다는 것이 명백합니다. 더욱 선용이 가지는 형체가 그 무엇인가에 의해서 대응의 성격과 이음고리의 성격에도 관계를 가지고 있습니다. 이 세상의 자연은 세 종류의 세계로 되어 있는데, 거기 있는 모든 것이 질서를 따라 존재하며 모두 선용의 형체를 가지고 있습니다. 그것은 선용에서 시작해서 선용에서 끝이 나는 모양새입니다. 그와 같이 자연계에 있는 만물들에게는 대응이 있습니다. 사람의 경우에는 신령질서 아래 살면서 주님께 바치는 사랑과 이웃을 향한 사랑에 들어가면 갈수록 그 사람의 역할이 선용의 형상을 띠며, 천계에 결합되는 대응을 가지게 됩니다. 일반적으로 주님과 이웃을 사랑하는 것은 선용을 완수하는 것을 의미합니다.*1) 더욱 깊이 알고 넘어가야 할 것이 있습니다. 사람은 영계와 자연계를 잇는 것 즉 결합의 중매인입니다. 즉 사람 안에는 자

---

*1) 모든 선은 선용에서 비롯된 질(質)만큼, 그리고 선용에 일치하는 그것의 기쁨을 갖는다. 그러므로 이같은 선용은 곧 선이다(3049·4984·7038항).
천사적 삶은 사랑과 인애에 속한 선들로 이루어진다. 즉 선용을 수행하는 것으로 이루어진다(454항).
주님, 따라서 천사들은 사람들에 대해서 선용인 목적을 목표삼는다(1317·1645·5854항).
주님의 나라는 선용 즉 목적에 속한 나라이다(454·696·1103·3645·4054·7038항).
주님을 섬기는 일은 곧 선을 이루는 것(7038항).
사람 안에 있는 개별적인 것이나 전체적인 것들은 선용을 위하여 조성되었다(3626·4104·5189·9297항); 그리고 선용에서 비롯되었다. 즉 선용은 선용이 이루어지는 사람 안에 있는 근본적인 형체에 선재(先在)한다. 왜냐하면 선용은 천계를 통하여 주님에게서 흘러드는 것이기 때문이다(4223·4926항).
더욱이 사람의 마음을 형성하는 내면적인 것들은, 사람이 성숙하게 되면, 선용을 위해서, 또 선용으로 말미암아 형성된다(1964·6815·9297항).

연계와 영계가 공존하고 있습니다(57항 참조). 그리고 사람이 영적이면 그럴수록 그 결합의 중개역을 하며, 영적이 아니고 자연적이라면 그럴수록 결합을 위한 역할을 하지 못합니다. 물론 사람을 중개로 하지 않고서도 이 세상에 대한 신령스러운 입류가 계속되고 있고, 사람 안에도 그 입류가 있지만 인간의 합리적 기능 안에는 들어오지 않습니다.

113. 신령질서에 일치하는 것들은 모두 천계에 대응되지만 신령질서에 반대되는 것들은 모두 지옥에 대응됩니다. 천계에 대응되는 것들은 모두 선과 진리에 관계되지만 지옥에 대응되는 것들은 모두 악과 거짓에 관계됩니다.

114. 자, 이제는 대응의 지식과 그 선용에 관해서 언급하여야 하겠습니다. 상술한 바와 같이 천계 즉 영계는 대응에 의해서 자연계와 결합되어 있으므로 사람은 대응을 통해서 천계와 교류하고 있습니다. 천계의 천사들은 사람처럼 자연적인 사물들로는 아무것도 생각하지 않습니다. 그 이유는 사람이 대응의 지식을 가지고 있을 때 정신적인 사상면에서 천사들과 교류하고, 따라서 동시에 영적인 면 즉 내면적 인간의 면에서는 천사들과의 연결을 가지게 됩니다. 성경말씀이 순수한 대응에 의해서 쓰여졌다는 것은 천사와 사람이 연결을 가지게 하기 위해서이므로 성경말씀 안에는 전체로나 개개의 낱말들에도 모두가 대응으로 꽉차 있습니다.*¹⁾ 따라서 사람이 대응의 지식이 있으면 성경말씀을 그 영의로 깨닫게 되고, 문자에 숨겨 있

　　결과적으로 사람은 그와 같이 하는 선용과 같은 존재이다(1568·3570·
　　4054·6571·6935·6938·10284항).
　　선용은 선용의 목적이다(3565·4054·4104·6815항).
　　선용은 시작과 끝이다. 따라서 사람에 속한 전부이다(1964항).
*1) 성경말씀은 전적으로 대응에 의하여 쓰여졌다(8615항).
　　성경말씀에 의하여 사람은 천계와 결합한다(2899·6943·9396·9400·
　　9401·10375·10452항).

는 비의를 알 수 있습니다. 성경말씀에는 문자의(文字意·literal sense)와 영의(靈意·spiritual sense)가 있습니다. 문자상의 뜻은 이 세상에 있는 것들에 의해서 이루어졌지만 영의는 천계에 있는 것들에 의해서 이루어져 있습니다. 천계와 이 세상은 대응에 의하여 연결되어 있기 때문에 개개의 낱말이나 그 일점 일획에 이르기까지 모두가 대응이므로, 대응에 의하여 천계와 사람의 결합은 이루어집니다.*1)

115. 천계로부터 나는 가르침을 받았는데, 이 지상에 있었던 태고시대 사람들 즉 천적 인간들은 대응에 의해서 생각을 하였습니다. 눈 앞에 있는 이 세상의 자연적인 것들은 대응에 의해서 생각하게 하는 수단에 불과한 것입니다. 그들은 천사들과 사귀고 대화하고, 천사들을 통해서 천계와 이 세상을 연결하고 있습니다. 왜냐하면 그들 또한 그렇게 생각하였기 때문입니다. 이 시대를 황금시대(黃金時代·the golden age)라고 부르는 것은 이 때문입니다. 고대의 저술가들도 이 시대의 상태를 서술하여 천계의 주민들이 사람과 함께 살고, 동무들 끼리인 양 서로 상종하고 있었다고 하였습니다. 그 시대에 이어서 온 시대에는 대응 그 자체라기 보다 대응의 지식에 의해서 사물들을 생각하게 되었습니다. 천계와 사람은 여전히 연결되어 있었지만 이전만큼 긴밀한 것은 아니었습니다. 그 시대를 은시대(銀時代·the silver age)라고 부르고 있습니다. 그 후에 온 시대는 대응의 지식은 가지고 있었으나 대응의 지식을 써서 생각하는 일은 없어졌습니다. 그 까닭은 사람이 전 시대처럼 영적인 선을 가지고 있지 않았고, 자연적인 선으로 살아가게 되었기 때문입니다. 이 시대를 동시대(銅時代·the copper age)라고 합니다. 그 뒤의 시대가 되자 사람은

---

*1) 성경말씀의 영의(靈意·內意·the spiritual sense)에 관해서는 《묵시록 해설》의 백마론(白馬論·the White Horse)을 읽으십시오.

훨씬 외적이 되었고, 마침내는 관능적이 되어, 대응의 지식은 전적으로 잃어버렸습니다. 이상의 각 시대를 황금시대·은시대·동시대라고 부른 것도 대응에 의한 것입니다.*1) 결국 황금 역시 대응에 의하면 태고 사람들이 가지고 있는 천적인 선을 의미하고, 은은 그 뒤를 이은 고대 사람들이 가지고 있는 영적인 선을 의미하고, 동은 그 시대 뒤를 이은 시대의 자연적인 선을 의미합니다. 최후의 시대라고 일컬어지는 철 시대는 선을 포함하지 않는 아주 둔중한 진리를 의미합니다.

제14장
천계의 태양

116. 천계에는 이 세상의 태양이나 그것으로 말미암아 생겨나는 것은 아무 것도 보이지 않습니다. 그 이유는 그것들이 모두 자연적인 것이기 때문입니다. 자연은 이 태양으로부터 시작되었고 이 태양에 의해서 산출된 것은 어떤 것이든지 모두 자연적이라고 일컫습니다. 그러나 천계에 속한 영계는 자연 이상의 것이며, 전적으로 자연적인 것과 구별되고, 대응에 의하지 않고는 양계(兩界)의 교류는 결코 있을 수 없습니다. 양자 간의 구별에 관해서는 계도들에 관해서 상술한 곳에서(38항 참조) 알 수 있었을 것이고 그 양자 간의 교류

---

*1) 대응으로 금(金)은 천적인 선을 뜻한다(113·1551·1552·5658·6914·6917·9510·9874·9881항).
  은(銀)은 영적인 선 즉 천적 근원에서 비롯된 진리를 뜻한다(1551·1552·2954·5658항).
  동(銅)은 자연적인 선을 뜻한다(425·1551항).
  철(鐵)은 질서의 가장 바깥에 있는 진리를 뜻한다(425·426항).

가 어떤 것인지는 앞서의 두 장들에서 대응에 관하여 설명한 것에서 이해하였을 것입니다.

117. 비록 천계에는 이 세상의 태양도, 그 태양에서 비롯된 그 어떤 것도 볼 수 없으나, 그 곳에는 태양이 있고 빛도 볕도 존재하며, 이 세상의 만물 이상의 무수한 것들이 존재하고 있습니다. 어쨌든 이것들은 자연적인 것들과 같은 기원에서 온 것들이 아닙니다. 이 세상에 있는 것들은 자연적인 것들이나 천계에 있는 것들은 영적인 존재입니다. 천계의 태양은 주님이십니다. 거기의 빛은 신령진리(神靈眞理·the Divine truth)이고 거기 볕은 태양이신 주님에게서 발출되는 신령선(神靈善·the Divine good)입니다. 천계에 존재하고, 또 모습을 나타내는 것은 모두 주님이신 태양을 근원으로 하고 있습니다. 천계의 빛과 볕, 그리고 그것에 의해서 생겨지는 것들에 관해서는 다음의 장들에서 설명하겠습니다. 여기서는 천계의 태양에 관해서만 설명하겠습니다. 주님께서 천계에 태양으로 나타나시는 이유는, 이 세상의 태양에 의해서 모든 자연적인 것들이 존재하는 것 같이, 주님께서 모든 영적인 것들의 존재 근원이신 신령애(神靈愛)이기 때문입니다. 그 사랑은 마치 태양처럼 빛납니다.

118. 주님께서 실제로 태양으로서 모습을 나타내시는 것은, 내가 천사들에게서 들은 것 뿐만 아니라 여러 번 허락을 받아 목격할 수 있었습니다. 그래서 주님께서 태양이신 것을 듣고 본대로 여기 기꺼이 몇 마디 기록하고자 합니다. 주님께서 태양으로 나타나시는 것은 천계 안에가 아니라 천계보다 훨씬 높은 곳입니다. 더구나 머리 또는 하늘 꼭대기(天頂·zenith) 정상에 나타나시는 것이 아니라, 중천(中天·middle height)의 천사들의 면전에 나타나십니다. 그것도 두 곳 즉 오른쪽 눈 앞에와 왼쪽 눈 앞에 상당한 거리를 두고 나타나십니다. 오른쪽 눈 앞에서는 이 세상의 태양과 매우 닮은 크기의 불타는 태양으로 보이지만, 왼쪽 눈 앞에는 태양이 아니라 달처럼 나타나셔서 우리들의 세계에 있는 달과 같은 크기와 밝기(光度)로 나타

나시지만, 보다 더 빛나고 있어서 같은 밝음과 빛남을 가진 다수의 작은 달들에게 둘러싸여 있습니다. 이와 같이 주님께서 두 곳에 다른 모양으로 나타나시는 까닭은 주님을 수용하는 존재의 자질(資質·quality)에 의해서 다르게 보여지기 때문입니다. 주님을 사랑의 선으로 수용하는 경우와 주님을 믿음의 진리로 수용하는 경우의 차이입니다. 주님의 천적 왕국의 천사들처럼 주님을 사랑의 선으로 받아들이는 존재에게는 그 수용(受容)에 따라서 주님이 불타는 태양으로 나타나시고, 또 영적 왕국의 천사들처럼 주님을 믿음의 선으로 받아들이는 존재에게는 그 수용에 따라서 밝게 빛나는 달로서 나타나십니다.*[1] 그 이유는 사랑의 선이 불에 대응되고, 불은 영적으로 사랑을 의미하기 때문입니다. 또 믿음의 선은 빛에 대응되고, 빛은 영적으로는 믿음을 의미하기 때문입니다.*[2] 주님께서 눈 앞에 나타나시는 것은 마음에 속한 내면적인 것을 눈을 통해서 보기 때문에 오른쪽 눈

---

*1) 주님께서는 천계에서 태양처럼 보이시고, 또 주님은 천계의 태양이시다(1053·3636·3643·4060항).
주님은, 주님사랑이 통치하는 주님의 천적 왕국에 있는 사람들에게는 태양처럼 나타나시고, 이웃사랑이나 믿음이 통치하는 주님의 영적 왕국에 있는 사람들에게는 달처럼 나타나신다(1521·1529-1531·1837·4696항).
주님은 중간 높이에서 오른쪽 눈 앞에서는 태양처럼, 그리고 왼쪽 눈 앞에는 달처럼 나타난다(1053·1521·1529-1531·3636·3643·4321·5097·7078·7083·7173·7270·8812·10809항).
주님은 태양처럼, 달처럼 보이신다(1531·7173항).
주님의 신령 자체는 천계에 있는 주님의 신령 위에 계신다(7270·8760항).
*2) 성경말씀에서 "불"은, 좋은 뜻이든 나쁜 뜻이든, 사랑을 뜻한다(934·4906·5215항).
거룩한 불 또는 천계적 불은 신령사랑(神靈愛)을 뜻한다(934·6314·6832항).
지옥적인 불은 자아애(自我愛)와 세간애(世間愛), 그리고 이들 사랑에 속한 모든 정욕(情欲)을 뜻한다(1861·5071·6314·6832·7575·10747항).

으로는 사랑의 선을 보고, 왼쪽 눈으로는 믿음의 선을 봅니다.*¹⁾ 천사이건 사람이건 오른편에 있는 모든 것은 진리의 근원인 선에 대응하고, 왼편에 있는 것들은 모두 선에서 비롯하는 진리에 대응됩니다.*²⁾ 믿음의 선은 그 본질로 보아서 선에서 비롯된 그것의 본질 안에 있는 진리입니다.

119. 이것이 성경말씀에서 사랑의 측면에서는 주님이 태양에 비유되고, 믿음의 측면에서는 달에 비유되는 이유입니다. 또 "태양"은 주님에게서 비롯된 주님사랑이고, "달"은 주님에게서 비롯된 주님을 향한 믿음을 뜻합니다. 이것은 아래의 말씀들에서 잘 알 수 있습니다.

> 달빛은 마치 햇빛처럼 밝아지고,
> 햇빛은 일곱 배나 밝아져서,
> 마치 일곱 날을 한데 모아 놓은 것 같이
> 밝아질 것이다.
> (이사야 30:26)
> 내가 네 빛을 꺼지게 할 때에,
> 하늘을 가려 별들을 어둡게 하고,
> 구름으로 태양을 가리고,
> 달도 빛을 내지 못하게 하겠다.
> 하늘에서 빛나는 광채들을

사랑은 생명의 불이고, 생명 자체는 진정 그것에서 비롯된다(4906·5071·6032·6314항).
"빛"은 믿음에 속한 진리를 뜻한다(3195·3485·3636·3643·3993·4302·4413·4415·9548·9684항).

*1) 왼쪽 눈의 시각이 믿음의 진리에 대응하고, 오른쪽 눈의 시각은 믿음의 선에 대응한다(4410·6923항).
*2) 사람의 오른쪽에 관한 것들은 진리의 근원인 선과 관계하고, 왼쪽에 관한 것들은 선에서 비롯된 진리에 관계된다(9495·9604항).

모두 어둡게 하고,
네 땅을 어둠으로 뒤덮어 놓겠다.
(에스겔 32:7, 8)
하늘의 별들과 그 성좌들이
빛을 내지 못하며,
해가 떠도 어둡고,
달 또한 빛을 내지 못할 것이다.
(이사야 13:10)
해와 달이 어두워지고
별들이 빛을 잃는다.
(요엘 2:2, 10, 31; 3:15)
해는 검은 머리털로 짠 천과 같이 검게 되고, 달은 온통 피와 같이 되고, 하늘의 별들은 무화과나무가 거센 바람에 흔들려서 설익은 열매가 떨어지듯이, 떨어졌습니다.
(묵시록 6:12, 13)
그 환난의 날들이 지난 뒤에,
곧 해는 어두워지고,
달은 빛을 내지 않고,
별들은 하늘에서 떨어지고,
하늘의 세력들은 흔들릴 것이다.
(마태 24:29)

기타 여러 구절들이 있습니다. 이상 인용한 말씀들에서 "해"는 사랑을, "달"은 믿음을, "별"은 선과 진리의 지식(knowledge)을 표의한다는 것을 알 수 있습니다. 그리고 어두워지고, 빛을 발하지 않고, 하늘에서 떨어진다는 것은 이미 그런 것들은 존재하지 않게 된다는 것을 가리킵니다. 주님께서 천계에서 태양으로 보인다는 것은 베드로·야고보 그리고 요한의 면전에서 변모하신 사건에서도 잘 알 수 있습니다.

그의 얼굴은 해와 같이 빛나고….
(마태 17:2)

제자들은 육체로부터 벗어나서 천계의 빛 안에 있을 때에 주님을 보았습니다. 이와 같은 대응 때문에 표징적 교회를 이루고 있던 고대 시대 사람이 신령 예배 안에 있을 때 동쪽에 있는 태양을 향하였습니다. 같은 이유 때문에 성전을 동쪽을 향해 건축하였습니다.

120. 신령애가 얼마나 크고 또 그것이 어떤 것인지는 이 세상의 태양과의 비교에 의하여 알 수 있습니다. 그 태양은 최고도로 작렬한다고 해도 신령애는 그 이상이어서 믿기가 어려울 것입니다. 이런 이유 때문에 태양이신 주님은 중간 매체(媒體·medium)가 없이는 천계에 들어오시지 못합니다. 그러나 그 사랑의 열기는 도중에 단계적으로 조절됩니다. 그 열기의 차이는 태양을 두르고 있는 방열(放熱)하는 띠(belt)로 나타납니다. 더욱이 천사들은 빛의 입류에 드러나 상하지 않게 하기 위해서는 연한 구름으로 가리워져 있습니다.*1) 그렇기 때문에 천계들도 각각 그 받아들이는 수용에 따라 멀리 또는 가깝게 놓여집니다. 높은 천계들은 사랑에 속한 선 안에 있기 때문에 그것은 태양이신 주님에게 가장 가깝게 있고, 낮은 천계는 믿음에 속한 선 안에 있기 때문에, 주님에게서 조금 떨어져 있습니다. 그

---

*1) 주님의 신령사랑이 무엇인지, 그리고 그것이 얼마나 지대한지는 이 세상의 태양의 열기(熱氣·the fire)에 비교하는 것으로 예증된다(6834·6849·8644항).
주님의 신령사랑은 인류를 구원하시려는 온 인류를 향한 사랑이다(1820·1865·2253·6872항).
제일 먼저 주님의 사랑의 열기에서 발출한 그 사랑은 천계에 들어오지 못하지만 그러나 그 태양 주위의 방열(放熱)하는 띠(belt)로 보여진다(7270항).
천사들은, 불꽃 같은 사랑(burning love)의 입류로 비롯되는 그들의 상함을 예방하기 위하여 대응되는 엷은 구름으로 가리워져 있다(6849항).

러나 지옥에 있는 자들 같이 전혀 선 안에 있지 않는 자들은 주님에게서 가장 먼 거리에 떨어져 있습니다. 즉 선과 대립하는 것이면 그럴수록 거리가 생겨지게 됩니다.*1)

121. 주님은 자주 천계에 나타나십니다. 그 때마다 주님은 태양에 둘러싸여 직접적으로는 나타나시지 않고 주님께서는 자기 스스로 거기에 계시지 않기 때문에 천사의 모습으로 나타나십니다. 그럼에도 불구하고 그 얼굴에서 발하는 신령 광채에 의해서 천사들과 구별이 됩니다. 왜냐하면 주님께서 자기 스스로 나타나시면 태양으로 항상 둘러싸여 나타나시지만, 다만 주님은 시각(視覺·look)에 의하여 현존하시기 때문입니다. 그 이유는 천계에서는 보통 있는 일이지만 실재하는 장소에서 아주 멀리 떨어져 있다고 할지라도 시선을 집중해서 고정시키면 현존하시는 분의 모습으로 나타나시기 때문입니다. 그러한 현존을 내면적 시각의 현존(the presence of internal sight)이라고 하는데, 이것에 관해서는 후에 상론하겠습니다. 내가 보았을 때 주님은 태양 밖에 계시며, 천사의 모습을 하고 계셨고, 태양의 위치보다 약간 낮게 계셨습니다. 또한 주님의 얼굴은 광채가 났고 태양 같은 모습 안에 가까이 계시는 것으로 보이기도 하였습니다. 한 번

---

*1) 천사들로서의 주님의 현존(現存)은 주님에서 비롯된 사랑의 선과 믿음의 선의 수용에 비례한다(904·4198·4320·6280·6832·7042·8819·9680·9682·9683·10106·10811항).
주님은 각자의 됨됨이(性禀)에 따라서 모두에게 나타나신다(1861·3235·4198·4206항).
지옥은, 그것이 주님에게서 비롯된 신령사랑의 현존으로 말미암은 고통을 참고 견딜 수 없기 때문에 천계에서 멀리 떨어져 있다(4299·7519·7738·7989·8137·8265·9327항).
이런 이유 때문에 지옥은 천계에서 가장 멀리 떨어져 있는데 이것이 바로 "커다란 심해"(深海·great gulf)이다(9346·10187항).
이 세상의 태양을 천사들은 볼 수 없고, 다만 그것은 천계의 태양이나 주님에게 반대되는 어떤 어두운 것 안에 있는 것으로 보인다(7078·9755항).

은 불꽃 같은 광채로 천사들 가운데에 계셨습니다.

122. 천사들에게 있어서 이 세상의 태양은 천계의 태양에 정반대인 암흑으로 항상 보이고, 이 세상의 달은 천계의 달에 정반대로 항상 어두움으로 보입니다. 이것은 변함없는 사실입니다. 왜냐하면 이 세상에 있는 불꽃은 자아애에 대응되고 그것에서 비롯된 빛은 자아애에서 나오는 거짓에 대응되기 때문입니다. 자아애는 신령애와 전혀 반대이고, 자아애로부터 나오는 거짓은 신령진리와 전적으로 반대입니다. 신령애와 신령진리에 대립하는 것은 천사에게 있어서는 암흑입니다. 그러므로 성경말씀에서는 이 세상의 해와 달을 섬기며 그것에게 머리를 숙이는 것을 자기를 사랑하고 또 자아애에서 나오는 거짓을 사랑하는 것으로 뜻하는데, 이같은 사람은 모두가 제거될 것이라고 언급하였습니다(신명기 4:19; 16:3-5; 예레미야 8:1-2; 에스겔 8:15, 16, 18; 묵시록 16:8; 마태 13:6).*1)

123. 신령애는 주님 안에 있고 또 주님에게서 발원되는 것으로 주님은 태양처럼 천계에 나타나십니다. 그러므로 천계의 천사들은 모두 줄곧 주님 계신 쪽으로 얼굴을 향합니다. 천적 왕국에 있는 자는 주님을 태양으로 모시고 영적 왕국에 있는 자는 주님을 달로 우러릅니다. 지옥에 있는 자는, 자아애와 세간애 안에 있으므로, 주님께 대항하고 있어서 그 대립하는 암흑과 어두움 쪽을 향하고, 주님으로부터는 얼굴을 돌립니다. 즉 이 세상의 태양이 있는 암흑 쪽으로 얼굴을 향하는 자는 등 뒤에 있는 지옥에 있는데, 그들을 가리켜 마귀(genii)라고 부릅니다. 이 세상의 달이 있는 어두운 쪽으로 얼굴을

---

*1) 천사들은 이 세상의 태양은 보지 못하지만, 그것이 있는 곳에서는 천계의 태양 즉 주님에게 정반대되는 어두운 어떤 것을 본다(7078·9755항).
반대의 뜻으로 "태양"은 자아애를 뜻하고, 또 이 뜻에서 "태양을 예배한다는 것"은 천계적 사랑 즉 주님에게 반대되는 것을 예배하는 것을 뜻한다(2441·10584항).

향하는 자는 면전에 있는 지옥에 있는데, 그들을 가리켜 악령들(spirit)이라고 부릅니다. 이것이 바로 지옥에 있는 자는 혹암 가운데 있다고 하고, 천계 안에 있는 자는 빛 안에 있다고 말하는 이유입니다. 혹암은 악에서 비롯되는 거짓을 뜻하고, "빛"은 선에서 나오는 진리를 표징합니다. 그러므로 저 세상에서는 모두 자신의 내면을 지배하고 있는 것 즉 자기가 가지고 있는 사랑 쪽으로 얼굴을 향하기 때문에, 그들은 이와 같이 자신들을 향하여 얼굴을 돌립니다. 그리고 천사나 영들에게 있어서는 그들의 내면적인 것들이 자신의 얼굴을 만든다고 하겠습니다. 영계에서는 자연계처럼 일정한 방위(方位)가 없고 얼굴에 의해서 방위가 결정됩니다. 영이라는 면에서는 사람도 같은데, 그 사람의 영이 자아애와 세간애 안에 있으면 주님에게서 얼굴을 돌리고, 주님께 바치는 사랑과 이웃을 향한 사랑 안에 있으면 주님 쪽으로 얼굴을 돌립니다. 다만 자연계 안에 있는 동안에는 태양이 뜨고 지는 것에 의하여 방위가 결정되므로 사람은 이 사실을 모릅니다. 이상 말한 것은 알기 쉽지 않으므로 천계의 방위·공간·시간을 다루는 장에서 상세히 설명하겠습니다.

124. 주님은 천계의 태양이시고, 주님에게서 비롯된 모든 것은 주님을 향하여 우러릅니다. 그리고 주님은 모든 방위를 만들고 목표를 정하는 공통적인 중심입니다.*[1] 따라서 천계에서도 지상에서도 주님 아래 있는 모든 것들은 주님의 현존 안에 있으며, 주님의 보호 하에 있습니다.

125. 이상에서 볼 때 주님에 관해서 앞 장에서 설명한 내용들이 이제는 아주 명확해졌다고 생각합니다. 즉 주님께서 천계의 하나님이시라는 것(2-6항), 주님의 신령이 천계를 완성하셨다는 것(7-

---

*1) 주님은 천계에 속한 모든 것들이 얼굴을 향하는 공통적인 중심이다(3633·3641항).

12번), 천계에 존재하는 주님의 신령은 주님사랑과 이웃사랑이라는 것(13-19항), 이 세상의 만물과 천계 사이에는, 또 천계를 통해서 주님과의 사이에는 대응이 있다는 것(87-115항), 세상의 태양과 태음은 대응을 가리킨다는 것(105항) 등입니다.

제15장
천계의 빛(光)과 별(熱)

126. 자연에 의해서만 생각하는 사람들은 천계에 빛이 있다는 것을 납득하지 못합니다. 그럼에도 불구하고 천계에 있는 빛은 이 세상의 대낮의 광명보다 그 밝은 정도가 여러 단계 훨씬 뛰어납니다. 나는 그 빛을 저녁에도 심지어 밤에도 보았습니다. 처음에 나는, 천사들로부터 이 세상의 빛은 천계의 빛에 비하면 한 응달에 지나지 않는다는 말을 들었을 때 의아하게 생각했었습니다. 그러나 나는 그 사실을 직접 목격하였으므로 그렇다고 증언할 수 있습니다. 천계의 빛의 밝음과 휘황함을 나는 필설로 묘사할 수 없겠습니다. 내가 천계에서 본 것은 모두 그 천계의 빛 안에 있었기 때문에 이 세상에 있는 어떤 것 보다도 더 확실했고 또 명확했습니다.

127. 천계의 빛은 이 세상의 빛처럼 자연적인 빛이 아니고, 영적인 빛입니다. 왜냐하면 그 빛은 태양이신 주님에게서 비롯되고, 또 그 태양은 앞 장에서 설명한대로 신령애이기 때문입니다. 태양이신 주님에게서 발출된 것을 천계에서는 신령진리(神靈眞理·Divine truth)라고 하지만, 그것을 본질적으로 보면 신령진리와 결합이 되어 있는 신령선(神靈善·Divine good)입니다. 이것으로부터 천사들은 빛(光)과 별(熱)을 갖습니다. 빛은 신령진리에서 오고, 별은 신령선에서 옵니다. 천계의 빛과 별이 그러한 원천에서 나오므로, 자연적인

것이 아니고 영적인 것임은 명백합니다.*1)

128. 천사들이 자연적인 존재가 아니고 영적 존재이기 때문에 신령진리는 천사들에게는 빛입니다. 영적인 존재들은 그들의 태양에 의해서 보고, 자연적인 존재들은 그들의 태양에 의해서 봅니다. 천사들은 신령진리에서 이해를 얻게 되는데, 그들의 이해(理解)는 입류해서 그들의 외적 시각을 산출하는 그들의 내적 시각(內的 視覺·inner sight)입니다. 그러므로 천계에서 태양이신 주님으로 말미암아 보여지는 것은 어떤 것이든 빛 안에서 보여집니다.*2) 그러므로 천계의 빛은 주님에게서 오는 신령진리를 수용하는 그 정도에 따라서 다양하게 변화합니다. 마찬가지로 천사들이 처해 있는 이지와 영지의 정도에 따라서도 그렇게 변합니다. 따라서 천적 왕국의 빛과 영적 왕국의 빛이 다를 뿐만 아니라 그 안에 있는 각 사회의 빛도 서로 다릅니다. 천적 왕국의 빛이 불타는 듯 보이는 것은 거기 있는 천사가 태양이신 주님으로부터 빛을 받고 있기 때문이고, 영적 왕국의 빛이 흰 빛으로 빛나는 것은 거기 있는 천사가 달이신 주님으로부터 빛을 받기 때문입니다(118항 참조). 따라서 빛은 하나의 사회와 다른 또 하나의 사회에서 동일하지 않습니다. 또 동일한 사회 안에 있는 자라고 해도 변두리에 있는 자들 보다 중심에 있는 자들이 훨씬 더 밝은 빛 안에 있습니다(43항 참조). 한 마디로 해서 천사들은 신령진리의 수용그릇이 되어 있는 정도에 따라서, 또 주님에게서 비롯된 이지와 영지의 정도에 따라서 빛을 소유합니다.*1) 천계의 천사를

---

*1) 천계 안에 있는 모든 빛(光)은 태양이신 주님에게서 비롯된다(1053·1521·3195·3341·3636·3643·4415·9548·9684·10809항).
주님에게서 발출된 신령진리는 천계에서 빛으로 나타나고, 천계에 속한 모든 빛을 제공한다(3195·3222·3223·5400·8644·9399·9548·9684항).
*2) 천계의 빛은 천사들이나 영들에 속한 시각과 이해를 밝게 한다(2776·3138항).

제1편 천 계   115

빛의 천사라고 부르는 근거도 이런 이유 때문입니다.

129. 천계에 계시는 주님이 신령진리이시며 신령진리는 거기에서 빛이기 때문에 성경말씀에서 주님께서 빛이라고 불리워졌고, 주님에게서 비롯되는 모든 진리 역시 빛이라고 불리워진 사실은 다음 말씀들에서 잘 알 수 있습니다.

> 예수께서 다시 그들에게 말씀하셨다. "나는 세상의 빛이다. 나를 따르는 사람은 어둠 속에 다니지 않고 생명의 빛을 얻을 것이다."
> (요한 8:12)
> 내가 세상에 있는 동안, 나는 세상의 빛이다.
> (요한 9:5)
> 예수께서 그들에게 대답하셨다. "아직 얼마 동안은 빛이 너희 가운데 있을 것이다. 빛이 있는 동안에 다녀라. 어둠이 너희를 이기지 못하게 하여라. 어둠 속을 다니는 사람은, 자기가 어디로 가는지를 모른다. 너희는 빛이 있는 동안에 그 빛을 믿어서, 빛의 자녀가 되어라. …나는 빛으로 세상에 왔다. 그것은 나를 믿는 사람이면, 누구든지 어둠 속에 머무르지 않게 하려는 것이다.
> (요한 12:35, 36, 46)
> 심판을 받았다고 하는 것은, 빛이 세상에 들어왔지만, 사람들이, 자기들의 행위가 악하므로, 빛보다 어둠을 더 좋아하였다는 것을 뜻한다.
> (요한 3:19)

요한은 주님에 관해서 이렇게 말하였습니다.

---

*1) 천계에 있는 빛은 천사들의 이지와 영지에 조화된다(1524·1529·1530·3339항).
천계의 빛의 차이는 천사적 사회가 존재하는 것만큼 다양하다. 그리고 천계에는 선과 진리의 다양함 같이 끝이 없다. 그러므로 또한 영지와 이지도 매우 다양하다(684·690·3241·3744·3745·4414·5598·7236·7833·7836항).

그 빛이 세상에 오셨으니, 모든 사람을 비추는 참 빛이시다.
(요한 1:9)
어둠에 앉아 있는 백성이 큰 빛을 보았고, 그늘진 죽음의 땅에 앉은 사람들에게, 빛이 비치었다.
(마태 4:16)
내가 너의 손을 붙들어 주고,
너를 지켜 주어서,
너를 백성의 언약과 이방의 빛이
되게 할 것이니…
(이사야 42:6)
땅 끝까지 나의 구원이 미치게 하려고,
내가 너를 "뭇 민족의 빛"으로 삼았다.
(이사야 49:6)
민족들이 그 빛 가운데로 다닐 것이요…
(묵시록 21:24)
주의 빛과 주의 신실하심을
나에게 보내 주시어,
나를 인도하는 길잡이가 되게 하시고…
(시편 42:3)

이상의 인용말씀들과 또 다른 말씀들에서도 주님은 자신에게서 비롯되는 신령진리의 빛이라고 일컬었으며, 또 진리 자체를 마찬가지로 곧 빛이라고 일컬었습니다. 천계에서는 빛이 태양이신 주님에게서 비롯되기 때문에, 그러므로 주님께서 산에 올라 베드로·요한·야고보 앞에 변모하셨을 때:

그의 얼굴은 해와 같이 빛나고, 옷은 빛과 같이 희게 되었다.
(마태 17:2)
그 옷은 세상의 어떤 빨래꾼이라도 그렇게 희게 할 수 없을 만큼, 새하

얗게 빛났다.
(마가 9:3; 마태 17:2)

주님의 옷이 그렇게 희게 보였다는 것은 그 옷들이 천계에서는 천계에 계신 주님에게서 비롯되는 주님의 신령진리를 표징하기 때문입니다. 성경말씀에서 "옷"들이 진리를 의미하고 있는 고로*¹⁾ 다윗은:

빛으로 휘감으셨습니다.
옷감을 펼치듯이 하늘을 펼치시고…
(시 104:2)

라고 노래하였습니다.

130. 천계의 빛이 영적 빛이고 또 그 빛이 신령진리라는 것은 사람들도 천사에게서와 꼭같이 영적인 빛을 소유하고 신령진리에게서 비롯되는 이지와 영지 안에 있는 그 만큼 사람도 그 빛에 의해서 조요(照耀)된다는 것을 알 수 있습니다. 사람의 영적 빛은 그 사람의 이해에 속한 빛이며, 그 영적 빛의 대상은 진리입니다. 그래서 이해는 그 대상이 되는 진리들을 범주별로 분류하기도 하고, 원인별로 분류하기도 하는데, 그것들에서부터 계열별로 결론을 짓기도 합니다.*²⁾ 자연적인 인간은 이해가 영적인 빛에 의해서 보며, 또 그 영적인 빛이

---

*1) 성경말씀에서 "옷"은, 진리가 선을 옷입히기 때문에 진리를 표의한다(1073·2576·5248·5319·5954·9216·9952·10536항).
  변화 산에서 변모하셨을 때 주님의 옷은 주님의 신령사랑에서 비롯된 신령진리를 뜻한다(9212·9216항).
*2) 사람은, 그의 이해가 천계의 빛에 의하여 계발(啓發)되기 때문에, 합리적이다(1524·3138·3167·4408·6608·8707·9128·9399·10569항).
  이해는 진리의 수용그릇이기 때문에 조요된다(6222·6608·10659항).
  이해는 그 사람이 선 안에서 주님에게서 비롯된 진리를 수용하는 것만큼 조요된다(3619항).

실재하는 빛이다는 것을 모릅니다. 자연적인 사람은 자기의 눈으로 보지도 못하고, 사상에 의해서도 지각하지 못하기 때문입니다. 그럼에도 불구하고 이 영적인 빛을 인정하고, 그 빛을 자연적인 빛과 구별하고 있으면서도 자연적으로 생각하고 영적으로는 생각하지 않는 사람들이 많이 있습니다. 이런 사람들은 세상사를 자연적으로만 보고 자연에게 모든 것을 돌립니다. 그러나 천계의 것들을 영적으로 돌리고 만사를 신령존재에게 귀속시키는 사람들은 영적으로 생각합니다. 나는 마음을 비춰 주는 참 빛이 있고 그것이 자연적인 빛이라고 불리우는 그런 빛(lumen)과는 전적으로 구별되는 빛이 있다는 것을 감지하고 또 그 사실을 볼 수 있는 기회를 자주 가졌습니다. 나는 내면적으로 계도적으로 그 빛 안에 올리워졌고, 내가 올리워짐에 따라서 나의 이해는 이전에 감지하지 못했던 것을 감지할 수 있게 조요되었으며, 마침내는 자연적인 빛에서 온 생각에 의해서는 깨닫지 못했던 것들을 알 수 있게 되었습니다. 나는 천계의 빛으로 그렇게 명확하고 평이하게 보이는데도 이전에는 그런 것들을 이해할 수 없었다는 것에 분함마저 느꼈습니다.*1) 그 까닭은 이해에 속해 있는 빛이 천계에 있기 때문에, 우리 육안에도 같은 것 즉 빛이 있듯이 이해에 대하여도 빛이 있어서 그 빛에 의해

이해는 선에서 비롯된 진리에 의하여 형성된 것이다(10064항).
이해는, 시각이 세상에서 비롯된 빛을 소유하듯이, 천계로부터 빛을 소유한다(1524·5114·6608·9128항).
주님에게서 비롯된 천계의 빛은 언제나 사람들과 같이 하지만, 그러나 사람이 선에서 비롯된 진리 안에 있는 계도(階度)에 따라서 입류한다(4060·4214항).

*1) 사람이 감관에서부터 올리워지면, 그 사람은 보다 더 온화한 빛 가운데 있게 되고, 종국에는 천계의 빛 안에 오르게 된다(6313·6315·9407항).
사람이 이지에로 올리워지면, 천계의 빛 안으로 올리워지는 실제적인 제고(提高)가 있다(3190항).
내가 세상적 관념에서 물러났을 때 매우 큰 빛을 지각하였다(1526·6608항).

서 감지하고 볼 수 있지만 우리가 감지하지 못할 때에는 어렴풋하게 또 그늘에 있는 것 같이 되기 때문입니다.

131. 천계의 빛이 신령진리이기 때문에 이 빛은 또한 신령영지이고 신령이지입니다. 따라서 천계의 빛 안으로 올리워진다는 것은 이지와 영지(智慧) 안에 올리워져서 빛을 받는다는 뜻입니다. 그러므로 천사들은 그들이 가지고 있는 이지와 영지와 같은 계도 안에서 빛을 소유합니다. 왜냐하면 천계의 빛이 신령지혜이기 때문에 천계의 빛 안에서는 모두의 성품이 인지되어집니다. 그 내면들도 그것들의 됨됨이(性稟)와 꼭같이 자신의 안면에 확연하게 나타나서, 지극히 작은 것이라 할지라도 조금도 감출 수 없습니다. 내면적인 천사들은 선 이외의 것을 원하지 않기 때문에 적나라한 것들과 관계되는 모든 것들을 가지기를 좋아합니다. 그러나 반대로 천계 안에 있는 선을 원하지 않는 사람은 천계의 빛 안에서 보여지는 것을 몹시 두려워합니다. 말하기 이상하지만 지옥에 있는 자들은 서로가 사람으로 보이지만, 천계의 빛 아래서는 그들의 악에 부합되는 형체가 되어 무서운 몰골과 체구(體軀)를 가진 괴물로 나타납니다.*¹⁾ 천사들 편에서 본다면, 사람도 그의 영에 따라 같은 모양으로 나타납니다. 만약 그가 선한 사람이면 그가 가지고 있는 선에 따라서 아름다운 사람으로 보여지고, 악한 사람이라면 그가 가진 악에 일치하여 흉악한 괴물로 보여집니다. 그러므로 천계의 빛 아래서는 모든 것이 확실하게 드러나 보입니다. 그 이유는 천계의 빛이 신령진리이기 때문입니다.

132. 신령진리는 천계의 빛이고, 그러므로 천사의 안팎이나 천계의 안과 밖은 물론하고 모두 빛을 발합니다. 그럼에도 불구하고 천

---

*1) 지옥에 있는 자들이 처해 있는 자신들의 빛은 석탄불에서 비롯된 것같이 거므스레한 빛을 띠우는데, 그 빛 가운데 있는 자들은 자신들에게는 사람처럼 나타나 보인다. 그러나 천계의 빛 아래서는 그들은 괴물로 나타난다 (4531·4533·4674·5057·5058·6605·6626항).

계 밖에서는 천계 안 보다는 그 진리가 빛을 덜 발광하여 설광(雪
光)처럼 온기가 없는 빛을 냅니다. 그 까닭은 천계 안에서와 같이
그 진리가 선으로부터 그것의 본질이 비롯되지 않았기 때문입니다.
또 그 냉한 빛도 천계의 빛을 받게 될 때, 분해되어서 만일 악이 내
재한다면 어둠으로 바뀝니다. 나는 이 밖에도 많은 것들 즉 빛을 발
하는 진리 등 여러 가지 것을 보았지만 여기서는 생략하겠습니다.

133. 자, 이제는 천계의 별(熱·heat)에 관해서 설명드리겠습니다.
천계의 별이라면 그 본질은 사랑이며, 태양이신 주님에게서 비롯되는
데, 신령애는 주님 안에 있으며 또 주님에게서 나오는 것임은 전 장에
서 이미 설명하였습니다. 그러므로 천계의 별도 천계의 빛과 같은 근
원에서 오는 것이기 때문에 이것들은 모두 영적인 것입니다.*1) 태양
이신 주님에게서 나오는 것은 신령진리와 신령선 두 가지가 있습니다.
천계에서는 신령진리는 빛으로 나타나고, 신령선은 별으로 존재하지
만, 신령진리와 신령선은 결합되어 있기 때문에 둘이 아니고 하나입니
다. 그럼에도 불구하고 천사에게 있어서는 이 둘이 갈라져서 존재하는
데, 신령진리 보다 신령선을 더 많이 받아들이고 있는 천사와 신령선
보다 신령진리를 더 많이 받고 있는 천사가 있기 때문입니다. 신령선
을 더 많이 받고 있는 천사는 주님의 천적 왕국에 있고, 신령진리를
더 많이 받고 있는 천사는 주님의 영적 왕국에 있습니다. 이 진리와
선을 같은 정도로 받는 자들은 가장 완전한 천사들입니다.

134. 천계의 별은, 천계의 빛과 같이, 그 있는 곳에 따라 각양각색
입니다. 천적 왕국과 영적 왕국에서 다르고, 그 안에 있는 사회들에

---

*1) 별과 빛의 근원은 둘이 있다. 그것은 하나는 이 세상의 태양이고, 다른
하나는 천계의 태양이다(3338·5215·7324항).
태양이신 주님에게서 비롯된 별은 사랑에 속한 정동이다(3636·3643항).
그러므로 영적인 별(熱)은 그 본질이 사랑이다(2146·3338·3339·6314
항).

따라 각양각색입니다. 즉 열기의 계도에 따라서만이 아니라 그 질에 있어서도 서로 차이가 있습니다. 주님의 천적 왕국에서는 천사들이 신령선을 많이 받고 있으므로 강렬하고 순수하지만, 주님의 영적 왕국에서는 천사들이 신령진리를 더 많이 받고 있기 때문에 그 강렬함이나 순수도가 낮습니다. 각 사회 끼리도 그 받아들이는 측에 따라서 서로 다르게 되어 있습니다. 지옥에도 볕은 있지만 그 볕이 오염되어 더럽습니다.*1) 천계의 볕은 거룩하고 천적인 불에 의해서 생겨지고 있으나 지옥의 볕은 모독과 지옥적인 불꽃에서 생겨집니다. 그러나 이 둘 다 사랑의 표현일 뿐입니다. 천계의 불은 주님을 사랑하고 이웃을 사랑하며 그리고 또 그 사랑이 동반된 정동의 모든 것을 표현하고 있지만, 지옥의 불꽃은 자기와 세상을 사랑하는 것과 그 사랑에 동반되는 정욕을 모두 표현하고 있습니다. 모든 사랑이 영적 근원에서 나오는 볕이라는 것은 사랑으로 뜨거워진다는 말로도 알 수 있습니다. 사랑의 힘(strength)이나 그 사랑의 성질에 의해서 사람은 불타기도 하고 또는 달아오르기도 합니다. 사랑이 공격을 받기라도 하면 가열이 됩니다. 그런즉 선량한 사랑에서 오는 정동에 관해서나, 악한 사랑에서 오는 정욕에 관해서 불이 탄다든가 열이 오른다든가 불타 오른다든가, 끓는다든가, 불이 붙는다라는 등의 습관적인 말을 합니다.

135. 천계에서는 태양이신 주님으로부터 발하는 사랑이 볕으로 느껴집니다. 그 까닭은 천사의 내면이 주님으로부터 비롯된 신령선이 근원이 된 사랑의 상태 안에 있기 때문입니다. 그러므로 그 사랑에서 비롯된 온기에 의하여 그의 외면적인 것들이 뜨거워지면 그것들 역시 볕의 상태에 있게 됩니다. 그렇기 때문에 천계에서는──바로 위에서

---

*1) 지옥에도 볕은 있으나 불결하다(1773·2757·3340항).
  그곳에서 나는 냄새는 이 세상에 있는 거름이나 배설물에서 나는 악취 같고, 가장 악한 지옥의 냄새는 송장 냄새와 같다(814·815·817·819·820·943·944·5394항).

말한 바와 같이──볕과 사랑이 서로 대응하기 때문에 거기서 각자들은 그 자신의 사랑인 볕의 상태에 있습니다. 이 세상의 볕은 조잡하고 또 자연적이며, 영적인 것이 아니기 때문에 그것이 천계 안으로 들어갈 수는 전혀 없습니다. 그러나 사람은 자연계와 영계의 두 세계에 함께 걸쳐 있는 까닭에 사람에게 있어서 그와는 전혀 다릅니다. 사람은 영으로 있을 때는 자기가 가지는 사랑에 의해서 뜨거워질 수 있고 육체로 있을 때에는 영의 볕과 이 세상의 볕 양쪽에 의해서 온기를 낼 수 있습니다. 그 까닭은 전자가 후자에 입류할 수 있기 때문인데, 그것은 그들 양자가 대응하기 때문입니다. 이상 두 종류의 볕이 대응관계에 있는 사실은 동물들의 삶을 보면 잘 알 수 있습니다. 동물들의 사랑은 종족의 번식을 위한 것이라고 하지만, 봄과 여름의 때처럼 이 세상의 태양에서 비롯된 볕의 영향이나 만남(presence)에 따라서 자극되고, 그것에 따라 행동을 합니다. 이 세상의 볕이 침투해 들어가서 사랑을 자극한다고 잘못 믿고 있는 자들이 있습니다. 그 까닭은 자연계의 것이 영계로 흘러들어가는 것이 아니라 영계의 것이 자연계에 입류하고 있기 때문입니다. 이것이 신령질서에 따르는 입류로서 그 반대는 신령질서에 위배됩니다.*[1]

136. 사람과 같이 천사에게도 이해와 의지가 있습니다. 천계의 빛이 신령진리인 동시에 신령영지이기 때문에, 천계의 빛이 천사의 이해의 생명을 이룹니다. 또 천계의 볕이 신령선이고 또 신령애인 고로 천계의 볕이 천사의 의지의 생명을 이루고 있습니다. 천사의 생명 그 자체는 볕에서 비롯되고, 또 볕이 그것 안에 내재한 것만큼 비례해서 빛에서 비롯됩니다. 생명이 볕에서 비롯되었다는 것은 볕이 없어지게 되면 생명이 소멸돼 버린다는 사실에서 명백히 알

---

*1) 물질적이 아닌 영적 입류가 있는데, 즉 자연계에서 영계로의 입류가 아니라, 영계로부터 자연계로의 입류가 있다(3219·5119·5259·5428·5477·6322·9109·9110·9111항).

수 있습니다. 사랑이 없는 믿음이나, 선이 없는 진리에 관해서도 같은 말을 할 수 있겠습니다. 그 까닭은 믿음에 속한 진리라고 일컫는 진리는 빛이고, 사랑에 속한 선이라고 일컫는 선은 바로 볕이기 때문입니다.*¹⁾ 천계의 볕과 빛에 대응하는 이 세상의 볕과 빛의 경우를 보면 이상 말한 것이 훨씬 잘 이해가 될 것입니다. 여름이나 봄철에서와 같이, 빛과 결합된 볕에 의하여 지상의 만물은 생기를 얻고, 성장하지만, 볕에서 분리된 빛에 의해서는 아무것도 생기를 얻지 못하고, 성장도 하지 않습니다. 그러므로 만물은 오직 굼뜨고, 죽은 상태에 있습니다. 겨울에는 볕이 결여되어 빛은 있으나 온기는 없습니다. 이와 같은 대응에서 볼 때 천계가 낙원이라고 일컬어지고 있으나, 그것은 천계에서는 지상에서 봄이 되면 빛이 볕과 하나가 되는 것처럼 진리가 선과 합치고, 믿음이 사랑과 합쳐질 때에 비로소 이룩되는 것입니다. 여기서 우리는 앞(13－19항)에서 상술한 진리가 한층 더 잘 이해가 될 것입니다. 즉 천계에 계신 주님의 신령존재는 주님사랑과 이웃사랑이라는 것입니다.

137. 요한은 다음과 같이 말하고 있습니다.

태초에 말씀(聖言)이 계셨다. 그 말씀은 하나님과 함께 계셨다. 그 말씀은 하나님이셨다. 그는 태초에 하나님과 함께 계셨다. 모든 것이 그로

---

*1) 선을 떠난 진리는 진리 자체 안에 존재하지 않는다. 왜냐하면 그런 진리는 생명이 없기 때문이다. 따라서 진리는 그들의 생명을 선으로부터 받는다(9603항).
이와 같이, 선을 떠난 진리는 영혼이 없는 육체와 같다(3180·9154항).
선을 떠난 진리는 주님께서 용납하시지 않는다(4368항).
선을 떠난 진리, 즉 사랑과 분리된 믿음, 또는 선에서 분리된 진리, 또는 사랑에서 분리된 믿음이 무엇인가?(1949－1951·1964·5830·5951항).
그것은 진리 또는 믿음을 말하는 것, 또는 선과 사랑을 말하는 것과 꼭같은데, 그 이유는 진리는 믿음에 속하고, 선은 사랑에 속한 것이기 때문이다(2839·4352·4353·4997·7178·7623·7624·10367항).

말미암아 생겨났으니, 그가 없이 생겨난 것은 하나도 없다. 그의 안에서 생겨난 것은 생명이었으니, 그 생명은 모든 사람의 빛이었다. …그는 세상에 계셨다. 세상이 그로 말미암아 생겨났는데도, 세상은 그를 알지 못하였다. …말씀이 육신이 되어 우리 가운데 사셨다. 우리는 그의 영광을 보았다.
(요한 1:1-14)

"성언"(聖言·the Word)이란 주님을 가리킵니다. 그 까닭은 "성언이 육신이 되었다"는 말에서 잘 알 수 있습니다. 그러나 "성언"이 무엇을 의미하는지 정확하게 알려지지 않고 있으므로 다음과 같이 설명하려고 합니다. "성언"이란 여기서는 주님 안에 있으며 주님으로부터 오는 신령진리를 가리킨다.*1) 이런 이유로 해서, 이 장에서 이미 설명한 내용과 같이, 성언을 "빛"이라고 부릅니다. 신령진리에 의해서 만물이 생겨나고 지어졌다는 것은 다음에 설명하겠습니다.

〔2〕천계에서는 신령진리야 말로 모든 능력을 가지고 있고, 그 신령진리를 떠나서는 아무 것도 없습니다.*2) 신령진리로 말미암아 천사

---

*1) 성경책에서 "낱말"은 여러 가지를 뜻한다. 즉 말(言語·speech), 마음에 속한 사상, 또는 실제로 존재하는 어떤 것 또는 높은 뜻으로는 신령진리나 주님을 가리킨다(9987항).
"성언"은 신령진리를 표의한다(2803·2894·4692·5075·5272·9383·9987항).
"성언"은 주님을 표의한다(2533·2859항).
*2) 주님에게서 비롯된 신령진리는 모든 능력을 갖는다(6948·8200항).
선에서 비롯된 진리는 천계에서 모든 능력을 갖는다(3091·3563·6344·6423·8304·9643·10019·10182항).
천사들은 능품천사(能品天使·powers)라고 일컫고, 또 천사들은 주님에게서 비롯된 신령진리의 수용에 의하여 능품천사(能品天使·權天使·powers)이다(9639항).
천사들은 주님에게서 비롯되는 신령진리의 그릇이고, 그러므로 성경말씀에서 천사들이 이따금 하나님들(神들·gods)이라고 불리웠다(4295·4402·7873·8192·8301항).

들은 능천사들(能天使·*potentiae*)이라고 불리워지고 그들이 그 진리를 수용하는 그릇이 되는 한도에 따라서 그들의 능력이 정해집니다. 그들은 지옥과 그들 자신에게 대항하는 자 모두에게 그 힘을 휘두르고 있습니다. 백, 천의 적이 있다고 해도 신령진리인 천계의 한줄기 빛에 저항할 수는 없습니다. 천사가 천사되는 것은 신령진리의 수용에서 비롯됩니다. 여기서 온 천계가 신령진리로 되어져 있다는 것을 알 수 있습니다. 그 까닭은 천계가 천사들로 되어 있기 때문입니다.

〔3〕신령진리가 그렇게 많은 힘을 가지고 있다는 생각은 진리란 어떤 사람이 복종해서 행하는 경우 이외에는 내재하는 힘이 결여된 사상이나 말 정도로 밖에는 생각하지 않는 사람들에겐 믿기워지지 않습니다. 그러나 신령진리에는 천계와 이 세상과 그 안에 있는 만물을 지으실 만큼의 능력이 담겨져 있습니다. 신령진리에 이와 같은 능력이 있다는 것을 사람 안에 있는 진리와 선의 힘 그리고 이 세상의 태양에게서 나오는 빛과 볕, 이 두 가지를 비교해서 설명하겠습니다. 사람 안에 있는 진리와 선의 능력에 관해서 말하면 사람이 행하는 것은 모두 이해와 의지에 의해서 되는 것이며, 의지에 의해서 행하는 경우에는 선을 통하며, 또 이해에 의해서 행하는 경우에는 진리를 통해서 행합니다. 의지 안에 있는 모든 것들은 모두 선에 관련되고, 이해 안에 있는 모든 것들은 모두 진리와 관계를 갖습니다.*[1]* 그러므로 사람이 온 전신(全身)을 움직이는 것은 선과 진리에서 비롯되고, 또 그것 안에 있는 지극히 작은 것까지

---

*1) 이해는 진리의 용기(容器)이고, 의지는 선의 용기이다(3623·6125·7503·9300·9930항).
   그러므로 이해 안에 있는 모든 것들은 그것들이 진정한 진리이든 아니든, 또는 사람이 진리로 믿든 믿지 않든 진리와 관계를 갖는다. 그리고 의지 안에 있는 모든 것들은 마찬가지로 선과 관계를 갖는다(803·10122항).

도, 그들의 의지와 기쁨을 행하는 것에 일치하여 순식간에 움직입니다. 이러한 사실은 온 전신이 선과 진리를 위한 도움으로 창조되었다는 것, 따라서 선과 진리에 의하여 이루어졌다는 것은 명백합니다.

〔4〕이 세상의 태양에게서 나오는 별과 빛의 능력을 두고 생각해 보면, 이 세상에 있어서 증식하는 것 예컨대 수목들·곡물·꽃·풀·과실 그리고 씨 등은 태양의 별과 빛이 없었다면 전혀 존재하지 않았을 것입니다. 이러한 사실은 별과 빛에 얼마나 큰 힘이 있는가를 알게 합니다. 신령진리이신 신령 빛, 신령선이신 신령 별에 무슨 힘이 있어야만 하지 않습니까? 왜냐하면 천계도 이것들로 말미암아 그 존재를 가지며, 또한 이 세상 역시 그것으로 말미암아 그 존재를 가지기 때문입니다. 그 이유는 앞에서 설명한 것과 같이 이 세상은 천계를 방편으로 하여 그 존재를 가지기 때문입니다. 이렇게 볼 때 만물이 성언에 의해서 되어졌다는 것과, 또 되어진 것 중에 어느 하나 이것에 의존하지 않는 것은 아무것도 없었다는 것 그리고 세상이 그에 의해서 즉 주님으로부터의 신령진리에 의해서 지어졌다는 것의 의미가 확연해집니다.*[1] 그리고 또 창세기 초두에 빛에 대하여서 또는 빛으로부터 나온 것에 대하여 기록되어 있는 까닭을 알 수 있습니다 (창세기 1:3, 4). 또한 온 천계와 온 세계 안에 있는 만물이 선과 진리 그리고 양자의 결합에 관련되어 있으며, 비로소 존재하게 된다는 것도 명백합니다.

139. 천계의 태양이신 주님에게서 비롯하는 신령선과 신령진리가 주님 안에 있는 것이 아니라, 주님에게서 비롯된다는 것임을 주지하

---

*1) 주님에게서 비롯된 신령진리는 오직 실재하는 것(the only real thing)이다(6880·7004·8200).
신령진리에 의하여 만물은 창조되고, 완성되었다(2803·2884·5272·7673항).

여야겠습니다. 주님 안에 있어서는 다만 신령애가 있을 뿐이며, 그 사랑이 존재(存在·*Esse*) 그 자체이시며, 그것에서 신령선과 신령진리가 비롯됩니다. 존재에서 나온 실재(實在·*existere*)는 존재 그 자체로부터의 발출입니다. 이 사실 역시 이 세상의 태양과 비교해 보면 확실하게 알 수 있습니다. 이 세상의 볕과 빛은 태양 안에 있지 않고, 태양에서 비롯된 것입니다. 태양 안에는 불 이외에는 아무 것도 없고, 볕과 빛은 그 불에서 발출되어 실재합니다.

140. 태양으로서의 주님은 신령애입니다. 그리고 신령애는 신령선 그 자체입니다. 따라서 주님에게서 발출되는 신령존재 즉 천계에서의 주님은 그 자신의 신령존재를 신령진리라고 하고 신령선과 하나가 되어 있지만 일단 구별되고 있습니다. 이 신령진리는 주님 자신에게서 발출되는 거룩한 존재(the Holy·*sanctum*)라고 불리워집니다.

제16장
천계의 네 방위(方位)

141. 천계에도 이 세상처럼 동서남북 네 방위(方位)가 있습니다. 그 방위는 양계가 그곳의 태양에 의하여 결정됩니다. 즉 이 세상에서는 이 세상의 태양이 기준이 되어 결정되지만 천계에서는 천계의 태양이신 주님이 그 기준이 되어 결정됩니다. 그럼에도 불구하고 이 두 태양에는 많은 차이가 있습니다. 먼저 이 세상에서는 태양이 지상 최고의 높이에 있을 때 남(南·south)이라고 하고, 그 반대로 지평선 아래에 위치했을 때 그 방향을 북(北·north)이라고 하고, 주야의 길이가 같을 때 해가 떠오르는 방향을 동(東·east)이라고 하고, 그 일몰 방향을 서(西·west)라고 합니다. 이와 같이 이 세

상에는 그 방위가 남을 기준으로 하여 모든 방위가 결정됩니다. 그러나 천계에서는 주님께서 태양으로 나타나시는 방향을 동이라고 하고, 그 반대를 서라고 하며, 천계의 우측을 남이라고 하고 좌측을 북이라고 합니다. 즉 이것은 얼굴과 몸을 어느 쪽으로 돌려도 꼭같습니다. 이와 같이 천계에서는 방향을 모두 동을 기준으로 하고 있습니다. 주님께서 태양으로서 나타나시는 방향을 동이라고 하는 까닭은 생명의 근원이 모두 태양이신 주님에게서 비롯되기 때문입니다. 더구나 천사들이 주님에게서 별과 빛 즉 사랑과 이지를 받으면 받을수록 주님께서 그들에게 솟아오른다고 말합니다. 그런고로 성경말씀에서 주님이 해가 떠오르는 곳(東方·동쪽·*oriens*)이라고 일컬어졌습니다.*¹⁾

142. 또다른 하나의 차이는 천사들에게 있어서 동은 그들이 항상 얼굴을 향하는 방향이고, 서는 등 뒤에, 남은 오른편에 그리고 북은 왼편에 있다는 것입니다. 이 세상에서 이같은 사실을 깨닫기 어려운 까닭은 사람은 이 세상에서는 사방을 향하여 얼굴을 돌릴 수 있기 때문인데, 이것을 설명하자면 아래와 같습니다. 온 천계(天界)는 자체를 천계의 공통중심(the common center)인 주님을 향하여 돌립니다. 그리고 천사들은 모두 주님 계신 곳을 향하고 있습니다. 다 알고 있는 것과 같이, 이 세상에서는 모든 방위가 지구의 공통중심을 향하여 결정되고 있으나, 천계에서는 이 세상에서와 달리 전면(前面)이 공통중심입니다. 이 세상에서는 그 중심이 아래 쪽에 있으므로 그 방향 굳히기를 구심력(求心力·centripetal force) 또는 중력(重力·gravitation)이라고 일컬어지고 있습니다. 그런데 천사들의 내면은 실제로 정면을 향하고 있고 그 내면이 얼굴에 나타나며, 방위를 결

---

*1) 가장 높은 뜻으로 동쪽은 주님을 가리킨다. 왜냐하면 주님은, 항상 떠오르기는 하지만, 지는 법이 없는, 천계의 태양이시기 때문이다(101·5097·9668항).

정하는 것은 바로 그 얼굴입니다.*¹⁾

143. 사람은 어느 방향으로도 얼굴을 돌릴 수 있지만 천사의 경우는 얼굴과 몸을 어느 방향으로 돌리더라도 얼굴 앞에는 동쪽이 있다는 것은 이 세상에서는 이해하기 어려운 것이니까 여기서 설명을 하여야 하겠습니다. 천사들도 사람과 한 가지로 얼굴과 몸을 자유롭게 돌릴 수 있지만, 그렇다 할지라도 변함없이 눈 앞은 동쪽이 됩니다. 그 까닭은 천사의 체위(體位·turning·방향 바꾸기)가 사람의 몸과 달라서 다른 기원에서부터 오기 때문입니다. 같은 것인 듯 보이지만 같지 않습니다. 즉 그들의 경우는 그 기원이 주도애(主導愛·ruling love)이고 천사나 영의 방위는 그것으로 결정이 되기 때문입니다. 왜냐하면 상술한 바와 같이 천사들의 내면이 실제로 공통중심 즉 천계에서는 태양이신 주님을 향하여 있기 때문입니다. 그러므로 그들의 주도애는, 그들의 사랑이 항상 그들의 내면적인 것들 앞에 있고, 또 그 얼굴은 내면적인 것들로부터 실재(實在·existence)하기 때문에, 그들의 얼굴 앞에 언제나 있습니다. 왜냐하면 그것이 바로 그들의 겉모양(outward form)이기 때문입니다. 천계에서 이 사랑은, 그들이 그들의 사랑을 갖는 것은 주님에게서 비롯되기 때문에, 태양이신 주님이십니다.*²⁾ 그리고 주님 자신은 주님의 사랑 안에 있는 천사들

---

*1) 천계에서 모두는 자기들 스스로 주님을 향한다(9828·10130·10189·10420항). 뿐만 아니라, 천사들 스스로가 주님을 향하는 것이 아니고, 주님께서 천사들을 그분 자신을 향하게 한다(10189항).
천사는 주님과 더불어 존재하지 않지만, 주님은 천사와 더불어 존재한다(9415항).

*2) 영계에서 모두는 변함없이 자기들 스스로 그들의 사랑에 따라 방향을 돌린다. 그리고 거기의 방위는 그의 얼굴에서 시작하고, 또 그것에 의하여 결정된다(10130·10189·10420·10702항).
얼굴은 내면적인 것들과의 대응에 따라 형성된다(4791-4805·5695항). 그러므로 내면적인 것들은 그 얼굴로부터 빛을 비춘다(3527·4066·4796항).

안에 계시기 때문에, 천사들이 어느 방향으로 방향을 바꾸든 그들로 하여금 주님을 향하게 하는 원인은 언제나 주님이십니다. 이러한 사실을 더 이상 설명할 수는 없겠습니다. 뒤에 천계의 표징(表徵·representation)과 외현(外現·appearance), 시간과 공간을 다룰 장들에서 좀 더 명확하게 설명을 하면 좀 더 이해가 명확할 것입니다. 천사들이 자기들 면전에 항상 주님을 우러를 수 있다는 것을 나는 많은 체험에서 알 수 있었고, 또 지각할 수 있었습니다. 내가 천사들과 함께 있었을 때마다 내 면전의 주님의 현존을 나는 목격하였습니다. 주님은 보이지 않았으나 빛 가운데 계시는 것을 감지할 수 있었습니다. 천사들도 여러 번 그 사실을 증언해 주었습니다. 주님이 부단히 천사들의 면전에 계시는 것처럼, 세상에서도 주님을 믿고 사랑하는 사람들은 하나님을 눈 앞에서 보고 우러러 봅니다. 사람이 이렇게 말하는 것은 그 표현이 영계에서 기원하는 것이기 때문입니다. 다만 사람은 그 유래를 모르고 있으나 사람들의 언어 안에는 그러한 표현이 얼마든지 있습니다.

144. 이 주님을 향한 방향 전환은 천계에서도 신기한 것들 중의 하나입니다. 거기 많은 자들이 한 곳에 모여 있다고 하더라도 어떤 이는 그 얼굴과 몸을 한 곳으로 돌려 향하고, 다른 이는 또 다른 방향으로 돌릴 수 있습니다. 그러나 그들은 모두 주님을 그들 앞에서 뵙고, 그리고 모든 자들은 오른쪽에 남쪽, 왼편에 북쪽을 두고 있으며 그들 뒤에 서쪽이 있습니다. 천사들이 동쪽을 향해서만 바라보는데, 다른 세 방위를 향하여 볼 수도 있다는 것이 또 하나의 신기한 일입니다. 그러나 그들은 그들의 사상에 속한 내면적 시각으로 이것

천사들에게 있어서 그 얼굴은 내면적인 것과 하나되게 한다(4796·4797·4799·5695·8250항).
내면적인 것들에 속한 입류는 얼굴과 그것의 근육에 흘러든다(3631·4800항).

들을 보는 것입니다. 그리고 또 하나의 신기한 것은 천계에서는 아무도 남의 뒤에 서 있으며 남의 등이나 뒷머리를 보는 것이 용납되지 않는다는 것입니다. 그 이유는 주님으로부터의 선과 진리의 입류가 방해를 받기 때문입니다.

145. 천사들이 주님을 보는 것과 주님께서 천사들을 보는 것은 그 방식에 있어서 다릅니다. 천사들이 주님을 보는 것은 그들의 눈을 통해서 보지만, 주님은 앞이마에 나타나는 천사들을 보십니다. 그것은 이마가 그들의 사랑에 대응되기 때문입니다. 즉 주님께서 천사들의 의지 안으로 입류하시는 것은 사랑을 통해서 행하시고, 천사들의 눈에 대응되는 이해를 통해서 주님은 당신을 그들에게 보이도록 행하십니다.*1)

146. 그러나 주님의 천적 왕국을 형성하고 있는 천계의 방위와 주님의 영적 왕국을 형성하는 천계의 방위에는 차이가 있습니다. 왜냐하면 천적 왕국의 천사들은 주님을 태양의 형체로 보게 되고 영적 왕국의 천사들은 주님을 달의 형체로 보지만, 여전히 주님은 동쪽에 보입니다. 태양과 달의 거리는 30도가 됩니다. 또한 방위들의 거리도 30도가 됩니다. 천계는 천적 왕국과 영적 왕국이라고 불리는 두 왕국으로 나뉘어졌다는 것(20-28항)이나 주님께서 천적 왕국에서는 태양으로 나타나시고 영적 왕국에서는 달로 나타나신다는 것(118항)은 각각 그 해당 장에서 잘 읽을 수 있습니다. 그러나 이것 때문에 천계의 방위가 혼돈을 일으키지는 않습니다. 왜 그런가 하면 영적 천사들

---

*1) 앞이마는 천계적 사랑에 대응된다. 그러므로 성경말씀에서 "앞이마"는 그 사랑을 가리킨다(9936항).
눈은, 이해가 내적 시각을 뜻하기 때문에, 이해에 대응된다(2701·4410·4526·9051·10569항).
이런 이유 때문에, "눈을 위로 뜬다" 또는 "본다"는 말씀은 이해하고, 지각하고 또는 관찰한다는 것을 뜻한다(2789·2829·3198·3202·4083·4086·4339·5684항).

이 천적 천사들 사이에 올라갈 수 없고, 천적 천사가 영적 천사들 사이에 내려갈 수 없기 때문입니다(35항 참조).

147. 천계에서의 주님의 현존이 어떤 내용을 뜻하는지 명료하리라 생각됩니다. 앞에서 설명한 것과 같이 주님은 어디나 계시며, 또 주님 자신에게서 비롯된 선과 진리 안에 있는 모두와 같이 한다는 것이 명확해졌습니다. 결론적으로, 앞에서 언급한 것과 같이(12항 참조) 주님의 고유속성 안에 있는 천사와 같이 합니다. 그들은 주님의 현존을 자기들의 내면으로 지각하며, 그 내면에서 눈으로 봅니다. 그리고 이 계속성으로 그들의 밖에 계시는 주님을 뵙습니다. 이렇게 말하는 것에 의해 주님께서 그들 안에 내재하시고 그들은 주님 안에 있다고 말씀하신 성경말씀의 의미가 알려지게 됩니다.

언제나 내 안에 머물러 있어라. 그러면 나도 너희 안에 머물러 있겠다.
(요한 15:4)
내 살을 먹고 내 피를 마시는 사람은 내 안에 있고, 나도 그 사람 안에 있다.
(요한 6:56)

"주님의 살"은 신령선을 의미하고 피는 신령진리를 표의합니다.*1)

148. 천계의 모든 주민들은 모두 방위에 따라 자기 처소를 가지게 되어 있습니다. 사랑의 선 안에 있는 사람들은 동과 서를 향해서 거처를 가지며, 그 사랑의 선을 명확하게 지각하는 자들은 동쪽에 있고, 불영명하게 지각하는 자들은 서향해서 자리를 잡습니다.

---

*1) 성경말씀에서 "주님의 살"은 주님의 신령인간 또는 주님의 사랑에 속한 신령선을 뜻한다(3813·7850·9127·10283항).
그리고 "주님의 피"는 신령진리나 또는 믿음의 거룩함을 뜻한다(4735·4978·6978·7317·7326·7846·7850·7877·9127·9393·10026·10033·10152·10210항).

사랑의 선에서 비롯된 지혜 안에 있는 자들은 남과 북을 향해 처소를 갖는데, 지혜의 명확한 빛 안에 있는 자들은 남향하고 살고, 그 빛을 불영명하게 가지고 있는 자들은 북향해서 살고 있습니다. 주님의 천적 왕국에 있는 천사들과 영적 왕국에 있는 천사들도 모두 유사한 질서에 따라 거처를 가집니다. 다만 사랑의 선과 거기서 비롯된 진리의 빛 안에 거하는 자들의 거처는 다릅니다. 그 이유는 천적 천계에서는 그 사랑이 주님사랑이고, 거기서 비롯된 진리의 빛은 지혜이기 때문입니다. 그러나 영적 왕국에 사는 사람의 사랑은 인애라고 부르는 이웃사랑이고, 거기서 비롯된 진리의 빛은 믿음이라고 부르는 이지(理智·聰明)이기 때문입니다(23항 참조). 양 왕국에서는 방위들이 30도 차이가 난다는 것은 이미 설명하였습니다(146항 참조).

149. 천계의 각 사회에 살고 있는 천사들에 대해서도 같은 말을 할 수 있겠습니다. 동쪽에는 높은 계도의 사랑과 인애를 가지고 있는 자들이 살고, 서쪽에는 보다 낮은 계도의 사람들이 살고 있습니다. 남쪽에는 높은 계도의 영지(英智·智慧)와 이지를 구비한 자들이 살고 있고, 북에는 보다 낮은 계도의 영지와 이지를 구비한 사람들이 살고 있습니다. 이와 같이 주거지가 다른 것은 각 사회가 천계를 반영하고 또한 하나의 작은 형체의 천계이기 때문입니다(51-58항 참조). 이와 같은 배치는 그들의 집단들에도 마찬가지입니다. 천사들은 천계의 형체에 의해서 이같은 질서에 옮겨지고, 또 그 형체를 통해서 각자는 자기 거처를 잘 분별합니다. 그리고 또 천계 어디서나 같은 부류의 사람들이 한 사회 안에 있도록 주님께서 배려하십니다. 왜냐하면 전체가 개체와 다른 것처럼 온 천계의 구성은 각 사회의 구성과 차이가 있기 때문입니다. 즉 동에 있는 사회는 서에 있는 사회보다 우수하고 남에 있는 사회는 북에 있는 사회보다 우수합니다.

150. 천계의 방위가 이렇기 때문에 방위가 그 주민들의 성품을

나타내고 있다는 것을 알게 되었습니다. 즉 동은 사랑과 그것의 선을 확실하게 지각하고 있는 자들의 성품을 나타내고, 서는 사랑과 그것의 선을 불영명하게 지각하고 있는 자들의 성품을 나타냅니다. 남은 영지와 이지를 밝은 빛 안에서 가지고 있는 자들의 성품을 나타내고, 북은 영지와 이지를 불영명한 빛 안에서 가지고 있는 자들의 성품을 나타냅니다. 천계의 방위가 이와 같이 그 의미가 서로 다르기 때문에, 거기에 사는 사람 역시 성경말씀의 속뜻 즉 영적인 뜻이 그 천계에 속해 있는 것들과 전적으로 일치하기 때문에, 성경말씀의 속뜻 즉 영적인 뜻에 있어서도 이와 유사한 표의를 갖습니다.*1)

151. 지옥에 있는 자의 경우는 이와는 정반대입니다. 그들은 주님을 태양이나 달로 보는 법이 없습니다. 주님에게 등을 돌리고, 이 세상의 태양을 대신한 흑암을, 이 세상의 달 대신 암흑을 바라볼 뿐입니다. 이 세상의 태양 대신에 흑암을 향하는 자들을 악마(惡魔·genii)라고 하고, 이 세상의 달 대신 암흑을 향하고 있는 자를 악령이라고 합니다.*2) 지옥에는 이 세상의 태양과 달이 나타나지 않지만 이 세상의 태양 대신에 천계의 태양에 대립하는 흑암이 있고, 이 세상의 달을 대신해서 천계의 달과 대립하는 암흑이 있다는 것에 관해서는 앞에 설명하였습니다(122항 참조). 그러므로 그들에게는 천계의 방위와는 대립되는 방위가 있습니다. 즉 그들에게

---

*1) 성경말씀에서 "동쪽"은 사랑을 확실히 지각한 사람을 뜻하고(1250·3708항), "서쪽"은 사랑을 불영명하게 지각한 사람을(3708·9653항), "남쪽"은 영지와 이지에 속한 빛의 상태 안에 있는 사람을(1458·3708·5672항), 그리고 "북쪽"은 그것에 관한 불영명의 상태 안에 있는 사람을(3708항) 각각 뜻한다.
*2) 악마라고 부르는 자들이 누구이고, 그 성품에 관하여, 그리고 악령이라고 부르는 자들이 누구이고, 그 성품에 관하여(947·5035·5977·8593·8622·8626항).

는 동쪽이 짙은 흑암과 암흑이 있는 곳이고, 오히려 서쪽에 천계의 태양이 있습니다. 남쪽은 그들에게는 우측에 있고, 북쪽은 그들의 좌측에 있습니다. 이것은 또 몸의 방향을 어느 쪽으로 돌린다고 해도 마찬가지입니다. 그것이 변하지 않는다는 것은 그들의 내면의 방향 전환과 결정이 그들의 향방을 가리키고 있기 때문입니다. 저 세상에서는 내면의 방향 결정과 그 결과로 얻어지는 결단의 모두가 사실상 그들이 가지고 있는 사랑과 조화를 이룬다는 것은 앞에서 설명한 것과 같습니다(143항 참조). 지옥에 있는 자의 사랑은 자아애와 세간애입니다. 이 사랑은 세상의 태양과 달로 표의됩니다(122항 참조). 이 사랑은 주님사랑과 이웃사랑에 정반대가 됩니다.*1) 그러므로 이 사랑은 주님에게 등을 돌리게 하고 흑암을 향해서 돌아서게 합니다. 더욱이 지옥에 있는 자도 역시 자기들의 방위에 의해서 주거를 결정합니다. 자아애에서 오는 악 안에 있는 자는 동쪽을 등지고 서향하고, 악에 속한 거짓 안에 있는 자는 남쪽을 등지고 북향해서 삽니다. 이것에 관해서는 지옥편에서 자세히 언급하겠습니다.

152. 악령이 선한 영들에게 찾아오면 방위가 혼돈을 일으키는 것이 통례이어서, 선한 영은 그 때 자기들의 동이 어디인지를 거의 모르게 됩니다. 나도 그 사실을 몇 번 지각했고, 그런 사실을 통탄해하는 천사들에게서도 들은 바가 있습니다.

153. 악령도 천계의 방위를 따라 자신들의 방위가 바뀌는 것을 본 적이 있습니다. 그 때에 그들은 이지와 진리를 지각할 수 있지만 선한 정동은 없었습니다. 그러나 곧바로 물러서서 자기들의 방위에 맞

---

*1) 자아애와 세간애에 빠져 있는 자들은 자기 스스로 주님에게 등을 돌린다 (10130·10189·10420·10702항).
주님사랑과 이웃사랑이 천계를 만든다. 반면 자아애와 세간애는 지옥을 만든다. 왜냐하면 이들 둘은 서로 상반되기 때문이다(2041·3610·4225· 4776·6210·7366·7369·7490·8232·8678·10455·10741-10745항).

게 몸을 돌리는데 그 때 곧 이지가 없어지고 진리도 지각할 수 없게 됩니다. 곧 그들은 자기가 귀동냥으로 듣고 깨달은 진리가 거짓이고 진리가 아니라고 말하면서 오히려 거짓이 진리가 되기를 바랍니다. 이 방향 바꿈에 대하여 나는 악령의 경우 마음의 지적 부분은 방향을 바꿀 수 있으나, 의지 부분은 불가능하다는 것을 터득하였습니다. 이것은 주님의 섭리에 기인하여 진리를 보고, 그것을 시인하는 것은 누구에게나 가능하지만 선 안에 있지 않는 한 그 진리를 수용할 수는 없게 되어 있기 때문입니다. 왜 그런가 하면 진리를 받아들이는 것은 선이고 악이 아니기 때문입니다. 이상 말한 것은 사람에게 있어서도 마찬가지입니다. 진리가 사람을 교정한다고는 하나 사람이 선 안에 있는 정도밖에는 교정이 되지 않습니다. 그것과 같이 사람은 주님을 향해서 얼굴을 돌릴 수는 있으나 만약 그의 삶이 악하면 즉시 주님에게 등을 돌리고 자기의 악으로부터 오는 거짓을 고집하게 됩니다. 이것들은 내면 상태에서 생각할 때 일어나는 것입니다.

제17장
천계에서의 천사들의 상태 변화

154. 천사들의 상태가 변화한다는 것은 그들의 사랑과 믿음, 그리고 거기에서 비롯된 영지와 이지, 즉 생명의 상태라는 면에서 변화하는 것을 말합니다. 상태라는 것은 생명과 생명에 속한 것들에 관계되는 말로써 천사의 생명은 사랑과 믿음의 생명이기 때문에 상태들이 이들에 관하여 서술되면 사랑과 믿음의 상태 또는 영지와 이지의 상태라고 일컫습니다. 이런 의미의 상태가 천사의 경우에서 어떻게 변하는가를 이제 설명하고자 합니다.

155. 천사들은 사랑에 관해서 변함없이 줄곧 동일한 상태로 있

지는 않습니다. 영지(智慧)에 관해서도 같은 말을 할 수 있겠습니다. 천사의 영지가 모두 사랑에서 비롯되어 생겨지고 또 그들의 사랑과 일치하기 때문입니다. 어떤 때는 짙은 사랑의 상태 안에 있고 어떤 때는 그리 짙지 않은 사랑의 상태 안에 있습니다. 그 상태는 최대의 사랑의 상태에서 최소의 사랑의 상태로 단계적으로 감소합니다. 사랑의 최대 계도에 있을 때 그들의 생명은 빛과 볕 안에 담겨 있으며, 광명과 기쁨의 상태 안에 있게 되지만, 최저의 계도 안에 있게 되면 응달과 냉기 안에서 어둠과 불쾌함을 경험하게 됩니다. 이 최후의 상태로부터 최초의 상태로 돌아가지만 이렇게 하여 각양각색으로 변해 가서 하나에서 다른 하나로 그 계도(階度)를 따라 변합니다. 이와 같은 상태변화는 빛과 응달, 열기와 냉기 따위로 변하는데, 이 세상에서 일 년이라는 기간 동안 변해 가는 아침, 낮, 저녁과 밤 등 나날의 상태변화와 비교할 수 있습니다. 그리고 천사들의 상태 변화와 이 세상의 시간 변화에는 서로 대응이 있습니다. 아침은 광명한 상태에 있는 사랑에 대응되고, 낮은 밝은 영지의 상태에 대응되며, 저녁은 불영명한 영지의 상태에 대응됩니다. 그러나 밤은 사랑도 영지도 없는 상태에 대응이 됩니다. 다만 알아두고 넘어가야 할 것은 천계에 있는 천사들의 생명 상태는 밤과의 대응은 없다는 것입니다. 그러나 밤이 새기 전 즉 여명에는 대응이 있습니다. 밤과의 대응은 다만 지옥에 있는 자들과의 대응입니다.*1) 이 대응에서 보면 성경말씀에서 "날"(·day日)과 "해"(year·年)가 일반적으로 생명의 상태를 뜻합니다. "볕"(熱·heat)과 "빛"(光·light)은 사랑과 지혜를 의미하고, "아침"은 첫째되는 또는 최고의 사랑을 의미하고, "낮"은 그 사랑의 빛 안에 있는 영지

---

*1) 천계에는 아침에서 발출하는 여명(黎明)에 대응하는 상태는 있지만, 밤에 대응하는 상태는 없다(6110항).
"여명"(黎明)은 마지막과 처음의 중간 상태를 뜻한다(10134항).

를, 그리고 "저녁"은 그 사랑의 응달 안에 있는 지혜를, "여명"(黎明)은 새벽 미명에 있는 선명치 않은 상태를, 그리고 "밤"은 사랑과 지혜가 모두 결여된 상태를 의미합니다.[*1)]

156. 천사들에게는 그들이 사랑과 지혜를 받아가지고 있는 내면의 상태에 따라서 외면에 있는 여러 가지 것의 상태도 변해서 그들의 눈에 나타납니다. 그 까닭은 그들의 외면에 있는 것이 그들의 내면에 있는 것에 따라서 모양새를 취하기 때문입니다. 그것이 어떤 것이냐 하는 것은 천계의 표징(表徵)과 외현(外現)이라는 장에서 설명하겠습니다.

157. 천사들은 각자가 이러한 상태 변화를 경험하고 또 지내지만 각 사회도 일반적으로 그러한 상태 변화를 겪습니다. 그럼에도 불구하고 그 안에 있는 천사들은 제각기 서로 상이한 변화를 경험하면서 지냅니다. 그 이유는 그들이 사랑과 지혜 면에서 중앙에 있는 자는 주변에 있는 자보다 완전한 상태에 있기 때문입니다(43·128항 참조). 각자는 그가 가지고 있는 사랑과 믿음의 성격에 따라 달라지기 때문에 그러한 차이들을 일일이 나열하는 것은 사족(蛇足)이라 생각되어 생략하겠습니다. 한 천사가 즐겁고 밝은 상태에 있다고 해도 다른 한 천사는 불쾌하고 응달 안에 있는 경우도 있고, 동일한 사회에서도 동시에 그런 차이를 보일 수도 있습니다. 그리고 하나의 사

[*1)] 천계에서 조요(照耀·enlightenment)와 지각에 대한 상태의 변화(變化·交番·alternation)는 이 세상의 한 날의 때와 같다(5672·5962·6110·8426·9213·10605항).
성경말씀에서 "날"(日)과 "해"(年·year)는 일반적으로 상태를 뜻한다(23·487·488·493·893·2788·3462·4850·10656항).
"아침"(朝·morning)은 새로운 상태의 시작 또는 사랑의 상태의 시작을 뜻한다(7218·8426·8427·10114·10134항).
"저녁"은 빛과 사랑이 기우는 상태를 뜻한다(10134·10135항).
"밤"은 사랑이나 믿음이 전혀 없는 상태를 뜻한다(221·709·2353·6000·6110·7870·7947항).

회에서 일어나는 것과 다른 사회에서 일어나는 경우가 서로 다릅니다. 천적 왕국의 여러 사회들에서 일어나는 것들과 영적 왕국의 여러 사회들에서 일어나는 것들도 서로 다를 수밖에 없습니다. 그 상태 변화의 다양성은 마치 지구 상에서 낮과 밤이 지역에 따라 다른 것과 같습니다. 어떤 지역이 밤일 때에 어떤 지역의 사람들은 아침을 맞을 수 있고, 어떤 곳은 추울 때에 다른 곳은 더운 것과 같습니다.

158. 나는 이러한 상태변화가 천계에서 왜 있게 되는지 그 이유를 천계로부터 가르침을 받았습니다. 천사들에 의하면 아주 많은 이유가 있다는 것입니다. 첫째는 주님에게서 비롯되는 사랑과 지혜로 말미암는 삶과 천계의 기쁨은, 만약 그들이 그것 안에 계속해서 있으면, 점차로 그 가치를 잃게 된다는 것입니다. 그 까닭은 그들이 변화가 없는 쾌락과 감미로움 안에 있는 경우와 같기 때문입니다. 둘째 이유는 천사에게도 사람과 같이 자아애라는 자기 고유속성(固有屬性·*proprium*)이 있어서, 그것이 주님의 은혜로 억제되고 있는 한에는 사랑과 지혜 안에 있게 되지만, 억제되지 않으면 자아애에 빠져들게 되기 때문입니다. 그것은 누구라도 자기의 아(我)를 사랑하고 그것에 매력을 느끼기 때문입니다. 그래서 천사들에게는 그러한 상태변화가 계속 교대로 일어난다는 것입니다.*[1]) 셋째 이유는 주님사랑 안에 붙들려 있고, 자아애에서부터 멀리 떨어지는 것에 익숙해지는 방법에 의해서 완전하게 된다는 것입니다. 또한 유쾌와 불쾌가 교체되는 것에 의해서 선에 대한 지각과 감지력이

---

*1) 사람의 고유속성(固有屬性·own·*proprium*)은 자기를 사랑하는 것이다 (694·731·4317·5660항).
주님은 만약 사람의 고유성품을 파기하는 것이 없다면 현존할 수 없다 (1023·1044항).
주님에 의하여 선 안에 있게 될 때 사람의 고유성품은 파기된다(9334-9336·9447·9452-9454·9938항).

정교하게 된다는 것입니다.*1) 천사들은 또 말하기를 자기들의 상태변화는 주님께서 만들어 내시는 것이 아니라 자기 자신들이 원인이 된다고 하였습니다. 그것은 주님은 태양과 같이 언제나 변치 않고 별과 빛 즉 사랑과 영지(智慧)를 유출하시지만, 그러나 그 원인은 그들이 자기 고유속성(固有屬性·*proprium*)을 사랑하는 것에 집착하여 그것이 계속 길을 잘못 인도하기 때문이라고 하였습니다. 이러한 것은 이 세상의 태양과 비교해 보면 알 수 있겠습니다. 태양은 변하지 않고 그대로 있기 때문에 열기와 한냉, 양지와 응달, 해와 날을 바꾸고 변하게 하는 원인은 태양이 아니라 오히려 지구에게 있는 것이기 때문입니다.

159. 천적 왕국에서 주님이 천사들에게 태양으로 그 모습을 나타내시는 데도 제 일, 제 이, 제 삼의 계도가 있으며, 그것이 어떻게 그 모양으로 바뀌어 가는지를 내게 보여 주셨습니다. 주님께서 태양으로 나타나실 때 처음에는 아주 말로 할 수 없이 굉장한 광채(光彩·威光·splendor) 안에서 황금색으로 빛나게 보였지만, 이것은 제 일 계도에 있는 천사들에게는 태양으로 나타나시는 주님의 모습이라는 것입니다. 그 다음에는 당초에 빛을 발하고 있던 황금색의 광채가 둔화되어 태양 둘레에 어스름한 큰 둥근 테(belt)가 있었는데, 이것은 둘째 계도에 있는 천사에게는 태양의 모습이 그렇게 보이는 것 같다고 하였습니다. 그리고 나서, 그 테가 단계적으로 점점 어두워지고, 태양이 빛이 덜 나고, 이것이 단계에 따라 빛나는 흰색이 비칠 때까지 계속되었습니다. 나는 이것이 제 삼의 상태에 있는 천사들에게 나타나는 태양의 모습이라는 말을 들었습니다. 그리고 더 나아가서 흰색의 빛이 천계의 달을 향하여 좌측으로 이동해 가서, 달빛에

---

*1) 천사들은 계속해서 영원히 완전해져 간다(4803·6648항).
　　천계에서 어떤 한 상태는 다른 상태와 결코 같지 않다. 이것에서부터 거기에는 끊임없는 완전으로의 과정이 있다는 것을 알 수 있다(10200항).

자신의 빛을 나타내 가는 듯 보이고, 그것과 함께 달은 전에 없이 그 밝음을 더하였습니다. 나는 이런 것이 천적 왕국에 있는 천사들의 제 사의 상태이고, 영적 왕국에 있는 천사들의 제 일의 상태라는 말을 들었습니다. 그리고 두 왕국간의 상태변화는 거듭 말하지만, 그 변화가 고정되어 있지 않고 천사들이 알지 못하는 사이에 늦어지기도 하고 빨라지기도 하여 변화되어 간다는 것입니다. 더 나아가서 그들은, 태양 그 자체가 이동하든가 변화되는 것이 아니라, 천사들의 상태가 연속해서 그 변화가 전진하는 까닭에 이와 같은 현현(顯現)이 되어진다고 말하였습니다. 주님은 각자의 상태 변화에 일치하여 나타나십니다. 열렬한 사랑을 가지고 있는 천사에게는 황금색으로 나타나시고, 그 사랑이 감소되면 그것에 따라서 황금색이 바뀌어 흰색이 됩니다. 또 그들의 상태의 질은 태양을 가리고 있는 햇무리(日暈) 같은 테(belt)로 표징되는데, 그 햇무리는 태양에 대해서 이글거림과 빛 면에서 여러 가지 변화의 외현(外現)을 가져다 줍니다.

160. 천사들은 자기의 고유속성(固有屬性) 안에 있을 때 최저의 상태에 있게 되는데, 그 때에 그들은 슬퍼지기 시작합니다. 나는 그러한 상태에 있는 천사와 이야기를 나눈 적이 있었는데, 나는 그들의 슬픔을 직접 보기도 하였습니다. 다만 그들은 천계가 자기의 고유속성 때문에 되돌아가지 못하는 곳이긴 하지만 언젠가는 되돌아갈 희망을 가지고 있다고 말하였습니다.

161. 지옥에도 상태가 이동하고 변하지만 그것에 대해서는 지옥편에서 설명하겠습니다.

제18장
천계의 시간(時間)

162. 천계에서도 이 세상과 같이 모든 것의 영속(永續·succession)과 진전(進展·progression)이 있지만 천사들에게는 시간(時間·time)과 공간(空間·space)에 대한 생각이나 그 개념은 없습니다. 이러한 사실은 너무나 완벽하기 때문에, 그들은 시간과 공간이 무엇인지도 모릅니다. 그래서 나는 천계의 시간에 대해서 이야기하겠지만 공간에 대해서는 뒤에 그것에 해당하는 장에서 설명하겠습니다.

163. 이 세상과 같이 아무런 차이가 없을 정도로 천사들에게도 모든 것이 계속적으로 진전하고 있지만, 그럼에도 불구하고 그들은 시간이 어떤 것인지를 전혀 모릅니다. 그 까닭은 천계에는 해(年)나 날(日) 대신에 상태의 변화만 있기 때문입니다. 해와 날이 있는 곳에는 시간이 있고, 상태의 변화가 있는 곳에는 상태가 있습니다.

164. 이 세상에 시간이 있는 것은 이 세상의 태양이 보기에 어떤 각도에서 다른 각도로 조금씩 전진해 가기 때문입니다. 그래서 일년 중에 사계절이라고 불리는 시간이 생겨납니다. 또 태양이 지구를 감싸 돌기 때문에 하루 중에는 시각이라고 일컫는 시간이 생겨집니다. 이상은 모두 정기적으로 교대해서 찾아듭니다. 그러나 천계의 태양은, 그것과는 달리 계속적인 진전이나 회전(回轉)에 의해서 해와 날을 만들어 내는 것이 아니라, 다만 외관상 상태의 이변(移變)을 나타내는 것 뿐입니다. 그래서 앞 장에서 상술한 것과 같은 정기적인 반복으로 일어나는 것은 아닙니다. 그러므로 천사에게는 시간의 관념이 없고 그 대신에 상태에 관한 관념만 있습니다(상태에 대하여는 154항 참조).

165. 천사들은 이 세상 사람들처럼 시간에서 연유한 개념이 없고, 시간에 대해서나 시간과 관계되는 사항들에 관한 개념도 가지고 있

지 않습니다. 시간에 속한 말 예컨대 년·월·주·일 그리고 때·오늘·내일·어제 같은 것은 아무것도 모릅니다. 천사들이 사람이 사용하는 그러한 말들을 듣게 되면(천사들은 주님에 의해서 항상 사람과 연결되어 있기 때문에) 시간에 대한 것을 생각하기 보다는 상태와 상태에 관한 것을 생각합니다. 즉 사람의 자연적인 관념은 천사들에게서는 영적인 관념으로 바뀌게 됩니다. 따라서 성경말씀에서 시간은 상태를 의미하고, 또 위에서 말한 것처럼 시간에 관한 용어도 그것에 대응되는 영적인 의미를 갖습니다.*1)

166. 시간이 원인이 되어 존재하는 것은 모두 같습니다. 즉 춘하추동이라고 부르는 네 계절이나, 또 아침·낮·저녁·밤이라고 하는 하루 안의 네 때, 유아기·청년기·장년기 그리고 노년기라고 일컫는 인생의 네 기간, 그리고 시간을 원인으로 해서 존재하는 것이나 시간에 기준해서 생기는 것 따위는 모두가 같습니다. 사람은 이것들을 생각할 때 시간을 기준으로 해서 생각하지만 천사들은 상태를 기준으로 해서 생각하는데, 즉 사람이 시간을 기준하여 생각하는 것들은 천사들에게서는 상태의 개념으로 바뀝니다. 봄이나 아침 등은 천사에게는 최초의 상태인 사랑과 영지의 상태로 바뀌고, 여름과 낮은

---

*1) 성경말씀에서 시간은 상태(狀態·state)를 뜻한다(2788·2837·3254·3356·4814·4901·4916·7218·8070·10133·10605항).
천사들은 시간과 공간의 개념은 별 문제로 하고 생각한다(3404항). 그 이유는(1274·1382·3356·4882·4901·6110·7218·7381항).
"해"(年·year)가 성경말씀에서 뜻하는 것(487·488·493·893·2906·7828·10209항).
"달"(月)이 뜻하는 것(3814항).
"주"(週·week)가 뜻하는 것(2044·3845항).
"날"(日·day)이 뜻하는 것(23·487·488·6110·7680·8426·9213·10132·10605항).
"오늘"이 뜻하는 것(2838·3998·4304·6165·6984·9939항).
"내일"이 뜻하는 것(3998·10497항).
"어제"가 뜻하는 것(6983·7114·7140항).

천사에게 있어서는 제 이의 상태인 사랑과 영지의 상태로 바뀌고, 가을과 저녁은 제 삼의 상태로, 밤과 겨울은 지옥의 상태로 바뀝니다. 성경말씀에서도 이같은 기간은 같은 의미를 보여줍니다(155항 참조). 사람이 생각하고 있는 자연적인 것이 사람과 같이 하는 천사들에는 영적인 것이 된다는 것을 알 수 있으리라 생각됩니다.

167. 천사들은 시간에 대해서 아무 개념이 없기 때문에 영원에 관해서도 지상의 인간과는 다른 개념을 가지고 있습니다. 천사들에게는 영원이 무한의 상태를 의미하고 무한한 시간을 의미하지 않습니다.*1) 나도 한 때 영원에 대하여 생각해 본 적이 있는데, 시간의 개념을 통해서는 영원에 이르기까지(to eternity)라는 말이나, 끝이 없다는 말로 그 의미를 지각할 수 있었지만, 그러나 하나님이 세상 창조 이전에 무엇인가를 만드셨다는 것 같은 의미로 영원한 옛날부터(from eternity)라는 용어가 무엇을 의미하는지 몰랐습니다. 이런 식으로 고민하고 있을 적에 나는 천계의 영기(靈氣) 안으로 들려 올라가서 천사들이 영원에 관해서 지각하고 있는 것을 깨닫게 되었습니다. 그래서 영원에 대해서는 시간이라는 관념으로 생각해선 안 되고 상태라는 관념으로 생각해야 하며 또 그 때 비로소 영원한 옛날로부터(from eternity)라는 낱말의 의미를 알게 된다는 것을 나도 알게 되었습니다.

168. 천사들이 사람과 대화를 할 때 인간 고유의 자연적 개념으로 자신들을 결코 표현하지 않습니다. 자연적 개념은 모두 시간·공간·물질 그리고 그와 유사한 것들로부터 비롯되지만, 영적 개념은 모두가 그들의 내면과 외면의 다양한 변화와 상태에서 비롯됩니다. 더구나 천사가 가지고 있는 영적인 개념이 사람 쪽으로 흘러들게 되면

---

*1) 사람은 시간과 관련한 영원의 개념을 가지지만 천사는 시간과는 별 문제로 그 개념을 갖는다(1382·3404·8325항).

사람에게 고유한 자연적 개념에 꼭 맞게 한 순간에 스스로 변합니다. 다만 이런 식으로 되어 있는 것을 천사나 사람은 모르고 있지만 사람에게 흘러오는 천계로부터의 입류(入流)는 모두 이렇습니다. 어떤 천사가 허락하심을 받아서 내 관념 속으로 더 가까이 들어왔는데, 내 관념은 아직 자연적이어서 시간과 공간에 의해서 오는 여러 가지가 섞여 있었습니다. 그래서 그들은 아무 것도 이해할 수가 없었으며 곧 떠나가 버렸습니다. 그들이 떠나간 후에 나는 그들이 아주 어둠 속에 있었다고 말하는 것을 들었습니다.

[2] 천사들이 시간에 대해서 얼마나 무지한지를 나는 경험에서 알 수 있었습니다. 한 천사가 사람이 가지고 있는 자연적 개념 속으로 들어오는 것이 허락되어서, 그가 그런 일을 한 다음에 나는 사람들끼리 이야기하는 것처럼 그 천사와 대화를 하였습니다. 처음에 그 천사는 내가 시간이라고 말하고 있는 것이 무슨 말인지 몰랐습니다. 그래서 나는 태양이 어떻게 우리 지구의 주위를 선회하고 있는 것처럼 보이며, 한 해(年)와 날(日)의 원인이 되는지를 말해 주지 않을 수 없었습니다. 그리고 일 년이 사 계절로 나뉘어 있고, 달(月)과 주(週)가 있고, 하루에는 스물네 시간이 있어서 그와 같이 시간대(時間帶)가 반복되고 있다는 것, 그리고 그 이유로 해서 시간이 있다는 것 등등을 말해주었습니다. 천사는 그 말을 듣고 놀라 눈을 둥그렇게 뜨면서, 그런 것은 몰랐으나 상태가 무엇인지는 알고 있다고 말하였습니다.

[3] 천사와 이야기 하고 있는 동안에 나는 천계에는 시간이 없다는 것을 이 세상 사람들은 알고 있다고 말하였습니다. 왜냐하면 사람들은 이 사실을 주지하고 있는 것처럼 말하고 있기 때문입니다. 왜 그런가 하면 죽은 사람에 관해서 말할 때 "그들은 시간적인 것을 남겨두고 가버렸다"고 말하기도 하고 또 그들은 "시간을 통과해 버렸다"고 하는데, 이런 말의 뜻은 곧 이 세상 밖으로 나갔다는 것을 뜻하기 때문입니다. 또 어떤 사람은 시간의 기원이 상태라는 것으로

알고 있는데 왜냐하면 그들은 시간이 그들의 정동의 상태에 꼭 일치한다는 것을 알고, 또 즐겁고 유쾌한 상태에 있으면 시간은 몹시 짧고, 반대로 불쾌하고 슬픈 상태에 있으면 시간은 지루하게 길고, 희망이나 기대의 상태에 있으면 시간은 매우 다양하게 느껴진다는 것을 잘 알기 때문입니다. 그러므로 이러한 사실들은 학자들로 하여금 시간과 공간이 무엇인지 알려고 탐구하게 하며, 또 어떤 사람은 시간이 자연적인 사람에게 속한 것이다는 것을 알기도 한다고 나는 말해주었습니다.

169. 자연적 인간의 경우 시간이라든가 공간이라든가 물질적인 것의 개념이 빼앗겨 버린 뒤에는 아무런 생각이 떠오르지 않는다고 생각하고 있습니다. 왜냐하면 사람이 가지는 생각은 모두가 자연적인 것에 기틀을 두고 있기 때문입니다. 그러나 알아두시기를 바라는 것은 시간이나 공간 같은 물질적인 것에 의존하면 할수록 사람의 생각은 제한을 받고 고정되어 버린다는 것입니다. 그것과 반대로 그와 같은 것에 의존하지 않으면 않을수록 정신이 육적이고 현세적인 것을 초월해 있기 때문에 제한을 받지 않고 확장되어 간다는 것입니다. 천사가 가지는 지혜는 바로 그런 것이어서 육체적이고 현세적인 것에만 의존하는 생각에 빠져들지 않는 고로 측량할 수 없는 확장을 가지는 것이라고 일컬어지고 있습니다.

제19장
천계의 표징(表徵)과 외현(外現)

170. 자연적인 빛만으로 생각하는 사람은 천계의 것이 이 세상의 것들과 같은 것들이 있다는 것을 이해할 수 없습니다. 그런 까닭에 자연적인 빛에만 의거해서 생각하는 사람은, 천사들은 마음 외에 아

무엇도 아니고, 또 마음은 에텔의 숨기운 같은 것으로써 사람과 같은 감각은 없고, 눈도 없으므로 그 시각의 대상도 없다는 개념 위에 자기 자신을 구축합니다. 그렇지만 천사에게는 사람이 가지고 있는 감각이 전부 구비되어 있고, 사람보다 훨씬 정교하기 때문에 그들이 보는 때의 빛은 사람이 볼 때의 빛 보다 훨씬 밝습니다. 천사는 가장 완전한 형체의 사람으로서 전 감각을 충분하게 즐기고 있다는 것은 앞의 설명에서(73-77항 참조) 잘 알 수 있습니다. 또 천계의 빛도 이 세상의 빛보다 훨씬 밝다는 것에 대하여서도 앞에서(129-132항 참조) 이미 설명하였습니다.

171. 천계에서 천사들의 눈에 보이는 대상의 본성에 관하여 몇 개의 단어로는 손쉽게 묘사할 수 없습니다. 왜냐하면 여러 가지 부분에 있어서 지상의 것과 닮았으나 그 형체에 있어서는 한층 더 완전하고, 그 큰 부분에 닮아 있으나 그 형체에 있어서는 한층 더 완전하고, 그 숫자에 있어서도 엄청나게 많기 때문입니다. 천계에 존재하는 이런 것들은 예언자들이 본 바에 의해서 명확히 알 수 있습니다. 에스겔에 의해서는 새 성전과 새 땅의 관계를(에스겔 40-48장), 다니엘에 의해서(다니엘 7-12장), 그리고 요한에 의해서(묵시록 1-22장), 또 다른 선지자들에 의해서 성경말씀의 역사서 부분이나 예언서 부분에 기술된 것과 같이 기록되었습니다. 그들이 그것을 본 것은 천계가 열려졌을 때였는데, 천계가 열려진다는 것은 사람의 영적 지각 즉 내면적 시각(interior sight)이 열려졌다는 말입니다. 왜냐하면 천계에 있는 것은 사람의 육체적인 눈으로는 볼 수가 없고, 오직 그 사람의 영의 눈으로만 볼 수 있기 때문입니다. 그것이 주님께서 원하실 때 그 사람의 영의 눈은 열리는 것이고, 그 때 사람은 사람의 육적 감각으로 지각하고 있는 자연의 빛으로부터 물러나, 그의 영에서 유래하는 영적인 빛 안으로 올리워집니다. 나는 그 빛 가운데서 천계에 있는 것들을 직접 본 바 있습니다.

172. 천계에서 보이는 것은 대부분 이 세상의 것을 닮았지만, 본

질로 보면 전혀 닮지 않았습니다. 왜냐하면 천계에 있는 것은 천계의 태양에서 생겨났고, 이 세상의 것은 이 세상의 태양에서 생겨났기 때문입니다. 천계의 태양에서 생겨난 것을 영적인 것이라고 하고, 이 세상의 태양으로 말미암아 생겨진 것을 자연적인 것이라고 합니다.

173. 천계 안에 있는 것은 지상에 있는 것과 같은 식으로 생겨나지 않았습니다. 천계에 있는 것들은 천사의 내면과의 대응에 기인하여 모두가 주님에게서부터 생겨났습니다. 왜냐하면 천사에게는 내면적인 것과 외면적인 것이 있기 때문입니다. 내면적인 것에 있는 것은 모두 사랑과 믿음에 관계를 가지고 있고, 또 의지와 이해는 사랑과 믿음의 수용기인 고로 내면적인 것은 의지와 이해에 관계됩니다. 앞에서 설명한 것과 같이(87-105항 참조) 내면적인 것은 외면적인 것과 대응되고 있습니다. 또 이같은 사실은 앞서 천계의 별과 빛에 대해서 상론한 바에 의해서도 입증할 수 있습니다. 천사에게 있어서 별은 그들이 가지는 사랑에 일치하고, 빛은 그들이 가지는 영지에 일치합니다(128-134항 참조). 천사의 감각에 비쳐진 기타의 다른 것들에 대해서도 같은 이야기를 할 수 있겠습니다.

174. 나는 천사들과 같이 지낼 기회가 허락되었는데, 그 때 천계에서 내 눈에 와 닿은 것은 이 세상의 것과 전적으로 같아서 나는 내가 그 세상에 있는 것이 아니라 어느 궁궐에 있는 것으로 확실하게 지각할 수 있었습니다. 나는 사람들끼리 이야기하듯 천사들과 말을 주고 받았습니다.

175. 내면적인 것들에 대응하는 모든 것들은 또한 내면적인 것들을 나타내고 있으니까 이것을 표징(表徵·representatives)이라고 부릅니다. 또 이것이 내면적인 것들의 상태에 따라서 그 각각이 서로 다르게 분별되기 때문에 그것들을 외현(外現·appearance)이라고 합니다. 뿐만 아니라, 천계에서 천사들의 눈 앞에 보이는 것과 그들의 여러 감각으로 감지되는 것들은 지상에서 사람이 경험하는 깃처럼 매우 생생하여 그 이상으로 확실하고 삼빡하게 감지됩니다. 천계에

서의 외현은 그것이 실제로 존재하기 때문에 실재적인 외현(real appearance)이라고 합니다. 보이고 있기는 해도 실재하지 않는 외현도 있는데 그것은 내면적인 것에 대응하고 있지 않는 경우로서 이것에 대하여는 다음 장에서 설명하겠습니다.*1)

176. 대응에 일치하여 천사들의 눈에 비쳐지는 것들이 어떤 것인지를 실례를 들어 설명하겠습니다. 지각 안에 있는 천사에게는 다종다양한 수목과 꽃으로 넘치는 정원이나 공원이 보입니다. 그 정원의 나무들은 가장 아름답고 정돈된 모양으로 줄 서 있고, 가름대로 조립되어 있는 아취 문이 있고, 정원에는 오솔길도 나 있습니다. 그 아름다운 모양은 무엇이라고 형언할 수 없을 정도입니다. 이지가 있는 사람들은 그 곳을 거닐고, 꽃을 따기도 하고, 장신구들을 만들어서 젖먹이의 장식품을 삼기도 합니다. 정원에는 이 세상에서 볼 수 없었

---

*1) 천사들에게 가시적(可視的)인 것들은 모두가 표징(表徵)이다(1971·3213·3226·3342·3457·3475·3485·9481·9457·9576·9577항).
천계는 표징들로 충만하다(1521·1532·1619항).
표징은 그것들이 천계에서 보다 내면적이기 때문에 매우 아름답다(3475항).
표징은 모두가 천계의 빛에서 비롯되었기 때문에 그것들은 실재하는 외현이다(3485항).
신령입류는 보다 높은 천계에서 표징으로 바뀌고, 또 높은 천계에서부터의 입류는 낮은 천계에서 표징으로 바뀐다(2179·3213·9457·9481·9576·9577항).
이런 모든 것들은 천사들의 안전에서 자연계 안에 있는 형체로, 즉 이 세상에 있는 모습으로 보이는데, 이것을 표징이라고 한다(9457항).
내적인 것들은 이와 같이 외적인 것으로 바뀐다(1632·2987-3002항).
천계에 있는 표징들. 이것은 여러 가지 예로 명확하다(1521·1532·1619-1628·1807·1973·1974·1977·1980·1981·2299·2601·2761·2762·3217·3219·3220·3348·3350·5198·9090·10276항).
천계에서 보여지는 모든 것들은 대응에 일치하고 또 표징이라고 부른다(3213-3226·3342·3475·3485·9481·9457·9576·9577항).
대응되고, 표징하며, 또 이와 유사한 모든 것들은 그것이 대응하는 바를 뜻한다(2896·2987·2989-2991·3002·3225항).

던 수목과 꽃들로 가득합니다. 그 나무들에는 이지가 있는 천사들이 깃들어 있는 사랑의 선에 일치하는 과실이 맺혀 있습니다. 정원, 공원, 과수와 꽃들은 그들의 이지와 영지에 대응하고 있기 때문에 그들에게 그렇게 보이는 것입니다.*1) 천계에 이러한 것이 있다는 것을 알고 있는 사람이 지상에 있는데, 그런 사람은 선을 간직하고, 자연의 빛이나 거짓으로 천계의 빛을 꺼 버리지 않는 사람들입니다. 왜냐하면 그들은 천계에 관해서 생각할 때 귀로 듣고, 눈으로 보지 않지만, 천계에 이상 말한 것과 같은 것이 있다고 생각하고 말하기 때문입니다.

제20장
천사들의 의상

177. 천사는 사람이기 때문에 지구상의 사람들처럼 서로가 모여서 생활하고 있습니다. 그러니까 그들은 의복이라든가 들어가 살 수 있는 집들과 다른 여러 물건들을 모두 갖추고 있습니다. 다만 서로 다른 것은 천사들이 훨씬 더 완전한 상태에 있기 때문에, 그들에게 있는 모든 것들은 보다 완전한 것들이다는 것입니다. 천사의 지혜는 말로 할 수 없을 만큼 사람의 지혜 보다 빼어납니다. 그 까닭은 천

---

*1) "정원"·"공원"이 이지와 영지를 뜻한다(100·108·3220항).
  "에덴 동산"과 "주님의 동산"이 뜻하는 것(99·100·1588항).
  저 세상에 있는 동산에서 보여지는 것은 매우 멋지다(1122·1622·2296·4528·4529항).
  "나무들"은 지각과 지식을 뜻하는데, 그것에서부터 지혜와 이지가 비롯된다(103·2163·2682·2722·2972·7692항).
  "열매들"은 사랑에 속한 선과 인애에 속한 선을 뜻한다(3146·7690·9337항).

사들이 지각하고 보는 것이 모두 천사들의 지혜에 대응하기 때문입니다(173항 참조).

178. 천사가 입고 있는 옷은 다른 것들과 마찬가지로 대응합니다. 그 이유는 그것들이 실존하는 것들과 대응하기 때문입니다(175항 참조). 천사의 옷은 그들의 이지(理智)에 대응하고 있어서, 그 결과 천계에 있는 자는 모두 그의 이지에 대응하는 복장을 하고 나타납니다. 한 천사가 다른 한 천사보다 우수한 이지를 가지고 있으면(43·128항 참조), 의상도 다른 한 천사보다 우수합니다. 가장 총명한 천사의 의상은 타오르는 듯 빛을 발하여 그 빛이 눈부실 정도입니다. 총명이 좀 못하다면 그 의상은 밝은 흰색을 띄지만 광채는 없습니다. 더구나 총명이 좀더 어둑해진 천사는 색색 가지의 옷을 입습니다. 가장 지심(至深)한 천계에 있는 천사들은 벌거벗고 있습니다.

179. 천사의 옷이 그의 총명에 대응된다는 것은 진리에 대응된다는 말과 같습니다. 그 이지(聰明)는 모두 신령진리에서 비롯되는 것이기 때문에, 그러므로 천사들이 그 총명함을 반영하는 옷을 입는다고 말할 수도 있고 또는 신령진리를 반영하는 옷을 입고 있다고도 말할 수 있습니다. 어떤 천사의 옷은 타오르는 불꽃처럼 빛나고, 다른 천사의 경우는 눈이 부시게 빛을 발한다는 것은 불이 선에 대응되고, 빛이 선에서 오는 진리에 대응되기 때문입니다.*[1] 또 어떤 천사의 옷은 그 정도로 휘황하지 않고, 또다른 경우의 옷들이 희고 밝

---

*1) 대응에 의하여 성경말씀에서 "옷"은 진리를 뜻한다(1073·2576·5319·5954·9212·9216·9952·10536항).
그 이유는 진리가 선을 옷입는다(5248항).
"덮개"(外皮·covering)는 이지적인 것들을 뜻하는데, 그것은 이지가 진리의 수용그릇이기 때문이다(6378항).
"빛나는 고운 모시 옷"은 신령존재로부터 비롯된 진리를 뜻한다(5319·9469항).
"불꽃"은 신령선을, 그것에서 비롯된 빛은 그 선에서 비롯된 진리를 뜻한다(3222·6832항).

고 색색 가지인 것은 그 만큼 신령 선과 진리에 의해서 비춰지지 않기 때문입니다. 그것은 이지가 우수하지 않은 사람에게는 여러 가지로 받아들여지고 있다는 것을 뜻합니다.*1) 밝은 색과 흰색은 진리에 대응되고,*2) 여러 색채는 진리의 다양성에 대응됩니다.*3) 지심한 천사가 옷을 입지 않고 적신(赤身)으로 있다는 것은 그들이 천진무구하기 때문입니다. 즉 순진함은 벌거벗은 적신에 대응되기 때문입니다.*4)

180. 예언자들에게 보인 천사나 주님의 무덤에 나타났던 천사들처럼 천계에서 천사가 옷을 입고 있으므로 그들이 이 세상에 모습을 나타낼 때에도 옷을 입고 나타나게 됩니다.

그 천사의 모습은 번개와 같았고, 그의 옷은 눈과 같이 희었다.
(마태 28:3; 마가 16:5; 누가 24:4; 요한 20:12, 13)

---

*1) 천사와 영들은 그들이 가지고 있는 진리에 따라서 즉 그들의 이지에 일치하는 옷을 입고 나타난다(165·5248·5954·9212·9216·9814·9952·10536항).
어떤 천사의 옷은 눈부시게 찬란하지만, 어떤 천사는 그렇지 않다(5248항).
*2) 성경말씀에서 "빛나는 흰색"이나 "흰색"은 그것들이 천계에 있는 빛에서 비롯되기 때문에 진리를 뜻한다(3301·3993·4007항).
*3) 천계에서의 색깔은 거기의 빛에서부터 물듦을 가리킨다(1042·1043·1053·1624·3933·4530·4742·4922항).
색깔은 이지와 지혜에 관계되는 여러가지 것들을 뜻한다(4530·4677·4922·9466항).
우림과 둠밈의 보석(寶石)은 그것들의 색채에 따라서, 천계의 선에서 비롯된 진리에 속한 모든 것을 뜻한다(9865·9868·9905항).
색깔이 빨간색을 띠우는 것만큼 선을 뜻하고, 흰색을 띠우는 것만큼 진리를 뜻한다(9466항).
*4) 지심한 천계 안에 있는 모든 것은 순진무구를 가리키며, 따라서 벌거벗은 적신(赤身)으로 나타난다(154·165·297·2736·3887·8375·9960항).
벌거벗음(赤身)은 천계에서 순진무구를 표징한다(165·8375·9960항).
순진하고, 순결한 벌거벗음(赤身)은 수치가 전혀 없다. 왜냐하면 무례나 실수가 없기 때문이다(165·213·8375항).

사도 요한에 의해 보여진 천계에 있는 분은—.

> 장로 스물네 명이 흰옷을 입고…
> (묵시록 4:4; 19:14)

또 총명함은 신령진리에서 비롯되기 때문입니다.

> (주님의 모습이 변하셨을 때) 그의 얼굴은 해와 같이 빛나고, 옷은 빛과 같이 희게 되었다.
> (마태 17:2; 마가 9:3; 누가 9:29)

빛이 주님에게서 비롯된 신령진리이기 때문에(129항 참조) 따라서 성경말씀에서 "옷"(=의복)은 묵시록에 기록된 것과 같이, 진리와 또는 진리에서 비롯된 이지를 뜻합니다. 묵시록에—.

> 자기 옷을 더럽히지 않은 사람 몇이 있다. 그들은 흰 옷을 입고 나와 함께 다닐 것인데, 그들은 그럴 자격이 있기 때문이다. 이기는 사람은 이와 같이 흰 옷을 입을 것이다.
> (묵시록 3:4, 5)
> 깨어 있어서, 자기 옷을 갖추어 입고, 벌거벗은 몸으로 돌아다니지 않으며, 자기의 부끄러운 데를 남에게 보이지 않는 사람은, 복이 있다.
> (묵시록 16:15)

이 말씀은 예루살렘에 관한 언급인데, 예루살렘은 진리 안에 있는 교회를 뜻합니다.*1) 이사야서에 쓰여 있기를—.

---

*1) "예루살렘"은 순수한 교리가 내재한 교회를 뜻한다(402·3654·9166항).

> 너 시온아, 깨어라! 깨어라!
> 힘을 내어라.
> 거룩한 성 예루살렘아,
> 아름다운 옷을 입어라.
> (이사야 52:1)

에스겔서에는—.

> 모시로 네 몸을 감싸 주고, 비단으로 겉옷을 만들어 주었다. …모시 옷과 비단 옷과 수놓은 옷을 입었다.
> (에스겔 16:10, 13)

이것들 외에도 성경말씀의 많은 곳에서 실례를 들 수 있습니다. 진리 안에 있지 않는 사람을 마태복음서에는 "혼인 예복을 입지 않은 자"라고 지적하고 있습니다. 마태복음서에—.

> 임금이 손님들을 만나러 들어갔다가, 거기에 혼인 예복을 입지 않은 사람이 한 명 있는 것을 보고서, "친구여, 그대는 혼인 예복을 입지 않았는데, 어떻게 여기에 들어왔는가?" 하고 물으니, 그는 아무 말도 하지 못하였다. 그 때에 임금이 종들에게 말하기를 "이 사람의 손발을 묶어서, 바깥 어두운 데로 내던져라. 거기에서 슬피 울며 이를 갈 것이다" 하였다.
> (마태 22:11-13)

"혼인 잔치하는 집"은 주님 당신 자신이 신령진리를 통하여 천계와 또는 교회와 결합하기 때문에 천계와 교회를 뜻합니다. 이런 까닭으로 성경말씀에서 주님을 신랑 또는 남편이라고 불렀고, 천계는 물론 교회도 그렇지만 신부 또는 아내라고 하였습니다.

181. 천사가 입고 있는 옷이 다만 옷처럼 보이는 것이 아니고, 실

제로 옷이다는 것은 천사들이 그것들을 직접 보고 또 촉감으로 느낄 수 있다는 사실에서, 그리고 또한 그들이 수많은 의상을 가지고 있고, 또 그것을 입기도 하고, 벗기도 하며, 또 그것을 착용하지 않을 때에는 그것들을 소중히 간직하였다가 필요하면 다시 착용한다는 사실들에서 잘 알 수 있습니다. 나는 그들이 여러 가지 옷들을 착용하는 것을 몇 천 번도 더 보았습니다. 나는 천사에게 옷을 어디서 구하는가를 물었는데, 그들은 그것을 주님에게서 선물로 받으며, 때때로는 부지불식간에 입혀진다고 말하였습니다. 또 그들은 말하기를, 그들의 옷은 상태의 변화에 따라 바뀐다고 하였는데 제 일 계도와 제 이 계도에서는 밝은 색으로 찬란하지만 제 삼 제 사의 계도에서는 조금 둔탁한 색이 된다고 하였습니다. 그것은 마찬가지로 대응에서 비롯된 것인데, 그 이유는 그들의 상태의 변화는 이지와 지혜에 따라서 가지는 것이기 때문입니다(154-161항 참조).

182. 영계에 있는 사람은 그 이지에 부합하는 의복이 있고, 그것이 이지의 근원인 여러 진리에 일치합니다. 지옥에 있는 자는 여러 진리들을 가지고 있지 않는 고로, 해어지고 구겨져서 더러운 옷을 입고 있는데, 그들 각자는 자신의 광기(狂氣)의 정도와 일치합니다. 그들은 그 이외의 여벌 옷을 입을 수 없습니다. 그것은 벌거벗은 자가 되지 않게 하시려는 주님의 배려에 의해서 옷이 입혀진 것입니다.

제21장
천사들의 주거지와 주택

183. 천계에는 여러 사회가 있고, 천사도 사람처럼 살고 있기 때문에 그들에게도 주거지가 있는데, 이것들은 각자의 상태에 따라서

서로 상이합니다. 즉 격이 높은 천사의 주택은 호화롭지만 그 격이 떨어지면 그리 호화주택은 아닙니다. 나는 천사들과 자주 그들의 주택에 관해서 대화를 했는데, 그 때 나는 이렇게 말하였습니다. 즉 천사에게 주거지와 주택이 있다는 따위는 현대인들에게는 믿기지 않습니다. 어떤 사람은 그 존재를 보지 못하였기 때문에 믿지 않을 것이고, 또 어떤 사람은 천사도 사람이라는 것을 모르기 때문에 믿지를 않을 것입니다. 또 어떤 사람은 천사들이 있는 천계란 자기의 눈으로 바라보는 창공을 말하는 것으로, 그에게는 아무 것도 보이지 않으니 천사를 에텔(ether)처럼 되어 있다고 생각하고 또 대기 중에 살고 있다고 단정해 버립니다. 거기다가 영적인 것에 관해서 아무것도 모르기 때문에 자연계 안에 있는 것과 동일한 것이 어떻게 영계에 있을 수 있는지를 이해하지 못한다라고 말하였습니다.

[2] 그 말에 대해서 천사는 오늘날 세상에 그러한 무지가 만연되고 있고, 특히 교회 안에 그런 무지가 창궐해 있다는데 우리들도 놀라고 있습니다. 그것도 무학(無學)한 사람 보다 지식이 많다는 사람에게 그 경향이 더하다고 대답하였습니다. 성경말씀을 읽어보면 천사를 본 사람은 사람의 모습을 하고 있는 천사를 보았기 때문에 주님으로서의 그분의 인간적인 것을 모두 취하시고, 이와 같은 방법으로 나타나셨습니다. 천사가 사람이기 때문에 주거지와 가옥이 있는 것은 당연하고, 또 천사들은 공중을 날아다니지 않는다는 것도 잘 알고 있습니다. 어떤 사람은 무지해서 천사들은 비정상이라고 여기기도 합니다. 비록 그들이 영이라고 해서 그들은 바람같은 존재는 아닙니다. 이와 같은 것은 천사나 영에 대한 선입견을 버리고, 과연 그럴까 하고 자문자답하든가, 스스로 진지하게 생각해 보면 잘 깨달을 수 있습니다. 천사는 사람의 모습을 하고 있으며, 지상의 것 보다 훨씬 호화스러운 천계적 주거라고 부르는 주택에 살고 있다는 것은 누구나 공통적으로 생각하는 것입니다. 그러나 천계에서 입류된 이러한 생각은 그 진위(眞僞)에 대하여 직접적으로 검토되고, 탐구될 때 일순간에 그런 생각은 무

가치한 것이 되고 맙니다. 그것도 특히 학자들에게 있어서 더 한데, 그들은 자기 자신의 이지로 그 자신이 천계로 오르는 것을 스스로 폐쇄하고, 또 천계로부터 오는 빛의 통로를 차단해 버립니다.

〔3〕 사람의 사후생(死後生)에 대해서도 같은 식의 믿음을 가지고 있습니다. 어떤 사람이 그것에 관해서 이야기를 나누고, 여기에 대해서 배운 것들이나 육체와의 재결합의 교리에 사로잡히지 않고 생각하는 동안에는, 사람이 사후에도 한 사람으로 삶을 계속하고 이 세상에서 선량한 삶을 산 사람은 천사들과 친분을 가지고, 장대(壯大)한 경관을 접하게 되며 기쁨을 맛본다고 믿습니다. 그러나 육체와의 재결합설이나 영혼에 대한 가설에 그의 생각을 돌리고 영혼이란 그런 것인가, 과연 이것이 옳은가 따위의 의문이 일어나는 순간, 이전에 생각하고 있던 것은 모두 소실되어 버립니다.

184. 여기서는 내 체험기를 예로 드는 것이 좋을까 생각합니다. 내가 천사들과 얼굴을 마주 대고 말을 주고 받았을 때는 언제나 그들의 주택 안에서 행해졌습니다. 이 주거들은 소위 지상의 주택들과 빼어나게 닮은 것이지만 말을 하자면 훨씬 더 아름다운 집들이었습니다. 많은 수의 방들과 거실, 그리고 침실이 있었고, 안마당이 있고, 주변에는 정원, 화단, 그리고 주위는 잔디밭이 있었습니다. 다른 거주자와 함께 살게 되는 경우에는 주거가 서로 이웃하고 있으며 광장, 도로, 시장 등이 지상의 도시들과 아주 비슷하게 시가를 이루고 있었습니다. 나는 여기 저기를 걸어다니며 주위를 살피고, 때때로 집 안에 들어가도록 허락을 받았습니다. 나는 물론 내면적 시각이 열려져 있어서 그것들을 보았지만 나 자신은 완전히 깨어 있는 상태로 경험한 일입니다.*[1]

---

*1) 천사들은 도시들을 가지고 있고 또한 궁궐이나 주택들도 가지고 있다 (940-942·1116·1626-1631·4622항).

185. 또 나는 천계의 궁전을 보았는데 그 장엄하고 수려함은 말로 다 할 수 없었습니다. 상층부는 순금으로 씌워져 있는 듯 번쩍번쩍 빛났고, 아래층은 보석들로 되어 있는 듯 했습니다. 어떤 궁전은 다른 궁전에 비해서 더 멋이 있었습니다. 물론 그 내부도 그러했습니다. 방들은 말이나 견문으로 표현할 수 없을 만큼 장식이 되어 있었습니다. 남쪽을 향해서는 정원이 있었으며, 모든 것이 하나 같이 빛이 났습니다. 어떤 곳에서는 나뭇잎이 은으로 만든 것처럼 빛나고, 과실들은 금으로 되어 있는 것 같았습니다. 꽃은 화단을 둘러 여러 가지 색들로 무지개 같이 배열되어 있었고, 시계(視界)가 끝나는 저 먼 곳 경계 너머에도 또다른 궁전이 보였습니다. 이러한 것이 천계의 건축술이어서 그 예술이란 진실로 예술 중의 예술이라고 아마 당신은 말할 것입니다. 천계에는 천계의 건축이 있습니다. 예술 그 자체는 천계에서 유래하였기 때문에 이상할 것은 아무 것도 없습니다. 주님은 이러한 것이나 더 완벽한 것을 무수하게 그들의 눈에 보여 주신다고 천사들은 말하고 있습니다. 더구나 이것들은 천사들의 눈을 즐겁게 해주는 것 이상으로 그 마음을 기쁘게 해준다고 말하였습니다. 그 까닭은 그들이 개개의 것 안에서 대응을 보고, 대응을 통해서 신령한 것을 보기 때문입니다.

186. 나는 대응에 대해서 다음과 같은 가르침을 받았습니다. 궁전·집 그리고 그 안팎에 있는 것들은 모두 천사들이 주님에게서 받은 내면적인 것들에 대응되어 있습니다. 집 자체는 일반적으로 그들의 선에 대응되고, 집 안에 있는 개별적인 것들은 각각의 선이 구성하고 있는 다양한 것들에 대응되고,*1) 집 밖에 있는 것들은 선에서 나

---

*1) "집"(家屋)은 그것들의 내면적인 것들과 더불어, 사람의 마음에 속한 것들, 즉 사람의 내면적인 것들인 사람 안에 있는 모든 것을 뜻한다(710·2233·2331·2559·3128·3538·4973·5023·6639·6690·7353·7848·7910·7929·9150항).
결과적으로 선과 진리에 관계되는 것들을 뜻한다(2233·2331·2559·4982·7848·7929항).

오는 여러 진리와 그 지각과 인식에 대응됩니다. 이것들은 주님에게서 나오는 선과 진리에 대응하기 때문에 그들이 가지는 사랑과 사랑에서 비롯되는 지혜와 이지에도 대응합니다. 이렇게 말하는 것은 사랑은 선에, 그리고 지혜는 선과 진리에, 총명은 선에서 비롯되는 진리에 속하기 때문입니다. 이런 것들은 천사들이 주위에 있는 것들을 바라 볼 때 감지하는 것들입니다. 그것은 또 그들의 눈으로 보는 것 이상으로 마음을 기쁘게 감동시킵니다.

187. 다시 말하면 성전은 주님의 신령인간을 표징하기 때문에, 주님이 왜 예루살렘에서 당신 자신을 성전이라고 말씀하셨는지(요한 2:19, 21),*1) 새 예루살렘은 뒤에 설시될 교회를, 그리고 열두 대문은 선으로 인도하는 그것의 진리를, 그 초석은 그 교회가 세워질 진리를 뜻하기 때문에 순금으로 되어 있는 새 예루살렘이 나타나서 그 문이 대리석으로, 그 토대가 보석으로 되어 있더라(묵시록 21장)*2)고 한 뜻이 확연해집니다.

188. 주님의 천적 왕국의 천사들은 거의가 흙으로 축성된 산과 같은 높은 곳에 살고 있습니다. 주님의 영적 왕국의 천사들은 언덕과

"방들"과 "침실"은 그것에 있는 내면적인 것들을 뜻한다(3900·5694·7353항).
"지붕"은 가장 내적인 것을 뜻한다(3652·10184항).
"나무로 된 집"은 선과 관계되는 것을, 그리고 "돌로 된 집"은 진리에 관계되는 것을 뜻한다(3720항).

*1) 가장 높은 뜻으로 "하나님의 집"(the house of God)은 신령선으로써의 주님의 신령인간을, "성전"은 신령진리의 측면에서의 주님의 신령인간을 뜻한다. 그리고 상대적인 뜻으로는 선과 진리의 측면에서의 천계와 교회를 뜻한다(3720항).

*2) "예루살렘"이 순수한 교리가 내재해 있는 교회를 뜻한다(402·3654·9166항).
"대문"이 교회에 속한 교리에의 입문(入門·introduction), 그리고 또 교리를 통한 교회에의 소개를 뜻한다(2943·4477·4478항).
"초석"은 천계와 교회가 세워져 있는 진리를 뜻하고 또 그 위에 교리가 세워졌다(9643항).

같은 약간 낮은 곳에 살고 있습니다. 천계의 가장 낮은 천사들은 돌산(岩石山)과 같은 곳에 살고 있습니다. 왜냐하면 보다 내면적인 것은 높고 우월한 것에 대응하고, 외면적인 것은 낮고 열등한 것에 대응하기 때문입니다.*1) 이것이 성경말씀에서 "산"은 천적 사랑에 대응하고, "언덕"은 영적 사랑에 대응하고, 그리고 바위는 믿음에 대응하기 때문입니다.*2)

189. 집단으로 살지 않고, 외따로 떨어져 드문드문 떨어진 집에 사는 천사들도 있습니다. 그들은 최고의 천사이기 때문에 천계의 중앙에 살고 있습니다.

190. 천사들이 살고 있는 집은 이 세상의 집들처럼 직립(直立)한 것이 아니지만, 그러나 각자의 선과 진리를 수용하는 상태에 따라서 주님으로부터 무상으로 받고 있습니다. 그들의 내면 상태의 이동 변

---

*1) 성경말씀에서 내면적인 것들은 보다 높은 것들에 의해서 표현되었고, 그리고 보다 높은 것들은 내면적인 것들의 됨됨이(性稟)를 뜻한다(2148·3084·4599·5146·8325항).
"높다는 것"은 곧 내적인 것, 마찬가지로 천계를 뜻한다(1735·2148·4210·4599·8153항).

*2) 천계에서 산·언덕·바위·계곡 또는 들판은 이 세상에 있는 것과 꼭같이 보여진다(10608항).
사랑에 속한 선 안에 있는 천사는 산꼭대기에서 살고, 인애에 속한 선 안에 있는 천사는 언덕 위에, 그리고 믿음에 속한 선 안에 있는 천사는 바위 위에 산다(10438항).
그러므로 성경말씀에서 "산"(山)은 사랑에 속한 선을 뜻한다(795·4210·6435·8327·8758·10438·10608항).
"언덕"은 인애에 속한 선을 뜻한다(6435·10438항).
"바위"는 믿음에 속한 선과 진리를 뜻한다(8581·10580항).
"돌"(石)은 바위를 구성하기 때문에, 마찬가지로 믿음에 속한 진리를 뜻한다(114·643·1298·3720·6426·8609·10376항).
"산"이 천계를 뜻하는 이유(8327·8805·9420항).
"산꼭대기"(頂上)는 천계의 가장 높은 부분을 뜻한다(9422·9434·10608항).
고대사람들이 산에서 거룩한 제사를 드린 이유(796·2722항).

화에 따라서 그들의 집도 다소 변화가 생깁니다(154-160항 참조). 천사들이 소유하고 있는 것은 전부 주님에게서 받은 것이기 때문에 필요에 따라서 모두 주어진 것입니다.

제22장
천계의 공간(空間)

191. 천계에서는 이 세상과 꼭같이 장소(場所)와 공간(空間) 안에 모든 것이 존재하는 것으로 나타나지만, 그럼에도 불구하고 천사들은 장소나 공간의 지식이나 개념이 일체 없습니다. 이 말은 아주 역설적으로 들리겠지만 중대한 사실이기 때문에 확실하게 설명해야 하겠습니다.

192. 영계에서 장소의 모든 변화들은 모두 내면적인 것의 상태 변화에서 오는 것입니다. 장소의 변화는 상태의 변화 이외에 아무 것도 아니라는 뜻입니다.*[1] 나는 주님의 허락하심을 받아서 천계에 들

---

*[1] 성경말씀에서 장소나 공간은 상태를 뜻한다(2625·2837·3356·3387·7381·10580항). 그것은 경험에서 잘 알 수 있다(1274·1277·1376-1381·4321·4882·10146·10580항).
거리는 생명 상태의 차이를 가리킨다(9104·9967항).
영계에서 이동이나, 장소의 변화는 모두가 생명상태의 변화다. 왜냐하면 그것들은 이런 것들 안에서 기원하기 때문이다(1273-1275·1377·3356·9440항).
여정(旅程)도 꼭같은 뜻이다(9440·10734항). 그것에 대한 경험에 의한 실증(1273-1277·5605항).
이런 이유로 해서, 성경말씀에서 "길을 떠난다"는 것은 산다, 또는 삶의 과정이나 진전을, 그리고 "체류한다"는 것도 이와 유사한 뜻을 갖는다 (3335·4554·4585·4882·5493·5605·5996·8345·8397·8417·8420·8557항).
주님과 같이 간다는 것은 주님과 같이 산다는 것을 뜻한다(10567항).

려 올라갔고 그리고 우주 안에 있는 지구들에게도 데려갔지만 여행한 것은 나의 영이었고, 내 육체는 제자리에 꼼짝하지 않고 그대로 있었습니다.*1) 천사의 이동도 모두 이것과 같아서 그들에게는 거리가 없습니다. 결과적으로 거리(距離)가 없으니 공간도 없을 것이고 그러나 그 대신에 상태와 그것들의 변화만 있을 뿐입니다.

193. 장소의 변화가 이렇게 행해지는 것이기 때문에 장소에 접근한다는 것은 내면적인 것의 상태의 유사함을 의미하고, 서로 떨어지게 되는 것(分離)은 상호간의 차이를 의미한다는 것은 명백합니다. 이런 이유로 닮은 상태에 있는 자들은 서로 가깝게 있고, 다른 상태에 있으면 그들은 거리를 가지게 됩니다. 천계의 공간도 역시 내적 상태에 대응되는 단순한 외적 상태에 지나지 않습니다. 각각의 천계에는 각양 각색의 특징이 있고, 각 천계 안에 있는 사회나 각 사회 안에 있는 개개의 천사에게도 모두 구별이 있는 것이 바로 그 때문입니다. 또 지옥이 천계와 전적으로 분리되고 있는 것도 상태가 서로 대립되어 있기 때문입니다.

194. 이런 이유로 영의 세계에서는 어느 사람이 다른 사람을 만나 보고자 열렬히 소망한다면 그 사람이 앞에 등장하게 됩니다. 왜냐하면 보고자 했던 그 사람이 상념(想念) 안에서 보고 싶었던 그 사람을 보고, 상대방의 상태 안에 자기자신을 두기 때문입니다. 반대로 어떤 한 사람이 다른 사람을 거부하는 정도에 따라서 분리가 일어납니다. 미움은 모두 정동의 대립과 이념이 일치하지 않는 것에서 비롯되는 것이기 때문에 그 세계에서는 동일한 장소에 여럿이 함께 있을 때 〔서로가 일치하는 동안에만〕 서로 보이고, 일치하지 않는 때

---

*1) 사람은 비록 그의 몸은 그가 있는 장소에 그대로 머물러 있지만 영적 측면에서는 아주 긴 거리를 옮겨질 수 있다. 그리고 이같은 것은 경험에 의해서 사실이다(9440·9967·10734항).
"영에 의한 다른 곳으로의 이동"이 무엇을 뜻하는가(1884항).

는 순식간에 자취를 감춥니다.

195. 또, 어떤 사람이 한 장소에서 다른 장소로 갈 때, 자기 도시 안이거나 또는 집의 마당이나 정원 안에서 또는 자기 자신의 사회밖에 있다고 해도 그가 그것을 간절하게 바라면 매우 신속하게 도착하지만 즉 간절히 바라지 않는다면 늦리게 도착된다는 것입니다. 비록 길의 거리가 똑같이 있더라도 거리가 길어지기도 하고 짧아지기도 하는 것은 바람의 상태에 따라서 생겨지는 것입니다. 나는 자주 이런 일을 목격하고 놀랐습니다. 이상 말한 것에서 알 수 있겠지만, 거리라든가 공간이라는 것은 천사들의 내면적인 것의 상태에 의해서 생겨진다는 것입니다.*1) 그러므로 천사에게도 이 세상과 아주 유사한 공간이 있지만 공간의 지식이나 그 개념은 그들의 생각 안에는 들어오지 않습니다.

196. 이것은 사람의 사상들에 의하여 설명할 수 있겠습니다. 생각에는 공간이 없습니다. 왜냐하면 공간은 다만 사람이 정신을 집중해서 생각할 때 현존하는 것처럼 나타나기 때문입니다. 그것에 관하여 깊이 생각하는 사람들은 그의 시각이 지상에 있는 간접적 대상물에 의하여 동시에 보여지는 것을 공간으로 인식한다는 것을 잘 알고 있습니다. 또는 거리에 대하여서는 그가 이미 알고 있는 것을 회상하는 것 뿐입니다. 상술한 바는 연속되는 것이 있기 때문인데, 그 연속이 있다고 해도 연속되지 않는 것에 의하지 않고서는 거리는 나타나지 않습니다. 천사의 경우 시각이 생각과 함께 작용하고, 생각은 정동과 함께 작용하는 까닭에 더욱 그렇습니다. 즉 상술한 바와 같이 그들의 내면적인 것들의 상태들에 호응해서 대상이 멀리 있기도 하고, 가깝게 나타나기도 해서 그것이 변하기도 합니다.

---

*1) 장소나 공간은 천사나 영들에 속한 내면적인 것들의 상태에 따라서 그들의 시각에 나타나 보여진다(5605·9440·10146항).

197. 따라서 성경말씀 안에는 장소와 공간 또는 무슨 방법으로든 공간에 관계되는 모든 것들도 상태를 의미하는 것, 예를 들면 거리, 가깝고 먼 것, 길들, 여행과 체류, 마일이나 리(里), 평원과 들, 정원, 도시와 길거리, 운동과 각종의 척도인 길이와 높이, 그리고 깊이 따위 같은 것들로 그 수가 무수히 많습니다. 즉 사람이 이 세상에서 생각을 끌어내는 경우 그 대부분은 공간이나 시간에서 흉내내는 것들입니다.

〔2〕여기서는 다만 성경말씀 안에서 장·광·고(長·廣·高)가 무엇을 의미하는지를 설명하겠습니다.

이 세상에서는 길다고 하든가, 넓다고 하든가 하는 것이 공간에 관계되는 것이고, 높이도 역시 마찬가지입니다. 그러나 천계에서는 공간에 의해서 생각하지 않기 때문에, 길이(長)라고 하면 선의 상태를, 너비(廣)라고 하면 진리의 상태를, 높이(高)라고 하면 계도에 따르는 선과 진리의 구별을 뜻합니다(38항 참조). 이상과 같이 삼차원의 입방체로 말하고 있는 까닭은 천계에서의 길이가 동으로부터 서까지인데, 거기에 살고 있는 사람은 사랑에 속한 선 안에 있기 때문입니다. 천계에서의 너비(廣)는 남에서 북까지를 말하는데, 거기에 살고 있는 사람은 선에서 비롯된 진리 안에 있습니다(148항 참조). 천계의 높이는 계도에 따라서 앞서 설명한 양자를 의미합니다. 따라서 성경말씀 안에서의 장·광·고는 위와 같은 의미를 가지고 있습니다. 에스겔서 40－48장에는 길이와 너비 그리고 높이의 척도를 가지고 현관, 응접실, 대문과 문 그리고 창과 주위의 것들을 가지고 있는 새로운 성전과 새로운 땅을 묘사하고 있으나, 이것은 새로운 교회에 속한 것 또는 그 교회 안에 있는 선들과 진리들을 의미하는 것입니다. 그렇지 않다면 이와 같은 측량이 모두 무슨 의미를 가질 수 있겠습니까?

〔3〕마찬가지로 묵시록에도 다음과 같은 말로 새 예루살렘을 기술하고 있습니다.

> 그 도시는 네모가 반듯하고, 가로와 세로가 같았습니다. 그가 자막대기로 그 도시를 재어 보니, 가로와 세로와 높이가 서로 똑같이 만 이천 스타디온이었습니다.
> (묵시록 21:16)

여기 있는 "새 예루살렘"이란 새로운 교회를 의미하기 때문에, 이상의 측정은 교회에 관한 것임을 잘 알 수 있습니다. "길이"는 교회가 가지는 사랑에 속한 선이고, "너비"는 선에서 유래하는 진리이고, "높이"는 계도를 따르는 선과 진리를 뜻합니다. "일만 이천" 스타디온이라는 말은 선과 진리의 종합을 가리킵니다. 높이도 길이와 너비와 같이 일만 이천 스타디온이었다는 것은 따로 무슨 뜻을 가지고 있겠습니까? 성경말씀 안에서 너비라고 하면 진리를 뜻하는 것임은 다윗의 글을 보면 잘 알 수 있습니다.

> 주님은 나를
> 원수의 손에 넘기지 않으시고,
> 내 발을 평탄한 곳에 세워 주셨습니다.
> (시편 31:8)
> 내가 고난을 받을 때에 부르짖었더니,
> 주께서 나에게 응답하여 주시고,
> 주께서 나를 넓은 곳에 세우셨다.
> (시편 118:5)

더 부연하자면 이사야서(8:8) 하박국서(1:6) 등이 있으며 그 밖에도 많은 말씀들이 있겠습니다.

198. 상술한 바에 의해서, 비록 천계에는 이 세상과 아주 유사한 공간이 있지만 그럼에도 불구하고 공간을 가지고 측정되는 것은 아무 것도 없고 상태로 측정되는 것만 있다는 것을 잘 알 수 있습니

다. 그래서 천계의 공간은 이 세상과 같은 식으로 측정할 수 없고 다만 상태에 의해서, 그것도 내면상태에 의해서 측정된다고 하겠습니다.*1) 한마디로 천사들은, 사람들처럼 자연적으로 생각하지 않고 이것을 통해서 영적으로 생각합니다.

199. 위에서 말한 것에 관한 첫번째 이유로 들게 되는 것은 주님께서는 각자의 사랑과 믿음의 정도에 응해서 임재(臨在)하신다는 것입니다.*2) 이 임재에 의해서 모든 것이 가깝게 또는 멀게 보입니다. 왜냐하면 천계 안에 있는 것은 모두 사랑과 믿음에 의해서 측정되기 때문입니다. 또 천사는 그것에 의해서 지혜를 갖습니다. 그 이유는 이것을 통해서 그들은 사상의 확장을 가지고, 또 이것을 통해서 천계 안에 있는 모든 것의 나눔을 가지기 때문입니다.

제23장
천계의 형체는 천계의 결연(結緣)과
교류(交流)를 결정한다

200. 천계가 어떤 형체(形體·form)를 가지고 있는가는 앞 장들에서 설명한 것으로 어느 정도 알 수 있으리라고 생각됩니다. 예컨대 천계는 최대의 것에서 최소의 것에 이르기까지 닮은 형체를 가지고

---

*1) 성경말씀에서 "길이"는 선을 뜻한다(1613·9487항).
 "너비"는 진리를 뜻한다(1613·3433·3434·4482·9487·10179항).
 "높이"는 그것들의 계도의 측면으로써의 선과 진리를 뜻한다(9489·9773·10181항).
*2) 주님과 천사들의 결합이나, 또는 주님의 현존은 주님에게서 비롯된 사랑이나, 인애에 대한 그들의 수용에 일치한다(290·681·1954·2658·2886·2888·2889·3001·3741−3743·4318·4319·4524·7211·9128항).

있다는 것(72항 참조), 그러니까 각 사회는 각각 소규모의 천계이고 각 천사는 천계의 작은 형체라는 것(51-58항 참조), 온 천계가 한 사람의 인간을 반영하고 있는 것처럼 천계의 각 사회가 보다 소규모의 인간을 반영하며, 각 천사는 최소의 인간이라는 것(59-77항 참조), 중앙에는 제일 지혜가 뛰어난 자들이 있고 변두리에 이르는 것에 따라서 그 지혜의 정도가 낮아진다는 것, 그리고 또 하나 하나의 사회에도 그것이 있다는 것(43항 참조), 천계에는 동에서 서로 퍼져서는 사랑의 선 안에 있는 자들이 살고 있고, 남에서 북으로 확장해서는 선에서 유래하는 진리 안에 있는 자들이 살아서, 그것이 온 사회에 걸쳐서 행해지고 있다는 것(148-149항 참조), 이상 말한 모든 것은 천계의 형체에 일치하기 때문에 그 형체가 대체로 어떤 것인가를 그것에서부터 결정짓게 됩니다.*1)

201. 천계의 형체가 무엇인지를 아는 것은 매우 중요합니다. 그 까닭은 천사들의 결연(結緣)이 그 형체와 일치할 뿐만 아니라, 상호간의 교류도 그것에 의해서 이루어지기 때문입니다. 그리고 천사들의 사상과 정동의 확장이나 모든 이지와 지혜가 이것에서 결과되기 때문입니다. 그러므로 천계에 있는 각자는 그가 천계의 형체 안에 있는 정도만큼 슬기로워지고 따라서 각자가 사는 천계의 형체가 됩니다. 어떤 것의 형체이든 그 질서에 의해서 생겨지고, 그 질서에 일치하기 때문에, 천계의 형체 안에 있다는 말이나, 천계의 질서 안에 있다는 말은 다른 표현이 아닙니다.*2)

202. 천계의 형체 안에 있다는 것이 어떤 뜻인지를 먼저 고찰해

---

*1) 천사적 사회들의 측면에서 주님의 신령존재와 천사들이 천계를 형성하기 때문에 온 천계는 주님의 신령진리에 따라서 주님께서 배열하신다(3038·7211·9128·10125·10151·10157항).
천계의 형체(型體)에 관하여(4040-4043·6607·9877항).
*2) 천계의 형체는 신령질서와 일치하는 형체이다(4040-4043·6607·9877항).

보십시다. 사람은 천계의 형상(形狀·image)을 따라 창조되었고, 또 동시에 이 세상의 형상(形狀·image)을 따라서도 창조되었습니다. 즉 사람의 내적인 것은 천계의 형상을 따라 창조되었고, 그의 외적인 것은 이 세상의 형상으로 창조되어졌습니다(57항 참조). 형상 안에 있다는 말은 그 형체를 따라서 있다는 말과 동일합니다. 그러나 사람의 의지에 속한 악과 사상에 속한 거짓이 그 자신 안에 있는 천계의 형상을 파괴시켰습니다. 즉 천계의 형상을 파괴시키고, 그 자리에 지옥의 형상과 형체를 불러들였습니다. 그래서 그 사람의 내적인 것은 아예 나면서부터 닫혀지게 되었습니다. 어떤 종류의 동물과도 다르게 사람은 순전한 무지 안에 출생된다는 것은 바로 지금 말한 이유에서 입니다. 그래서 천계의 형상과 형체를 회복하기 위해서는 질서에 관계되는 것들을 배우지 않으면 안됩니다. 그 까닭은 이상 말한 것 같이 천계의 형체가 질서와 일치하기 때문입니다. 성경말씀은 신령질서에 관한 율법을 모두 포함하고 있는데 바로 성경말씀 안에 있는 계율은 신령질서에 관한 율법을 가리킵니다. 따라서 사람은 그 계명을 알고 그것에 따라 생활하면 할수록, 사람의 내적인 것이 열려지고, 천계의 질서 또는 형상이 새롭게 형성됩니다. 바로 이것이 천계의 형체 안에 있다는 것이 무엇을 의미하는지를 확실하게 해줍니다. 즉 성경말씀 안에 있는 것들에 의해서 산다는 것이 바로 이것을 뜻한다는 것이 명백해집니다.*[1]

203. 사람은 천계의 형체 안에 있으면 있을수록 천계 안에 있을 뿐 아니라 사실상 그는 천계의 가장 작은 형체가 됩니다(57항 참

---

*1) 신령진리가 질서에 속한 계율이다(2447·7995항).
  사람은 질서에 따라서 사는 정도까지만 사람이다. 즉 신령진리에 일치하는 선 안에 있는 범위까지만 사람이다(4839·6605·6626항).
  신령질서에 속한 모든 것들은 사람 안에 모아지며, 그리고 사람은 창조부터 형체 안에 있는 신령질서다(4219·4220·4222·4223·4523·4524·5114·6013·6057·6605·6626·9706·10156·10472항).

조). 그리고 이지와 지혜 안에 있는 것이 됩니다. 그리고 상술한 것처럼 사람이 이해에 속한 사상과 의지에 속한 정동은 천계에서 모두 각자의 형체에 의해서 이리 저리 퍼져 확장되어 뻗어갑니다. 그래서 천계의 사회들과 교류할 수 있고, 사회들도 그 사람과 교류를 가지게 됩니다.*1)

[2] 사상이나 정동이 자기 주위에 퍼져 있다는 것을 실제로 믿지 않는 사람이 있습니다. 왜냐하면 자기 자신 안에 있는 것을 자기가 보고, 생각하는 것인데, 멀리 떨어져 있는 것이 아니기 때문에 생각과 정동이 자기 안 외에는 없다고 생각하기 때문입니다. 그러나 이것은 아주 터무니 없는 큰 과오입니다. 사람의 시각도 멀리 떨어져 있는 곳까지 확장하고 먼 곳에 보이는 대상에 속한 질서에 따라서 영향을 받고 있는 것처럼 사람의 내면적 시각이라고 할 수 있는 이해도 사람은 스스로 감지할 수 없다고 해도 영계 안에서 육적 시각과 유사한 확장을 가집니다. 그 이유는 상술한 바 대로(196항 참조) 육안과 이해의 다른 점을 사람들이 모르기 때문입니다. 육안에 의한 시

사람은 선이나 진리 안에 태어나지 않고, 악과 거짓 안에 태어난다. 즉 신령질서에 반대되는 존재로 태어난다. 결과적으로 무지한 존재로 태어난다. 그 이유는 사람은 중생 즉 새롭게 태어나도록 태어났는데, 그 중생은 주님에게서 비롯된 신령진리에 의해서 즉 사람이 질서에 인도되는 것에 의하여 이루어진다(1047·2307·2308·3518·3812·8480·8550·10283·10284·10286·10731항).

주님께서 새로운 사람을 완성하실(form) 때, 즉 사람을 중생시킬 때, 주님께서는 신령질서에 따라서 그 사람 안에 있는 모든 것들을 정열하는데, 그 뜻은 바로 천계의 형체로 배열하시는 것이다(5700·6690·9931·10303항).

*1) 천계에 있는 존재는 누구나 생명에 속한 교류(交流·communication)를 갖는데, 그것을 가리켜 그 사람의 선의 질과 양에 일치하는 주위에 있는 천사적 천계의 확장이라고 부른다(8794·8797항).
사상과 정동은 이런 부류의 확장을 갖는다(2470·6598-6613항).
그들은 주도적 정동에 따라서 결합하기도 하고, 분리하기도 한다(4111항).

각은 자연계 안에 있는 사물들에게서 자연적인 영향을 받지만 이해에 의한 시각은 영계에 있는 것에게서 영적인 영향을 받습니다. 영계의 사물은 모두가 선과 진리에 관계를 가지고 있습니다. 사람은 자기의 이해를 비추고 있는 빛이 있다는 것에 생각이 미치지 못하기 때문에 그 이유를 전혀 알 수가 없습니다. 그 빛에 대해서는 126-132항을 참고하십시오.

[3] 한 영이 있었는데 그는 자기에게서 밖으로 확장해 가는 일이란 없고, 외부 세계와의 교류 같은 것이 없이 자기 자신의 능력만으로 생각할 수 있다고 믿었습니다. 그래서 그의 그 소신(所信)이 잘못이라는 것을 깨닫게 하기 위해서 근접한 사회와의 교류가 단절되었습니다. 그 때 그 영은 사고력을 빼앗겼고 영혼이 빠져 나간 시체처럼 되었고 막 태어난 젖먹이처럼 양 팔을 버둥거리고 있었는데 얼마 있다가 그 단절되었던 교류가 회복되었을 때 그 회복의 정도에 따라서 사고력을 조금씩 되찾을 수 있었습니다.

[4] 이것을 보고 있던 다른 영들이 있었는데, 정동에 의하여 생각하고 움직일 수 있는 능력 즉 이해하고 의도할 수 있는 능력 안에서 사람의 생명은 구성하기 때문에, 모든 사상과 정동, 결국적으로 생명에 속한 모든 것은 교류(交流·communication)에 따라서 입류한다고 고백하였습니다.*[1]

204. 단, 우리가 알아두어야 할 것이 있습니다. 즉 이지도 지혜도 한 사람 한 사람이 서로 교류하는 것에 의해서 다르게 된다는 것입

---

*1) 천계 또는 이 세상 안에 살아 있는 모든 것은 오직 하나의 생명(only one Life)에서 비롯되었다(1954·2021·2536·2658·2886-2889·3001·3484·3742·5847·6467항).
주님에게서 비롯된 생명에 관해서(2886-2889·3344·3484·4319·4320·4524·4882·5986·6325·6468-6470·9276·10196항).
생명은 경이로운 방법으로 천사들·영들·사람들에 입류한다(2886-2889·3337·3338·3484·3742항).

니다. 이지와 지혜가 순수한 진리와 선에 의해서 형성되어 있는 사람에게는 천계의 형체에 의거해서 교류를 가지는 것이 가능합니다. 그러나 이지와 지혜가 순수한 진리와 선에 의해서 형성되지 않고, 그럼에도 불구하고 제멋대로 형성되어 있는 사람에게는 교류가 끊기고 잡다한 것들과의 교류만이 지속됩니다. 그 까닭은 천계의 형체를 가지는 계열에 따라서 그들은 각각의 사회와 교류를 하고 있지 않기 때문입니다. 악으로부터 오는 거짓 안에 있기 때문에 이지도 지혜도 없는 사람은 지옥의 여러 사회들과 교류를 가지게 됩니다. 그 교류의 확장은 그들의 거짓된 옹고집의 정도에 따라서 결정됩니다. 또 다시 알아두어야 할 것은 영에 의한 여러 사회들과의 교류라고 하더라도 그 사회에 있는 존재가 확실하게 감지할 수 있는 그런 교류가 아니고 그들이 가지고 있는 성품이나 또는 그들에게서 오는 성품과의 교류입니다.*[1]

205. 천계에는 모두가 영적 친근성(親近性·relationship) 즉 그들의 질서 안에 있는 선과 진리의 근친성에 의거하는 결연(結緣·affiliation)이 있습니다. 이것은 온 천계 안에서 그렇고, 각 사회 안에서

주님은 주님의 신령사랑으로 말미암아 입류한다(3472·4320항).
이 이유 때문에 생명은 사람에게 입류하는 것이 아니고, 사람 안에 있는 것처럼 보인다(3742·4320항).
천사의 기쁨에 관하여 그들이 나에게 일러준 사실에 의하여 깨닫고 확인할 수 있었다. 그 이유는 그들의 삶은 자기 자신으로 말미암아서는 실지 못하고 오직 주님에 의하여 살기 때문이다(6469항).
악한 존재는 생명의 입류에 대한 확신을 도모하지 않는다(unwilling) (3743항).
주님에게서 비롯된 생명은 악한 사람에게도 꼭같이 입류한다(2706·3743 ·4417·10196항).
그러나 그들은 선을 악으로, 진리를 거짓으로 바꾼다. 왜냐하면 이런 부류의 사람은 자신의 생명의 수용그릇이기 때문이다(4319·4320·4417항).
*1) 사상은 주위에 있는 천사나 영들의 사회들에 흘러든다(6600-6605항).
그럼에도 불구하고 그것은 그 사회에 속한 사상을 이동시키거나 또는 방해하지 않는다(6601·6603항).

그렇고, 또 각 가정에서도 그렇습니다. 같은 성질의 선과 진리 안에 있는 천사들은, 이 세상의 혈족과 친족이 서로 알아보는 것처럼 상호 인지합니다. 이러한 상호 인지는 지극히 어려서부터 서로 알고 지낸 자들이 알아보는 것과 같습니다. 하나 하나의 천사 안에 지혜와 이지를 구성하는 선과 진리가 있어서 상기한 것과 같이 서로 결연합니다. 그들은 이와 같이 서로가 알아보고 서로가 알아볼 때에 자신들을 서로서로 결합합니다.*1) 천계의 형체에 의해서 진리와 선을 결합하고 있는 자들은 일관되게 서로 뒤이어지는 것들을 보며, 그리고 그것들이 어떻게 넓게 주위의 것들과 응집하는지를 볼 수 있습니다. 그러나 천계의 형체로 결합되어 있지 않은 선과 진리 안에 있는 자들은 이것을 보지 못합니다.

206. 각 천계에는 이와 같은 형체가 있는데, 그것에 의해서 천사들은 사상과 정동을 교류하고 또 확장합니다. 이같이 그 형체에 따라서 천사들은 이지와 지혜를 가집니다. 그러나 한 천계와 다른 천계의 천사들 사이에의 교류는 다릅니다. 결국 지심(至深)한 천계 즉 삼층천과 중간천계 즉 이층천 사이의 교류와 이 두 천계들과 가장 외부의 천계 즉 일층천 사이의 교류는 서로 다릅니다. 천계들 사이의 교류는 교류라고 불러서는 안되는 입류(人流·influx)입니다. 천계에는 세 개의 다른 천계가 있어서 서로 각각 구별이 된다는 것은 앞서의 그것에 관한 장에서 알 수 있겠습니다(29-40항 참조).

207. 한 천계와 다른 천계 사이에 교류가 아닌 입류가 있다는

---

*1) 선은 그것의 진리를, 그리고 진리는 그것의 선을 인지한다(2429·3101·3102·3161·3179·3180·4358·5704·5835·9637항).
　　이런 식으로 선과 진리는 결합한다(3834·4096·4097·4301·4345·4353·4364·4368·5365·7623-7627·7752-7762·8530·9258·10555항).
　　이같은 것은 천계로부터의 입류에 의하여 이루어진다(9079항).

것은 그것들의 상대적인 위치로 보아 알 수 있습니다. 셋째 또는 지고한 천계는 위층에 있고, 둘째 천계 또는 중간 천계는 그 아래 있습니다. 첫째 또는 극외의 천계 또는 일층천은 훨씬 아래 있습니다. 그 각각의 천계에 있는 사회들도 매 한가지입니다. 예를 들면 산처럼 높은 곳에는 지심한 천계의 천사들이 살고 있으며(188항 참조), 그 아래에는 둘째 천계의 천사들이 살고 있고, 맨 아래에는 아주 외적 천계의 천사들이 살고 있습니다. 이와 같이 높은 곳, 낮은 곳에는 모두 각각의 천사들이 살고 있습니다. 상위 천계의 사회는 하위 천계의 사회와의 교류는 대응에 의하는 것 외에는 전혀 있지 않습니다(100항 참조). 그리고 대응에 의한 교류를 입류라고 합니다.

208. 한 천계가 다른 천계와 결연되고, 한 천계의 사회가 다른 천계의 사회와 결연되는 것은 주님에게서 비롯되는 직접적인 입류와 간접적인 입류에 의해서 주님에 의해서만 비롯됩니다. 직접적으로는 주님에게서 오고, 간접적으로는 보다 높은 천계를 통해서 질서 있게 보다 낮은 천계로 입류는 흘러듭니다.*1)
천계들의 결합은 이런 입류에 의하여 주님에 의해서만 이루어지기 때문에 보다 높은 천계의 천사가 낮은 천계의 사회를 내려다 보고 거기 있는 누군가와 무엇인가를 주고받지 않도록 최대의 주의가 행해집니다. 왜냐하면 그렇게 되면 천사는 즉각적으로 그의 이지와 지혜를 빼앗기게 되기 때문입니다. 그 이유는 이렇습니다. 천계에는 세 계도(階度·degree)가 있으며, 각 천사도 세 계도의 생명을 가지고

---

*1) 주님으로부터는 직접적인 입류가 있고, 천계를 통해서는 간접적인 입류가 있다(6063·6307·6472·9682·9683항).
주님에게서 오는 직접적인 입류는 모든 것들의 가장 미세한 부분에까지 흘러든다(6058·6474-6478·8717·8728항).
천계를 통한 주님의 간접적 입류에 관하여(4067·6982·6985·6996항).

있습니다. 지심(至深·inmost)한 천계 안에 있는 자들은 셋째 또는 지심한 계도가 열려 있지만, 둘째와 첫째 계도는 닫혀 있습니다. 중간 천계 안에 있는 자들에게는 둘째 계도가 열려 있고 첫째와 셋째 계도는 닫혀 있습니다. 그리고 가장 낮은 천계에 있는 자들에게는 첫째 계도가 열려 있고 둘째와 셋째 계도는 닫혀 있습니다. 따라서 삼층천의 천사가 이층천의 사회를 내려다보고 거기 있는 누구와도 말을 하게 되면 그 즉시 그의 셋째 계도가 닫혀집니다. 그의 지혜가 자기들의 계도 안에 머물고 있기 때문에 만일 그 계도가 닫혀지게 되면 그 지혜를 빼앗기게 됩니다. 그 까닭은 그 천사는 둘째 또는 첫째 계도로는 아무 것도 가지고 있지 않기 때문입니다. 이것이 주님께서 마태복음서에서 말해 주고 있는 뜻입니다.

> 지붕 위에 있는 사람은 제 집안에서 물품을 꺼내려고 내려오지 말아라. 들에 있는 사람은 제 겉옷을 가지러 뒤로 돌아서지 말아라.
> (마태 24:17, 18)

그리고 누가복음서에는—.

> 그 날에 지붕 위에 있는 사람은, 자기 물건들이 집안에 있더라도, 그것들을 꺼내려고 내려가지 말아라. 또한 들에 있는 사람도 집으로 돌아가지 말아라. 롯의 아내를 기억하라.
> (누가 17:31, 32)

209. 질서에 반대가 되는 고로 입류는 낮은 천계로부터 높은 천계로는 들어갈 수가 없습니다. 그러나 상위 천계로부터는 하위 천계로 들어가는 입류는 있습니다. 상위 천계의 천사들은 하위 천계의 천사보다 그 지혜가 백만 배나 우월합니다. 이것은 하위 천계의 천사들은 상위 천계의 천사들과 대화할 수 없다는 또 하나의 이유가 되겠

습니다. 사실 말이지 그들이 눈을 들어 상위 천계의 천사들을 볼 때에 그들의 눈에는 아무 것도 들어오지 않습니다. 그 까닭은 상위 천계의 천사들이 그들의 머리 위에 있는 구름 낀 무엇 같이 나타나기 때문입니다. 반면 상위 천계의 천사들은 하위 천계의 천사들을 볼 수 있으나 그들과 이야기하는 것은 허용되지 않습니다. 만일 그들이 이를 어기면 자기들의 지혜를 상실하게 된다고 하는 것은 상술한 바와 같습니다.

210. 지고한 천계의 천사들의 사상과 정동은 그들의 언어와 같아서 결코 감지할 수 없습니다. 그것은 전자가 후자를 초월해 있기 때문인데, 그러나 주님의 뜻이 좋게 여겨진다면 지심(至深)한 천계는 하위 천계에서 불꽃과 같은 무엇으로 보이고, 중간 천계에 있는 사상과 정동은 극외의 천계에서는 무언가 빛나는 것으로, 때로는 여러 색깔의 빛이 나는 구름으로 보입니다. 이 구름이 상승하기도 하고 내려가기도 하면서, 구름의 형체를 보이기 때문에, 천사들은 거기서 이야기하고 있는 바를 어느 정도 알게 됩니다.

211. 이상 말한 것에 의해서 천계의 형체가 어떤 것임을 알게 되었을 것입니다. 즉 지심한 천계는 그 만사가 가장 완전한 것들로 있고, 중간 천계의 것도 역시 완전하기는 하나 그 정도가 낮을 뿐입니다. 가장 외적인 천계는 가장 낮은 계도의 천계입니다. 한 천계의 형체는 주님으로부터의 입류에 의해서 다른 천계로 말미암아 그 존재가 유지됩니다. 그러나 입류에 의해서 어떤 교류가 행해지고 있는지는 높이의 계도가 무엇인지 그것이 길이와 너비 등과 어떻게 다르고 또 높이와 길이 그리고 너비의 계도가 무엇인지 알지 못하고는 이해되지 않을 것입니다. 계도의 차이에 관해서는 이미 설명하였습니다 (38항 참조).

212. 천계의 형체의 개별적인 곳에 언제 입류가 오는지, 그리고 어떻게 그 입류가 진행되고 흐르는지는 천사들이라 할지라도 알 수 없습니다. 그러나 입류의 개념은 예리하고 슬기로운 사람에 의해서

주시(注視)되고 조사될 때, 사람의 신체 각 부분들의 형체에 의해서 얻을 수 있겠습니다. 왜냐하면 그 해당되는 장들에서 이미 설명한 바와 같이 전체 천계가 한 사람을 반영하고(59-72항 참조), 사람 안의 모든 것이 천계에 대응되기 때문입니다(87-102항 참조). 그 형체가 얼마나 이해되지 않는가를 해명해 주는 것은 전체와 부분으로 함께 짜여져 있는 신경 섬유들에 의해서 명백해집니다.

섬유들이 무엇이며 그것들이 어떠한 방법으로 두뇌 안에 발출되고 흐르는지는 눈으로 전혀 지각할 수 없습니다. 왜 그런가 하면 무수한 섬유들이 복잡하게 얽혀져 있으므로 그것들이 연한 연속의 덩어리(a soft continuous mass)로 보이게 되기 때문입니다. 그럼에도 불구하고 거기서는 의지와 이해에 관계되는 전체와 부분이 그 의지와 이해에 일치하는 것이 가장 뚜렷하게 행동 속으로 입류합니다. 다시 그것들이 몸 안에서 어떻게 서로 짜여져 있는가는 심장·장간막(腸間膜), 그 밖에 있는 각종의 신경총(神經叢)을 보면 잘 알게 됩니다. 또 갱글리온(ganglion)이라고 부르고 있는 매듭을 보아도 확연하게 되지만, 많은 섬유들이 각 방면에서 그 매듭을 향해서 뻗고 거기서 복잡하게 얽혀 있습니다. 그것들이 함께 모여서 한 묶음이 되고, 또 여러 가지 기능을 이루기 위해서 진전하고, 그것이 다음 다음으로 반복됩니다. 각각의 장기(臟器)와 사지(四肢), 기관(器官)과 근육에도 그와 같은 것들이 있습니다.

누구라도 이 섬유들과 그 많은 신비를 지혜의 눈으로 검토한다면 다만 눈이 휘둥그레질 것입니다. 그런데도 눈에 보이지 않는 부분은 내적인 영역에 속해 있는 까닭에 더욱 신기합니다. 이상과 같은 형체가 천계의 형체에 대응되고 있는 것은 이해의 모든 활동이 그 형체 안에 있고, 나아가서는 그 형체를 통해서 되어지기 때문에, 이해와 의지의 전 작용을 보아서 명백합니다. 사람이 원하는 것은 모두 그 형체에 따라서 자발적으로 행위에 옮겨지고, 사람이 생각하는 것은 모두 각 섬유의 끝에서 끝까지 더 나아가서 감각기관에까지 퍼집니다. 이상 말한 것은 사상과 의지의 형체이기 때문에 이지와 지혜의 형체인 것입니다. 천계의 형체에 대응되어 있다는 말은 이상과 같은 형체를 이르는 말입니다. 따라서 여기서 알 수 있는 것은 천사의 정동과 사상의 확장이 이와 같은 형체에 기인하고 있다는 것, 즉 이지와 지혜를 가지고 있으면 있을수록 그 형체를 가지고 있게 된다는 말입니다. 이상 천계의 형체가 주님의 신령인간에게서 유래한다는 것은 78-86항을 참조하십시오. 이상 천계의 형체는 그 대략한 것이라도 다 알 수 없다는 것, 그러나 상술한 바와 같이 천사에게 있어서도 가히 측량할 수 없는 신비라는 것을 이해시키기 위해서 설명하였습니다.

제24장
천계의 통치 조직

213. 천계가 여러 사회들로 나뉘어져 있으며, 그 중 대규모의 사회들은 수백 수천의 천사들로 구성되어 있고, 한 사회 안에 있는 모두가 각각 유사한 선 안에는 있지만 유사한 지혜 안에는 있지 않기 때문에(43항 참조), 여기서도 통치조직(統治組織·government)이 없어서는 안되게 되어 있습니다. 즉 천계의 사회에서도 질서를 유지하고, 질서의 모든 것을 지키지 않으면 안됩니다. 그러나 천계의 통치 조직은 서로 다릅니다. 즉 주님의 천적 왕국을 구성하고 있는 사회들과 영적 왕국을 구성하고 있는 사회들 안에는 상이한 하나의 통치 조직을 가지고 있습니다. 또 수삼의 사회들의 기능에 따라서도 그 조직 구성이 다릅니다. 그럼에도 불구하고 상호애에 속한 통치조직 이외에 다른 것은 있을 수 없습니다. 상호애의 통치조직은 천계적 통치 체제입니다.

214. 주님의 천적 왕국에 있는 통치조직을 의(義)라고 부르는데, 그 까닭은 그 왕국 안에 있는 모든 것이 주님에게서 비롯되는 주님 사랑에 속한 선 안에 있기 때문입니다. 선에서 오는 것은 무엇이든지 의롭다고 부릅니다. 거기 정부는 주님에게만 속해 있고 주님은 그들을 인도하고 생활의 규율들을 가르치십니다. 심판(公評·judgment)의 진리들이라고 부르는 진리들이 그들의 마음에 새겨지고 또 그 사실들을 모든 천사들이 알고 지각하고, 잘 이해하고 있습니다.*1) 그리고 심판의 결과들을 놓고 문제를 제기하지 않습니다. 그러나 생활상의 정의는 문제가 되는 경우가 있습니다. 이 사항들에 관해서는 덜 슬기로운 자는 보다 더 슬기로운 자에게 상의합니다. 그리고 그 슬기로운 자들은 주님께 묻고 대답을 받습니다. 그들의 천계 즉 그들의 지고한 기쁨은 주님으로 말미암아 옳게 사는 것입니다.

215. 주님의 영적 왕국 안의 정부를 공평(公評·judgment)이라고 부르는 것은 그 왕국 안에 있는 자들이 이웃을 향한 인애의 선인 영적 선 안에 있기 때문입니다. 그 선은 본질적으로 진리입니다.*2) 선이 의(義)에 관계되듯이*3) 진리가 공평에 속해 있습니다. 그들도 역

---

*1) 천적 천사들은 영적 천사들이 하는 것처럼 진리로부터 생각하거나, 말하지 않는다. 왜냐하면 그들은 진리에 속한 모든 것의 지각을 주님에게서 받기 때문이다(202·597·607·784·1121·1384·1398·1442·1919·7680·7877·8780·9277·10336항).
진리에 대해서 천적 천사들은 예 할 것은 예 하고, 아니오 할 것은 아니오만 말하지만, 영적 천사들은 그것들이 참인지 아닌지를 추론한다(2715·3246·4448·9166·10786항). (마태복음 5:37 참조)

*2) 영적 왕국 안에 있는 자들은 진리 안에 있고, 천적 왕국 안에 있는 자들은 선 안에 있다(863·875·927·1023·1043·1044·1555·2256·4328·4493·5113·9596항).
영적 왕국에 속한 선은 이웃을 향한 인애에 속한 선인데, 그 선의 본질 안에 있는 선은 진리이다(8042·10296항).

*3) 성경말씀에서 "의"(義·正義·righteousness)는 선에 관해서 서술하고, 진리의 심판(審判·judgment)은 진리에 관해서 서술한다. 그러므로 "의를 행하고, 심판을 행한다"는 것은 선과 진리를 뜻한다(2235·9857항).

시 주님에 의해서 인도되나, 간접적으로 인도됩니다(208항 참조). 그러므로 그들은 그들이 들어 있는 사회의 필요에 따라 적고 많은 통치자(統治者)를 가지고 있습니다. 그들은 또 그들이 함께 사는 데 필요한 법률도 가지고 있습니다. 통치자는 법률에 따라서 만사를 관리합니다. 그들은 슬기롭기 때문에 법률을 이해하고 그리고 의문점이 생기면 주님에게서 해명을 받습니다.

216. 주님의 천적 왕국에 존재하는 통치 체제는 선에서 비롯되기 때문에 통치 원리를 의(義·righteousness)라고 부르고, 주님의 영적 왕국에 존재하는 통치체제는 진리에서 비롯되기 때문에 그 통치 원리를 공평(公評·judgment)이라고 합니다. 천계와 교회를 다룰 때 성경말씀에서는 "의와 공평"이라는 용어들을 사용하고 있는데 "의"는 천적 선을 표의하고, "공평"은 영적 선을 표의합니다. 그 선은 상술한 바가 있는 대로 그 본질로는 진리 안에 있습니다. 이것에 관해서는 다음 말씀들에서 보는 바와 같습니다.

> 그의 왕권은 점점 더 커지고,
> 나라의 평화도 끝없이 이어질 것이다.
> 그가 다윗의 보좌와 왕국 위에 앉아서,
> 이제부터 영원히,
> 공평(公評)과 정의(正義)로 그 나라를 굳게 세울 것이다.
> (이사야 9:7)

여기 "다윗"은 주님을 뜻하고,*¹⁾ 그 나라는 천계를 의미합니다. 이것은 다음 말씀들에서 명백합니다.

"대 심판"(大審判·Great judgment)은 신령질서의 계율, 따라서 신령진리를 뜻한다(7206항).

*1) 성경말씀의 예언서 부분에 나오는 "다윗"은 주님을 뜻한다(1888·9954항).

내가 다윗에게서 의로운 가지가 하나 돋아나게 할 그 날이 오고 있다.
…그는 왕이 되어 슬기롭게 통치하면서, 세상에 공평과 정의를 실현할
것이다.
(예레미야 23:5)
주님은 참으로 위대하시다! 저 높은 곳에 계시면서도, 시온을 공평과
의로 충만하게 하실 것이다.
(이사야 33:5)

"시온" 역시 천계와 교회를 의미합니다.*1)

오직 자랑하고 싶은 사람은,
이것을 자랑하여라.
나를 아는 것과,
나 주가 긍휼과 공평과 공의를
세상에 실현하는 하나님인 것과
내가 이런 일 하기를 좋아한다는 것을,
깨달아 알 만한 지혜를 가지게 되었음을,
자랑하여라.
(예레미야 9:24)
그 때에
내가 너를 영원히 아내로 맞아들이고,
너에게 정의와 공평으로 대하고,
너에게 변함없는 사랑과 긍휼을 보여 주고,
너를 아내로 삼겠다.
(호세아 2:19)
주님,

---

*1) 성경말씀에서 "시온"은 교회를 뜻하는데, 특히 천적 교회를 뜻한다
(2362·9055항).

주의 한결같은 사랑은 하늘에 닿아 있고,
주의 미쁘심은 구름에 닿아 있습니다.
주의 의로우심은 우람한 산줄기와 같고,
주의 공평하심은
깊고 깊은 심연과도 같습니다.
(시편 36:5, 6)
그들은 무엇이 공의로운 판단인가를
나에게 묻고,
하나님께 가까이 나가기를
즐거워한다고 한다.
(이사야 58:2)

또 다른 곳에서 읽게 되는 말씀들도 그와 같습니다.

217. 주님의 영적 왕국에는 여러 형태의 통치조직이 있어서 한 사회의 정부와 다른 사회에 있는 정부가 동일하지 않으며, 사회들이 수행하는 기능들에 따라 변이(變移)가 있습니다. 이 기능들은 사람에게 있는 모든 부분들의 기능에 의해서 각양각색으로 변하는데 그 까닭은 그들의 통치업무가 인체의 각 부분들에게 대응되기 때문입니다. 사실 말이지 심장의 기능이 따로 있고, 폐장의 기능이 따로 있고, 간장(肝臟)의 기능이 다르고, 췌장과 비장의 기능이 다르게 인체 각 부분의 기관들이 작동한다는 것을 우리들은 잘 알고 있습니다. 신체 기관이 여러 가지 직무를 수행하듯 대인간(大人間·the Greatest Man) 즉 천계의 여러 사회들도 그 맡은 바 직무가 각양합니다. 그 까닭은 거기 사회들이 신체 기관들에게 대응하기 때문입니다. 천계의 만물이 사람에게 속한 모든 것들에 대응된다는 것은 이미 앞에서 설명하였습니다(87-102항 참조). 그러나 천계의 어떠한 형태의 통치조직 형체라고 해도 그들의 목적인 공공의 선(公共善)을 목표로

하고 있고, 그 공공의 선 안에서 각각의 선을 추구한다는 것에는 변함이 없습니다.*1) 그렇게 되는 까닭은 온 천계 안에 존재하는 모든 천사들은 주님의 보호 아래 있기 때문입니다. 즉 주님께서는 모든 천사들을 사랑하고, 각 천사는 신령애에서부터 자기의 선을 받을 수 있도록 신령애에 의해서 공공의 선이 거기에 내재해 있도록 제정하고 있습니다. 어느 누구든 그가 공공의 선을 사랑하는 한에는 선을 향유할 수 있습니다. 그 까닭은 그가 공공의 선을 사랑하고 있는 한에는 전체적으로나, 개별적으로나 사랑하는 것이 되기 때문입니다. 그 사랑이 주님의 사랑이기 때문에 그 사람은 그 만큼 주님에게서 사랑을 받고, 그 선은 그 사람에게 임하는 것이 됩니다.

218. 이상 말한 것에 의해서 통치자(統治者)가 누구인지 알게 되었습니다. 즉 그들은 사랑과 지혜에 뛰어나며, 모두의 선을 원하고, 지혜에 의해서 그 선을 현실화 시키기 위해서 명민(明敏)한 지식을 갖추어야 합니다. 이런 통치자들은 누구를 지배하거나 누구에게 명령을 내리지 않고, 오히려 봉사하고 섬깁니다. 봉사한다는 것은 선에 속한 사랑 때문에 남들에게 선을 행하는 것이고, 섬긴다는 것은 그 선을 위해서 마음을 쓴다는 것을 의미합니다. 그들은 또 남들보다 자신들이 위대하다고 우쭐대지도 않고, 오히려 부족하다고 생각합니

---

*1) 모든 사람이나 모든 공동체, 그리고 사람들의 국가나 교회 그리고 보편적인 뜻으로 주님 나라 안에 있는 것들은 하나의 이웃이며, 또 그들의 상태에 따라서 선에 속한 사랑 때문에 이들에게 선을 행하는 것은 그 이웃을 사랑하는 것이다. 즉 이웃은 이들에 속한 선이다. 그것은 공동의 선으로 필히 자문(諮問)을 받아야 한다(6818-6824·8123항).
정의인 시민법적인 선 역시 이웃이다(2915·4730·8120-8123항). 그러므로 이웃을 향한 인애는 사람의 생명에 속한 전체적인 것이나, 개별적인 것에까지 그것 자체가 확장된다. 선을 사랑하고, 선에 속한 사랑에서 비롯된 선이나 진리를 행하는 것, 그리고 모든 역할(役割·function)이나 선행 안에 있는 옳은 것에 속한 사랑에서 비롯된 것을 행하는 것 등은 곧 이웃을 사랑하는 것이다(2417·8121-8124항).

다. 그 까닭은 그들은 사회나 이웃을 위한 선을 제일로 여기고, 자기들의 선을 마지막에 놓기 때문입니다. 즉 첫째 자리에 놓여지는 것은 무엇보다 위대하고, 나중 자리에 놓여지는 것은 상대적으로 열등하기 때문입니다. 그렇지만 통치자들에게는 영예와 영광이 있습니다. 즉 그들은 사회의 중앙에 살고 있고, 다른 자들에 비하여 보다 높은 위치에 놓여지며, 장엄한 궁전에 삽니다. 그들은 이 영광과 영예를 자기 자신들을 위해서 받지 않고 주님께 순종하기 위해 수용할 뿐입니다. 그 곳에 있는 모든 천사들은 이 영예와 영광이 주님으로부터 주어지는 것이고, 그 때문에 더욱 순종해야 된다는 것을 알고 있습니다. 이것이 제자들에게 하신 주님 말씀이 의미하는 것입니다. 즉—.

> 너희 가운데서 으뜸이 되고자 하는 사람은 너희의 종이 되어야 한다. 인자는 섬김을 받으러 온 것이 아니라 섬기러 왔으며, 많은 사람을 위하여 자기 목숨을 대속물로 내주러 왔다.
> (마태 20:27, 28)
> 너희 가운데서 가장 큰 사람은 가장 어린 사람과 같이 되어야 하고, 또 다스리는 사람은 섬기는 사람과 같이 되어야 한다.
> (누가 22:26)

219. 개개의 가정도 역시 아주 작은 형체의 정부입니다. 모든 가정에는 주인과 하복들이 있고, 주인은 하복들을 사랑하고 하복들은 주인을 존경합니다. 그러므로 그들은 서로 사랑하고 섬깁니다. 주인은 하복들이 어떻게 살아야 하는지를 가르치고, 무엇을 행해야 하는지를 일러주어야 합니다. 하복들은 주인의 말에 순종하고, 그들의 의무를 잘 수행하여야 합니다. 선용을 완수하는 것은 사람들의 삶의 기쁨입니다. 이것은 주님의 왕국이 선용의 왕국임을 보여주는 것입니다.

220. 지옥에도 통치 조직은 있습니다. 왜냐하면 통치하는 일이 없으면 그들을 제재할 수 없기 때문입니다. 그러나 그 곳의 통치는 천

계의 통치와 다른데, 그 통치 기구(機構)는 자아애에 속한 통치 조직입니다. 거기에서는 모든 사람들이 남에게 명령하고 남들 위에 군림하기를 갈망합니다. 즉 그들은 자기들에게 호의를 보이지 않는 자들을 미워하고, 복수와 분노의 대상으로 삼습니다. 그런 것이 자아애의 특질이기 때문입니다. 그러므로 더 악한 자들이 통치자로서 그들을 억압하고, 그들은 두려운 까닭에 복종합니다.*1) 그러나 이것에 관해서는 지옥을 다루는 곳에서 자세히 설명하겠습니다.

제25장
천계의 신령 예배

221. 천계에서 드리는 신령 예배는 외견상 지상에서 행하는 신령 예배와 다를 바가 없습니다. 그러나 내면에서 보면 크게 다릅니다. 천계에는 지상에서와 같이 교리들이 있고, 설교들, 그리고 예배당(禮拜堂·edifice)이 있습니다. 교리는 본질적으로는 어디에서나 동일하지만, 보다 높은 천계에서의 교리는 낮은 천계에서 보다 더 많은 지혜를 내포하고 있습니다. 설교는 교리들과 조화를 이루고 있습니

---

*1) 통치에는 두 종류가 있는데, 하나는 이웃사랑에 의한 것이고, 다른 하나는 자아애에 의한 것이다(10814항).
이웃사랑에 의한 통치에서는 모든 선과 행복이 흘러나온다(10160·10814항).
천계에서는 자아애에 의해서 다스리기를 갈망하는 사람은 하나도 없고, 오히려 모두가 섬기기를 갈망한다. 그것은 바로 이웃사랑에 의한 통치를 뜻한다. 이것은 그들의 가장 큰 능력에 속한 근원이다(5732항).
자아애에 의한 통치에서는 모든 악이 흘러나올 뿐이다(10038항).
자아애와 세간애가 우세하기 시작하면 사람들은 보안(保安)의 수단으로써 할 수 없이 그들 자신이 정부에 종속된다(7364·10160·10814항).

다. 천사에게는 집과 궁전이 있는 것처럼(183-190항 참조) 예배당이 있고 그 안에서 설교가 행해집니다. 이런 것들이 천계 안에 있는 까닭은 천사들은 계속해서 지혜와 사랑으로 완성되어 가기 때문이며, 또 그들도 사람들처럼 이해와 의지를 가지고 있기 때문입니다. 그리고 그들의 이해와 의지는 줄곧 완성되어 갑니다. 즉 이해는 이지에 속한 진리들에 의해서 완성되고, 의지는 사랑에 속한 선에 의해서 완성되어집니다.*1)

222. 그러나 천계에서는 본질적 신령 예배가 예배에 참석하고, 설교를 듣는 것에 있지 않고, 교리들과 일치하는 사랑과 인애 그리고 믿음의 진수(眞髓) 안에 존재합니다. 즉 교회들 안에서 설교하는 것은 생활상의 문제들에 관해서 교훈하는 방편일 뿐입니다. 이 주제에 관해서 나는 천사들과 이야기를 나눈 적이 있었는데, 다음과 같은 말을 하였습니다. 세상에서는 교회에 참석하고, 설교에 귀를 기울이고, 일 년에 3~4회 성찬에 참여하고, 교회의 규정에 따라 예배에 속한 다른 프로그램들을 수행하고, 특별한 때에 기도에 힘을 쓰고, 또 경건하게 행동하는 것에만 신령 예배가 존재한다고 믿고 있는데 천사들은, 이것들은 마땅히 수행되어야 할 외적인 행동이지만, 그 교리가 가르치는 교훈과 일치하는 생활 즉 그 겉행동들이 발출하는 내면이 그러하지 않다면 아무 소용이 없다고 대답하였습니다.

223. 나는 때로 예배에 참석하고 설교를 듣도록 허락이 되어서 예배 장소에서 가지는 집회에 관하여 배울 수 있었습니다. 설교자는 동쪽에 있는 강단에 서 있었습니다. 다른 사람들 보다 더 지혜의 빛

---

*1) 이해는 진리의 수용그릇이고, 의지는 선의 수용그릇이다(3623·6125·7503·9300·9930항).
삼라만상은 선과 진리와 관계를 가지기 때문에, 사람의 생명에 속한 모든 것들은 이해와 의지와 관계를 갖는다(803·10122항).
천사들은 영원히 완성되어 간다(4803·6648항).

안에 있는 사람들은 설교자 앞에 앉아 있고 그들 보다 덜 빛 가운데 있는 사람들이 좌우에 앉았습니다. 좌석들은 원형으로 배열되어 있었는데, 그러므로 모든 참석자들은 설교자의 한눈에 들어오게 되어 있어서, 그의 시야에서 벗어나는 사람은 하나도 없었습니다. 예배당의 동쪽에 문이 있고, 강단의 좌측에는 신입 교인들이 서 있었습니다. 누구도 강단 뒤에 서 있는 것은 허락되지 않습니다. 어떤 자가 거기 선다면 설교자의 마음이 산란해져서 혼돈스럽게 되기 때문입니다. 물론 회중 가운데 의견을 달리하고 있는 자가 있을 경우에도 동일한 결과가 초래됩니다. 이런 이유로 반대자는 그 얼굴을 돌리지 않을 수 없습니다. 설교의 내용은 이 세상의 설교와 비교될 수 없게 출중합니다. 그 이유는 천계에 있는 자들은 내면적인 빛 가운데 있기 때문입니다. 영적 왕국의 예배당은 석조 건물인 듯 보이나, 천적 왕국의 예배당은 목조건물입니다. 왜 그런가 하면 돌이 진리에 대응되고, 영적 왕국에 있는 자들은 진리 안에 있기 때문입니다. 그러나 목재는 선에 대응되고 천적 왕국에 있는 자들은 선 안에 있기 때문입니다.*1) 그 왕국에서는 거룩한 예배당을 교회들이라고 부르지 않고 하나님의 집이라고 부릅니다. 그 왕국에서는 그 건물이 장엄하지 않으나 영적 왕국의 예배당은 다소간 장엄합니다.

224. 나는 예배당 안에서 설교에 경청하는 자들의 거룩한 상태에 대해서 설교자들 중 하나와 이야기한 적이 있습니다. 그 설교자는 사랑과 믿음에 속해 있는 내면적인 것들과 조화를 이루고 있는 자는 경건하고 독실하며 거룩한데, 그것은 주님의 신령존재가 그들 안에

---

*1) "돌"(石·stone)은 진리를 뜻한다(114·643·1298·3720·6426·8609·10376항).
"나무"(木·wood)는 선을 뜻한다(643·3720·8354항).
이런 이유 때문에, 천적인 선 안에 있었던 태고시대(太古時代) 사람들은 나무로 지은 거룩한 건물을 소유한다(3720항).

있으므로 그 사랑과 믿음 안에 거룩함 자체가 존재하기 때문이라고 말하였습니다. 또 그는 사랑과 믿음을 떠난 어떤 외적인 거룩함은 알지 못한다고 말하였습니다. 그리고 그가 사랑과 믿음을 떠난 거룩함에 관해 생각하면, 그것은 아마도 위조된 어떤 것이 외적인 모습으로 나타난 인위적인 것이거나 위선적인 것일 거라고 말하였습니다. 그러한 거룩함은 자아애와 세간애에서 비롯된 불꽃에 의하여 타오르고 또 지탱된다고도 말하였습니다.

225. 모든 설교자들은 주님의 영적 왕국에서 와 있고, 천적 왕국에서는 온 설교자는 하나도 없습니다. 영적 왕국의 천사들은 선에서 비롯된 진리 안에 있고, 또 모든 설교가 진리들에서 비롯되어야 하기 때문에 설교자들은 모두가 영적 왕국에서 왔습니다. 사랑에 속한 선 안에 있는 천사들은 선에서 비롯된 진리를 이해하고 지각하기 때문에 천적 왕국에서 온 설교자는 하나도 없습니다. 그러나 천적 왕국 안에 있는 천사들이 진리들을 보고 지각한다고 해도 거기에는 설교는 있습니다. 왜냐하면 그들은 그 설교들을 방편으로 해서 그들이 이미 알고 있는 진리들 안에서 빛을 받고, 또 전에는 알지 못했던 많은 진리들에 의해서 전하게 되기 때문입니다. 그들은 진리들을 듣는 순간에 그 진리들을 시인하고, 그것들을 지각합니다. 또한 그들은 그들이 지각하는 진리들을 사랑하고, 그 진리들에 따라서 사는 것에 의해서 그들 자신들의 생활을 영위합니다. 그리고 진리들에 의거해서 사는 것이 주님을 사랑하는 것이라고 선언합니다.*1)

226. 모든 설교자들은 주님에 의해서 임명되고 주님으로부터 설교하기 위한 은사를 받습니다. 그 밖에는 아무도 예배당에서 설교하는 것이 허락되지 않습니다. 그들을 사제들이라고 부르지 않고 설교자

---

*1) 주님사랑과 이웃사랑은 주님의 계명에 일치하는 삶이다(10143·10153·10310·10578·10645·10683항).

라고 부릅니다. 천적 왕국이 천계의 사제직이기 때문에 그들을 사제들이라고 부르지 않습니다. 왜 그런가 하면 사제직은 주님께 바치는 사랑에 속한 선을 의미하고, 천적 왕국에서 사제들은 그 선 안에 있기 때문입니다. 반면 영적 왕국이 천계의 왕권입니다. 왜 그런가 하면 왕권(王權)이 선에서 나오는 진리를 의미하고, 영적 왕국 안에 있는 자들은 그 진리 안에 있기 때문입니다*[1](24항 참조).

227. 그들의 설교와 일치하는 교리들은 모두 목적을 생명에 두고 있으며, 생명과 분리된 믿음은 도외시합니다. 지심한 천계의 교리는 중간 천계의 교리보다 훨씬 지혜가 충만합니다. 중간 천계의 교리는 가장 외적 천계의 교리보다 이지가 충만합니다. 왜냐하면 그 교리들은 각각의 천계 안에 있는 천사들의 지각에 적용되기 때문입니다. 모든 교리의 본질은 주님의 신령인간을 시인하는 것입니다.

제26장
천계에 있는 천사들의 능력

228. 영계와 자연계 안에 흘러드는 영계의 입류에 관해서 아무 것도 모르는 사람들은, 천사들이 능력을 갖는다는 사실을 받아들이지 않습니다. 그런 사람들은 천사들이 영적이고 너무나 순수하고 눈으

---

*1) 사제가 신령선의 측면에서 주님을 표징하고, 왕은 신령진리의 측면에서 주님을 표징한다(2015·6148항).
그러므로 성경말씀에서 "사제"는 주님사랑하는 그 사랑에 속한 선 안에 있는 자를 뜻하고, 사제직은 그 선을 뜻한다(9806·9809항).
성경말씀에서 "임금"(王·king)은 신령진리 안에 있는 사람을 뜻하고, 그러므로 왕권(王權)은 선에서 비롯된 진리를 뜻한다(1672·2015·2069·4575·4581·4966·5044항).

로 볼 수 없는 비물질이므로 아무런 힘도 가질 수 없다고 생각합니다. 그러나 좀 더 내면적으로 사물들의 원인들을 관찰하는 사람들은 다른 견해를 갖습니다. 그런 사람들은 사람이 가지고 있는 힘은 이해와 의지에서 오는 것임을 알게 되는데, 그 이유는 이해와 의지 없이 사람은 자기 몸의 지극히 작은 부분 조차도 움직일 수 없기 때문입니다. 이해와 의지는 사람의 영적 실체(靈的 實體·spiritual homo)입니다. 이 영적인 실체가 몸과 그 기관들을 임의로 움직입니다. 왜인가 하면 그것이 생각하는 것들이 무엇이든 입과 혀가 말하고, 또 그것이 원하는 것이 무엇이든 그의 몸은 행하기 때문입니다. 그 영적 실체는 그것의 힘을 부여하기 때문입니다. 사람의 이해와 의지는 천사와 영들을 통해서 주님에 의하여 지배되기 때문에 육체에 속한 모든 것들 역시 그렇게 주님에 의하여 지배됩니다. 왜냐하면 이런 것들은 모두가 의지와 이해에서 비롯되기 때문입니다. 의지와 이해가 그렇다면 독자들이 믿건 아니 믿건 간에 사람은 천계의 입류 없이는 한 발자욱도 움직일 수 없습니다. 이상의 것은 많은 경험을 통해서 그러함이 내게 증시(證示)되었습니다. 천사들은 허락을 받아서 내 발을 옮겨 놓게 했고 그 행동과 내 혀 그리고 내 말을 그들이 원하는 대로 내 의지와 이해 안으로 입류하여 움직였습니다. 그러므로 나는 내 스스로의 힘으로는 아무 것도 할 수 없다는 것을 터득하였습니다. 그 후에 천사들은 내게 사람마다 그렇게 지배되고 있다는 것을 교회의 교리와 성경말씀에 의해서 알 수 있다고 말해 주었습니다. 왜 그런고 하면 사람이 하나님께서 천사들을 보내셔서 자기를 인도해 주시고, 발걸음을 감독하시고, 가르쳐 주시고, 무엇을 생각하고 무엇을 말해야 하는지를 영감으로 감동케 하시기를 기도하는 것을 보아 알 수 있기 때문입니다. 물론 자기 스스로 교리를 떠나서 사람을 그렇게 해 주신다고 생각하고 말은 하면서도 다르게 믿습니다. 상술한 바 모든 것들은 천사가 사람에게 얼마나 큰 힘을 가지고 영향을 주고 있는지를 알게 하려고 언급한 것입니다.

229. 그러나 영계에서 천사들이 가지고 있는 능력은 너무 커서 만일 내가 목격한 것들을 다 말한다면 아무도 믿지 않을 것입니다. 만일 신령질서에 반대가 되기 때문에 거기에서 제거되어야 할 것이 있다면 천사들은 단지 의지와 눈총만으로 던져버리거나, 뒤엎어 버릴 것입니다. 이와 같이 나는 악령들에게 점령되어 있는 산들이 던져지고 뒤엎어지는 것을 목격했고, 때로는 이 끝에서 저 끝까지 지진이 있을 때처럼 흔들렸고 바위들이 그 밑으로 산산조각이 되어 깨져 나가는 것을 보았으며, 그 위에 있던 악령들이 삼켜지는 것을 보았습니다. 또 나는 수십만의 악령들이 천사들에 의해서 흩뿌려지고, 지옥으로 던져지는 것을 보았습니다. 수가 많다는 것은 천사들에게는 문제가 되지 않습니다. 잔재주나 교활함 또는 이 두 가지의 것들이 한 뭉치로 뭉쳤다고 하더라도 천사들은 그들 모두를 꿰뚫어 보며 일순간에 소산시켜 버립니다. 이러한 것에 대하여는 《바벨론의 멸망》이라는 내 저서에서 더 상세히 알 수 있습니다. 이러한 능력을 천사들은 영계에서 가지고 있습니다. 그들은 허락이 될 때에는 자연계에서 유사한 능력을 나타낼 수 있다는 것은 성경말씀에 의해서 명백히 알 수 있습니다. 예컨대 그들은 전 군세(軍勢)를 파괴하고 칠만 명이나 죽게 한 온역(瘟疫)을 가져 왔습니다. 이 천사의 이야기는 다음과 같습니다.

> 천사가 예루살렘 쪽으로 손을 뻗쳐서 그 도성을 치는 순간에, 주께서는 재앙을 내리신 것을 뉘우치시고, 백성을 사정없이 죽이는 천사에게 "그만하면 됐다. 이제 너의 손을 거두어라" 하고 명하셨다. … 그 때에 다윗이 백성을 쳐죽이는 천사를 보고….
> (사무엘 하 24:16, 17)

그 밖에도 유사한 구절들이 여럿 있습니다. 천사들이 그런 능력을 가졌기 때문에 신들(權天使·神·powers)이라고 불리웁니다. 다윗의 시편에는—.

> 천사들아,
> 주의 말씀을 듣고,
> 실행할 능력이 있는 용사들아,
> 주를 찬양하여라.
> (시편 103:20)

230. 그러나 주지하여야 할 사실은 천사들은 그들 스스로는 아무런 능력을 가질 수 없고, 오직 그들의 모든 능력은 주님에게서 비롯된다는 것이고 그리고 그들은 그들이 이러한 사실을 시인하는 정도만큼 권천사(權天使·powers)라는 것입니다. 그들 중에서 누군가가 자기 자신으로부터 능력을 가질 수 있다고 생각하자, 즉시 그는 단 하나의 악령도 물리칠 수 없을 만큼 나약하게 되었습니다. 이런 이유 때문에 천사들은 자기자신에게 그 어떤 공로(功勞)를 돌릴 수 없으며, 또 그들이 행한 어떠한 것에 대한 찬사나 영광에 대하여 혐오를 느끼고, 오직 주님에게만 찬사와 영광을 모두 돌립니다.

231. 주님에게서 발출되는 신령진리가 천계에서 모든 능력을 갖습니다. 왜냐하면 천계의 주님은 신령선과 하나로 결합되어 있는 신령진리이기 때문입니다(126-140항 참조). 천사들이 이 진리의 수용그릇이 되어 있는 정도까지는 신들(神·權天使)입니다.*¹⁾ 더구나 각자는 그의 이해와 의지 이외의 어떤 것도 아니기 때문에 각 천사는

---

*1) 천사들이 신들(神·權天使·powers)이라고 불리우고, 천사들은 주님에게서 비롯된 신령진리의 수용그릇으로 말미암아 신(神·權天使·powers)이다(9639항).
천사들은 주님에게서 비롯된 신령진리의 수용그릇이고, 이 때문에 천사들은 성경말씀에서 "신들"(gods)이라고 가끔 불리웠다(4295·4402·7268·7873·8192·8301·9160항).

자기 자신의 진리이고, 자기 자신의 선입니다. 이해는 그의 모든 것이 진리로부터 연유되는 고로 진리에 관계되며, 의지는 그것의 모든 것들이 선에서 연유되는 까닭에 선에 관계됩니다. 왜 그런가 하면 어떤 사람이 이해하는 것은 무엇이든지 진리라고 부르고, 그가 의지하는 것은 무엇이든지 선이라고 부르기 때문입니다. 이 까닭에 천사는 자기 자신의 진리이고, 또 자기 자신의 선입니다.*1) 그런고로 천사는 그가 신령존재에게서 오는 진리며 신령존재에게서 오는 선인 정도만큼 그는 하나의 신(神·a power)입니다. 그 까닭은 그 정도만큼 주님께서 그 천사 안에 계시기 때문입니다. 그리고 어떤 천사의 선과 진리도 다른 사람의 것과 유사하거나 동일하지 않기 때문에 천계에는 이 세상에서와 같이 무한한 다양성이 존재합니다(20항 참조). 그러므로 한 천사의 힘도 다른 천사의 힘과 같을 수 없습니다. 최대인간 즉 천계에서 팔이 되어 있는 자들은 큰 힘을 가지고 있는데 그런 사람들은 다른 사람들 보다 더 진리 안에 있기 때문입니다. 그리고 선이 전체 천계로부터 그들의 진리 안으로 흘러들기 때문입니다. 더구나 전체 인간의 힘은 팔로 나와서, 그 방편에 의하여 전신이 그 힘을 구사합니다. 그러므로 성경 말씀에서는 "팔"과 "손"이 능력을 뜻합니다.*2) 천계에는 때로 벗은 팔들이 나타납니다. 그 힘은 지상의 암석이나 또 어떤 것들이라 할지라도 만일 그것들이 저항해 오면 분쇄해 버릴 수 있습니다. 한

---

*1) 사람이나 천사는 그 자신의 선이고, 그 자신의 진리이다. 따라서 그 자신의 사랑이고 믿음이다(10298·10367항).
사람은 자기 자신의 이해이고 의지이다. 왜냐하면 생명에 속한 모든 것은 그것에서 비롯되기 때문이다. 선에 속한 생명은 의지에서 비롯되고, 진리에 속한 생명은 이해에서 비롯된다(10076·10177·10264·10284항).
*2) 대인간(大人間) 또는 천계와 손·팔·어깨와의 대응(4931-4937항).
성경말씀에서 "팔"과 "손"은 능력을 뜻한다(878·3091·4932·4933·6947·10019항).

번은 팔이 내 앞으로 움직여 왔는데 그 때 나는 그 팔이 내 뼈를 원자(原子)들로 만들어 버릴 힘을 가지고 있는 것을 실감하였습니다.

232. 주님에게서 비롯된 신령진리가 모든 권능을 가지며, 천사들은 주님으로부터 오는 신령진리를 수용하는 정도에 따라서 힘을 가지게 된다는 것은 이미 설명하였습니다(137항 참조). 그러나 천사들은 신령선을 수용하는 정도에 따라서 신령진리를 수용할 수 있습니다. 왜냐하면 진리들이 선으로 말미암아 힘을 가지고, 선을 떠나서는 진리가 아니기 때문입니다. 능력은 이 둘의 결합에서 솟아오릅니다. 이것은 믿음과 사랑의 관계에서도 동일합니다. 믿음에 속한 것이 모두 진리이기 때문에 진리라고 말하든 믿음이라고 말하든 동일한 뜻이 되고, 사랑에 속한 모든 것이 선이므로 선이라고 말하든 사랑이라고 말하든 모두가 동일한 것입니다. 선에서 오는 진리에 의해서 천사들이 얼마만한 힘을 가지는가는, 천사들이 영안으로 쏘아보는 것만으로도 악령들이 졸도하는 것을 보고 알았습니다. 즉 천사들이 눈을 악령에게 돌리지 않는다면 사람의 모습으로 보이지 않습니다. 천사들의 일별(一瞥)이 그러한 힘을 가지는 까닭은 천사들의 시각(視覺)이 천계의 빛에서 오기 때문이며, 천계의 빛은 신령진리이기 때문입니다(126-133항 참조). 더구나 눈들이 선에서 연유하는 진리들에게 대응되기 때문입니다.*1)

233. 선에서 연유하는 진리들이 모든 능력들을 가지고 있는 반면에 악에서 비롯하는 거짓은 힘을 전혀 가질 수 없습니다.*2) 그리고 지옥에 있는 자들은 모두 악에서 비롯하는 거짓 안에 있기 때문에 그들은 선과 진리에 대항할 힘을 가지지 못합니다. 그러나

---

* 1) 눈은 선에서 비롯된 진리에 대응한다(4403-4421·4523-4534·6923항).
* 2) 악에서 비롯된 거짓은 아무런 힘을 가지지 못한다. 왜냐하면 선에서 비롯된 진리만이 모든 힘(能力·power)을 갖기 때문이다(6784·10481항).

그들이 지옥으로 내던져지기 전에 서로가 어떤 힘을 가지고 있는지 또는 악령들이 어떠한 힘을 가지고 있는지는 뒤에 설명하겠습니다.

제27장
천사들의 언어

234. 천사들은 이 세상에서 사람들이 서로 이야기하듯, 상호 의사를 교환합니다. 그 주제들은 다양해서 가정적인 일이나, 시정(市政)에 관한 것, 또 도덕적인 것과 영적인 삶에 속한 여러 가지 내용들이 되겠습니다. 그들이 말하는 것들은 사람들의 것보다 더 지성적이라는 것 말고는 서로 다를 바가 전혀 없습니다. 나는 그들과 사귈 수 있도록 자주 허락되었고, 또 친구와 친구가 하는 것처럼 또는 낯선 사람들과 대화하는 것처럼 대화하는 것이 자주 허락되었습니다. 그리고 그들과 유사한 상태 안에 있었기 때문에, 지상에서 사람들과 대화하는 것과 다르지 않다는 것을 알았습니다.

235. 천사의 언어(言語)는 사람들의 언어처럼 단어들로 식별됩니다. 또 사람들처럼 소리를 내서 말하고, 소리를 듣습니다. 왜냐하면 천사들도 사람들처럼 입을 가지고 있고, 혀와 귀도 가지고 있기 때문입니다. 다만 그들의 말이 가지고 있는 음절들이 똑똑하게 들리게 하는 대기(大氣·atmosphere)가 있는데, 다만 그것은 영적 존재인 천사들에게 적합한 영적인 대기일 뿐입니다. 천사들은 그들의 대기 안에서 사람들이 자기들의 대기 안에서 하듯 그들의 호흡을 방편으로 해서 호흡을 하고, 단어들을 발음합니다.*[1]

236. 모든 천계 안에서는 동일한 언어를 모두가 사용하며, 자신들이 속해 있는 사회가 가깝건 멀건 관계없이 서로 이해합니다. 거기

언어는 학습에 의하지 않고 본능적으로 각자들은 터득하고 있습니다. 왜냐하면 그들의 언어는 자기들의 정동과 사상에서 흘러나오기 때문이고, 또 그들의 정동에 대응하는 그들의 언어의 음조(音調・tone)와 사상의 관념에 대응하는 낱말들인 발음하는 자음(子音・articulation)은 정동에서부터 솟아나기 때문입니다. 그러니까 대응 때문에 언어 자체는 영적입니다. 왜냐하면 정동이 소리를 내고, 사상은 말을 하기 때문입니다.

〔2〕누구나 주의해서 생각하면 모든 사상은 사랑에 관계되는 정동에서 비롯되고, 사상에 속한 관념은 일반적 정동에 배분된 각양의 형체들이라는 것을 잘 알 수 있습니다. 왜냐하면 정동을 떠나서는 사상이나 관념이 있을 수 없기 때문입니다. 즉 사상의 혼과 생명이 정동에서 오기 때문입니다. 그렇기 때문에 천사들은 상대방의 언어만으로 그가 어떤 자인지를 알 수 있으며 억양만으로 그의 정동이 어떠함을 알고, 음성의 자음 또는 낱말들로 그의 마음이 어떠한지를 알 수 있습니다. 보다 현명한 천사들은 단순한 일련의 낱말들에서 상대방의 주도적 정동이 어떠한 것인지를 잘 압니다. 그 이유는 정동들이 바로 그들의 주된 관심사이기 때문입니다.

〔3〕각 개인이 여러 가지 정동들을 가지고 있다는 것은 우리가 잘 알고 있는 사실입니다. 즉 기쁠 때의 정동, 슬플 때의 정동, 동정과 그 열정이 있을 때의 정동, 성실함과 진지할 때의 정동, 사랑과 인애를 가질 때의 정동, 질투와 분노 때의 정동, 위장하거나 속일 때의 정동, 영예와 영광을 구할 때의 정동 등등이 있습니다. 주도적 정동

---

*1) 천계에는 호흡이 있지만, 그것은 내면적인 호흡이다(3884・3885항). 그 같은 사실은 경험에 의해서 명백하다(3884・3885・3891・3893항).
천계에는 그들의 상태에 따라 변하는 상이한 호흡이 있다(1119・3886・3887・3889・3892・3893항).
악한 존재는 천계 안에서는 전혀 호흡할 수 없으므로, 만약 그들이 천계에 간다면 그들은 질식사할 것이다(3894항).

이나 주도적 사랑이 이 모든 정동들 안에 있습니다. 이런 까닭에 현명한 천사들은, 그 사랑을 지각하기 때문에, 언어에 의해서 상대방의 상태 전부를 파악합니다.

[4] 이상의 사실들을 많은 경험에 의해서 내가 알 수 있도록 기회가 주어졌습니다. 단지 천사들은 상대방의 말만 듣고도 그의 생명의 성품(性稟)을 밝히 안다고 하는 말을 들었습니다. 또한 상대방의 생명의 성품을 그 사람의 사상의 관념으로부터 잘 알 수 있다고 하는 말도 들었습니다. 그 까닭은 이런 사상에 의해서 그들은 상대방의 주도애를 아는데 그 주도애 안에서 만사가 질서 있게 있기 때문입니다. 그들은 사람의 생명록이 이 밖의 것이 아님을 알고 있습니다.

237. 천사들이 사용하는 언어는 그들의 특수한 정동의 소리들인 어떤 단어들을 제외하고는 사람들의 언어와 공통되는 것은 아무것도 없습니다. 그럼에도 불구하고 그 단어 자체에는 공통점이 없으나 단어들이 내포하는 소리에는 공통점이 있으므로 이것에 관해서 이제 설명하고자 합니다. 천사의 언어가 인간의 언어들과 공통되는 것이 없다는 것은 천사들이 인간언어들의 단 한마디 낱말도 발음할 수 없다는 사실에서 명백합니다. 내가 그것을 시험해 보았는데, 천사들은 역시 그렇게 할 수 없었습니다. 왜냐하면 자기들의 정동과 전적으로 일치하는 것 외에는 어떤 낱말도 발음할 수 없기 때문입니다. 일치하지 않는 것은 무엇이든지 그들의 생명 자체가 받아들이지 않습니다. 왜냐하면 생명이 정동에 속하고 그들의 언어가 그들의 생명에서 비롯되기 때문입니다. 나는 지상에서 처음 사용한 언어가 천사들의 언어와 동시에 일어났다고 들었습니다. 왜냐하면 그들은 그 언어들을 천계로부터 받았기 때문입니다. 또 히브리어는 어떤 점에서 인간이 사용한 첫 언어와 그 기원을 같이 한다고 하겠습니다.

238. 천사들의 언어가 그들의 정동에 대응하고, 그들의 정동이 그들의 사랑에 속해 있기 때문에, 또 천계의 사랑이 주님사랑과 이웃사랑이기 때문에(13-19항 참조) 그들이 하는 말이 얼마나 선별된

것이고 또 기쁨을 주는 것인가는 아주 명백합니다. 또 듣는 자의 귀만이 아니라 그것을 듣는 자들의 마음의 내면적인 것들에게 얼마나 감동을 주는지도 명백합니다. 천사와 이야기를 한 어떤 완고한 자가 있었습니다. 그가 천사의 이야기를 듣고 있는 중에 감동되어서, 눈물을 흘리며 자기가 지금까지 운 적이 없었으나 그 말이 너무나도 사랑을 나타내는 말이기 때문에 저항할 수 없었다고 말하고 있었습니다.

239. 천사들의 언어가 그들의 내면적 사상에서 발출하기 때문에 실로 지혜로 충만합니다. 그리고 내면적 사상은 그들의 내면적인 정동이 사랑인 것과 같이 지혜입니다. 그들의 언어에는 사랑과 지혜가 일체가 되어 내재해 있습니다. 이런 이유 때문에 천사들의 언어는 지혜로 충만해 있기 때문에 사람들이 천 마디 말로 표현할 수 없는 것을 단 한마디 단어로 표현할 수 있습니다. 또한 그들의 사상에 속한 관념은 사람이 파악할 수 있는 것을 훨씬 초월한 것들을 내포하고 있는데 그들의 표현력은 어떠하겠습니까! 이것이 천계에서 필설로 표현할 수 없는 내가 견문(見聞)한 것들이고, 또 지금까지 귀로 듣고, 눈으로 볼 수 없는 것이라고 말한 이유입니다.

〔2〕 이것은 또한 내가 터득한 것은 나에게 허락된 경험에 의해서도 그것은 사실입니다. 때때로 나는 천사들이 들어 있는 상태에 들어가, 그 상태에서 그들과 대화를 했는데, 그 때 나는 모든 것을 이해할 수 있었습니다. 그러나 내가 이전 상태 즉 사람에게 고유한 자연적 사상에로 되돌려 왔을 때 나는 내가 들은 것을 기억해 보려고 원했으나, 할 수가 없었습니다. 왜냐하면 거기에는 자연적인 사상관념에 부적합한 수만가지 것들이 있었으므로 천계적인 빛을 변질시키지 않고서는 표현할 수 없었으며, 사람의 단어들로는 전혀 불가능하였기 때문입니다.

〔3〕 또한 천사들이 쓰고 있는 단어들이 솟아나는 그들의 사상관념들은 천계의 빛을 변형한 것이며, 낱말들의 음조(音調·tone)가 솟아

나오는 정동들은 천계의 볕이 변화한 것들입니다. 천계의 빛은 신령 진리 또는 그 지혜이고, 천계의 볕은 신령선 또는 사랑입니다(126 -140항 참조). 그리고 천사들은 신령애로부터 그들의 정동을 가지고, 또 그들의 사상은 신령지혜로부터 가집니다.*1)

240. 천사들의 언어가 그들의 직접 정동에서 발출(發出)되기 때문에 그들의 사상의 관념들은 그들의 일반 정동이 분류되어 있는 각양한 형체들입니다(236항 참조). 천사들은 사람이 한 시간 반 동안 표현할 수 없는 것을 일순간에 표현할 수 있습니다. 또한 천사들은 몇 페이지에 걸쳐서 글로 표현된 것을 몇 마디 낱말들로 표현할 수 있습니다. 이것 역시 나에게는 많은 경험으로 입증되었습니다.*2) 이같이 천사들의 사상관념들과 그들의 언어에 사용되는 낱말들은 원인(原因)과 결과(結果)와 같이 하나로 되어 있습니다. 왜냐하면 원인으로 사상의 관념 안에 있는 것은 어떤 것이든 결과로서 낱말들 안에 포함되어 있기 때문입니다. 이것이 낱말의 많은 모든 것들을 그 자체 안에서 이해하는 이유입니다. 또한 천사들의 사상의 모든 부분들과 따라서 천사적 언어의 모든 부분들은 연한 물결처럼 또는 둥근 대기처럼 볼 수 있도록 눈 앞에 나타납니다. 그 대기 안에는 천사의 지혜에서 비롯된 그들의 질서 안에는 무수한 것들이 들어 있으며, 그것들이 상대방의 사상 속에 들어가서 그를 감동시킵니다. 천사와 사람 모두의 사상의 관념들은 언제든지 주님의 뜻이 있으면 천계의 빛 안에서 눈에 보여질 수 있도록 나타나 보여집니다.*3)

---

*1) 그들이 말을 할 수 있는 천사들의 관념들은 경이로운 천계의 빛의 변화로 표현된다(1636·3343·3993항).
*2) 천사들은 사람들이 한 시간 반 이상 표현할 수 있는 내용보다 훨씬 많은 양을 일순에 그들의 언어로 표현한다. 그리고 그들은 사람의 언어로 표현할 수 없는 것들을 역시 표현할 수 있다(1641-1643·1645·4609·7089항).

241. 주님의 천적 왕국의 천사들의 언어가 그의 영적 왕국의 천사들의 언어와 비슷하지만 그것은 보다 더 내면적인 사상에서 비롯됩니다. 영적 천사들이 이웃을 향한 인애의 선 즉 본질적인 진리 안에 있는 반면에(215항 참조) 천적 왕국의 천사들은 사랑의 선 안에 있으므로 지혜에 의하여 말합니다. 왜냐하면 지혜가 선에서 비롯되고, 이지는 진리에서 비롯되기 때문입니다. 이 이유로 인하여 천적 천사의 언어는 잔잔하면서도 고요히 계속해서 흐르는 시내 같고, 영적 천사의 언어는 약간 떨리며 갈라집니다. 천적 천사들이 사용하는 언어에는 우(u)와 오(o)라는 모음이 많이 사용되고 있는 반면에 영적 천사들의 언어에는 에(e)와 이(i)[*1]라는 모음이 많이 사용됩니다. 왜냐하면 모음들은 음조를 뜻하고, 음조에는 정동이 있기 때문입니다. 천사들의 언어의 음조는, 상술한 바와 같이, 그들의 정동에 대응됩니다(236항 참조). 그러나 낱말들인 음성의 소리 변화는 정동에서 비롯되는 사상관념들에 대응됩니다. 모음들이 언어의 요소는 아니지만 그러나 모음들은 각자의 상태에 따라서 각양의 정동들에 대하여 낱말들에게 억양을 주는 수단의 역할을 합니다. 그래서 히브리어에서는 모음들이 표기되지 않으며 또한 각색으로 발음됩니다. 이 까닭에 한 사람의 정동들과 사랑의 측면에서 볼 때 그의 성질이 천

[*3] 헤아릴 수 없이 많은 것들이 사상의 한 관념 안에 내포된다(1008·1869·4946·6613-6618항).
그들의 외현(外現)에 관해서(6601·8885항).
사람의 사상의 관념은 저 세상에서는 개방되어 있고, 또 그들의 됨됨이(性稟)는 생활에 나타나 보인다(1869·3310·5510항).
삼층천 천사의 관념들은 불꽃의 빛의 외모로 나타난다(6615항).
일층천 천사의 관념들은 엷은 흰구름의 외모로 나타난다(6614항).
보여지는 천사적 관념에서 주님을 향한 발광(發光)이 비롯된다(6620항).
사상의 관념들은 주위에 있는 천사들의 사회들에까지 확장된다(6599-6613항).
[*1] 이들 모음은 유럽의 언어들에서 발음되는 것과 같다.

사들에게 알려집니다. 또한 천적 천사들의 언어에는 굳은 자음들이 없고, 모음으로 시작되는 낱말을 사이에 끼우지 않고는 한 자음에서 다른 자음으로 연결되지 않습니다. 그래서 성경말씀에는 "그리고" (and)라는 약음을 아주 자주 삽입하는데, 이것은 히브리어로 성경말씀을 읽는 사람들이 잘 알고 있는 바입니다. 히브리어에는 이 약음이 아주 부드럽고 문장의 전후에 모음의 울림을 줍니다. 다시 히브리어로 된 성경말씀에서는 그 안에 기술된 단어에 의해서 그것이 천적 왕국의 것인지, 영적 왕국의 것인지, 또는 선을 내포하는 것인지 진리를 내포하는지를 어느 정도 알 수 있습니다. 선을 내포하는 것은 대부분 "우"(u) 소리와 "오"(o) 소리를 취합니다. 또 때로는 "아"(a) 소리도 취합니다. 반면에 진리를 내포하는 것은 "에"(e) 소리와 "이"(i) 소리를 취합니다. 특히 정동들이 음조로 자신들을 나타내기 때문에 사람의 언어에서도 그렇지만 천계라든가 하나님과 같은 큰 주제들이 논의될 때에는 그 낱말들이 모음 "우" 음과 "오" 음을 선호합니다. 그리고 그러한 주제들이 표현될 때에는 언제나 음악적인 음조가 동일한 충일함으로 올려지지만 별로 중대하지 않은 주제들이 다루어질 때에는 그렇지 않습니다. 그러한 방편에 의해서 음악 예술이 여러 가지 정동을 표현할 수 있습니다.

242. 천사가 사용하는 언어에는 말로 할 수 없는 교향악(交響樂) 같은 것이 있습니다.*1) 이 교향악은 천계의 형체에 따라서 언어의 근원인 사상들과 정동들에서 쏟아져 나옵니다. 천계에서의 모든 결연(結緣)과 교류(交流)들은 그 천계의 형체와 일치합니다. 천사들이 천계의 형체를 쫓아서 연대(連帶)하고 그들의 사상과 정동은 그들의 천계 형체에 따라서 입류한다는 것은 상술한 바와 같습니다(200-

---

*1) 천사적 언어에는 조화스러운 음률인 교향악 같은 것이 있다(1648·1649·7191항).

212항 참조).

243. 영계에 사용되는 그와 유사한 언어가 모든 사람에게 생득적으로 그의 내면적인 지성적 부분에 내재해 있습니다. 그러나 사람은 이것을 알지 못합니다. 그 까닭은 그 언어가 천사들에게 있어서와 같이 정동에 유사한 낱말이 되지 않기 때문입니다. 그럼에도 불구하고 저 세상에 들어갈 때 영들과 천사들의 언어와 동일한 언어를 가지도록 현재의 언어가 원인이 되며 그래서 그 곳 사람들은 교육 없이도 말하는 법을 알게 해 줍니다.*1) 그러나 이 주제에 관해서는 추후에 더 언급하겠습니다.

244. 상술한 바와 같이 천계에서는 모두가 동일한 언어를 갖습니다. 지혜로운 자(賢者)들의 언어는 더 내면적이고, 정동들은 더 풍부한 사상의 관념으로 넘쳐 있는데, 그 보다 덜 슬기로운 자의 언어는 보다 외적이고 그런 것들이 그리 풍부하지 않습니다. 또 단순하고 소박한 자의 언어는 보다 더 외적이고, 사람들이 서로 대화할 때와 동일한 방법으로 의미가 모아지는 낱말들로 구성됩니다. 또 얼굴에 의한 언어가 있는데, 이 언어는 관념에 의하여 격조 높게 가감되는 어떤 것에서 끝납니다. 또 천계적 표징들이 사상들과 뒤섞여 있고 그 사상을 시각적으로 나타내는 언어도 있습니다. 또 정동에 대응되는 몸짓에 의한 언어도 있어서, 낱말들로 표현되는 것과 유사한 표징적인 사물들도 있습니다. 정동들과 사상들의 일반적인 것들을 방

---

*1) 거기에는 사람에게 속한 영적 또는 천적 언어가 있다. 비록 사람은 그것을 알지 못한다(4104항).
속사람의 관념은 영적이지만, 이 세상에 사는 동안 사람은 그것들을 자연적으로 지각한다. 왜냐하면 그 때 그 사람은 자연적인 것 안에 생각하기 때문이다(10236·10237·10551항).
사람은 사후 그의 내면적인 관념을 물려 받는다(3226·3342·3343·10568·10604항).
그 때 이들 관념은 그의 언어를 만든다(2470-2479항).

편으로 하는 언어도 있습니다. 또 우뢰와 같은 언어도 있고, 그 밖에 여러 가지에서 비롯된 언어가 있습니다.

245. 악령들과 지옥의 영들의 언어도 정동들에게서 비롯됨으로 예외 없이 그들에게는 자연스럽지만, 그들의 언어는 천사들이 매우 싫어하는 악한 정동과 부정(不淨)한 사상들에서 비롯됩니다. 지옥에서 말하는 방식은 천계의 그것과 반대가 되는데, 따라서 악령들은 천사의 언어를 감당할 수 없고, 또 천사들에게 있어서 지옥의 언어는 코를 찌르는 악취와 같습니다. 자신들을 빛의 천사들인 양 위장할 수 있는 위선자들의 언어는 낱말 면에서 보면 천사들의 언어와 닮았지만 정동들과 또 거기에서 비롯된 사상의 관념이라는 면에서는 정반대입니다. 그러므로 그들의 언어가 가지는 내적인 성질이 슬기로운 천사들이 지각하듯 지각될 때 마치 이를 갈며 두려움에서 발버둥치는 소리로 들립니다.

제28장
사람과 교환하는 천사들의 언어

246. 천사들이 사람과 더불어 이야기할 때는 자기들의 언어로 이야기하거나, 사람들이 알아듣지 못하는 언어를 사용하지 않고, 사람들의 언어 즉 사람들이 알아들을 수 있는 어떤 다른 언어를 사용합니다. 그 이유는 이렇습니다. 천사들이 사람과 말을 할 때 천사들은 사람을 향하여 서서 사람과 자신들을 결합시키는데, 그 결합은 사람의 사상과 그들의 사상을 서로 같게 만듭니다. 사람의 생각은 자기의 기억에 연결되어, 그 연결이 사람의 언어의 근원이 되는고로 이 둘은 동일한 언어를 가지게 됩니다. 더구나 천사나 영이 사람에게 올 때, 그 자신들이 사람을 향하도록 하는 것에 의해서 그들은 사람

과 결합합니다. 그래서 천사들은, 사람의 언어까지를 포함해서 그 사람이 알고 있는 것은 무엇이든 그 자신이 알지 못한다는 것을 거의 지각하지 못하는 사람의 전 기억에까지 들어옵니다.

〔2〕 나는 천사들과 이 사실에 관해서 이야기한 적이 있는데, 내가 그렇게 느꼈으므로, 그들이 아마도 내게 내 모국어로 말하고 있다고 여기는 것이 아닌가라고 하였습니다. 그럼에도 불구하고 이야기는 내가 하였고, 천사들이 말한 것은 아니었습니다. 이것은 천사들이 사람의 말 가운데 그 단어들 가운데 하나라도 발음할 수 없다는 사실에서 명백합니다(237항 참조). 더 나아가서 사람의 언어는 자연적이고 그들은 영적입니다. 영적 존재들은 어떤 것이든 자연적 방식으로 표현할 수는 없습니다. 이것에 대해서 그들은 자기들이 대화하고 있는 사람과의 결합이 사람의 영적인 사상과의 결합이라는 것을 잘 알고 있다고 내게 대답하였습니다. 그러나 사람의 영적 사상이 그의 자연적 사상 안으로 흘러들고, 사람의 자연적 사상이 그의 기억에 밀착되어 있기 때문에, 사람의 언어와 모든 지식은 그들에게 자기자신들의 것인 듯 나타난다고 부연하였습니다. 그런 일이 생기는 것은 주님의 뜻에 의한 것입니다. 즉 이 결합으로 사람을 천계에로 삽입(揷入)하는데, 현재 사람의 상태가 천사들과의 결합이 불가능하기 때문에 오직 천계 안에 있지 않는 영들과의 결합만이 있을 뿐입니다.

〔3〕 나는 이것에 대해서 영들과 이야기했는데 그들은 이야기하는 것이 사람이라고 믿기를 원하지 않는다고 하였는데, 주장하기를 그들은 사람 안에서 이야기했고, 또 사람의 지식은 자기들의 지식이지 사람의 지식은 아니라고 하였습니다. 결국 사람이 아는 모든 것은 그들에게서 온다고 말하였습니다. 나는 많은 증거들을 가지고 그들의 말이 사실이 아니라고 그들을 납득시키려고 했지만 그렇게 되지 않았습니다. 영들이 누구를 의미하고, 천사들이 누군가에 대해서는 〈영들의 세계〉(the world of spirits) 편에서 더 상세히 설명하겠습니

다.

247. 천사와 영이 이렇게 밀접하게 결합되어 인간의 것을 자기의 것이라고밖에 생각할 수 없게 되어 있는 이유는, 사람 안에 영계와 자연계가 하나인 듯 생각되게 묶여져 있기 때문입니다. 그러나 사람이 자신을 천계로부터 분리시켰기 때문에, 주님께서는 한 사람 안에 천사들과 영들이 있게 하셔서 이들을 통해서 사람이 주님에 의하여 통치받도록 배려하셨습니다. 이것이 이와 같은 밀접한 결합이 있어야 하는 이유입니다. 만일 사람이 자신을 천계에서 분리하지 않았다면 현재와는 달라졌을 것입니다. 그럴 경우에는 사람은 천사들과 영들에게 결합됨이 없이 천계에서 비롯되는 일반적인 입류를 통한 주님의 통치를 받았을 수 있었을 것입니다. 다만 이것에 관하여는 천계와 인간의 결합을 다루는 장에서 특별히 고찰될 것입니다.

248. 사람과 교환하는 천사나 영의 언어는 사람들끼리 사용하는 언어처럼 음성에 의해서 들려집니다. 그러나 그 음성은 그 사람에게만 들려지고, 가까이 서 있는 다른 사람들에게는 들리지 않습니다. 그 이유는 천사나 영의 언어가 맨 먼저 사람의 사상 안으로 흘러들고 그리고 내면적인 방식에 의하여 청각 안에 들어오기 때문입니다. 즉 이와 같이 내면에서 사람의 기관을 움직이기 때문입니다. 그러나 이런 것에 비하여 사람과 사람이 교환하는 언어는 먼저 공기 속에 흘러들고, 외면적인 방식에 의하여 청각 안에 들어와서 즉 밖에서부터 그 기관을 움직입니다. 여기서 명백한 것은 사람들과 천사 또는 영 사이에 사용하는 언어는 그 사람 안에서 들리게 되어 있다는 것입니다. 그러나 청각기관들은 이와 같이 꼭같이 움직여지듯이 언어도 같은 음성을 내기 때문입니다. 나는 천사나 영의 언어가 안에서부터 귀에까지 흘러온다는 것을 확실하게 알 수 있었습니다. 그것은 꼭 혀로 흘러와서 그 혀가 약간 진동되지만 사람 자신이 혀를 방편으로 해서 언어의 소리를 낱말들로 만들 때처럼 어떤 운동도 없다는 사실에서 밝히 알 수 있었습니다.

제1편 천 계

249. 그러나 오늘날에는 영들과 이야기한다는 것이 위험하기 때문에 거의 허락되지 않습니다.*[1] 만일 그것이 허락된다면 영들도 인간과 함께 있다는 것을 알게 되는데, 사람과 서로 대화하지 않았다면 아마도 영들은 모르고 지나갔을 것입니다. 그런데 사람을 죽이고 싶도록 증오를 품고 있는 악령들이라면 혼도 육체도 멸망시키고자 하는 것밖에 다른 소원이 없었을 것입니다. 이런 일은 환상에 잠기는 것을 탐닉하고 동시에 자연적인 사람들에게 적합한 즐거움마저도 거절하는 사람들의 경우에 자행됩니다. 은둔의 삶을 사는 사람이 간혹 영들이 아무런 위험 없이 말을 걸어오는 것을 들을 때가 있습니다. 그러나 이런 영들은 자기들이 사람과 함께 있다는 것을 알아차리기 전에 주님께서 떼어버리십니다. 그 까닭은 태반의 영들이 자기가 있는 세계 이외에는 어떤 세계가 있다는 것을 모르며 특히 자기의 세계 이외에는 어떤 곳에도 사람이 살고 있는 것을 알아차리지 못하고 있기 때문입니다. 이것은 대신에 사람이 영들과 이야기하는 것이 허락되지 않는 이유이기도 합니다. 그렇지만 사람이 영들과 이야기를 나누게 되면 그들은 그것을 잘 알게 될 것입니다. 종교적 주제들에 관하여 많은 명상을 하고, 그것들을 마치 자기 내부에 있는 것들처럼 보려고 한다면, 그들은 영이 자기에게 이야기하는 것을 듣기 시작합니다. 왜냐하면 종교적 신념(信念・persuasion)은 그것이 어떤 것이라 할지라도 자기 자신을 그것에 머물게 하고 또 세상에서 선용에 관한 여러 가지 것들에 그것들을 적용하지 않는다면 사람 내부에 잠입하여, 거기에 주거를 정하고

---

*1) 사람은 영들이나 천사와 같이 이야기 할 수 있다. 고대 사람들은 자주 그들과 대화를 하였다(67-69·784·1634·1636·7802항).
어떤 지구들에서는 천사나 영들이 사람의 형체로 나타나서, 그곳의 주민들과 대화를 하였다(10751·10752항).
그러나 오늘날 우리의 지구에서는, 만약 사람이 참된 믿음 안에 있지 않고, 또 주님에 의하여 인도되지 않는다면 영들과 말을 한다는 것은 매우 위험하다(784·9438·10751항).

사람의 온 정신을 점거할 것입니다. 더 나아가서는 영계에까지 들어와 거기 있는 영들에게 작용하기까지도 합니다. 그러나 환상을 보는 자나 광신자가 그런 부류입니다. 그들은 어떤 영이든 그 말소리를 듣게 될 때 그것이 성령이라고 믿지만, 그것은 광신(狂信)의 영에 지나지 않습니다. 만일 사람이 그렇게 되면 거짓을 진리라고 오신(誤信)합니다. 그렇게 하는 것으로 자기 자신이 그것들을 그렇게 믿게 할 뿐만 아니라 그런 입류를 받은 사람까지도 그것들을 믿게 합니다. 이런 종류의 영들이 악을 불어넣기 시작하는 일이 있었는데, 그들이 복종을 강요하기 때문에 그들은 점차로 제거되었습니다. 광신의 영은 자기 자신을 성령이라고 믿고, 자기가 말하는 것이 신령한 것이라고 믿는 그 점에 있어서 다른 영과 다릅니다. 이 영은 사람이 그러한 영을 신령존재로 예배하고 있는 한에서는 사람을 해치는 일이 없습니다. 나도 때때로 그런 영과 이야기를 했지만 그 때 자기를 예배하는 자들에게 침투시키고 있는 사악한 생각들이 폭로되었습니다. 이런 영들은 좌측 사막에 모여서 살고 있습니다.

250. 천계의 천사와 이야기를 하는 것은 선에서 비롯된 진리 안에 있는 자에게, 특히 무엇 보다도 주님을, 그리고 당신의 신령인간을 시인하는 사람 이외에는 허락되지 않습니다. 그 까닭은 이 진리 안에 천계가 존재하기 때문입니다. 또 상술한 것과 같이 주님은 천계의 하나님이시고(2-6항 참조), 주님의 신령이 천계를 이루셨습니다(7-12항 참조). 천계의 주님의 신령존재는 주님사랑과 주님에게서 비롯되는 이웃사랑입니다(13-19항 참조). 또 천계는 전체로 보아 한 사람을 반영하고 있고, 천계의 각 사회 또한 그렇습니다(59-86항 참조). 이상 말한 것에서 알 수 있는 것은 천계의 천사들과 이야기를 하는 것은 주님의 신령진리에 의해서 그 내면적인 것들이 열려진 사람에게만 해당됩니다. 왜냐하면 주님은 천계에 입류를 주시는 동시에 사람 내면에도 입류를 주시기 때문입니다. 신령진리가 사람의 내면을 연다는 것은 사람은 그 내면에 있어서는 천계의 형상으로, 외면에 있어서는 이

세상의 형상으로 지어졌기 때문입니다(57항 참조). 그리고 속사람은 주님에게서 비롯되는 신령진리에 의하지 않고는 내면이 열리지 않습니다. 왜 그런고 하면 신령진리야말로 천계의 빛이고 천계의 생명이기 때문입니다(126-140항 참조).

251. 주님께서 친히 사람 안에 입류하실 때에는 먼저 이마 안에 들어오시고, 그 다음에는 얼굴 전체로 입류하십니다. 그 이유는 이마가 사랑에 대응되고, 얼굴은 그 사람의 모든 내면들의 모든 것에 대응하기 때문입니다. 사람에게 흘러드는 영적 천사들의 입류는 그 사람의 머리 전반에 행해지는데, 이마에서부터 관자놀이를 거쳐서 대뇌를 싸고 있는 모든 부분에 이릅니다. 그 까닭은 두뇌 영역이 이지에 대응하기 때문입니다. 그러나 천적 천사들의 입류는 소뇌를 싸고 있는 머리 부분에 입류됩니다. 바로 이 부분을 뒷머리라고 합니다. 즉 그 부분들이 지혜에 대응되기 때문입니다. 사람과 나누는 천사들의 모든 언어는 이런 식으로 사람의 사상 속에 들어옵니다. 이런 까닭에 나도 나와 이야기한 영들이 어떤 영들인지를 지각할 수 있었습니다.

252. 천계의 천사들과 이야기하는 사람들은 천계 안에 있는 것들을 봅니다. 그 까닭은 그 때에는 사람들의 내면들이 천계의 빛 안에까지 열려 천계의 빛으로 볼 수 있기 때문입니다. 왜냐하면 그들의 내면적인 것들은 그 천계적 빛 안에 있기 때문입니다. 물론 천사들은 사람들을 통해서 지상에 있는 것들을 봅니다.*¹⁾ 그 까닭은 그 사람들 안에서 천계가 세상과 연결되어 있고, 세상은 천계와 연결되어 있기 때문입니다(246항 참조). 왜냐하면 천사들이 사람을 향할 때 그 사람과 자신들을 결합해서 그 사람에게 속한 것 즉 언어만이 아니라 그의 시각과 청각에 속한 것들까지 자기들의 것이 아닌 것을 알지 못하기 때

＊1) 영들은 사람들을 통해서 이 태양계 안에 있는 어떤 것들도 볼 수 없지만 그러나 그들은 내 눈을 통해서 보았는데, 그 이유는(1880항).

문입니다. 그러나 반면에 사람은 천사들을 통해서 흘러드는 것들이 자기 것이 아니라는 것을 알지 못합니다. 즉 천계의 천사들과 이 땅의 태고인(太古人·the most ancient)들 사이의 결합이 그런 것입니다. 이런 이유 때문에 그들의 시대를 황금시대(黃金時代·the golden age)라고 합니다. 이 사람들이 신령존재를 인간의 형체로 시인했기 때문에 그들은 천사들과 마치 친구지간처럼 서로 이야기를 하였습니다. 그들 안에서 천계와 세상이 하나가 되어 있었습니다. 그러나 그 시대 뒤에 사람이 점점 주님 보다 자신을 더 사랑하고, 천계보다 세상을 더 사랑하는 것에 의해서 천계와 인연을 끊었기 때문에, 천계의 기쁨에서 떨어져 나간 것 만큼 자아와 세상을 사랑하는 것에서 기쁨을 느끼기 시작하였습니다. 마침내 그들은 어떤 다른 기쁨이 있다는 것에 무지할 정도까지 이르게 되었습니다. 그 때에 천계를 향해 열려 있던 그의 내면적인 것들이 닫혀지고 그의 외면들이 세상을 향해서 열려졌습니다. 이런 일이 일어날 때 사람은 세상의 만사에 관계되는 빛 안에 있으나 천계의 만사에 대하여는 짙은 암흑 안에 있습니다.

253. 그 시대 이후에는 누구도 천계의 천사들과 이야기했다는 것이 희귀하게 되었고, 오히려 천계 안에 있지 않는 영들과 이야기하기에 이르렀습니다. 그것은 사람의 내면적인 기능과 외면적인 기능들이 주님을 자기들의 공통되는 중심으로 알고 그를 향하여 돌아서든가(124항 참조), 자기 자신을 향하여 즉 주님께 등을 돌려대도록 되어 있기 때문입니다. 주님을 향하는 사람들은 또한 천계를 향하지만 자아를 향하는 사람들은 세상을 향합니다. 이것들을 제고(提高)한다는 것은 매우 힘든 일입니다. 그럼에도 불구하고 주님은 사랑으로 선회하는 것에 의해서 그들을 가능한 한 고양(高揚)하십니다. 이것을 주님은 성경말씀에서 얻게 되는 진리들을 방편으로 해서 행하십니다.

254. 나는 주님께서 성언을 맡긴 예언자들과 어떻게 이야기하셨는지를 들었습니다. 주님께서는 고대인들에게 내면 안으로 입류하시는 것처럼 예언자들과 이야기하시지 않으셨습니다. 그러나 주님은 당신

의 모습으로 채우신 영들을 보내서서 그 영들을 통해서 말씀하셨습니다. 따라서 그들이 예언자에게 구술(口述)한 분부로 그들에게 감동을 주었습니다. 그러므로 이것은 입류가 아니라 구술(口述·dictation)입니다. 그 분부(分付·words)들이 직접 주님에게서 왔으므로 그 말씀들은 신령으로 충만하였고, 그 안에 속뜻이 내포되어 있는데, 천계의 천사들은 그 말씀들을 천계적 의미와 영적 의미로 그 속뜻을 이해하고, 사람들은 그 말씀들을 자연적 의미로 이해하게 됩니다. 이와 같이 주님은 성경말씀의 방편에 의해서 천계와 세상을 결합시키십니다. 어떻게 영이 주님의 모습을 보고, 신령으로 충만하게 되는가도 내게 밝히 보여 주셨습니다. 영이 주님에 의해서 신령존재로 충만케 되면 말씀하시는 분이 신령존재인 주님이라고밖에 알 수 없고, 이 상태는 말씀이 끝날 때까지 계속됩니다. 그래서 자기가 영이라고 지각하고 시인한 후에는 자기가 주님에 의해서 말하고 있고 자기 스스로가 말하고 있지 않음을 인지합니다. 이것이 예언자들과 말을 한 영들의 상태이므로 그들은 말씀하신 분이 여호와라고 말했고, 또 영도 자기를 여호와라고 하였습니다. 이 두 가지 사실들은 성경말씀의 예언서 부분들이나 역사적 부분들에서 알게 됩니다.

255. 천사와 영이 어떻게 사람과 결합되는지를 이해하기 위해서 그것들을 밝히고 확인할 수 있는 정말 기억해 두어야 할 것들을 설명할 것이 허락되었습니다. 천사들과 영들이 사람에게 몸을 돌릴 때에는 사람의 말들이 곧 자기들의 것이며 따로 어떤 말도 가지고 있지 않다는 것 이외에는 아무 것도 모릅니다. 그래서 그들은 사람의 말 안에 거하고 자신들의 말 안에 있지 않았습니다. 그 때는 그들이 자기들의 말을 잊고 있습니다. 그러나 그들이 사람에게서 돌아서 버리면 즉시로 그들이 자기 자신들의 천사적이고 영적인 말로 돌아와 있어서 사람의 말에 대한 것은 아무 것도 모르게 됩니다. 나도 이런 유사한 경험이 있습니다. 내가 천사들과 동석해서 그들과 유사한 상태로 있었을 때 나는 그들과 그들의 말로 이야기했고 내 자신의 말은 잊어 버려서 내 자

신의 말을 전혀 알지 못하였습니다. 그런데 내가 그들과 함께 있지 않게 되자 곧 내 말(言語)로 돌아왔습니다.

〔2〕 또다른 기억할 만한 것은 천사들과 영들이 사람을 향해서 돌아설 때는 거리가 멀리 떨어져 있어도 사람과 이야기할 수 있다는 것입니다. 그렇습니다. 그들이 나와 이야기했을 때 내게는 아주 근접해 있는 자들이 이야기하는 것처럼 음성을 들으면서 나와 대화를 했습니다. 그러나 그들이 사람에게서 돌아섰을 때는 그들이 각각 서로 이야기하는 것을 전혀 들을 수 없어서, 귀에 바싹 대고 말하는 것까지도 듣지 못하였습니다. 그 때 안 것이지만 영의 세계에서 맺는 결합이 모두 몸의 향방에 의해 이루어진다는 것입니다.

〔3〕 또다른 기억해야 할 사실은 많은 영들이 동시에 사람과 이야기할 수 있고, 또 사람도 그들과 이야기할 수 있다는 것입니다. 왜냐하면 그들이 대화하고자 하는 사람에게 한 영을 보내고, 그리고 그 영이 사람을 향하고, 그 영들 중 어떤 자들은 자기들이 보낸 영에게 몸을 돌리고, 그들은 자기들의 생각을 집중시켜서 파견된 영이 그 생각을 표현하려고 하기 때문입니다. 그 때 파견된 영은 자기 자신이 말하고 있다는 것밖에 생각하지 않고 또다른 영들도 자기들이 이야기하고 있다고밖에 생각하지 않습니다. 이와 같이 몸의 향방에 의해서 한 영과 다수의 영들이 연결됩니다.*1) 다만 이렇게 부하들이라고 불리는 파견된 영들과 그들을 방편으로 해서 교류하는 것에 대해서는 뒤에 가서 부연 설명하겠습니다.

256. 천사나 영은 자기 자신의 기억에 의해서 사람과 이야기하는 것이 용납되지 않고, 오로지 사람의 기억에 의해서 말하는 것만 허용

---

*1) 영들이 한 사회에서 종속사회라 부르는 다른 사회로 보내진다(4403·5856항).
영들의 세계에서의 교류는 파견된 영들에 의하여 이루어진다(4403·5856·5983항).

됩니다. 왜냐하면 천사들이나 영들은 사람과 같이 기억을 가지고 있기 때문입니다. 만일 영이 자기 자신의 기억에 의해서 사람과 말하고자 한다면 사람은 영의 생각을 자기의 것이라고 생각할 것입니다. 그러나 그것은 영에게서 나온 것이고 사람이 견문(見聞)한 적이 없는 것을 자기의 기억이라고 하는 것과 같습니다. 이러한 사실을 알게 하기 위하여 그렇게도 많은 경험을 나에게 주었습니다. 이것이 바로 고대인들 중 어떤 사람들이 몇 천년이 지난 후에 자기의 이전 생명이나, 이전에 행한 모든 일들로 되돌아 올 것이고, 또 그들이 이미 되돌아 왔다는 신념을 가지게 되는 근원입니다. 때때로 그들이 견문한 바가 없는 기억 같은 것이 찾아오기 때문에 그들은 이와 같은 결론을 짓습니다. 이것은 영들의 기억에서 오는 입류가 그들의 사상관념 안으로 흘러드는 것으로 일어납니다.

257. 자연적이고 육체적인 영들이라고 부르는 영들도 역시 있습니다. 이 영들이 사람에게 오면 결코 다른 영들처럼 사람의 사상과 자기 자신을 결합하지 않고, 사람의 몸 안으로 들어와서 그의 모든 감관을 점거합니다. 그리고 그 사람의 입을 통해서 말하고, 그의 사지를 사용해서 행동하며 그 때마다 사람에게 속한 것들은 모두 자기들의 것이라고 믿습니다. 이것들이 사람을 괴롭히는 영들입니다. 그러나 그러한 영들은 주님에 의해서 지옥으로 던져졌고, 아예 전적으로 멀리 옮겨졌기 때문에 그 같은 괴롭힘은 오늘날에는 일어나지 않습니다.*[1]

---

*1) 오늘날에는 옛날에 있었던 것과 같은 외적인 또는 육체적인 접신(接神·obsession)은 허용되지 않는다(1983항). 그러나 오늘날에는 마음에 관계되는 내적인 접신(內的 接神·internal obsession)은 옛날보다 더 많이 일어난다(1983·4793항).
사람이 하나님과 사람에 대해서 부정(不淨)하고 언어 도단의 악평을 가지고 있을 때 그 사람은 내적으로 귀신에 사로잡히게(接神) 되고, 또 그 같은 것은 덕망·영예·이득의 손실에 대한 두려움이나, 법률에 대한 공포, 또는 생명의 손실에 대한 공포 따위인 외적인 문제들에 의하여 그들과의 친숙에서 물러선다(5990항).

제29장
천계의 저작물(著作物)

258. 천사들은 언어를 가지고 있고, 또 그들의 언어는 낱말들로 구성되어 있기 때문에 언어에 의한 것과 마찬가지로 글에 의해서도 그들의 마음 안에 있는 바를 표현합니다. 나는 여러 번 낱말들이 쓰여진 문서를 받은 적이 있는데 그 종이들은 세상에서 보는 원고들과 꼭같았고, 어떤 것은 인쇄된 책장과도 같았습니다. 나는 그것들을 같은 방식으로 읽을 수는 있었으나, 여기서나 거기서 한 관념만을 그 문서에서 얻을 수 있는 것이 허락되었습니다. 그 까닭은 천계로부터 저작물에 의하여 사람이 가르침을 받는 것이 신령질서에 위배되는 것이기 때문입니다. 그러므로 사람은 성경말씀(聖言·the Word)에 의해서만 가르침을 받아야 합니다. 왜냐하면 천계와 세상의 교류와 결합이나, 주님과 사람의 교류와 결합은 오로지 성경말씀에 의해서만 있어야 하기 때문입니다. 천계에서 기록된 문서들이 예언자들에 의해서 보여졌다는 것은 에스겔서에서 볼 수 있습니다.

> 내가 바라보니, 손 하나가 내 앞으로 뻗쳐 있었고, 그 손에는 두루마리 책이 있었다. 그가 그 두루말이 책을 내 앞에 펴서 보여 주셨는데, 앞뒤로 글이 적혀 있고, 거기에는 온갖 조가와 탄식과 재앙의 글이 적혀 있었다.
> (에스겔 2:9, 10)

사람의 내면적인 것을 전적으로 사로잡는 극악한 악령에 관해서(4793항).
사람의 외적인 것을 사로잡으려는 극악한 악령에 관해서, 그러나 이들은 지옥에 갇혀 있다(2753·5990항).

또 요한 묵시록에는 이렇게 표현되어 있습니다.

> 나는 또, 그 보좌에 앉아 계신 분이 오른손에 두루마리 하나를 들고 계신 것을 보았습니다. 안팎에 글이 적혀 있는 그 두루마리는 일곱 인을 찍어 봉하여 놓은 것이었습니다.
> (묵시록 5:1)

259. 천계에 저작물이 있다는 것은 성경말씀을 위해서 행하신 주님의 배려입니다. 왜냐하면 성경말씀은 그 본질이 신령진리입니다. 그로부터 모든 천계적 지혜가 사람들에게와 천사에게 있습니다. 성경말씀은 주님에 의해서 구술되었고, 그 구술된 바가 모든 천계를 질서 있게 통과해 지나가고 사람에게서 끝이 났습니다. 성경말씀은 천사들의 지혜와 사람들의 이지에도 공히 안배되었습니다. 또 천사들은 성경말씀을 가지고 있으며, 그것을 지상의 사람들이 읽듯 읽습니다. 그리고 성경말씀에서 그들의 교리를 정립하였고, 성경말씀에 의해서 설교합니다(221항 참조). 성경말씀은 동일하지만 우리에게 있는 문자의(文字意·the sense of the letter)인 자연적 의미는 천계에는 없고, 영의(靈意·the spiritual sense)만 있습니다. 그것을 속뜻이라고 합니다. 이 속뜻이 무엇인가는 《백마론》(白馬論·the white Horse)이라고 하는 작은 논문(묵시록에서 언급한 것)에서 잘 이해할 수 있습니다.

260. 한 번은 히브리어 문자들로만 기록된 몇 개의 단어들이 있는 작은 종이 한 장이 천계로부터 내게 보내졌습니다. 그리고 그 글자들이 지혜의 비의(秘義·arcana)들을 포함하고 있다는 것을 일러주었습니다. 이 비의들은 그 히브리 문자들의 굽어진 부분들과 휘어진 부분들 안에 포함되었다고 하였습니다. 물론 그것들이 내는 소리에도 같은 뜻이 있다는 것입니다. 이 사실은 주님께서 하신 말씀에서 깨달을 수 있었습니다.

> 내가 진정으로 너희에게 말한다. 천지가 없어지기 전에는 율법은 일점 일획도 없어지지 않고 다 이루어질 것이다.
> (마태 5:18)

그 작은 일 점으로 쓰여진 성경말씀은 교회 안에 잘 알려져 있습니다. 그러나 다만 매 점들 어디에 신령존재가 숨겨져 있는가는 아직까지 알려지지 않았습니다. 그래서 그 사실들에 관해서 언급하고자 합니다. 지심한 천계에서는 문서가 다종 다양한 굴절들과 휘어진 모형들로 구성되어 있으며, 그 굴곡과 휘어짐은 천계의 형체에 일치하여 이루어집니다. 이 방편들에 의해서 천사들은 그들의 지혜의 비의(秘義)들과 또 말로 하는 낱말들로는 표현할 수 없는 많은 것들을 이 기호들로써 표현합니다. 그런데 놀라운 것은 천사들의 언어 안에 심어져 있는 까닭에 특별한 훈련이나 교사 없이도 이 글을 알고 있다는 것입니다(236항 참조). 그러므로 이 글이 천계의 글입니다. 천사들의 모든 사상과 정동의 모든 확장과, 또 그 결과로 오는 이지와 지혜의 교류가 천계의 형체에 일치하여 계속해서 일어나기 때문에 글쓰기(著作)가 생득적으로 활착되어 있습니다. 또 동일한 이유로 그 천계적인 형체에 따라서 그 형체에 그들의 저술이 입류합니다. 글자들이 발명되기 이전의 지상에 있었던 태고인들은 그러한 저작품을 가지고 있었다고 들었으며, 또 그것이 히브리어의 글자들 안으로 이식되었다고 들었습니다. 그리고 고대에 있던 글자들은 구불구불하게 되어 있고, 오늘날처럼 곧은 선으로 되어 있지 않습니다. 이와 같이 성경말씀 안에는 신령한 것들과 천계의 비의(天界秘義)가 그 일점 일획 안에 포함되어 있습니다.

261. 천계적 형상의 성격을 띠고 쓰여진 이 글은 지고한 천계에서 사용되고 있으며, 그 천계의 천사들은 그 때문에 다른 천사들 보다 지혜에 있어서 뛰어납니다. 이러한 글쓰기를 방편으로 해서 지고한 천계의 천사들은 그들의 정동들을 표현합니다. 그리고 그 정동에서

제1편 천　계

부터 사상들이 다루어지는 주제에 따라서 질서정연하게 입류되고 뒤이어졌습니다. 그러므로 나에게 보여 주신 이 문서도 조금 생각해 가지고는 그 비의를 다 알 수 없을 정도로 심오하였습니다. 그러나 이런 부류의 저작품은 낮은 천계에는 존재하지 않습니다. 이들의 저작품은 우리 인간의 저작품과 비슷하여 그 글자까지도 닮아 있지만 그래도 인간은 그것을 해독할 수는 없습니다. 까닭은 그 저작품이 천사의 언어로 기록되어 있고, 천사들의 언어는 사람들의 언어와 공통점이 없기 때문입니다(237항 참조). 그들의 언어는 모음으로는 정동을 나타내며, 자음으로는 그 정동에서 나오는 사상관념을 나타내며, 또 그 관념들에서부터 단어들이 구성됩니다(236·241항 참조). 더욱이 그 글쓰기 양식은 사람이 몇 페이지나 써서 기술할 수 있는 많은 내용들을 몇 마디 말로 표현할 수 있는 그런 것입니다. 이와 같이 낮은 천계에서는 기록된 성언을 가지고 있지만 지고한 천계에서는 천계적 성격으로 기술된 성언을 가지고 있습니다.

262. 주지할 사실은 천계에 있는 저작품은 그들의 사상 바로 그것에서 자연히 입류된 것이므로 그들의 사상 자체가 표현된다는 것은 지극히 용이하다는 것입니다. 그들이 한 말의 단어들이나, 그들이 쓴 낱말들은 모두가 그들의 사상에 속한 관념에 대응하기 때문에, 글을 쓰는 손은 낱말의 선택에 있어서 결코 망설이거나 주저할 수 없습니다. 말하자면 모든 대응은 자연스럽고 무의식적입니다. 천계에는 손으로 쓰시 않은 저작품이 있는데, 그것은 오로지 사상의 대응에서 비롯된 것으로 이러한 것들은 연속적으로 남아 있지는 않습니다.

263. 나는 천계에서 비롯된 저작품을 본 일이 있습니다. 그 저작품에는 숫자만이 순서 있게 나란히 쓰여 있었으나, 그것들이 내게는 글자와 낱말들에게 연결된다는 느낌이 있었습니다. 내가 그 때 배운 것은 그 저작품이 지고한 천계의 것이고, 그 천계의 저작품은(260·261항 참조) 사상이 그 저작품에서 흘러나올 때 하위 천계에서는 숫자(數字)가 되어 나타난다는 것입니다. 또 그러한 숫자 저작품도

비의를 품고 있으며, 그 비의 안에 있는 내용은 지고한 천계로부터 온 것이므로 생각해 본다고 해도 이해가 되지 않고 또 낱말들로도 표현할 수 없는 것이었습니다. 모든 수에는 대응이 있고, 그 대응은 낱말들과 같은 의미를 갖습니다.*[1] 물론 숫자는 전반적인 의미를 내포하고 있는 반면에 낱말들은 개개의 의미를 내포한다는 차이는 있습니다. 그러므로 글자로 기술된 것 이상으로 숫자로 기술된 것 안에도 수많은 비의를 포함하고 있습니다. 그리고 전반적인 것이 무수하게 많은 개개의 의미를 내포하기 때문에 나는 다만 성경말씀에 사용되고 있는 숫자는 낱말들과 같은 의미를 가지고 있다는 것을 알게 된 것 뿐입니다. 단수인 2, 3, 4, 5, 6, 7, 8, 9, 10, 12와 복합된 수 즉 20, 30, 50, 70, 100, 144, 1,000, 10,000, 12,000 등 그리고 그 외의 많은 수들이 무엇을 의미하고 있는지에 대하여는 《천계비의》(天界秘義·Arcana Celestia) 제하의 책을 참조하시기 바랍니다. 천계에서의 저작품은 언제나 숫자가 선행되어 있지만, 그것은 제목이고 그 뒤에 시리즈로 의미가 주제의 뜻을 계속 나타내고 있습니다. 즉 그 숫자들이 마치 색인(索引)처럼 되어서, 뒤따르는 개별적인 것이 숫자들의 의미를 결정하게 됩니다.

264. 천계에 관해서 아무 것도 모르고, 또 순수한 대기 이외의 다른 개념을 가지려고 하지 않고, 또 그 곳에는 천사들이 청각도 시각도 없이 환상(幻想·intellectual mind) 속에 날아다니는 것으로 생각

---

*[1] 성경말씀의 모든 숫자는 사물(事物·things)을 뜻한다(482·487·647·648·755·813·1963·1988·2075·2252·3252·4264·6470·6175·9488·9659·10217·10253항).
천계에서 보여진 것(4495·5265항).
곱해서 얻어진 혼합된 숫자도 곱해지는 숫자가 갖는 의미와 꼭같은 의미를 갖는다(5291·5335·5708·7973항).
태고시대 사람들은 숫자로 교회 상태를 평가하는 하나의 표현방법인 천계비의를 소유하였다(575항).

하는 사람은 천사들이 언어와 글을 가지고 있다는 사실을 깨닫는다는 것은 불가능합니다. 왜냐하면 존재하는 모든 것은 오로지 물질계에 밖에는 없다고 생각하기 때문입니다. 그럼에도 불구하고 천계에는 이 세상에 있는 것과 꼭같은 것이 존재하고 있어서 거기 있는 천사들은 만유가 생명에 선용되는 것이고 지혜에 선용된다는 생각을 가지고 있습니다.

제30장
천계에 있는 천사들의 지혜

265. 천계에 있는 천사들이 가지고 있는 지혜의 성격은 그렇게 간단하게 이해할 수 없습니다. 그 까닭은 그들의 지혜가 사람의 지혜를 훨씬 초월해 있어서 비교가 되지 않기 때문이며, 또 초월한 것은 별것 아닌(anything) 양 생각하기 때문입니다. 더욱이 말하고 있는 것이 무엇을 뜻하고 있는지 알지 못하고, 그것이 알려질 때까지는 우리 마음 속에서 응달에 있는 것처럼 보입니다. 그리고 이런 일은 그 어떤 것이 그것 자체 안에 있는 것을 가리우기 때문입니다. 그럼에도 불구하고 이들 진리는 알 수 있고, 일단 알게 되어 마음이 그것들에 어떤 흥미를 가지면, 이해되고 납득이 됩니다. 왜냐하면 흥미는 빛을 가져오는데, 그 빛은 사랑에서 비롯되기 때문입니다. 그리고 신령하고 천계적인 지혜에 관계되는 것들을 사랑하는 사람에게는 천계로부터 빛이 비치고, 또 조요(照耀·enlightenment)가 주어집니다.

266. 천사의 지혜가 어떤 것인가는 그들이 천계의 빛 안에 있다는 것과 그 천계의 빛의 본질이 신령진리 즉 신령지혜라는 것을 생각하면 잘 알 수 있습니다. 이 빛은 그들의 내면적 시각 즉 마음의 시각에 비추는 것 뿐 아니라, 외면적 시각 즉 눈의 시각에 비추입니다

(천계의 빛이 신령진리, 즉 신령지혜라는 것에 대하여는 126－133항 참조). 천계의 볕 안에 있는 천사도 있습니다. 그 볕의 본질은 신령선 즉 신령애로써 그들은 그 볕에서 지혜롭게 되고자 하는 정동과 갈망을 가지고 있습니다(천계의 볕이 신령선이고 신령애라는 것은 133－140항 참조). 지혜라고 부를 만큼 지혜 안에 천사들이 있다는 것은 그들의 모든 사상과 정동들이 신령지혜의 형체인 천계적 형체에 일치하여 모두 입류한다는 사실과, 또 지혜를 수용하는 수용그릇인 내면적인 것들이 천계적 형체로 정열되어진다고 하는 사실에서 결론지을 수 있겠습니다. 천사들의 정동과 사상 즉 궁극적으론 그들의 이지와 영지(英智·智慧)는 천계의 형체를 따라 입류한다는 것은 상술한 201－212항을 참조하십시오.

〔2〕천사들에게 탁월한 지혜가 갖추어져 있다는 것은 그들이 지혜의 언어를 구사하고 있다는 사실에서 잘 알 수 있습니다. 왜냐하면 그 언어가 직접적이고 자발적으로 자기들의 사상에서 입류되고, 또 그들의 사상은 그들의 정동에서 입류되기 때문입니다. 결과적으로 그들이 사용하는 언어의 외적 형체는 정동에서 비롯된 사상입니다. 이것이 곧 천사들의 언어가 신령존재의 입류를 떠나서는 아무 것도 아니며, 사람의 언어처럼 다른 사람의 사상으로부터 입류되는 것과 같은, 즉 밖에서 입류되는 것은 아무것도 없습니다(천사들의 언어가 그들의 사상과 정동에 속한 언어다는 것은 234－245항 참조). 천사들이 이와 같은 지혜를 가지고 있다는 것은 그들이 그들의 눈으로 보고, 또 그들이 그들의 지혜에 동의하는 그들의 감관들에 의해 지각하는 모든 사실에 일치합니다. 그 까닭은 그것들이 대응들이기 때문이며, 따라서 그 같이 지각한 대상들은 그들의 지혜를 구성하는 것들의 표징적 형체이기 때문입니다(천계에서 보이는 만물은 천사들의 내면들에 대응하고 그들의 지혜의 표징들이다는 것은 170－182항 참조).

〔3〕더 나아가서 천사들의 생각은 인간들의 생각과 같이 공간과 시

간에서 오는 관념들에 의해서 제한되거나 축소되지 않습니다. 왜냐 하면 공간들과 시간들은 자연에 속해 있고, 자연에 속해 있는 것들은 영적인 사물들에게서 마음을 흩트리게 하고, 그 영적 사고의 고유한 범위에서 이지적인 시각을 빼앗기 때문입니다(천사들의 관념이 시간과 공간을 떠나 있고 사람의 관념에 의해서 제한받지 않는다는 것에 관해서는 162-169항과 191-199항 참조). 또 천사들의 사상은 지상적인 것이나 물질적인 것들에 의해 결코 끌어 내려지지 않으며, 생활상 필요한 것들에 대한 불안 때문에도 방해를 받지 않습니다. 그래서 천사들의 사상은 세상 사람들이 생각하는 그런 문제들에 의해 지혜에 속한 기쁨에서 움츠려드는 법은 없습니다. 왜냐하면 천사들에게 오는 모든 것들이 주님으로부터 선물로 주어졌으며, 그들은 거저 옷 입혀지고 있고 무상으로 먹을 것을 받고 주거도 선물로 주님에게서 얻기 때문입니다(181-190항 참조). 이 밖에도 기쁨과 즐거움을 그들이 주님으로부터 지혜를 받는 정도만큼 받습니다. 이러한 것들을 내가 장장히 말한 것은 천사들이 그렇게 큰 지혜를 가지고 있다는 것을 독자들이 확실하게 알게 하기 위해서였습니다.*[1]

267. 천사가 이렇게 지혜를 받고 있는 이유는 그들의 내면적인 것들이 열려 있기 때문입니다. 그리고 모든 다른 것들이 완전한 것처럼 지혜는 내면적인 것을 향해서, 또는 내면적인 것이 열려지는 정도만큼 크게 성장합니다.*[2] 하나 하나의 천사에게는 삼층으로 된 천

---

*1) 천사의 지혜는 이해할 수 없을 만큼 무한하고, 또 헤아릴 수 없을 정도다 (2795·2796·2802·3314·3404·3405·9094·9176항).
*2) 사람은 외적인 것에서부터 내적인 것으로 올리워지는 정도만큼 그 사람은 빛 즉 이지에로 올리워진다(6183·6313항).
실제적인 고양(高揚)이 있다(7816·10330항).
외적인 것에서 내적인 것으로의 고양은 음지에서 빛으로의 제고(提高)와 같다(4598항).
사람 안에 있는 외적인 것은 신령존재로부터 아주 멀리 떨어져 있기 때문에 그것들은 상대적으로 불영명(不英明)하다(6451항).

계에 대응하는 세 종류의 생명의 계도들이 있습니다(29－40항 참조). 첫째 계도가 열려 있는 천사는 가장 외적인 천계 즉 제 일층천에 있습니다. 둘째 계도에까지 열려 있는 천사는 중간 천계 즉 이층천에 있습니다. 셋째 계도까지 열려져 있는 천사는 지심(至深)한 천계 즉 삼층천에 있습니다. 천계 안에 있는 천사의 지혜는 이와 같은 계도에 준해 있습니다. 따라서 지심한 천계 안에 있는 천사들의 지혜는 중간 천계의 천사들의 지혜 보다 월등하게 뛰어나고, 중간 천계의 천사들의 지혜는 외적인 천계의 천사들의 것보다 월등합니다(209·210항과 38항 계도들의 성질 편을 참조). 이러한 생명이 있는 까닭은 상위 계도의 지혜가 개별적인 반면, 하위 계도의 지혜는 일반적이며, 그 일반적인 것은 개별적인 것들의 그릇이 되어 있기 때문입니다. 개별적인 것과 일반적인 것의 비율은 몇 천 몇 만 대 일이라는 큰 차이가 있으며, 이는 상위 천계와 하위 천계의 천사들의 지혜의 차이에 있어서도 같은 말을 할 수 있겠습니다. 그러나 비록 하위 천계의 천사들의 지혜라 하더라도 사람의 지혜를 능가하고 있는데 그것은 사람이 육체와 감각 안에 있으므로 사람의 육체적이고 감각적인 것은 최하위 계도에 속하기 때문입니다. 감각으로 생각하는 사람의 경우 즉 감각적인 사람이라고 불리는 사람의 경우, 그것은 지혜라고 불리는 지혜와는 다르며 단지 지식에 지나지 않습니다.*[1] 그러나 감각적인

    그것은 상대적인 혼돈과 같다(996·3855항).
    내적인 것 안에는, 하나의 조악한 것처럼 외적인 것 안에 보이는 수천 수만의 것이 들어있다(5707항).
    결과적으로 사상과 지각은 보다 내적인 것이기 때문에, 그것들은 보다 명료하다(5920항).
*1) 감관적인 것은 사람의 육체 부분 안에 있는 밀착되거나, 타고난 사람의 생명의 가장 외적인 것이다(5077·5767·9212·9216·9331·9730항).
    육체적 감관에서부터 모든 것을 판단하고, 모든 결론을 유추하고 또 눈으로 보고 손을 만진 것을 제외하면 아무것도 믿지 않는 사람을 가리켜 관능적 사람(官能的 人間)이라고 한다(5094·7693항).

것을 넘어서서 그 생각을 높이는 사람의 경우는 다릅니다. 그 사람은 내면적인 것이 훨씬 많이 열려 있고, 천계의 빛까지도 받아들일 수 있기 때문입니다.

268. 천사의 지혜가 매우 크다는 것은 천계에서는 모든 것들의 교류가 있다는 것, 그리고 한 천사의 이지와 지혜는 다른 천사의 이지와 지혜와 교류가 있다는 것, 그리고 천계는 하나의 모든 선의 공동적인 분깃이라는 사실에서 잘 알 수 있습니다. 그 까닭은 천계적 사랑은 자기의 것을 남과 나누고자 원하는 것이기 때문입니다. 그러므로 천계에서는 누구 하나 자기가 가지고 있는 선을 남에게 나누어줄 수 없는 경우, 그것을 선이라고 지각하지 않습니다. 이것이 천계의 행복의 근원입니다. 천사들은 주님에게서 이러한 생각을 얻고 있는데, 이것이 바로 주님의 신령애이기 때문입니다. 천계에 이러한 교류가 존재한다는 데 관해서는 나에게 허용된 경험을 통해서 알 수 있었습니다. 어떤 단순한 사람들이 한 때 천계로 올려져서, 천사들의 지혜 안에 들어갔을 때, 이전에는 결코 납득이 가지 않았던 것들을 이해하게 되었습니다. 또 이전 상태에서는 발음조차 할 수 없었던

이런 부류의 사람은 그 자신 안에 있는 외적인 것으로만 생각하고, 내적인 것으로는 생각하지 않는다(5089·5094·6564·6844·6845항).
한마디로 그 사람은 조악한 자연적 빛 안에 있고, 따라서 천계의 빛으로는 아무것도 지각하지 못한다(6201·6310·6564·6598·6612·6614·6622·6624·6844·6845항).
내면적으로 그 사람은 천계나 교회에 속한 것들에 대하여 상극이다(6201·6316·6844·6845·6948·6949항).
교회에 속한 진리에 반대하기를 스스로 다짐한 유식한 사람은 이런 부류의 사람이 된다(6316항).
관능적인 사람은 그 누구보다도 교활하고 심술궂은 사람이다(7693·10236항).
그들은 날카롭고 예리하게 추론하지만 그러나 모든 이지가 자리잡고 있는 육체적 기억에 의하여 행한다(195·196·5700·10236항).
그러나 그들은 감관에 속한 거짓으로 추론한다(5084·6948·6949·7693항).

것들을 말할 수 있었습니다.

269. 천사들의 지혜는 글로 서술할 수 없고, 다만 일반적인 것들에 의해서 예설할 수만 있습니다. 천사들은 사람이 천 마디 말로도 표현할 수 없는 것을 단 한 마디 말로 표현할 수 있습니다. 다시, 천사적인 단 한마디의 말에도 사람의 언어로는 표현할 수 없는 무수한 것들을 내포하고 있습니다. 왜냐하면 천사들에 의해서 발음되는 각각의 것 안에는 사람의 지식이 결코 도달할 수 없는 지혜의 연속적인 연관(聯關) 안에 지혜의 비의(秘義)들이 있기 때문입니다. 또 천사들은 자기들의 낱말들로 표현할 수 없는 것은 그 나름대로 사물을 알고자 하는 정동이 들어 있는 음조에 의해 보충합니다. 왜냐하면(상술한 바 있거니와 236·241항 참조) 정동에서 비롯된 사상관념을 낱말들로 표현하듯이 음조가 정동을 표현하기 때문입니다. 이런 까닭에 천계에서 듣게 되는 것들은 말로서는 나타낼 수 없다고 하겠습니다. 천사는 또 한 권의 책으로 기록되어 있는 것을 몇 마디 말로 상세하게 표현할 수 있고, 낱말 모두에게 마음을 지혜에로 고양(高揚)하는 뜻들을 각각의 말에 포함시킬 수 있는 능력을 가졌습니다. 왜냐하면 천사가 말하는 그 언어는 정동과 일치되며, 각 낱말은 그들의 관념과 일치하고 또 그들의 낱말들은 사상 안에서 복합적으로 있는 사물들의 시리즈를 따라 무한한 방식들로 변이하기 때문입니다.

〔2〕 더 내면적인 천사들은 음조와 그리고 몇 마디 말들로부터 말하고 있는 사람의 생명 전체를 지각합니다. 왜냐하면 그들은 낱말들 안에 있는 관념에 의해 변이하는 음조로부터 소위 한 사람의 생명의 특성이 새겨져 있는 그 사람의 주도애를 지각하기 때문입니다.*[1] 이

---

*1) 사람 안에서 보편적으로 다스리는 즉 지배적인 것은 그 사람의 생명에 속한 개별적인 것 안에 있다. 따라서 그것은 개별적으로나 전체적으로나 그의 사상과 정동 안에 있다(4459·5949·6159·6571·7648·8067·8853-8858항).

것은 모두 천사적 지혜의 성격이 어떠함을 알게 해줍니다. 인간의 지혜와 비교해서 천사의 지혜는 억만 대 일과 같고, 무수한 것들에게 활력을 주는 동력과 같으나 사람의 감각에는 한 단수의 것으로 보입니다. 또 완전한 현미경으로 보는 대상의 개별적인 것들과 맨눈에 어슴푸레 나타나 보이는 하나의 것과 비교될 수 있겠습니다.

〔3〕 예를 들어 이 주제를 예설하겠습니다. 한 천사가 자기의 지혜를 의지해서 영적 중생(重生·再生·regeneration)을 기술하였습니다. 그 천사는 그 비의를 질서 있게 수백 항목으로 정리하였는데, 그 비의(秘義) 하나 하나는 시종(始終) 내면적 비의를 품고 있는 관념으로 넘쳐 있었습니다. 그 천사는 영적인 사람(靈的 人間·the spiritual man)이 어떻게 수태(受胎)하고, 태내(胎內)에서 지탱되고, 탄생하고 성장해서 점점 완성되어 가는지를 설명하였습니다. 이 비의의 수를 몇 천의 항목으로 늘릴 수 있었지만 여기서는 겉사람의 재생에 관한 것만으로 한정하였다고 말하였습니다. 속사람의 재생에 관해서 말한다면 셀 수 없을 만큼의 여러 항목이 될 것이라고 말하였습니다. 이상의 것과 천사가 말한 비교되는 것들을 듣고, 천사의 지혜는 얼마나 크며, 또 사람의 무지 또한 얼마나 큰지를 어느 정도 알게 되었습니다. 사람은 재생이 무엇인가를 겨우 알고는 있지만 재생 과정에서 일어나는 진전과 그 계기들에 관해서는 전혀 아무것도 모릅니다.

한 사람은 바로 그의 지배애(支配愛·主導愛·the ruling love)이다(917·1040·8858항); 경험에 의한 예증(8854·8857항).
보편적으로 다스리는 것이 사람의 영적 생명을 이룬다(7648항).
사람은 사랑하는 것을 뜻하고, 목적으로 가지고 있는 것을 사랑하기 때문에, 그것이 바로 그 사람의 의지이고, 사랑이고 또 그의 생명의 목적이다(1317·1568·1571·1909·3796·5949·6936항).
그러므로 사람은 바로 그의 의지이고, 그의 지배애이고, 그 사람의 삶의 목적이다(1568·1571·3570·4054·6571·6935·6938·8856·10076·10109·10110·10284항).

270. 삼층천 즉 지고한 천계의 천사들의 지혜에 관해서 설명하겠는데 그것이 일층천 즉 극외의 천계의 천사들의 지혜를 얼마나 능가하는지도 설명하겠습니다. 왜냐하면 삼층천 즉 지고한 천계의 천사들의 지혜를 일층천 천계 안에 있는 천사들은 헤아려 알 수 없습니다. 삼층천의 천사들의 내면적인 것들이 셋째 계도에까지 열려 있는 반면에 일층천의 천사들의 내면들은 오직 제일 계도에만 열려져 있기 때문입니다. 그리고 모든 지혜는 내면을 향하여 증가하고, 그 계도들이 열려 있는 만큼만 완성되기 때문입니다(208·267항 참조).
〔2〕삼층천 즉 지고한 천계의 천사들의 내면적인 것들이 제삼 계도에까지 열려 있기 때문에 말하자면 신령진리들이 그들에게 새겨져(刻印) 있습니다. 왜냐하면 제삼 계도의 내면적인 것들은 제이 계도와 제일 계도의 내면적인 것들 보다 더 천계의 형체를 지녔고 또 그들의 천계의 형체는 신령진리에서 비롯되었고, 따라서 신령지혜와 일치하기 때문입니다. 이것이 진리가 이 천사들에게 각인(刻印)되어 있는, 말하자면 그것이 그들 안에서 본능적이고, 생득적인 이유입니다. 그러므로 그들이 신령진리를 듣게 되면, 즉시 시인하고 지각합니다. 그리고 후에 그들 자신 안에서 그것들을 봅니다. 삼층 천계의 천사들의 성격이 이러하므로, 신령진리들에 대해서 그들은 추론하지 않으며 더구나 어떤 진리들에 대해서도 그것이 그런가 아닌가 하고 논쟁을 제기하지 않습니다. 또는 믿음이 무엇이며, 믿음을 갖는다는 것이 무엇인지도 모릅니다. 그들은 "믿음이 무엇인가? 왜냐하면 나는 그 어떤 것을 그대로 지각하고 보기 때문이다"고 말합니다. 그들은 이것을 비교해서 예설하기도 합니다. 예컨대 어떤 사람이 친구와 함께 한 채의 집을 보면서 그 안에 있는 것들을 돌아보고서 그 친구에게 있는 것을 있는대로 믿지 않으면 안 되는가, 즉 보고 있는대로 그 사물들이 있다고 믿지 않으면 안 되는가라고 말하는 것과 같습니다. 또는 어떤 사람이 정원과 거기 있는 수목과 과실을 보고 친구에게 자기가 제 눈으로 확실하게 보았음에도 불구하고 정원이 있고 수

목과 과실이 있는 것을 믿지 않으면 안 된다고 말하는 것과 같습니다. 그런즉 지심(至深)한 천계의 천사에게는 믿음이라고 이름 붙일 어떤 것도 없고, 심지어 그 관념까지도 없습니다. 그러므로 신령진리에 관하여 추론하지도 않는데 하물며 과연 그것이 그런가 그렇지 않은가 하는 따위의 논쟁을 하는 일이 있겠습니까!*1)

[3] 그런데 일층천 즉 극외의 천계에 있는 천사는 그들의 내면적인 것에 각인된 신령진리를 가지고 있지 못합니다. 왜냐하면 그들에게는 생명의 제일 계도까지만 열려져 있기 때문입니다. 그러므로 그들은 진리에 관하여 추론합니다. 그러나 추론을 하는 사람들은 그 추론하는 대상을 넘어서 무엇인가를 보는 일이나, 확실한 숙고에 의하여 그것을 확인하는 것 이상으로 그 주제를 넘어서 나가는 일이 전혀 없으며, 무엇인가 다른 것에 의해서 추인(追認)하든가 추인한 후에는 그것이 믿음에 속한 것이니까 믿지 않으면 안 된다고 말합니다.

[4] 이것에 대하여 나는 천사들과 서로 이야기를 하였는데, 그들은 삼층천의 천사의 지혜와 일층천의 천사의 지혜의 차이가 마치 양지와 음지의 차이 같은 것이라고 말하였습니다. 그리고 삼층천의 천사의 지혜를 선용을 위해 모든 것을 충분히 갖춘 궁전에 비유하고 있

---

*1) 천적 천계의 천사들은 헤아릴 수 없이 수많은 것들을 알고 있고, 또 영직 천사들에 비하여 측정할 수 없을 만큼 현명하다(2718항).
천적 천사들은 영적 천사들이 하는 것 같이 믿음에 의하여 생각하고, 말하지 않는다. 왜냐하면 그들은 믿음을 이루는 모든 것들의 지각을 주님에게서 직접 받기 때문이다(202·597·607·784·1121·1384·1442·1898·1919·7680·7877·8780·9277·10336항).
믿음에 속한 진리에 대해서 그들은 오직 "예면 예, 아니면 아니오"만 말하지만, 이에 반하여 영적 천사들은 어떤 사물이 진실인지 아닌지를 추론한다(2715·3246·4448·9166·10786항. "너희는 "예" 할 때에는 "예"라는 말만 하고, "아니오" 할 때에는 "아니오"라는 말만 하여라"(마태 5:37)라는 주님의 말씀이 뜻하는 것이다).

었습니다. 거기의 주변에는 종횡(縱橫)으로 낙원이 있어서 다종다양한 호화로운 것들로 싸여 있습니다. 삼층천의 천사는 지혜로부터 나오는 진리 안에 있기 때문에 궁전 안에 들어가서 모든 것을 볼 수 있고, 여기 저기로 산책을 하며 모든 것을 보며 즐길 수 있습니다. 그러나 진리에 관해서 추론하고 생각하는 사람의 경우, 특히 진리에 관해서 논쟁하는 사람은 진리의 빛으로 진리를 보는 것이 아니라 다른 것에 의하여 진리를 받아들이기도 하고, 성경말씀을 깊이 이해하지 못한 문자적인 뜻으로 진리를 얻어내 보려고 하는가 하면, 진리는 믿어야 한다, 또는 신앙을 가져야 한다 라고 말은 하면서, 이런 것들에 들어갈 수 있는 내면적 이해(interior sight)에까지 들어가려고 하지는 않습니다. 그들은 첫발짝에서 걸려 넘어지기 때문에 지혜의 궁전 문지방을 넘어서는 것까지도 불가능할 뿐 아니라 그 내부를 본다든가 낙원을 산책하는 일 등은 더욱 할 수 없습니다. 진리 자체 안에 있는 천사는 그와 다릅니다. 그들은 거리를 느끼지 않고 걸어다닐 수 있습니다. 왜냐하면 어디를 가나 그들이 보는 진리가 그들을 인도하기 때문입니다. 그들은 넓은 초원에도 갈 수 있습니다. 왜냐하면 진리는 모두가 무한한 확장을 가지고 있고, 또 많은 다른 것들과 결합할 수 있기 때문입니다.

[5] 이 천사들은 계속해서, 지심한 천계의 천사들의 지혜는 그들이 모든 개개의 대상 안에서 보는 신령하고 천계적인 것들이나, 또 대상들의 시리즈 안에서 놀라운 것들로 주로 이루어진다고 말하였습니다. 왜냐하면 그들의 눈 앞에 나타나는 모든 것이 대응된 것이고, 그들이 궁전들과 정원들을 보았을 때 그들의 시야가 그들의 눈 앞에 있는 것들 위에 머물지 않고, 그것들이 솟아나는 즉 그것들이 대응하는 내면적인 것들을 보기 때문입니다. 그리고 이 내면적인 것들은 대상들의 국면에 따른 여러 변화가 있고, 그들의 질서와 연결에 맞추어서 무수한 것들을 동시에 보이기 때문에, 이것이 그들의 마음을 꿈속에 있는 듯 기쁨을 채운다고 말하였습니다. 천계에서 보여지는 모든 것들은 주님에게서 비롯된 천사들 안에서 신령한 것들에 대응된다는 것은 앞

에서 설명한 것에서 잘 알 수 있습니다(170-176항 참조).
  271. 삼층천에 있는 천사가 이러한 것은 그들이 주님사랑 안에 있고, 그 사랑이 마음의 내면적인 것들을 제 삼 계도까지 열고서, 지혜에 속한 모든 것을 받아들이는 수용기가 되어 있기 때문입니다. 더 알아야 할 것은 지심한 천계의 천사들은 지혜 안에서 부단히 완성을 향하고 있다는 것입니다. 이것이 극외적 천계의 천사들과의 차이점입니다. 삼층천 천사들은 신령진리를 기억에 저장하지 않고, 따라서 그것들을 지식으로 삼으려고 하지 않으며, 오히려 그들은 신령진리를 들으면 즉시 그것들을 깨닫고, 그것을 삶에 적용하려고 합니다. 이런 이유 때문에, 신령진리들은 마치 그들에게 각인된 것처럼 그들과 더불어 영구히 존속합니다. 왜냐하면 생명에 이르는 길(生活法則·a way to life)에 관련된 것이 그것 안에 포함되었기 때문입니다. 그러나 극외적 천계의 천사의 경우는 다릅니다. 그들은 신령진리를 우선 기억 속에 저장하고 그것을 지식으로 삼아 저장한 다음에, 거기에서부터 그것을 꺼내 가지고 그것을 통해서 자기 이해를 완성해 갑니다. 그것이 진리인가 어떤가는 내면적인 지각이 감지하지 못하고 있으면서 의지를 발동시켜서 삶에 적용합니다. 그러니까 진리는 그들에게 있어서는 비교적 불영명(不英明)합니다. 한편 삼층천의 천사의 경우 그 지혜가 완성되어 가는 것은 그들에게는 보는 것에 의하지 않고 듣는 것에 의합니다. 그들이 설교를 통해서 들은 것들은 그들의 기억 속에 들어가지 않고, 직접 지각과 의지 속에 들어가 생명적이 됩니다. 그러나 그들이 눈으로 본 경우는 그것이 그들의 기억 속에 들어가고 그것에 대해서 추론하고 토론합니다. 그런즉 청각이야말로 그들에게는 지혜의 길이라는 것을 알게 됩니다. 이런 일은 물론 대응에서 비롯됩니다. 왜냐하면 귀는 순종에 대응되고, 순종은 생명에 속하고 또 눈은 이지에 대응되고 이지는 교리에 속하기 때문입니다.[1] 그러한 천사의 상태에 관해서는 성경말씀 여러 곳에 기록되어 있습니다. 예레미야서에는 다음과 같이 기록되었습니다.

그 시절이 지난 뒤에, 내가 이스라엘 가문과 언약을 세울 것이니, 나는 나의 율법을 그들의 가슴 속에 넣어주며, 그들의 마음 판에 새겨 기록하여, 나는 그들의 하나님이 되고, 그들은 나의 백성이 될 것이다. 나 주의 말이다. 그 때에는 이웃이나 동포끼리 서로 "너는 주를 알아라" 하지 않을 것이니, 이것은 작은 사람으로부터 큰 사람에게 이르기까지, 그들이 모두 나를 알 것이기 때문이다.
(예레미야 31:33, 34)

또 마태복음서에는—.

너희는 "예"할 때에는 "예"라는 말만 하고, "아니오"할 때에는 "아니오"라는 말만 하여라. 이 보다 지나치는 것은 악에서 나오는 것이다.
(마태 5:37)

"이보다 지나치는 것은 악에서 나오는 것이다"는 말씀은 그것이 주님에게서 오지 않기 때문입니다. 삼층천 천사들이 주님사랑 안에 있으므로 그들 안에 있는 진리는 주님에게서 온 진리입니다. 삼층천에서의 주님사랑은 신령진리를 의도하고, 행하는 것입니다. 왜냐하면 신령진리는 곧 천계에 계시는 주님이시기 때문입니다.

272. 천사에게 이런 지혜가 주어지는데는 이상 말한 것 이외에 또 하나의 이유가 있는데, 그것은 천계에서 일차적으로 중요한 이유입니다. 즉 그들에게 자아애가 없다는 것입니다. 왜냐하면 누구나 자아

---

*1) 귀와 들음(hearing)의 대응(4652–4660항).
  귀는 그러므로 지각과 순종에 대응한다(2542·2869·4653·5017·7216·8361·9311·9397·10061항).
  귀는 진리의 수용을 뜻한다(5471·5475·9926항).
  눈과 그 시각의 대응(4403–4421·4523–4534); 거기에서 눈의 시각은 믿음에 속한 이지를 뜻하고 또한 믿음을 뜻한다(2701·4410·4526·6923·9051·10569항).

애가 없으면 신령한 것들 안에서 슬기로와 질 수 있기 때문입니다. 자아애는 주님과 천계를 향한 내면적인 것을 닫고, 외면적인 것을 열며, 그 외면적인 것이 그에게 열려지기 때문입니다. 따라서 자아애에 지배를 받고 있는 사람은 모두 천계에 속한 것에는 칠흑 같은 암흑에 있지만, 그러나 세상적인 것들에 대해서는 대낮 같은 밝음 안에 있습니다. 반면에 천사들은 자아애 안에 있지 않는 고로 지혜의 빛 안에 있습니다. 왜냐하면 그들이 내재해 있는 천계적 사랑은 주님사랑이고 이웃사랑이며, 이 사랑은 내면적인 것을 열기 때문입니다. 그 이유는 이 두 사랑은 주님에게서 비롯되고, 또 주님 자신이 이 두 사랑 안에 계시기 때문입니다. 이 사랑이 천계 전체를 이루고 있고, 각자 안에 개개의 천계를 이룹니다(13-19항 참조). 천적 사랑은 주님을 향한 내면적인 것을 여는데, 그러므로 천사들은 모두가 주님 쪽을 향하고 있습니다(142항 참조). 영계에는 각자의 내면적인 것에게 향방을 결정해 주어서 사랑 그 자체에게 향하도록 하는 사랑이 있는데, 그 사랑은 내면적인 것이 향하는 방향에로 얼굴을 돌리게 합니다. 그 까닭은 천계에서는 얼굴과 내면적인 것이 행동을 같이 하는 동시에 얼굴은 내면적인 것을 나타내는 외면적 형체이기 때문입니다. 사랑은 내면적인 것과 얼굴을 사랑 그 자체의 방향으로 돌리게 하고, 그것에 의해서 내면적인 것과 얼굴을 사랑 자체 안에서 하나로 묶습니다. 사랑은 영의 연결 줄로서 내면적인 것과 사랑의 교류를 일으킵니다. 이상과 같이 방향을 잡는 것과 결연 그리고 교류에 의해서 천사들에게 지혜가 생겨집니다(영들의 세계에서의 결연은 모두 몸의 향방에 의해서 된다는 것에 관해서는 255항 참조).

273. 비록 천사들이 지혜 안에서 계속해서 완성된다고[1] 하지만, 그들의 지혜는 그들의 지혜와 주님의 지혜 사이에 어떤 비율이 정해

---

[1] 천사들은 영원히 완전해져 간다(4803·6648항).

져 있어서 영원히 완성을 계속하는 것은 아닙니다. 그 까닭은 주님의 신령지혜는 무한이지만 천사의 지혜는 유한하기 때문입니다. 그리고 무한과 유한 사이에는 비교할 수 있는 기준 같은 것이 없습니다.

274. 천사들을 완전케 하는 것이 지혜이기 때문에, 지혜는 그들의 생명을 구성합니다. 그리고 천계는 그 선들과 함께 그의 지혜에 따라서 흘러들기 때문에 천계에서는 마치 굶주린 사람이 먹거리를 찾아 헤매는 것과 같이 모두 지혜를 갈구합니다. 먹거리가 자연적 영양을 공급하는 것처럼 지식과 이지 그리고 지혜는 영적인 양식입니다. 전자는 후자에 대응합니다.

275. 한 천계 또는 천계 안의 개개의 동일한 사회에 있는 천사가 모두 동일한 지혜를 가지고 있지 않고, 그들의 지혜는 각기 다릅니다. 중앙에 있는 천사들은 매우 밝은 지혜 안에 있고, 중심에서부터 변두리에서 걸쳐서 있는 천사들은 좀 더 덜한 지혜 안에 있습니다. 중심에서 멀어져 가는 데 따라서 지혜가 적어진다는 것은 햇빛이 기울어져서 어두운 그늘을 이루는 것과 흡사합니다(43과 128항 참조). 천사들의 빛에도 지혜와 흡사한 계도들이 있습니다. 즉 천계의 빛은 신령지혜이기 때문에 각자는 지혜를 받는 정동에 따라서 빛 안에 있습니다. 천계의 빛과 그것의 수용에 따른 다양한 변화의 내용은 앞에서 설명하였습니다(126-132항 참조).

제31장
천계의 천사들의 순진무구한 상태

276. 순진무구(純眞無垢·innocence)란 어떤 것을 뜻하는지는 이 세상에서는 극히 소수의 사람 이외에는 모르고 있습니다. 더구나 악

안에 있는 사람은 그것을 전혀 알 수 없습니다. 순진무구란 특별히 유아의 얼굴과 이야기하는 언어와 몸짓에서 보여지지만, 그럼에도 불구하고 그것이 무엇인지 알려지지 않고 있으며, 유아의 순진무구 안에 천계 자체가 그 모습을 감추고 있다는 것 등은 더더욱 알려져 있지 않습니다. 그것을 밝히 알아야 한다는 의미에서 나는 순서를 따라 설명을 드리고자 합니다. 처음에는 유아의 순진무구에 관해서, 그리고 지혜가 가지고 있는 순진무구에 관해서 설명하고, 마지막에 순진무구라는 면에서 본 천계의 상태에 관해서 설명하겠습니다.

277. 유아시기 즉 유아들이 가지고 있는 순진무구는 참된 순진무구가 아닙니다. 즉 외면적인 모양 뿐이고 내면적인 것에 이르지는 못하고 있습니다. 그러나 순진무구는 그들의 얼굴과 여러 가지 몸동작 그리고 처음 말투에서 비쳐 나오고, 또 그런 것들에 관해서 내적이든 외적이든 모든 것에 감동을 주기 때문에, 그것에서부터 순진무구가 무엇인지를 배울 수 있습니다. 단 유아에게는 내적 사고력이 없는데, 그 이유는 사상을 구성하는 선악(善惡)과 진위(眞僞)를 아직 구별하지 못하기 때문입니다.

〔2〕따라서 자기 것이라고 말할 수 있는 분별력도 없습니다. 그들에게는 목적도, 사물에 대한 숙고(熟考)도 전혀 없고 따라서 악에 의존한 결과도 전혀 없습니다. 또 자아애와 세간애로부터 오는 자아의 고유속성에 속한 것도 없습니다. 전부 부모에게서 받은 것이라고 여기고 어느 것 하나 자기 것이라고 생각하지 않습니다. 자기에게 주어지는 것이라면 극히 쓸모가 없는 것이라 하더라도 그것에 만족하며 그것들에서 기쁨을 찾고, 먹을 것이나 입을 것을 걱정하는 일도 없고, 장래를 생각해서 걱정하는 일도 없습니다. 세상사를 바라보고 부러워하는 일도 없습니다. 양친과 유모를 좋아하고, 천진스럽게 놀 수 있는 또래들을 좋아합니다. 무조건 인도되는 대로 달가워하고 잘 순종하며 따릅니다.

〔3〕이런 상태에서 그들은 만사를 생명의 문제로써 받아들입니다.

그러므로 이유를 잘 모르면서도 예절이나 말씨를 배우고 몸에 익히며, 무엇인가를 외우고 생각하기 시작합니다. 즉 순진무구함은 그러한 것을 배우고 몸에 익히는 한 매개체로 아주 유용하게 작용합니다. 그러나 상술한 바대로 이 천진무구함은 육체적인 것이고 정신적인 것이 아니므로 외면적입니다.*[1] 즉 마음은 아직 형성되어 있지 않습니다. 그 까닭은 마음이 이해와 의지를 말하는 것이므로 사상과 정동은 그 마음에서 나오는 것이기 때문입니다.

[4] 천계로부터 들은 이야기이지만, 유아에게는 주님의 특별한 배려가 있고 순진무구한 상태에 있는 지심한 천계로부터 입류를 받습니다. 그 입류는 유아의 내면적인 것에 침투하고, 그것을 통과하는 과정에서 그들의 내면적인 것들은 순진무구에 의하여 많은 영향을 받습니다. 그같은 이유는 그 결과로 얼굴이나 몸짓에 순진무구함이 비쳐나오고 행동에 배어나오기 때문입니다. 양친은 그 순진무구함에 통감되며 그 까닭에 부모와 자녀들 간의 사랑(*storge*)이라고 부르는 사랑이 생겨납니다.

278. 지혜에 속한 순진무구함은 내면적인 것이기 때문에 진정한 순진무구함입니다. 왜냐하면 순진무구는 마음 자체에 속한 것이고, 즉 의지 자체나, 그 의지에서 비롯된 이해에 속한 것이기 때문입니다. 의지와 이해 안에 순진무구가 있게 되면 거기에 또 지혜가 존

---

*1) 어린 아이에 속한 순진무구는 참된 순진무구가 아니다. 참된 순진무구는 지혜 안에 그 거주를 갖는다(1616·2305·2306·3494·4563·4797·5608·9301·10021항).
어린 시절의 선은 영적 선이 아니다. 그러나 그것은 진리의 활착(活着)에 의하여 영적 선이 된다(3504항).
그럼에도 불구하고 어린 시절의 선은 이지가 심어지는(活着) 중간매체이다(1616·3183·9301·10110항).
어린 시절 순진무구에 속한 선이 없다면 사람은 야생적인 사람(野生的 人間·a wild man)이 될 것이다(3494항).
어린 시절에 물든 마음은 모두가 자연적인 것으로 나타난다(3494항).

재합니다. 왜 그런고 하니 지혜는 의지와 이해에 속한 것이기 때문입니다. 그래서 천계에서는 순진무구는 지혜 안에 머문다고 말하고 또 천사가 지혜를 가지고 있기 때문에, 그 만큼 순진무구를 갖는다고 말합니다. 이러한 사실은 천사가 순진무구한 상태에 있으면 그것이 자기 공(功)이라고 생각하지 않고, 모두 주님의 은혜를 입은 것이라고 여긴다는 것에서, 주님에게 인도되기를 원하고 자기 힘으로 하겠다는 생각은 하지 않는다는 것에서, 또 선을 사랑하는 것 즉 선을 의도하고 그것을 행하는 것이 곧 주님을 사랑하는 것이며, 진리를 사랑하는 것은 이웃을 사랑하는 것이라고 알고 느끼고 있기 때문에 그들은 선이란 선은 모두 사랑하고, 진리인 모든 것들에서 기쁨을 찾는다는 것, 또 그들은 자기들에게 필요한 정도 만큼만 주어지는 것을 알기 때문에 적거나 많거나 관계없이 늘 만족하며 산다는 것——약간의 것이 필요한 사람에게는 약간 주어지고, 많은 것들이 필요하다고 생각하는 사람에게는 많은 것이 주어지고 있다는 것——, 또 자기에게 무엇이 필요한가는 스스로는 알지 못하지만 다만 모든 것을 영원에서 영원까지 배려하시는 주님만이 알고 계시다고 믿는다는 사실 등에서 확신할 수 있습니다.

〔2〕 따라서 장래에 대해서도 아무 걱정을 하지 않습니다. 장래 일을 걱정하는 것을 내일을 위한 염려라고 말하는데, 이것은 자기의 생활상 필요치 않는 것들까지도 잃을까 또는 얻을까 하는 이해득실에 따른 슬픔이라고 정의됩니다. 사람과 무슨 일을 도모할 경우에도 악한 목적으로 하지 않고 선량하고 정의롭고 진지한 목적으로 행동합니다. 악한 목적을 가지고 행하는 것을 교활하다고 말하지만, 이것은 순진무구함에 정반대인 고로 독사처럼 생각하여 멀리 피합니다. 그들은 주님에게 인도되는 것을 특히 사랑하기 때문에, 그들이 받는 것들은 모두 그 공을 주님에게 돌립니다. 그 이유 때문에 그들은 자기의 고유속성(固有屬性·own·*proprium*)으로부터 멀리 떨어져 있습니다. 자아의 고유속성으로부터 멀리 있으면 그럴

수록 주님께서는 그들에게 입류하십니다. 그래서 주님께서 가르치시는 것은 그것이 성경말씀이거나 설교이거나 모두 기억에 저장하지 않고 곧 삶 속에서 순종합니다. 다시 말해서 그것을 원해서 실천합니다. 의지야말로 그들에게는 기억 자체입니다. 그들은 대개가 외견상 숙맥처럼 보이나 내면적으로는 그들은 슬기롭고 영특합니다. 주님께서 말씀하신 것은 바로 그런 사람을 뜻합니다. 마태복음서에—.

> 너희는 뱀과 같이 슬기롭고, 비둘기와 같이 순진하게 되어라.
> (마태 10:16)

이상은 지혜에 속한 순진무구라고 일컬어지는 순진무구함에 관한 내용입니다.

〔3〕순진무구하다는 것은 선을 자기의 공(功)이라고 생각하지 않고, 선이 모두 주님의 것임을 시인하고 또 주님으로부터 인도하심을 받는 것을 사랑하고 있기 때문에, 그것이 모든 선과 진리를 받아들이는 것이 되어 그것에서부터 지혜가 비롯됩니다. 사람은 그 유아시절에는 외면적으로 순진무구하지만, 노년이 되면 내면적으로 순진무구하게 되도록 창조되었습니다. 그것은 외면적인 순진무구함을 통해서 내면적으로 순진무구하게 되고, 또 내면적으로 순진무구함을 통해서 외면적으로도 순진무구하게 되도록 하기 위해서입니다. 따라서 사람이 노년기에 접어들면 육체적으로 쇠약해지지만 유아처럼 새롭게 되어 그것도 지혜를 가진 유아처럼 되는데, 그것이 천사입니다. 왜냐하면 천사가 가장 높은 의미로 지혜를 가지고 있는 유아이기 때문입니다. 그래서 성경말씀에서는 "유아"가 순진무구한 사람을 뜻하고, "노인"은 순진무구함 안에 있는 슬기로운 사람을 뜻합니다.*[1]

279. 중생한 사람의 경우도 모두 꼭같습니다. 중생(重生·再生)이

란 영적 인간으로 다시 출생하는 것을 말합니다. 그래서 사람은 비로소 유아의 순진무구함을 알게 됩니다. 즉 진리에 관해서는 자기 자력으로는 아무것도 모르고 선에 관해서도 자기 자력으로는 아무것도 모르지만, 다만 주님에게서 온다는 것, 더구나 그 진리와 선을 그저 진리와 선이라는 이유로 간구해서 얻게 됩니다. 그 진리와 선은 나이를 먹어가면서 주님으로부터 받게 됩니다. 또 최초에는 그 사람은 그것들의 지식에 인도되고, 그 뒤에는 지식에서 이지로, 종국에는 지혜에 인도됩니다. 그런데 순진무구는 언제나 동반하고 있어서, 상술한 것과 같이 진리를 아는 데도, 선을 행하는 데도 자기 힘으로가 아니라 주님으로부터 오는 은혜의 덕이라고 시인합니다. 이와 같은 신앙과 지각이 없다면 어느 누구도 천계에 속한 것들을 수용할 수 없습니다. 여기야말로 지혜의 순진무구함이 존재합니다.

280. 순진무구란 자기에게 의지하지 않고 주님에 의해서 인도되는 것으로 이루어지기 때문에, 천계 안에 있는 자는 모두 순진무구함 안에 있습니다. 왜냐하면 천계에서는 천사들 모두가 주님으로 말미암아 인도되는 것을 사랑하기 때문에 그들은 자기 자신이 인도한다는 것은 자기 고유속성에 의해서 인도된다는 것으로 알며, 또 자기 고유속성은 자아애이고, 자기를 사랑하는 자는 타자에게 인도되는 것을 참을 수 없는 것이라고 알고 있기 때문입니다. 그러므로 천사는 순진무구하면 할수록 그만큼 천계 안에 있는 것이 되고, 또 그만큼 신령선과 신령진리 안에 있는 것이 됩니다. 신령선과 신령진리

＊1) 성경말씀에 "어린 아이"는 순진무구를 뜻하고(5608항), "젖먹이"도 같은 뜻이다(3183항).
"노인"은 슬기로운 사람을 뜻하고, 추상적인 뜻으로는 지혜를 뜻한다 (3183·6524항).
사람은 노년기를 지향하는 것에 비례하여 어린 아이와 같이 되도록 창조되었고, 또 그 때 순진무구는 그의 지혜 안에 있고, 그 상태에서 그 사람은 천계에 오르고, 또 천사가 된다(3183·5608항).

안에 있는 것이야말로 천계 안에 있는 것이기 때문입니다. 천계도 순진무구함의 계도에 의해서 구별됩니다. 극외부의 일충천에 있는 자는 제일 계도의 순진무구함을 가지고 있고, 중간의 이층천에 있는 자는 제이 계도의 순진무구함을 가지고 있습니다. 그리고 지심한 삼층천에 있는 자는 지심한 제삼 계도의 순진무구함을 가지고 있습니다. 그들은 부친의 손에 이끌리는 유아처럼 주님에게 인도되는 것을 무엇보다 더 사랑하기 때문에 천계의 순진무구 그 자체입니다. 그래서 주님으로부터 직접적으로든 간접적으로든 성경말씀과 설교를 통해서 신령진리를 듣게 될 때 곧 그것을 의지로 받아서 실행하고 생활에 옮깁니다. 그래서 그들은 낮은 천계의 천사 이상의 지혜를 가지고 있습니다(270항 참조). 높은 천계의 천사들은 그와 같이 주님에게서 순진무구함을 받고, 자아의 고유속성으로부터 멀리 떠나 있는 고로 말하자면, 주님 안에 살고 있는 것처럼 주님께 가까이 있습니다. 그들은 외견상으로도 단순 소박한 모양으로 나타나며 낮은 천사의 눈에는 유아처럼 즉 아주 작은 자처럼 보입니다. 천계의 천사 중에서 가장 빛나는 지혜를 가지고 있으면서도 지혜를 가지고 있지 않은 자처럼 대수롭지 않게 보입니다. 왜냐하면 자기에게서 비롯되는 지혜 따위는 어느 하나도 없음을 시인하고, 그와 동시에 이것을 시인하는 것이 지혜스럽다는 것을 알고, 또 자기가 알고 있는 것은 자기가 모르고 있는 것에 비하면 정말 비천하다는 것을 알기 때문입니다. 이상의 사실들을 알고 시인하고 지각하는 것이야말로 지혜를 향한 제일 단계입니다. 그들은 벌거벗고 있는데, 그 벌거벗음이 순진무구함에 대응되기 때문입니다.*[1]

281. 지금까지 순진무구함에 관해서 천사들과 나눈 많은 이야기를

---

*1) 삼층천 천계 안에 있는 것은 모두가 순진무구를 가리킨다(154·2736·3887항).
그러므로 그들은 다른 사람에게 어린 아이처럼 보인다(154항).

했지만 그것에서 알 수 있는 것은 순진무구함이 모든 선의 존재(存在·esse)라는 것입니다. 그러니까 선은 순진무구함을 그 자체 안에 가지면 가질수록 그 선이 선이 된다는 것입니다. 그러므로 지혜도 순진무구함에 의해서 이끌리면 이끌릴수록 깊은 지혜가 됩니다. 사랑도 인애도 신앙도 모두 다 그렇습니다.*[1] 따라서 순진무구하지 않는 한에는 누구 하나 천계에는 들어갈 수 없습니다. 그것은 다음에 인용하는 성경말씀에서도 잘 알 수 있습니다.

예수께서 말씀하셨다. "어린이들이 내게 오는 것을 허락하고, 막지 말아라. 하늘나라는 이런 사람들의 것이다."
(마태 19:14; 18:3; 마가 10:14, 15; 누가 18:16, 17)

다른 곳에도 있지만 성경말씀에서 "어린 아이"라는 것은 순진무구한 사람을 뜻합니다. 순진무구의 상태에 관해서는 주님의 말씀이 있지만(마태 6:24, 25), 이 말씀도 다만 대응에 의해서만 이해될 수 있습니다. 선이 선이 될 수 있는 것은 그 안에 순진무구함이 들어 있기 때문입니다. 그 까닭은 순진무구란 모든 선의 근원이신 주님에게 인도되기를 원하기 때문입니다. 나도 순진무구가 중간매체(中間媒體)가 되지 않는 한에는 진리가 선에, 선이 진리에 결합되는 일이

또한 그들은 벌거벗고 있다(165·8375·9960항).
벌거벗음은 순진무구에 대응된다(165·8375항).
영들은 그들의 의상과 또 자신의 벌거벗음을 보여주는 것에 의하여 순진무구를 나타내는 관습이 있다(165·8375·9960항).
*1) 사랑에 속한 모든 선이나, 믿음에 속한 모든 진리는 선이 되고 진리가 되기 위해서는 필히 그것 안에 순진무구를 가져야 한다(2526·2780·3111·3994·6013·7840·9262·10134항).
순진무구는 선과 진리의 근본이다(2780·7840항).
사람은 순진무구에 속한 어떤 것을 소유하지 못하면 누구도 천계에 용납되지 않는다(4797항).

없다는 것 등을 또한 알게 되었습니다. 따라서 천계의 천사도 순진무구함이 없다면 천계의 천사가 아닌 것입니다. 그래서 천사 안에 진리와 선이 결합될 때까지는 그 천사 안에 천계가 존재하지 않습니다. 이 선과 진리의 결합을 천계의 혼인이라고 부르며, 천계의 혼인이야말로 천계라는 가르침도 받았습니다. 참된 혼인애는 순진무구함이 있어야만 생겨나게 됩니다. 즉 참된 혼인애는 남편과 아내 두 사람의 마음 안에 가지고 있는 선과 진리의 결합에서 옵니다. 그 결합이 이루어진 혼인애의 현존을 나타냅니다. 혼인한 두 사람은 그들의 마음처럼 상호애(相互愛·mutual love) 안에, 그러니까 혼인애 안에는 유아와 같이, 순진무구와 같이 티가 없는 놀이가 있게 됩니다.*[1]

282. 천계의 천사들에게 있는 순진무구함이야말로 선의 존재 자체입니다. 그러니까 주님에게서 오는 신령선은 순진무구 그 자체라는 것을 알게 됩니다. 왜냐하면 신령선은 천사들에게 입류하고, 그들의 지심한 것을 감동시키고, 또 천계의 다양한 선을 수용하도록 배열하고, 적합하게 합니다. 이것은 어린 아이에게도 해당되는 일인데, 어린 아이의 내면적인 것은 주님에게서 흘러드는 순진무구의 입류에

---

*1) 혼인애는 순진무구를 가리킨다(2736항).
　　혼인애는 상대가 원하는 것으로 이루어진다. 따라서 혼인애는 상호적이고, 교호적이다(2731항).
　　혼인애 안에 있는 사람은 삶의 지심(至深) 안에서 생활한다(2732항).
　　거기에는 두 마음의 합일(合一·union)이 있는데, 따라서 그 사랑에 의해 그들은 하나이다(10168·10169항).
　　혼인애는 선과 진리의 혼인에서 그것의 근원과 본질이 비롯된다(2728·2729항).
　　혼인애에 속한 것이 존재하든 안 하든 천사적 영들은 선과 진리의 결합의 개념에서부터 지각을 갖는다(10756항).
　　혼인애는 전적으로 선과 진리의 결합이다(1904·2173·2508·2729·3103·3132·3155·3179·3180·4358·5807·5835·9206·9207·9495·9637항).
　　그러므로 성경말씀에서 "혼인"은 선과 진리의 혼인을 뜻한다. 이런 것은 천계에 존재하고 또 교회 안에 존재할 것이다(3132·4434·4835항).

의해서 형성되지만 그것만이 아니라 사랑의 선이 수용되도록 부단히 대비하고 배려합니다. 순진무구함의 선은 지고한 곳에서 얻게 되어 있어서 상술한 바와 같이 모든 선의 존재 자체입니다. 그러므로 순진무구함은 주님에게서 오는 것을 알게 됩니다. 그래서 주님의 말씀에서는 주님이 "어린 양"이라고 불려지고, 그 어린 양은 순진무구를 뜻합니다.*1) 순진무구함이 천계의 모든 선의 중심이 되고 마음을 감동시키기 때문에 지고한 천계의 천사가 옆에 있는 것처럼 느낍니다. 그리고 그 때에야 비로소 자기가 쓸모 없다는 것을 깨닫고, 이 세상의 어떤 기쁨에도 비할 수 없는 기쁨을 느끼며, 너무 기뻐서 자기를 잊게 될 정도입니다. 그것을 나는 경험을 통하여 말하고 있습니다.

283. 순진무구에 속한 선 안에 있는 사람은 누구나 순진무구함에 의하여 어떤 감동을 경험하며, 그 선 안에 있으면 있을수록 그 감동은 더 큽니다. 그러나 순진무구에 속한 선 안에 있지 않는 경우에는 순진무구에 의한 감동은 없습니다. 그러므로 지옥에 있는 사람은 누구나 모두 순진무구함에 대해서 매사에 전적으로 상극(相剋)입니다. 또 그들은 순진무구함이 무엇인지 모릅니다. 오히려 어떤 자가 순진무구하다면 왈칵 화가 나서 위해(危害)를 가하고 싶은 충동에 사로잡히게 됩니다. 그러니까 그들에게는 순진무구한 자를 눈으로 볼 수 없을 것이고, 또 그들은 자기의 눈에 들어오자마자 위해를 가하려고 하는 잔혹한 마음으로 불타오릅니다. 이상에서 볼 때 사람의 고유속성, 즉 자아애가 순진무구와는 전적으로 반대가 된다는 것을 명확히 알 수 있습니다. 왜냐하면 지옥에 있는 모든 자들은 그들의 고유속성 곧 자아애 안에 있기 때문입니다.

---

*1) 성경말씀에서 "어린 양"은 순진무구와 그것의 선을 뜻한다(3994·10132항).

제32장
천계 안에 있는 평화의 상태

284. 천계의 평화를 경험한 일이 없는 사람은 천사들이 있는 평화를 지각할 수 없습니다. 사람이 육체 안에 있는 동안에는 천계의 평화를 지각한다는 것은 불가능하기 때문에, 따라서 그것에 관한 개념도 전혀 가질 수 없습니다. 왜냐하면 그 사람의 지각은 자연적인 것에 한정되었기 때문입니다. 그것을 깨닫기 위해서는 사상 측면에서 육체로부터 물러나서, 영적 상태 안으로 제고(提高)되어 영으로 있으면서, 동시에 천사들과 함께 있지 않으면 안 됩니다. 나는 이 방식으로 나 자신이 천계의 평화를 느꼈기 때문입니다. 그래서 이 평화에 관해서 나는 충분하지는 않지만 조금은 기록할 수 있습니다. 왜냐하면 사람의 말에는 그 평화가 어떤 것이라고 기술하기에는 적합한 낱말이 없기 때문에, 다만 그것은 하나님 안에서 만족하고 있는 마음의 평온과 비교할 수 있겠습니다.

285. 천계에 심오한 것(the inmost thing)이 둘 있는데, 다름 아닌 순진무구와 평화입니다. 심오한 것이라고 한 까닭은 이 두 가지가 다 주님에게서 직접 나오는 것이기 때문입니다. 순진무구함은 천계의 온갖 선의 근원이고, 평화는 선에 속한 온갖 기쁨의 근원입니다. 모든 선은 그 자체의 기쁨이 있고, 그 선도 기쁨도 모두 사랑에서 비롯됩니다. 그 까닭은 선이란 사랑의 대상을 의미하고, 지각하는 것은 기쁨이 되기 때문입니다. 그리고 순진무구와 평화 즉 심오한 천계에 있는 두 가지는 주님 자신의 신령애로부터 오는 것으로써, 천사들의 마음을 심오함에서부터 움직이게 합니다. 순진무구가 선의 내적 본질이라는 것은 천계의 천사가 가지는 순진무구함의 상태를 다룬 전 장에서 설명하였습니다. 그 평화야말로 순진무구에 속한 선에서 생기는 기쁨의 결과라는 것을 지금 설명하고자

합니다.

286. 먼저 평화의 근원에 관해서 설명하겠습니다. 신령 평화는 주님 안에 있습니다. 그 까닭은 그 평화가 주님 당신 안에 있는 신령존재 자체와 신령인간의 합일(合一·union)에서 생겨지는 것이기 때문입니다. 천계의 평화의 신령존재는 주님에게서 비롯됩니다. 그리고 그것은 주님 당신과 천계의 천사들의 결합에서 생겨지는데, 개개의 경우로는 각 천사가 가지고 있는 선과 진리의 결합에서 생겨집니다. 이것이 바로 평화의 기원입니다. 천계의 평화는 신령존재이며, 그로부터 생기는 모든 선을 심오하게 축복하고, 그 축복에서 천계의 모든 기쁨이 비롯된다는 것을 지금까지의 설명에서 잘 알 수 있습니다. 또한 그 평화는 본질적으로 주님의 신령애에 속한 신령기쁨이며, 주님 당신과 천계의 결합에서 생기고 또 천계에 있는 모두와 주님과의 결합에서 비롯됩니다. 천사 안에 계신 주님에 의하여, 그리고 주님에게서 비롯된 천사에 의하여 기쁨이 느껴질 때, 이 기쁨은 곧 평화입니다. 거기에서 비롯된 근원에 의하여 천사들은 복되고, 기쁘고, 축복된 모든 것을 소유하는데, 그것을 천계적 기쁨이라고 합니다.*[1]

287. 이것들이 평화의 근원이기 때문에 주님을 "평화의 왕"이라고 부르고, 더구나 이 평화는 주님 당신 안에 있고 또 주님 당신으로 말미암아 오는 것이라고 주님은 선언하셨습니다. 동시에 천사는

---

*1) 가장 높은 뜻으로 평화가 주님을 뜻한다. 왜냐하면 평화가 주님에게서 비롯되기 때문이다. 속뜻으로는 평화가 천계를 뜻한다. 왜냐하면 천계가 평화의 상태에 존재하기 때문이다(3780·4681항).
천계 안에 존재하는 평화는 거기에 있는 모든 선과 참된 것에서 축복으로 가장 심오하게 감동을 주는 신령존재이다. 그리고 이것은 사람에게는 이해되지 않는다(92·3780·5662·8455·8665항).
신령평화는 선 안에 있고, 그러나 선에서부터 떨어진 진리 안에는 존재하지 않는다(8722항).

평화의 천사라고, 또 천계는 평화의 주거(住居)라고 부릅니다. 이것은 아래의 말씀들에서 잘 알 수 있습니다.

> 한 아기가 우리에게서 태어났다.
> 우리가 한 아들을 얻었다.
> 그는 우리의 통치자가 될 것이다.
> 그의 이름은 "기묘자, 모사,
> 전능하신 하나님,
> 영존하시는 아버지,
> 평화의 왕"이라고 불릴 것이다.
> 그의 왕권은 점점 더 커지고
> 나라의 평화도 끝없이 이어질 것이다.
> (이사야 9:6, 7)
> 나는 평화를 너희에게 남겨 준다. 나는 내 평화를 너희에게 준다. 내가 주는 평화는, 세상이 주는 평화와 같은 것이 아니다. 너희는 마음에 근심하지 말고, 두려워도 하지 말라.
> (요한 14:27)
> 내가 이렇게 말한 것은, 너희로 하여금 내 안에서 평화를 얻게 하려는 것이다.
> (요한 16:33)
> 주께서 너를 고이 보이시어,
> 너에게 평화를 주시기를 빈다.
> (민수기 6:26)
> 용사들이 거리에서
> 살려달라고 울부짖고,
> 평화협상에 나섰던 사절이 슬피 운다.
> 큰길마다 위험하여 행인이 끊기며,
> 적이 평화조약을 파기하며,
> 증인들이 경멸을 받으며,
> 아무도 존경을 받지 못한다.

(이사야 33:7, 8)
의의 열매는 평화요,
의의 결실은 영원한 평안과 안전이다.
나의 백성은 평화로운 집에서 살며,
안전한 거처,
평온히 쉴 수 있는 곳에서 살 것이다.
(이사야 32:17, 18)

〔2〕 신령과 천계적 평화를 성경말씀에서 "평화"(平和·peace)라고 한 것은 다음 귀절들에서 밝히 알 수 있습니다. 즉 이사야 52:7; 54:10; 59:8; 예레미야 16:5; 25:37; 29:11; 학개 2:9; 스가랴 8:12; 시편 37:37 등등입니다.

"평화"는 주님과 천계를 뜻하고, 또 천적인 기쁨과 즐거움을 뜻하기 때문에, 옛날에는 인사말로 사용하였고, 오늘날에도 "너희들에게 평화가 있기를!" 하고 말합니다. 주님도 제자들을 파견할 때 그 말씀을 하시고 그 뜻이 이러함을 시인하셨습니다.

어느 집에 들어가든지, 먼저 "이 집에 평화가 있기를 빕니다!" 하고 말하여라. 거기에 평화를 바라는 사람이 있으면, 너희가 비는 평화가 그 사람에게 내릴 것이요, 그렇지 않으면, 그 평화가 너희에게 되돌아올 것이다.
(누가 10:5, 6)

주님 당신께서도 제자들에게 나타나셨을 때에 이렇게 말씀하십니다.

"너희들에게 평화가 있기를!"
(요한 20:19, 21, 26)

〔3〕 평화의 상태에 관해서 성경말씀은 이렇게 말하고 있습니다.

이것이 바로 향기로 주를 기쁘게 해 드리는, 주께 살라 바치는 제물이다.
(출애굽기 29:18, 25, 41; 레위기 1:9, 13, 17; 2:9; 6:8, 14; 23: 12, 13, 18; 민수기 15:3, 7, 13; 28:6, 8, 13; 29:2, 6, 8, 13, 36)

"안식하게 하는 향기"(=주를 기쁘게 해드리는 향기)라는 말은 천적 의미로는 평화의 지각을 뜻합니다.[*1] 평화는 주님 안에 있는 신령존재 자체와 신령인간의 합일을 의미합니다. 또 주님과 천계의 결합·주님과 교회의 결합·천계에 있는 모든 자들과의 결합, 그리고 교회 안에서 주님을 받아들이는 모든 사람들과의 결합을 의미합니다. 안식일은 이 결합들을 기념하게 하기 위하여 제정되었으니, 안식일의 명칭은 안식(安息·rest)과 평화(平和·peace)를 의미합니다. 이것은 교회의 가장 거룩한 표징입니다. 이런 이유 때문에 주님 당신을 "안식일의 주인"이라고 하셨습니다(마태 12:8; 마가 2:27, 28; 누가 6:5).[*2]

288. 천계의 평화가 천사들 안에 있는 선 자체를 가장 심오하게

[*1] 성경말씀에서 "향기"는 사랑과 믿음의 질에 따라서 서술되는 유쾌 또는 불쾌의 지각을 뜻한다(3577·4626·4628·4748·5621·10292항).
"안식의 향기"(=쉼의 향기)는 주님과 관련되어서는 평화의 지각을 뜻한다(925·10054항).
이와 같은 것이 기름이나 연고의 유향·향내·향기가 표징적이 된 이유이다(925·4748·5621·10177항).

[*2] "안식"이 가장 높은 뜻으로 주님 안에서 신령존재 자체와 신령인간의 합일을 뜻하고, 속뜻으로는 주님의 신령인간과 천계 또는 교회와의 결합을, 그리고 일반적으로는 선과 진리의 결합, 따라서 천계적 혼인을 뜻한다(8495·10356·10730항).
그러므로 "안식일에 쉰다"는 것은 그 합일의 상태를 뜻한다. 왜냐하면 그 때 주님께서는 쉼을 누릴 수 있고, 그것에 의하여 천계와 지상에는 평화와 구원이 존재하기 때문이다. 상대적인 뜻으로 그것은 주님과 사람의 결합을 뜻하는데, 왜냐하면 그 때 사람은 평화와 구원을 구가할 수 있기 때문이다(8494·8510·10360·10367·10370·10374·10668·10730항).

축복된 것으로 감동시키는 신령존재이기 때문에 자기 스스로 선한 생활을 할 때 그 마음에 즐거움을 느끼고, 또 스스로 행한 선에 일치하는 진리에 귀를 기울이고, 선과 진리의 결합을 지각할 때 기뻐하는 사람들에 의하여 평화는 뭉클하게 지각될 수 있습니다. 이 결합으로 인하여 평화는 천사들의 행동들과 사상 속으로 입류하여, 기쁨 그 자체를 나타내며 그 나타냄이 외견상으로까지 드러내 보여집니다.

〔2〕 그렇다고 해도 천계에서는 평화가 거기에 있는 천사들의 순진무구에 일치하는 그 질과 양에 따라서 서로 다릅니다. 그 까닭은 평화와 순진무구함은 서로 손잡고 걸어가기 때문입니다. 이것은 상술한 바와 같이 순진무구함이 천계의 모든 선의 근원이고, 평화는 그 선이 가지고 있는 기쁨의 근원이기 때문입니다. 따라서 천계에서의 순진무구의 상태에 관해서 상술한 것과 같이 평화의 상태에 관하여도 같은 말을 할 수 있다는 것이 여기서 확실해집니다. 즉 선과 그 선의 기쁨이 결합되어 있는 것처럼 순진무구와 평화가 결합되어 있습니다. 왜냐하면 선은 그 기쁨에 의해서 느껴지고, 기쁨은 그 선에 의해서 알 수 있기 때문입니다. 이상 말한 것에 의해서 심오한 삼층천에 있는 천사들은 순진무구라는 점에서 심오한 제삼 계도에 있기 때문에 평화에 관해서도 심오한 제삼 계도에 있다고 말할 수 있겠습니다. 또 낮은 천계의 천사들은 순진무구라는 면에서 보다 낮은 계도에 있는 이상에는 평화에 있어서도 보다 낮은 계도에 있다고 말을 할 수 있겠습니다(280항 참조).

〔3〕 순진무구와 평화는 선과 그 기쁨의 관계처럼 손에 손잡고 걸어가는 것과 같은 것은 어린 아이를 보면 잘 알 수 있습니다. 그들은 순진무구하기 때문에 평화스럽고, 평화스럽기 때문에 그들의 전 성격이 재롱(play)으로 넘칩니다. 그럼에도 불구하고 어린 아이의 평화는 외면의 평화입니다. 내면의 평화는 내면의 순진무구와 같이 지혜 안에서만 가능하고 또 선과 진리의 결합 안에서 가능한데, 이 결

합에서부터 지혜는 비롯되기 때문입니다. 천계적 평화 즉 천사적인 평화는 선과 진리의 결합에서 비롯된 지혜 안에 있는 사람이나, 따라서 하나님 안에서 만족감을 갖는 사람 안에서 역시 존재할 수 있습니다. 그럼에도 불구하고 이 평화는 이 세상에 있는 동안에는 그들의 내면적인 것 안에 감추어져 있다가 육체를 떠나 천계에 들어가게 될 때 그 내면이 열려서 나타납니다.

289. 신령평화는 주님과 천계의 결합에서 생성되며 특히 천사들에게 있어서는 선과 진리의 결합에서 생성됩니다. 그렇기 때문에 천사들이 사랑의 상태 안에 있을 때는 평화의 상태 안에 있는 것이 됩니다. 왜냐하면 그 때 천사들 안에서 선과 진리가 결합하기 때문입니다(천사의 상태가 순차로 변한다는 것에 관해서는 154-160항 참조). 사람이 중생(重生·再生)되는 때도 이와 같은 일이 일어납니다. 특히 시험을 당한 후에 선과 진리가 결합되었으면 그 사람은 천계적 평화에서 비롯된 기쁨의 상태에 들어갑니다.*1) 그 평화는 봄철의 아침이나 여명(黎明)과 비교될 수 있습니다. 밤이 지나고 해가 떠오를 때 지상의 만물은 다시 새롭게 살아나고, 하늘에서 내리는 이슬과 함께 자라나는 모든 식물들의 향기가 널리 퍼져 나갑니다. 이른 봄의 순한 기온이 토양을 비옥하게 하며, 사람의 마음에도 부드러운 정동을 일으킵니다. 즉 봄철의 아침이나 여명의 빛은 두말할 것 없이 천계에 있는 천사들의 평화로운 상태에 대응됩니다(155항 참조).*2)

290. 나는 또 천사들과 평화에 관해서 이야기를 나눈 적이 있습니다. 그 때 나는 이러한 말을 했습니다. 이 세상에서 평화라고 말하면

---

*1) 중생 중에 있는 사람 안에서의 선과 진리의 결합은 평화의 상태에서 이루어진다(3696·8517항).
*2) 천계의 평화의 상태는 지상의 여명의 상태나, 봄철과 같다(1726·2780·5662항).

나라와 나라 사이에 적개심이나 전쟁이 없는 것 또는 사람 사이에 적의나 반목이 없는 것을 말하는 것으로 압니다. 그리고 내면의 평화라고 하면 재난에서 놓여난 안심감이나, 특히 만사가 잘 순조롭게 진행되어서 평온하며 즐거울 때를 말한다고 하였는데, 천사는 세상사의 걱정의 제거나 성공 그리고 즐거움이 평화의 구성요건들이라고 보이지만, 그러나 천계적인 선 안에 있는 사람들에게만 그러한 것은 가능한데 왜냐하면 평화가 주님에게서 그런 사람들의 심오한 부분에 흘러들고, 그 심오한 마음에서 보다 낮은 기능들 안으로 흘러 내려와서 거기서 마음의 안식, 평온한 생각, 그리고 기쁨이 나타나온다라고 천사는 말하였습니다. 악한 자에게는 평화가 없습니다.*1) 자기 욕망이 이루어지면 안심이나 유쾌, 평온한 기분이 들지만 그것은 외면적인 평화 뿐이고 내면적인 것은 다릅니다. 내면적인 것에는 적의와 미움, 복수심과 잔인함 기타 여러 가지 사욕(邪慾)이 타오르고 있어서, 자기의 편이 되지 않는 자가 있으면 사념(邪念)이 꿈틀거리고, 상대방을 무서워하지 않는다면 그 사념이 폭발합니다. 그래서 그들이 유쾌하게 생각하는 것이란 광기 안에 뿌리를 내리고 있으나 그와 반대로 선한 자의 기쁨은 지혜에 뿌리를 둡니다. 이 양자의 차이는 지옥과 천계의 차이입니다.

---

*1) 자아애와 세간애 안에 그 근원을 두고 있는 정욕은 평화를 깡그리 도말한다(3170·5662항).
쉼이 없이 불안한, 또는 평화에 반대되는 것들 안에서 평화를 찾으려고 생각하는 사람들이 있다(5662항).
악에 속한 정동이 옮겨졌을 때에만 평화는 가능하다(5662항).

제33장
천계와 인류의 결합

291. 모든 선이 주님에게서 비롯되고, 사람에게서는 어떤 선도 오지 않는다는 것은 교회 안에서 잘 알고 있습니다. 그러니까 사람은 선을 자기의 것으로 만들어서는 안 됩니다. 그리고 악은 악마에게서 온다는 것도 잘 알고 있습니다. 그래서 교리에 의해서 말하게 되는 경우에는 행실이 올바르고, 경건하게 말하고, 설교하는 사람은 하나님에게 인도되고, 행실이 나쁘고 불경건하게 말하는 자는 그 반대라고 말합니다. 이러한 것은 사람이 천계와 결합되었든가 아니면 지옥과 결합되지 않고서는 있을 수 없는 일입니다. 그것은 또 사람의 의지와 이해가 천계와 결합되든가, 아니면 지옥과 결합되든가에 따라서 이루어집니다. 어쨌든 이러한 결합이 있어야 몸이 움직이고 입이 말을 할 수 있습니다. 자, 이제 이 결합이 무엇인가를 설명하겠습니다.

292. 사람에게는 각각 선한 영(善靈)과 악한 영(惡靈)이 있어서, 사람은 선한 영을 통해서는 천계와 결합하고, 악령을 통해서는 지옥과 결합합니다. 이러한 영들은 천계와 지옥의 중간에 있는 영들의 세계(the world of spirits)에 있는데, 이 영들의 세계에 관해서는 특히 〈영들의 세계〉라는 제2편에서 자세히 설명하겠습니다. 이 같은 영이 사람에게 접근하면 먼저 사람의 기억 전체 안으로 들어가고, 그 다음에는 생각 전체 속으로 옮겨가서 빈틈 없이 침투합니다. 악령은 악한 기억이나 생각 속에 들어가고, 선한 영은 좋은 기억과 생각 속으로 들어갑니다. 그런데 영은 자기가 사람 속에 들어와 있다는 것을 전혀 깨닫지 못할 뿐 아니라 사람 속에 있는 동안 사람의 기억도 생각도 다 자기의 것이라고 생각하고, 또 태양계의 세계에 있는 우리들은 그들의 시야(視野) 안에는 들어가지 않기 때문에 우

리들의 모습이 그들에게 보이지 않습니다.*1) 주님은 최대의 보살핌을 가지고 영들이 사람과 함께 있다는 것을 깨닫지 못하도록 노력하십니다. 만일 그들이 사람과 함께 이야기하고 있다는 것을 안다면 그 영이 악령일 경우에 사람을 망하게 할 것이기 때문입니다. 악령은 지옥과 결합이 되어 있으니까 사람의 영혼 속에 있는 믿음이나 사랑 뿐 아니라 육체까지도 파멸시키려는 이상하리 만큼 강한 욕망을 느낍니다. 사람과 이야기만 하지 않으면 그런 일이 일어날 까닭이 없습니다. 자기들의 생각하는 것이나 사람과 이야기하고 있는 것이 모두 사람에게서 온 것인데도 자기들이 생각하고 말하는 것들이 모두 자기들 자신의 것이라고 믿습니다. 그것은 누구나 모두 자기 자신의 것을 존중하고 사랑하기 때문입니다. 그러므로 그들도 알지 못하면서 사람을 귀엽게 여기고 존중하는 것이 됩니다. 영들과 사람이 이 만큼 결합되어 있다는 것을 더 이상 확실한 것이 따로 없는 오랜 경험을 통해서 알고 있습니다.

293. 사람이 지옥과 교류하는 영들과도 사귐을 가지게 되는 이유는 사람이 모든 종류의 악 안에 출생되기 때문입니다. 따라서 사람의 전 생명이 악에서 비롯됩니다. 그러므로 사람 자신들과 같은 영들이 그와 함께 사귀지 않으면 사람은 살 수 없을 뿐만 아니라 사람은 자신의 악에서 물러나고 개혁된다는 것은 사실상 불가능합니다. 그러므로 사람은 악령을 수단으로 해서는 자기 자신의 고유한 생명 안에 보전되게 하고, 선한 영을 방편으로 해서는 자기 자신의 고유

---

*1) 각 사람에게는 천사나 영들이 같이 하는데, 이들을 통해서 사람들은 영계(靈界)와 의사교류를 한다(697·2796·2886·2887·4047·4048·5846-5866·5976-5993항).
사람과 같이 하는 영이 없으면 사람은 살 수 없다(5993항).
영들이 사람을 볼 수 없고, 사람들 역시 영들을 보지 못한다(5862항).
영들은 태양계 안에 있는 사람과 말하는 그 사람을 제외하고서는 사람들에 관계되는 것은 아무것도 볼 수 없다(1880항).

속성에서 벗어나야만 합니다. 즉 이 두 종류의 영들에 의해서 사람은 평형(平衡·equilibrium) 안에 놓여지며, 평형 안에 있기 때문에 사람은 자유 안에 있습니다. 다시 말해서 악들로부터 떼어놓아져서 선을 향해서 돌아설 수 있기도 합니다. 이와 같이 사람이 자유 안에 있지 않다면 선을 마음에 심는 것이 결코 가능하지 않습니다. 자유는 지옥으로부터의 악령들이 한편에서 작용하고 또 천계로부터의 선한 영이 다른 한편에서 작용할 때만 사람에게 자유는 있을 수 있습니다. 그렇습니다. 사람은 이 두 영들 사이에 존재합니다. 또 다시 알게 해주신 것인데 사람의 생명이 유전적인 것 즉 자아로부터 비롯되는 한, 사람이 어떤 악도 허용되지 않는다고 한다면 사람은 어떤 생명도 가질 수 없고 또 만약 사람이 자유 안에 있지 않다면 그 사람은 어떤 생명도 소유하지 못할 것입니다. 그와 동시에 선을 향하는 것에 강제 같은 것이 있을 수 없으므로 강제에 의한 것은 자기의 것이 되지 않습니다. 자유롭게 수용한 선만이 그 사람의 의지에 활착(活着)되고, 그것은 말하자면 그 사람의 고유속성(固有屬性)이 됩니다.*1) 이상 말한 것이 사람에게는 지옥과의 교류나 천계와의 교류를 갖는 이유입니다.

---

*1) 사람은 자기가 사랑하고 자유스럽게 행동하는 것이 그 사람이기 때문에, 모든 자유는 사랑과 정동에 관계된다(2870·3158·8987·8990·9585·9591항).
자유가 사람의 사랑에 속하기 때문에, 자유는 사람의 생명에 속한다(2873항).
자유에서 비롯된 것을 제외하면 사람이 고유속성으로써 나타나는 것은 아무것도 없다(2880항).
사람이 바로잡기(改革·reform) 위해서는 필히 자유를 가져야만 한다(1937·1947·2876·2881·3145·3146·3158·4031·8700항).
그렇지 아니하면 선에 속한 사랑이나 진리는 사람 안에 활착할 수 없고, 또 외견상 그의 고유속성처럼 전유된 것이다(2877·2879·2880·8700항).

제1편 천　계

294. 선한 영과 더불어 천계와 교류하는 것이나, 악령과 더불어 지옥과 교류하는 것, 그 결과로 비롯된 사람과 천계의 결합이나 또는 사람과 지옥의 결합이 어떤 것인지는 이제부터 설명하겠습니다. 영들의 세계에 있는 영은 모두 천계이든가 지옥이든가 어느 하나와 교류하는데, 악령이라면 지옥과 교류하고 선한 영이라면 천계와 교류합니다. 천계도 지옥도 여러 사회들로 나뉘어져 있어서, 영은 각각 어떤 자기의 사회에 소속하고 그 사회로부터 계속적으로 입류를 받아 살고 있으며, 따라서 그 사회와 행동을 같이 합니다. 따라서 사람이 영과 결합되어 있다는 말은 천계나 지옥에 결합되어 있다는 것이고, 그리고 그 사람의 정동이나 사랑에 의하여 그 사람이 소속되어 있는 거기의 한 사회와 결합되었다는 것을 의미합니다. 왜냐하면 천계의 사회는 모두 선과 진리의 정동에 따라서 분리되어 있고, 지옥의 사회는 모두 악과 거짓의 정동에 따라서 구분되어 있기 때문입니다(천계의 사회에 대하여는 41-45항과 148-151항 참조).

295. 사람과 교제하는 영들은 그 사람 자신이 가지고 있는 정동이나 또는 사랑과 같은 부류입니다. 그러나 주님께서는 사람으로 하여금 선한 영과 사귀도록 하지만 이에 반하여 악령들은 사람 자신에 의해서 초청되어 들어옵니다. 그렇다고 해도 사람과 함께 하는 영들은 그 사람의 정동 변화에 따라서 변합니다. 즉 유아기·소년기·청년기·장년기·노년기에는 각각 다른 영들이 사람들을 찾아옵니다. 유아기에는 순진무구한 영이 함께 하는데 그 영은 순진무구의 천계 즉 심오한 삼층천과 교류를 가지고 있습니다. 소년기에는 지식 추구의

협박이나 강압에 의한 것은 아무것도 사람과 결합할 수 없다(2875·8700항).
만약 사람이 협박이나 강압에 의하여 회개할 수 있다면 누구나 다 개혁될 것이다(2881항).
바로잡음(改革·reformation)에서의 강압은 백해무익하다(4031항).
강압적인 상태란(8392항).

정동을 가지고 있는 영이 찾아듭니다. 따라서 가장 외면적 천계 즉 일층천과 교류를 하게 됩니다. 청년기와 장년기에는 진리와 선의 정동 안에 있는 영이 함께 하는데, 따라서 이지 안에 있게 되며, 중간 천계 즉 이층천과 교류를 가지게 됩니다. 노년기에는 지혜와 순진무구함을 가지는 영과 같이 하는데, 따라서 심오한 삼층천과 교류를 가지게 됩니다. 그러나 이상 말한 결합관계는 개혁되고 중생될 가능성이 있는 사람을 위해서 주님께서 하시는 일입니다. 개혁되고 중생(重生·再生)될 가능성이 없는 사람의 경우는 이와는 다릅니다. 이러한 사람들은 가능한한 악으로부터 멀리 떨어져 있게 하려는 선한 영들과는 서로 사귀지만, 회심할 가능성이 없는 사람은 지옥과 교류하고 있는 악령들과 직접적으로 결합합니다. 즉 사람들은 각자에게 걸맞는 영들과 함께 하게 됩니다. 자기를 사랑하는 자, 재물을 사랑하는 자, 또는 복수를 사랑하는 자나 간음을 사랑하는 사람들이라면 모두 그들과 동류(同類)의 영들이 함께 하고 있습니다. 말하자면 악령이 그들의 악한 정동 안에 살고 있는 것과 같습니다. 악령들은, 사람이 선한 영을 통해서 악으로부터 멀어지지 않는 한에는 사람에게 접근해 옵니다. 그리고 정동을 점거하는 도수가 크면 클수록 사람에게 붙어다닐 뿐 떠나가는 일은 없습니다. 이상과 같이 악인은 지옥과 결합되고, 선한 사람은 천계와 결합됩니다.

296. 사람이 영들을 통하여 주님에 의해서 다스려지는 것은 사람이 천계의 질서 안에 있지 않기 때문입니다. 왜냐하면 사실 사람은 지옥에 속한 악한 것들 안에 태어났기 때문에, 따라서 신령질서에는 완전히 반대가 되게 태어났습니다. 그러므로 사람은 그 질서 안으로 되돌려져야만 하는데, 그같은 일은 영들을 통해서 이루어지지 않으면 안됩니다. 만일 사람이 천계의 질서에 따라서 선한 그대로 태어났다면 주님은 영을 매개로 하지 않고 직접 질서 그 자체를 통해서 즉 일반적 입류(一般的 入流·general influx·*influxus communis*)를 통해서 사람을 다스리셨을 것입니다. 사람은 그의 사상에서 나오는

것이나, 의지에서 행동으로 나오는 것은 그 일반적 입류에 의하여 다스려집니다. 즉 말하고 행동하는 것이 그 일반적 입류에 의하여 행해집니다. 이러한 것들은 자연적 질서와 조화 가운데 행하여지는 것이기 때문에, 그러므로 이들과 같이 하는 사람과 사귀는 영들은 공통적으로 공유하는 것은 아무것도 없습니다. 동물은 자기 나름대로 생명의 법칙에 따라 영계로부터 오는 일반적 입류로 다스려지고 있습니다. 동물에게는 합리적 기능(合理的 機能·rational faculty)이 없기 때문에 입류를 방해하든가, 소멸시키는 일이 없기 때문입니다*1)(사람과 동물의 차이는 39항 참조).

297. 이제는 천계와 인류의 결합에 관해서 꼭 알지 않으면 안 될 것을 설명하겠습니다. 주님께서 한 사람 한 사람에게 천계의 질서에 따라서 사람의 지심한 영역과 극외적 영역까지 입류를 내리시고, 또 주님께서는 사람이 천계를 수용할 수 있도록 배려하시고, 또 사람의 극히 외부의 것을 지심한 영역에 의해서 다스리시고, 동시에 극히 외부적인 것에 의해서 지심한 영역을 다스리시는데 즉 이와 같이 사람에게 있는 개개의 것들과 전체가 일련의 시리즈로 유지시키십니다. 주님 당신에게서 흘러나오는 이와 같은 입류를 직접입류(直接入流·direct influx)라고 하며, 영을 매체로 해서 주어지는 입류를 간접입류라

---

*1) 사람과 짐승의 차이는, 사람은 주님에 의하여 그분을 향하여 일어설 능력이 있고, 또 신령존재에 관해서 생각할 능력과 사랑할 능력이 있으며, 그것에 의하여 주님과 결합할 수 있으며, 또 그것으로 말미암아 사람은 영생(永生)을 얻지만, 그러나 짐승은 전혀 다르다(4525·6323·9231항).
짐승은 그들의 생명에 속한 질서 가운데 태어났고, 그러므로 그들의 본성에 적합한 것들로 태어났지만, 사람은 그렇지가 않아서, 그러므로 사람은 필히 이지적 방편에 의하여 그의 생명의 질서에 인도를 받아야만 한다(637·5850·6323항).
일반적 입류에 일치하는 사람의 사상은 언어에 스며들고, 또 행동에 모도 된다(5862·5990·6192·6211항).
영계의 일반적 입류가 짐승의 생명에 흘러든다(1633·3646항).

고 부릅니다. 그리고 간접입류는 직접입류에 의해서 유지되고 있습니다. 직접입류는 주님 당신에게서 오는 것이며, 주님의 신령인간을 출발점으로 해서 사람의 의지 속으로 흐르고, 사람의 의지를 통해서 이해에로 흘러듭니다. 그와 같은 모양으로 주님의 직접입류는 선에 흘러들고, 또 그 선을 통해서 그 사람의 진리에 흘러듭니다. 즉 동시적인 것은 사람의 사랑 속으로 흘러들어서 그 사랑을 통해서 사람의 믿음 안에 흘러듭니다. 그러나 말해 두거니와 이와 역행하는 것은 용납되지 않습니다. 즉 사랑에 의하지 않고 믿음에로 흐르든지, 선에 의하지 않고 진리에 입류하는 것이나 또 의지에 의하지 않고 이해에로 흘러드는 것 같은 일은 전혀 있을 수 없습니다. 이 신령입류는 그침이 없이 계속되는데, 선한 사람에게는 선으로 수용되지만, 그러나 악한 사람에게는 신령입류는 흘러들지 않습니다. 왜냐하면 악인에게서는 그것을 물리치든가 질식시키든가 아니면 소멸시키기 때문입니다. 그런 까닭에 악인이 가지는 악한 생명은 영적으로는 죽음을 의미합니다.*[1]

298. 천계와 결합되어 있는 선한 영이든 지옥과 연결되어 있는 악령이든 간에 사람에게 있는 영들이 자기들이 가지고 있는 기억이나

---

*1) 주님에게서는 직접입류가 있고, 영계를 통해서는 간접입류가 있다(6063·6307·6472·9682·9683항).
　　주님의 직접입류는 삼라만상의 지극히 작은 개별적인 것에까지 흘러든다(6058·6474-6478·8717·8728항).
　　주님은 처음 것에 그리고 동시에 마지막 것에 입류하신다. 그리고 어떤 방법으로 입류하는가?(5147·5150·6473·7004·7007·7270항).
　　주님의 입류는 사람 안에 있는 선에 입류하고, 그 선을 통해서 진리에 입류한다. 그러나 그 반대는 일어나지 않는다(5482·5649·6027·8685·8701·10153항).
　　주님에게서 비롯되어 흘러드는 생명은 사람의 상태에 따라서, 또 그의 수용에 따라서 다양하다(2069·5986·6472·7343항).
　　악한 사람에게 있어서 주님에게서 비롯되어 흘러든 선은 악으로 바뀌고, 진리는 거짓으로 바뀐다. 그리고 그런 것에 관한 경험들(3642·4632항).
　　주님에게서부터 계속적으로 입류하는 선과 진리는 악과 거짓을 차단하는 정도만큼 수용된다(2411·3142·3147·5828항).

사상을 기틀로 해서 사람에게 흘러들게 되어 있지는 않습니다. 만일 영이 자기 자신의 생각을 흘러들게 한다면 사람은 그것을 영들에게서 온 것으로 받지 않고 자기의 생각이라고 오해를 하게 됩니다(256항 참조). 그럼에도 불구하고 그들을 통해서 천계로부터는 선과 진리의 사랑에 속한 정동이 입류하고, 지옥으로부터는 악과 거짓의 사랑에 속한 정동이 입류합니다. 그러므로 사람의 정동이 흘러 들어오는 정동과 일치하는 정도만큼 사람은 그 정동을 자기의 사상 안에 받아서 수용합니다. 왜냐하면 사람의 내면적 사상은 전적으로 그 사람의 정동 즉 사랑과 일치하기 때문입니다. 그러나 사람의 정동이 입류하는 정동과 일치하지 않는 정도만큼 수용되지 않습니다. 그 때 확실하게, 사상은 영들을 통해서 사람에 소개되지 않지만, 그러나 다만 선한 정동이나, 악한 정동만이 소개되기 때문에, 사람은 자신이 가지고 있는 자유의지(自由意志·freedom)로 말미암아 선택을 하게 됩니다. 따라서 그의 사상에 의하여 선은 수용하고, 악은 거부할 수 있는 것은 그 사람은 성경말씀(聖言)에 의하여 선이 무엇이고 또 악이 무엇인지를 잘 알고 있기 때문입니다. 더욱이, 정동으로 말미암아 그의 사상에 의하여 수용한 것은 모두가 그의 것이 되지만, 그러나 정동으로 말미암은 사상에 의하여 수용하지 않은 것은 무엇이든 그에게 전유(專有)되지 않습니다. 그러므로 이제는 사람에게 있어서 천계에서 오는 선의 입류와 지옥에서 오는 악한 입류의 성질을 확실하게 알 것이라고 생각됩니다.

299. 나는 사람의 걱정과 고뇌 그리고 우울하다고 일컬어지는 마음의 슬픔이 어디서 오는지를 알도록 허락이 되었습니다. 영들의 세계(the world of spirits) 편에서 설명하겠지만, 영들의 세계에 들어온 최초의 상태로 있으면서 아직 지옥과 연결되지 않고 있는 영이 있었습니다. 이런 영들은 위 속에 부패되고 있는 음식물과 같이 소화되지 않을 것이나 해독이 될 것에 애착을 갖습니다. 만일 사람에게 그런 것이 있으면 그것이 그 사람에게 쾌감을 주어 접근해 가서, 그것

이 가지고 있는 악한 정동을 터전으로 삼아 자기들끼리 이야기를 합니다. 이야기를 하고 있는 가운데 이것에서 비롯된 정동이 사람에게 입류합니다. 그래서 만일 그 정동이 사람의 정동과 대립될 때에는 그 사람에게 슬픔과 우울한 걱정과 근심이 일어나게 되고, 만일 그 정동이 서로 일치하게 된다면 그 사람 안에 매우 유쾌한 기쁨이 생겨납니다. 그런 영들은 위 주머니 옆에 나타나서 어떤 자는 좌측에 어떤 자는 우편에, 어떤 자는 위에 어떤 자는 아래 나타나고, 또 가깝게 있는 자와 멀리 떨어져 있는 자 등 자기들의 정동에 따라 여러 위치에 나타납니다. 여기에서 근심 걱정이 일어난다는 것을 나는 반복된 경험들을 통해서 알 수 있었음을 확인할 수 있습니다. 나는 이같은 영들을 보았고, 그들이 말하는 것을 듣기도 하였고, 그들에게서 비롯되는 근심을 지각하면서 그들과 몇 마디 말을 교환하기도 하였습니다. 그들이 쫓겨간 후에는 근심이 사라졌지만, 그들이 되돌아왔을 때 근심은 다시 증가하였습니다. 나는 근심 걱정의 증감이 그들의 접근이나 또는 떨어짐에 일치한다는 것을 확실히 알았습니다. 그런즉 나는 양심이 없다고 하든가, 양심이 무엇인지를 모르는 사람이 마음의 아픔을 자기의 위탓으로 돌리는 이유를 확실하게 알 수 있었습니다.*1)

---

*1) 양심을 갖지 않은 사람은 양심이 무엇인지 모른다(7490·9121항).
그들은 양심에 관해서 들을 때 양심에 대해서 비웃는다(7217항).
어떤 이들은 양심이 아무것도 아니라는 것을 믿기도 하고, 어떤 이들은 양심은 육신에서 또는 세상에서 슬픔이나 비탄(悲嘆)을 일으키는 그 어떤 자연적인 것이라고 믿기도 하고, 어떤 이들은 일반적인 사람들이 그들의 종교에서부터 터득된 어떤 것이라고 믿기도 한다(206·831·950항. 그리고 순정기독교(TCR) 665항).
양심에는 참된 양심·사이비 양심·거짓 양심이 있다(1033항).
양심의 고통은 불의(不義)나 또는 불성실 때문에 생기는 마음의 근심 걱정이라고 즉 악의 측면에서 보면 사람이 하나님을 반대하는 것이나, 이웃의 선을 반대하는 것을 믿는 것이다(7217항).
하나님사랑과 이웃사랑 안에 있는 사람은 양심을 가지고 있지만, 그러나 그렇지 않은 사람은 양심을 소유하지 못한다(831·965·2380·7490항).

300. 천계와 사람의 결합은 한 사람과 천계와의 결합과 같지는 않지만, 그러나 사람의 마음에 속한 결합 즉 그 사람의 영적인 것 또는 속사람과의 결합과는 동일합니다. 비록 대응에 의한 사람의 자연적인 것 또는 겉사람의 결합이기는 하지만, 그것에 관해서 성경말씀(聖言)에 의한 천계와 사람의 결합에 관해서 다음 장에서 설명하겠습니다.

301. 천계와 인류의 결합이나 인류와 천계와의 결합은 서로 의존하고 있어서 영원히 존속됩니다. 이것에 관해서도 다음 장에서 다루겠습니다.

302. 천계와 인류의 결합에 관해서 천사들과 대화하면서 나는 이런 말을 했습니다. 교회에 속해 있는 사람은 모든 선이 하나님에게서 온다는 것, 천사와 사람과 같이 한다는 것을 말하지만 그럼에도 불구하고 실제로는 천사와 결합되어 있다는 것을 믿는 사람은 아주 적으며, 더구나 사람의 정동이나 생각이 천사와 결합되어 있다고 믿는 사람은 훨씬 적다라고 말하였습니다. 그 말에 대해서 천사들은 이렇게 대답을 했습니다. 세상에서, 교회 안에서 특히 놀랄 일이지만, 그러한 불신앙적인 생각과 말이 오간다는 것을 알고 있으며 그러나 교회에는 성경말씀이 있고, 그 성경말씀에는 천계에 대한 가르침만이 있어서 천계와 사람의 결합에 관한 가르침도 일깨워주고 있지만, 그럼에도 불구하고 다만 사람은 자기와 함께 있는 영이 없다면 아무 것도 생각할 수 없고, 사람의 영적 생명도 그 영에 의존하고 있다는 것도 전혀 생각할 수 없다고 말하였습니다. 이러한 무지의 원인이 어떤 것인지를 천사들은 이렇게 설명하고 있습니다. 사람은 생명의 제일존재(第一存在·the First Being·*primum Esse vitae*) 즉 창조주와의 연줄에 의해서 살고 있음에도 불구하고 자기의 힘으로 살고 있다고 생각하며, 그 연줄은 천계를 매개로 하는 것인데, 그 연줄이 끊어지면 사람은 즉시로 사멸하고 말 것인데 그것을 모르고 있기 때문이라고 말하였습니다. 만일 사람이, 사실대로 모든 선이 주

님으로부터 오는 것이고, 모든 악이 지옥에서 온다는 것을 믿으면, 자기 공로를 내세울만한 것이란 아무 것도 없고 또 사람의 탓으로 돌릴 악도 아무 것도 아닐 것입니다. 왜냐하면 사람이 생각하고 행동하는 선 안에서 주님을 우러르고, 또 지옥에서부터 침투해 오는 모든 악을 그 지옥으로 쫓아버릴 것이기 때문입니다. 그런데 사람은 천계로부터의 입류도, 지옥으로부터의 입류도 믿지 않고 그러므로 자기 자신 안에 있는 자기가 생각한 것이나 의도할 것은 모두 자기에게서 나간 것이라고 생각한 결과, 악을 자기의 것으로 삼기도 하고 선의 입류를 공로감(功勞感)으로 오염시키기도 합니다.

제34장
성언(聖言)을 방편으로 한 천계와 사람의 결합

303. 내면적인 이성에 의해서 생각하는 사람은 만물생성의 사슬이 매체를 통해서 최초에 있는 것 즉 제일존재(第一存在·the First Being)와 결합되어 있으며, 그 사슬에 연결되어 있지 않은 것은 소멸되고 만다는 것을 충분히 알고 있습니다. 자기 스스로 존재를 유지하고 있는 것은 아무 것도 없으며 모든 것이 자기 보다 앞서 있는 것(先在) 즉 최초의 존재에서 그 존재를 승계받고 있다는 것 등을 생각하면 알 수 있는 일입니다. 자기보다 앞서 있는 것과의 결합이란 마치 결과를 있게 하는 원인과 그 결과의 관계 같습니다. 왜냐하면 결과를 있게 하는 원인(原因·the effecting cause·*causa efficiens*)이 되는 것이 결과에서 제거된다면 결과는 해체되고 소멸되기 때문입니다. 학자들은 이런 생각을 하고 있기 때문에 실체적인 것이 영속적으로 존재한다는 것을 알고 그렇게 말하는 것입니다. 즉 만물은 최초에 있는 존재(第一存在·the First Being)에서 비롯된 것이고, 한

번 존재한 이상 영구히 존재하는 것 즉 영구히 생성하는 것이라고 말합니다. 그러나 하나 하나의 것이 선재(先在)하는 것과 어떤 방식으로 결합되며, 만물의 기원인 제일존재와 어떻게 결합되어 있는가 라는 등의 문제는 여러 갈래로 갈라지고 또 복잡해서 간단하게 설명할 수는 없습니다. 다만 일반적인 것으로 말한다면 자연계와 영계를 묶는 사슬이 있으며, 자연계 안에 있는 만물과 영계에 있는 만물과의 사이에는 대응이 있다는 것입니다(103－115항 참조). 그리고 동시에 전 인류와 천계의 모든 천사들 사이에도 대응이 있다는 말로 예설할 수밖에 없습니다(87－102항 참조).

304. 사람은 주님과의 결합과 연결의 사슬로 묶이듯 창조되었지만 천계의 천사들과는 다만 결연관계만 가지도록 지어졌습니다. 사람이 천사들과 결연관계를 가지면서도 결합은 가지지 못하는 까닭은 사람이 그 마음의 내면들이라는 국면에서 볼 때 천사들과 유사하게 창조되었고, 또 그들과 같은 의지와 이해를 가지고 있기 때문입니다. 결과적으로 사람이 만일 신령질서를 따라서 살았다면 천사와 동일한 지혜를 가지고 사후에 천사가 되기 때문입니다. 그러므로 사람과 천계의 결합에 관해서 언급할 때는 사람과 주님의 결합이나 천사들과의 결연관계를 의미합니다. 왜냐하면 천계는 주님의 신령에 인해서 천계가 되지만 천사의 고유속성(固有屬性·own·*proprium*) 때문에 이루어지는 것이 아니기 때문입니다. 천계를 이루는 것이 주님의 신령존재라는 것에 관해서는 이미 설명한 것에서 알 수 있을 것입니다(7－12항 참조).

〔2〕사람은 천사들이 가지고 있는 것 이상을 가지고 있습니다. 즉 내면적으로는 영계에 살고, 외면적으로는 그와 동시에 자연계에 살고 있습니다. 자연계에 속하는 외면적인 것이라면 그것은 사람의 자연적이고 외면적인 기억과 사상 그리고 상상에 의한 것인데, 이 세상에서 흡수해서 경험하게 되는 즐겁고 매력적인 생각과 그것에서 비롯되는 상상력, 그리고 일반적인 지식이나 과학적 지식, 그리고 거기에 더하기

를 육체의 감각 자체로써 가지게 되는 언어와 행동들에 속한 모든 것들이 되겠습니다. 이것들은 주님의 신령입류가 완결되는 가장 외적인 것들입니다. 그 까닭은 입류는 중도에 멈추는 법이 없이 종착점에 도달할 때까지 계속되기 때문입니다. 우리가 여기서 확실하게 알아야 할 것은 신령질서의 가장 외적인 것이 사람 안에 있다는 것인데, 그 외적인 것이 그 질서의 토대가 되고 기초가 된다는 것입니다.

〔3〕주님에게서 오는 신령입류가 중도에 머물지 않고 종착점인 가장 외적인 것에 도달하기까지 계속된다고 말했는데, 그것은 입류가 통과해 가는 중간부분이 천사들이 있는 천계이고, 반면에 가장 외적인 것은 사람 안에 있다는 말입니다. 이 경로에는 불연속적인 것은 없습니다. 천계와 사람은 이와 같이 결합되어 있고 또 사슬로 매여져 있기 때문에 서로 각각 의존관계 안에 있습니다. 인류에게 있어서 천계가 없다고 하면 고리들이 없는 사슬과 같은 것이 되고 천계에게 인류가 없다면 토대가 없는 집처럼 될 것입니다.*[1]

---

*1) 선재(先在)하는 것 없이 자기 스스로 생성된 것은 아무것도 없다. 따라서 모든 것들은 제일존재(第一存在·the First)에서 비롯되었고, 또 그것들은 그것들이 비롯되게 한 그 존재에 의하여 영원히 존재를 유지한다. 이 영원한 존재는 하나의 계속적인 생성이다(2886·2888·3627·3628·3648·4523·4524·6040·6056항).

신령질서는 중간에 멈추지 않고 가장 외적인 것에서 완결(完結·terminate)된다. 그 외적인 것이 바로 사람이며, 따라서 신령질서는 사람 안에서 완결된다(634·2853·3632·5897·6239·6451·6465·9215·9216·9824·9836·9905·10044·10329·10335·10548항).

내면적인 것들은 외적인 것들에 입류하는데, 심지어 연속질서 안에 있는 외적인 것 즉 가장 밖에 있는 것에까지 입류한다. 그리고 거기에서 그것들은 생성되고, 영원히 존재를 유지한다(634·6239·6465·9215·9216항).

내면적인 것들은 생성하고 그리고 동시적 질서 안에 있는 가장 외적인 것 안에서 영원히 존재를 유지한다(5897·6451·8603·10099항).

그러므로 모든 내면적인 것늘은 제일존재에서부터 마지막 것에 서로 연결되어 있다(9828항).

305. 그러나 사람은 자기의 천계로부터 그 자신의 외면적인 것에로 발향을 바꾸는 것에 의하여, 또 그것들을 자아애와 세간애에 의하여 세상과 자아에만 집착하는 것에 의하여 그 천계와의 사슬을 단절하였습니다. 따라서 이런 일로 인하여 자기 자신이 더 이상 천계를 위한 토대나 기초가 되는 것을 담당하지 못하게 되었습니다. 그래서 주님은 천계의 토대가 되고 기초가 되어서 천계와 인간을 연결시키는 교량이 될 것을 찾으시게 되었습니다. 그것이 바로 성경말씀(聖言)입니다. 성경말씀이 어떻게 교량 역할을 하는지는 《천계비의》에서 여러 가지를 서술하였습니다. 또 묵시록 일부에 관해서 쓴 나의 저작 《백마론》에서 간략하게 정리해서 말하였습니다. 그리고 《부록: 천계적 교리》에서도 말한 바가 있습니다.*1)

306. 천계로부터 가르침을 받는 것인데, 태고시대의 사람들은 내

---

*1) 그러므로 "처음과 나중"이라는 말씀은 전체적인 것이든 개별적인 것이든 즉 전부를 뜻한다(10044·10329·10335항).
따라서 가장 외적인 것 안에는 힘과 능력이 있다(9836항).
문자적인 뜻으로 성경말씀은 자연적이다(8783항).
이런 이유 때문에 자연적이다는 것은 영적인 것이나 천계적인 것이 내재해 있는 궁극적인 것을 가리킨다. 그리고 그와 같은 내면적인 것들은 마치 집이 초석 위에 건축되듯이 궁극적인 것에서 완결되고 그것들은 거기에서 쉼을 얻는다(9430·9433·9824·10044·10436항).
성경말씀이 이러기 위해서 그것은 전적으로 대응에 의하여 구성되었다(1404·1408·1409·1540·1619·1659·1709·1783·8615·10687항).
성경말씀은 문자적인 뜻으로 이와 같기 때문에, 그것은 영적인 뜻이나 천계적인 뜻을 내포한다(9407항).
성경말씀은 사람과 천사 양자에게 적용된다(1769-1772·1887·2143·2157·2275·2333·2395·2540·2541·2547·2553·7381·8862·10322항).
천계와 이 땅을 하나로 만드는 것이 바로 성경말씀이다(2310·2495·9212·9216·9357·9396·10375항).
주님과 사람의 결합은 성경말씀을 통한 속뜻에 의하여 이루어진다(10375항).
성경말씀에 속한 개별적인 것이든 전체적인 것이든 이것에 의하여 결합은 존재한다. 따라서 성경말씀은 그 어떤 저작물보다 경이롭다(10632-10634항).

면이 천계를 향하여 열려져 있기 때문에 그들에게는 직접적인 계시가 내려져서 그것에 의해 그 당시 인류는 주님과 결합되어 있었다는 것입니다. 그 후에 직접적인 계시가 없어지고 간접적인 계시 즉 대응에 의한 계시가 있게 되었습니다. 그래서 그 당시의 신령예배는 모두 대응에 의해서 행해졌습니다. 그래서 당시의 교회를 표징적 교회(表徵的 敎會)라고 부릅니다. 왜냐하면 그들은 대응이나, 또는 표징이 무엇인지 잘 알고 있었기 때문입니다. 지상의 삼라만상은 천계와 교회에 있는 영적인 것들과 대응 또는 표징이 되어 있었습니다. 그런즉 그들의 예배의 외적인 모양이기도 한 자연계는 영적인 것에 관해서 천사들과 함께 생각하기 위한 매개체로써 봉사하였습니다. 대응과 표징의 지식이 희박해졌기 때문에 그 후에 성경말씀(聖글)이 기록되게 되었습니다. 성경말씀 안에 있는 낱말과 그 하나 하나의 의미는 대응들이며, 그 대응은 천사들이 내재해 있는 영적 또는 내적 의미들을 내포하고 있습니다. 따라서 사람이 성경말씀을 읽을 때 문자상의 의미 또는 외적 의미로 지각하는 것을 천사들은 속뜻 또는 영적 의미(靈意)로 지각합니다. 왜냐하면 천사의 생각은 그 하나 하나가 다 영적이지만 사람의 생각은 자연적이기 때문입니다. 그런데 그 둘이 서로 다르게 보이지만 대응되고 있다는 점에서 하나입니다.

성경말씀이 문자로 쓰여졌기 때문에 주님은 그것에 의하여 사람과 말을 한다(10290항).
교회와 또 주님은 성경말씀에 의하여 알 수 있다. 그리고 교회밖에 있는 사람들과의 관계에서 보면, 거기에는 성언이 없고, 따라서 주님을 잘 알 수 없다는 것은 그것은 마치 사람 안에 있는 폐장과 심장을 육신의 다른 부분과 비교하는 것과 같은데, 육신의 다른 부분들은 그들의 생명의 원천인 그것들로 말미암아 살아간다(637·931·2054·2853항).
주님 안전에서 보편적 교회는 한 사람과 같다(7396·9276항).
따라서 성언이 있는 교회가 이 땅에 존재하지 않는다면, 또 성언에 의하여 이 땅에서 주님을 알지 못한다면 인류는 여기서 멸망할 것이다(468·637·931·4545·10452항).

이런 까닭에 사람이 천계를 등지고 천계와의 연결대(連結帶)를 끊어버렸을 때 주님은 성경말씀을 매개체로 해서 천계와 사람을 묶어서 서로 관계가 회복되도록 섭리하셨습니다.

307. 성경말씀에 의해서 천계와 사람이 어떻게 연결을 가지고 있는가를 몇몇 말씀들을 가지고 설명해 보겠습니다. 묵시록에서는 "새 예루살렘"이 이렇게 기술되었습니다.

> 나는 새 하늘과 새 땅을 보았습니다. 이전의 하늘과 이전의 땅이 사라지고, 바다도 없어졌습니다. 나는 또, 거룩한 도시 새 예루살렘이 남편을 위하여 단장한 신부와 같이 차리고, 하나님께로부터 하늘에서 내려오는 것을 보았습니다. …그 도시는 네모가 반듯하고, 가로와 세로가 같았습니다. 그가 자막대기로 그 도시를 재어 보니, 가로와 세로와 높이가 서로 똑같이 만 이천 스타디온이었습니다. 또 그가 성벽을 재어 보니, 사람의 치수로 백사십사 규빗이었는데, 그것은 천사의 치수이기도 합니다. 그 성벽은 벽옥으로 쌓았고, 도시는 맑은 수정과 같은 순금으로 되어 있었습니다. 그 성벽의 주춧돌은 각색 보석으로 꾸며져 있었습니다. …또 열두 대문은 열두 진주로 되어 있는데, 그 대문들이 각각 진주 한 개로 되어 있었습니다. 도시의 넓은 거리는 맑은 수정과 같은 순금이었습니다.
> (묵시록 21:1, 2, 16-19, 21)

위의 말씀들을 읽을 때 사람은 문자대로 밖에는 해석하지 못합니다. 즉 보이는 하늘과 땅이 사라져 없어지고, 새로운 하늘이 나타나고 새로운 땅 위에 거룩한 도성 예루살렘이 내려온다는 것, 그것도 거기 기록되어 있는 대로의 치수에 의해서 되어 있다는 것 외에는 아무것도 모릅니다. 그러나 사람과 같이 하는 천사들은 전혀 다른 식으로 해석하고 깨닫습니다. 사람이 자연적으로 생각하는 것을 그들은 모두 영적으로 생각하는 것이지요.

〔2〕"새 하늘과 새 땅"을 그들은 새로운 교회로 이해합니다. "하나

님에게서 나와 하늘에서 내려온 예루살렘 성"을 그들은 주님께서 계시하시는 천계적인 교리로 이해합니다. 그 각각 일만 이천 스타디온 되는 장·광·고"(長·廣·高)를 그들은 그 교리가 품고 있는 모든 선과 진리로 이해합니다. "성"(城)은 교리를 지키고 보존하는 진리로 이해하고, "성벽을 측량하니 백 사십사 규빗이었다"는 말과 그것은 "인간의 척량이요 천사의 척량"이라고 한 말은 교리를 지키고 있는 진리 전체를 의미함과 동시에 그 진리의 내용으로 그들은 이해합니다. "진주로 된 열두 대문"은 입문적(入門的) 진리로 이해하고, "각색 보석으로 꾸며진 성벽의 기초"는 교회의 토대가 되고 있는 지식으로 이해하고, 성의 길과 거리를 이루고 있는 "맑은 유리 같은 순금"은 교리와 그 진리가 비쳐 나오는 사랑의 선으로 이해합니다. 사람이 받아들이는 내용과는 달리, 천사들은 이상 말한 내용으로 지각합니다. 사람의 자연적 관념은 성경말씀에 속한 문자적인 지식 없이도 천사에게서는 영적 관념으로 바뀝니다. 천사는 "새 하늘과 새 땅"이라든가 "새로운 성 예루살렘"이라든가 "도성의 성벽, 성벽의 기초"와 "그 치수"와 같은 성경말씀의 문자적인 뜻에 관해서는 아무 것도 모릅니다. 그럼에도 불구하고 천사들의 사상은 사람의 사상에 대응되기 때문에 동일합니다. 그것은 마치 말하고 있는 개개의 낱말과 듣고 있는 사람의 이해 사이의 관계와 비슷합니다. 즉 듣고 있는 사람은 말하는 사람의 말 하나 하나에는 주의하지 않고 그 뜻을 이해하려고 하는 것과 같습니다. 이상에서 볼 때 우리는 천계가 성경말씀에 의하여 어떻게 사람과 결합하는지를 잘 알 수 있습니다.
〔3〕 성경말씀에서 그 예를 하나 들겠습니다.

그 날이 오면,
이집트에서 앗시리아로 통하는 큰 길이 생겨,
앗시리아 사람은 이집트로 가고
이집트 사람은 앗시리아로 갈 것이며,

제1편 천 계   265

이집트 사람이 앗시리아 사람과 함께
주님을 경배할 것이다.
그 날이 오면,
이스라엘과 이집트와 앗시리아,
이 세 나라가 이 세상 모든 나라에
복을 주게 될 것이다.
만군의 주께서
이 세 나라에 복을 주며 이르시기를
"나의 백성 이집트야,
나의 손으로 지은 앗시리아야,
나의 소유 이스라엘아,
복을 받아라" 하실 것이다.
(이사야 19:23-25)

인용한 말씀을 읽어 보면 사람이 생각하는 내용과 천사들이 생각하는 내용을 성경말씀의 문자의(文字意)와 그것의 속뜻(內意)에서 밝히 알 수 있겠습니다. 즉 사람은 문자의(文字意)에서 애굽 인과 앗시리아 인이 마음을 고쳐서 주님을 수용하게 되고, 이스라엘 인과 하나가 된다는 식으로 생각이 미치겠지만, 천사는 이 글을 속뜻에 의해서 영적 교회의 영적인 부분이 이스라엘 백성이고 자연적인 부분이 애굽이고 그리고 그 중간의 이성적인 부분이 앗시리아라고 이해합니다.*1) 그럼에도 불구하고 사람의 해석과 천사의 해석이 대응

---

*1) 성경말씀에서 "이집트"나 "이집트 사람"은 자연적인 것 또는 자연적인 지식을 뜻한다(4967·5097·5080·5095·5160·5460·5799·6015·6147·6252·7355·7648·9340·9391항).
"앗시리아"는 합리적인 것을 뜻한다(119·1186항).
"이스라엘"은 영적인 것을 뜻한다(5414·5801·5803·5806·5812·5817·5819·5826·5833·5879·5951·6426·6637·6862·6868·7035·7062·7198·7201·7215·7223·7957·8234·8805·9340항).

에 의해서 하나입니다. 천사는 영적으로 생각하고 사람은 자연적으로 생각해서 그것이 마치 영혼과 육체의 관계처럼 묶여져 있습니다. 성경말씀의 속뜻(內意)이 영혼이고, 성경말씀의 겉뜻(文字意)이 육체입니다. 성경말씀은 어디서나 그렇게 되어 있습니다. 그러니까 성경말씀은 천계와 인간을 묶는 교량 역할을 하고, 문자의는 그 토대와 기초 역할을 합니다.

308. 또한 천계는 성언을 가지고 있지 않는 교회 밖에 있는 사람들에게도 성경말씀을 통해서 결합합니다. 왜냐하면 주님의 교회는 보편적인 교회여서, 신령존재를 시인하고, 인애 안에서 사는 사람이라면 어떤 사람이라도 그와 같이 있기 때문입니다. 그들은 사후에 천사들의 교육을 받아 신령진리를 수용하게 되는데,*1) 이것에 관해서는 이방인(異邦人·heathen)들에 관해서 설명할 장에서 참조하기를 바랍니다. 주님이 보실 때에는 지상의 보편적 교회는 한 사람이고, 그것이 바로 천계입니다(59-72항 참조). 성경말씀을 알고 성경말씀에 의해서 주님을 시인하는 교회는 사람의 폐장과 심장부와 같습니다. 두루 알려져 있는 사실이지만 몸 안에 있는 내장기관이나 사지(四支)는 모두 심장과 폐장으로부터 각양한 경로를 통해 생명을 얻고 있습니다. 사람의 모든 기관들이 그러하듯이 성언을 가지고 있는 교회밖에 있는 인류도 마찬가지입니다. 사람의 천계는 또 성경말

---

*1) 특히 교회는 성경말씀이 있고, 또 그런 교회는 성경말씀에 의하여 주님을 알게 되고, 따라서 그곳에는 천계로부터 신령진리가 계시된다(3857·10761항).

주님의 교회는 그들의 종교에 속한 원칙들에 일치하는 선 안에 사는 전 지구 안에 있는 모두와 같이 한다(3263·6637·10765항).

그들의 종교 원칙들에 일치하는 선 안에 살며, 신령존재를 시인하는 사람은 어디에서든지 주님을 수용한다(2589-2604·2861·2863·3263·4190·4197·6700·9256항).

뿐만 아니라 어디에서 태어났든 모든 어린 아이와 같이 한다(2289-2309·4792항).

씀을 통해서 천계와 멀리 떨어져 있는 사람들과도 연결되고 있습니다. 이것은 중심에서 변두리까지 파급되는 빛에 비할 수 있겠습니다. 성경말씀 안에는 신령한 빛이 있으며, 그 빛 안에 주님께서는 천계와 함께 임재해 계십니다. 주님의 임재를 중심으로 해서 거기서부터 멀리 떨어져 있는 자에게도 빛이 비칩니다. 성경말씀을 가지고 있지 않는 사람들은 다르지만 천계에 있는 모두와 일치하는 천계의 형태와 결연과 교류를 갖는다는 것에 관해서는 앞에서 상술한 바대로 명확하게 알 수 있을 것입니다. 다만 이 비의에 대해서는 영적인 빛 안에 있는 사람은 이해하겠지만 자연적 빛만으로는 이해할 수 없습니다. 왜냐하면 영적인 빛 안에 있는 사람은 자연적인 빛만으로는 볼 수 없는 것 또는 겨우 하나의 어둑하게밖에 보이지 않는 것을 수 없이 많은 모양으로 명확하게 볼 수 있기 때문입니다.

309. 이 지상에 성언(聖言)이 주어지지 않았다면 이 지상의 사람은 천계로부터 분리되었을 것입니다. 만일 천계로부터 분리되었다면 사람은 더 이상 합리적일 수 없었을 것입니다. 왜냐하면 인간의 이성(理性·rational)은 천계의 빛의 입류가 있어야만 비로소 존재하게 되어 있기 때문입니다. 더구나 이 지구상의 사람은, 따로 쓴 작은 책자*[1]에서도 말했지만 다른 지구의 주민들처럼 직접적 계시를 받고 신령진리에 대해서 가르침을 받은 일이 없습니다. 왜냐하면 지구인은 그들과 비교해서 차세적(此世的)이고 외면적이기 때문입니다. 계시를 받는 것은 사람의 내면적인 것입니다. 외면으로 받아들인다면 진리는 이해되지 않습니다. 지구인의 상태는 교회 안에 있는 사람들을 통해서 명백히 알 수 있습니다. 그들은 성경말씀으로 인해서 천계의 사실, 지옥 그리고 사후의 삶에 관해서 알고는 있지만 그럼에도 불구하고 마음으로는 이런 사실들을 부정하고 있습니다. 그들 중

---

*1) 저자의《우주 안에 제지구》를 가리킨다(역자 주).

에는 우수한 학식으로 다른 사람들보다 훨씬 현명하다고 생각되는 사람들도 있습니다.

310. 나는 천사들과 성경말씀에 관해서 여러 번 이야기를 나눈 적이 있는데, 그 때 나는, 어떤 자는 성경말씀이 단순하고 소박한 문체로 쓰여 있어서 경시하고 있지만 성경말씀의 속뜻에 관해서는 아무 것도 모르며 성경말씀 안에 한 없는 지혜가 감추어져 있다고는 믿을 생각도 않는다라고 말했을 때, 천사들은 성경말씀의 문체는 문자적인 뜻으로 보면 지극히 단순하고, 소박한 것 같이 보이지만, 전체적으로나, 개개의 낱말들로나 그것들 안에는 신령지혜가 내재해 있기 때문에 그 우수성에서는 어느 것과 비교될 수 없다는 것과, 천계에서는 그 지혜가 빛을 발하고 빛난다고 대답하였습니다. 그들 천사들이 말하고자 했던 것은 천계에는 빛이 있으며, 그 빛은 신령진리라는 것과 천계에서 이 신령진리가 휘황하게 빛나고 있다는 것입니다(132항 참조). 천사는 또 말을 이어서, 이런 성경말씀이 없었다면 지구인에게는 천계의 빛이 없었을 것이고, 천계와의 결합도 있을 수 없었을 것이라고 말하였습니다. 그 이유는 천계의 빛이 비추는 정도만큼 사람은 천계와 결합이 되고, 또 성경말씀을 통해서 신령진리가 계시되어 오기 때문이다고 하였습니다. 사람은 성경말씀의 자연의(自然意·natural sense)에 대응하는 영의(靈意)를 통해서 그 결합된다는 것도 사람들에게 알려지지 않았을 것이라고 하였습니다. 왜냐하면 우리의 지구인은 천사들의 영적인 사상이나 언어에 관해서 아무 것도 모르고, 그것들이 사람의 자연적인 생각방식과 언어에 동떨어진 것이라는 것도 알지 못하기 때문입니다. 이러한 것을 알지 못한다면 속뜻이 무엇인지를 전혀 알 수 없고 또 속뜻을 통해서 이 둘이 결합된다는 것도 모를 것이다라고 말하였습니다. 또 이어서 만일 사람이 이와 같은 속뜻이 존재한다는 것을 알고 성경말씀을 읽고, 그 때 속뜻에 의해서 생각을 진전시키면 훨씬 심오한 지혜에 도달할 수 있으며, 더더욱 천계와의 결합됨이 증진될 것이고 또 이렇게 해

서 천사들과 같은 생각 안에 들어갈 수 있을 것이다라고 말하였습니다.

제35장
천계와 지옥은 인류에게서 비롯된다

311. 천계와 지옥이 인류로 말미암아 존재하게 되었다는 것은 기독교계에는 전혀 알려지지 않고 있는 사실입니다. 사실을 말하자면 기독교계에서는 천사들이 먼저 창조되고, 그 다음에 천계가 형성되었다고 믿고 있으며, 또한 악마나 사탄은 원래 빛의 천사였지만 그가 반역했으므로 그 패거리들과 함께 내던져졌고, 그들로 인해서 지옥이 생겨졌다고 믿고 있습니다. 천사들은 이런 따위의 신조(信條)가 기독교계에 있다는 것에 경악을 느끼고 있으며, 특히 주도적인 교회의 교리가 되어 있는 천계에 관한 것들은 어느 것이나 깜깜하게 모르고 있다는 것에는 놀라움을 금치 못합니다. 이러한 무지(無知)가 팽배해 있는 까닭에 종말에 이른 교회를 위해서 주님께서 천계와 지옥에 관한 풍성한 정보를 계시하셔서 가능한한 날로 증가해 가는 흑암을 쫓아버리려고 뜻을 정하신 것을 천사들은 매우 기뻐하였습니다.

〔2〕이런 이유 때문에 천사들은, 전체 천계 안에 처음부터 창조된 천사는 하나도 없고, 또 지옥에도 빛의 천사로 창조되었다가 아래로 내던져진 어떤 악마도 없다는 것을 내가 그들에게서 들은대로 선포할 것을 원하였습니다. 천계와 지옥 안에 있는 모두는 인류에게서 비롯된 존재들인데, 천계에는 세상에서 천계적 사랑과 신앙을 가지고 산 자들이 있고, 지옥에는 지옥적인 사랑과 신앙을 가지고 산 자들이 있는데 지옥은 그 전체가 악귀 또는 사탄이라고 불리어집니다.

뒤에 있는 지옥 이곳에는 악귀들이 있는데 이 지옥을 악마라고 명명했고, 전면에 있는 지옥 즉 악령들이라고 불리는 자들이 있는 그 곳을 사탄이라고 명명하였습니다.*1) 이 지옥들의 성격에 관해서는 뒤에 가서 설명드리겠습니다.

〔3〕 이 세상의 기독교계가 천계와 지옥에 관하여 그런 잘못된 신조를 가지고 있는 까닭은 성경말씀의 어떤 구절들을 문자의(文字意)로 밖에 취하지 않으며, 성경말씀에서 비롯된 올바른 교리에 의해서 해석하지 않기 때문이라고 천사들은 말하였습니다. 성경말씀의 문자상의 의미는 올바른 교리에 의해서 비추어지지 않을 때 사람의 마음을 각양한 방향으로 끌고가서, 그 혼미한 상태에서 무지와 이단 사상 그리고 오류가 생겨지게 합니다.*2)

312. 교회인들은 아무도 최후심판 때까지는 천계에도, 지옥에도 가지 않는다고 믿는 것에서 그 신조를 유추하였습니다. 또 최후심판 때에는 모든 보이는 것들이 파멸되고, 새 것들이 존재하게 된다는 소견을 가지고 있습니다. 그 때에 영혼들이 그 몸 안으로 돌아오고

---

*1) 지옥을 하나로 합쳐서, 즉 지옥적인 것들을 하나로 합쳐서 악귀 또는 사탄이라고 부른다(694항).
이 세상에서 악귀였던 사람들은 사후 악귀가 된다(968항).

*2) 교회의 교리는 성경말씀에서 끌어내야 한다(3464·5402·6822·6832·10763·10765항).
교리가 없이는 성경말씀은 이해되지 않는다(9025·9409·9424·9430·10324·10431·10582항).
참된 교리는 성경말씀을 읽는 사람에게 등불이다(10400항).
순수한 교리는 주님에 의하여 조요된 사람들에게 비롯된다(2510·2516·2519·9424·10105항).
교리가 없이 문자적인 뜻 안에만 있는 사람들은 신령진리의 이해에 들어올 수 없다(9409·9410·10582항).
그들은 수많은 오류에 빠져든다(10431항).
성경말씀에서 비롯된 교회의 교리로 가르치고, 또 배우는 사람과 성경말씀의 문자석인 뜻으로 말미암아 가르치고, 배우는 사람과의 차이섬(9025항).

그 혼과 육의 재결합으로 다시 사람은 한 사람으로 살게 된다고 믿고 있습니다. 왜냐하면 이 신조는 또 다른 신조 즉 천사들은 시초부터 그렇게 창조되었으며 세상 끝날까지는 아무도 거기 갈 수 없다고 믿고 있으므로 천계와 지옥이 인류로 말미암아 존재한다고 믿는다는 것은 불가능합니다.

[2] 그러나 이것이 진실하지 않다는 것을 사람들이 깨닫게 하기 위해서 나는 수년 동안 천사들과 교제하고 또 지옥에 있는 자들과 대화하는 것이 허락되었습니다. 어떤 때는 아침부터 저녁까지 계속하여 천계와 지옥에 관한 정보를 얻었습니다. 이것은 교회에 속한 사람들이 더 이상 잘못된 신조 즉 최후심판 때 있을 부활과 그 때까지의 중간 상태, 그리고 천사들과 악마들에 대한 잘못된 신조가 계속되지 않게 하기 위해서 나에게 허락된 경험입니다. 이 신조가 마음을 흑암 속에 끌어들이는 거짓된 것을 믿는 신조이기 때문에, 자기들의 이지로 이것들을 생각하는 사람들에게 있어서는 의심을 생기게 하고 마침내는 부정을 자아내게 합니다. 왜냐하면 그들은 심중에서 "그렇게 많은 성좌(星座)들과 해와 달이 있는 그 광대한 하늘이 어떻게 파괴되고 소산(消散)될 수 있을까? 지구 보다 큰 별들이 어떻게 하늘에서 지구 위에 떨어져 내려올 수 있을까? 벌레 먹고 썩어 없어진 몸이 이제는 바람에 사방으로 흩어져 버렸는데 어떻게 그것이 영혼들에게 다시 모아질 수 있을까?"라고 말을 할 것이기 때문입니다.

[3] 그 밖에도 여러 가지 유사한 것들을 말할 수 있겠습니다. 이해되지 않는 것은 믿어지지 않는다는 것, 사후의 영혼의 생명에 관한 신조와 천계와 지옥에 관한 신조 그리고 교회의 신앙에 속한 많은 다른 사실들에 관한 신조들을 파괴하는 것 등등 유사한 것들을 말할 것입니다. 이 신조가 파괴되었다는 것은 다음과 같이 말하고 있는 사실에서 명백해집니다. "누가 천계로부터 우리에게 와서 천계가 있다고 말해 준 적이 있는가? 지옥이 무엇인가? 그런 것이 있는가?

사람이 불 가운데서 영원히 고문을 받는다는 것이 무슨 말인가? 최후심판의 날이란 무엇인가? 수년 동안 우리가 헛되게 기대를 했던 것은 아닌가?" 그 밖에도 사물을 부정하는데 통하는 많은 생각들이 있겠습니다.

〔4〕이 세상의 지혜로 지식인(知識人)이라든가 학자라고 여기는 많은 사람들이 이상과 같은 생각으로 신앙을 가진 단순한 사람들을 혼미케 하고 오도(誤導)해서, 하나님에 대해서나 천계에 대해서 또 영원한 생명에 대한 등등의 생각을 지옥의 암흑 속으로 끌어들이지 못하게 하시려고 주님은 내 영의 내면을 열어 주셨습니다. 나는 이 세상을 떠나간 많은 생전의 친지들과 이야기를 하였습니다. 수일간 서로 이야기한 사람 또는 몇달, 몇년 동안이나 이야기를 나눈 사람도 있었습니다. 그 밖에도 많은 사람들이 있었는데 십만 명이라고 해도 과언은 아닙니다. 즉 그들은 천계에 있는 사람이나 지옥에 있는 사람 등등 아주 많은 수의 사람들이었습니다. 나는 죽은지 이틀이 된 어떤 사람들과 이야기를 하였습니다. 그들에게 지금 매장을 위한 장례의식이 준비되고 있다고 그들에게 말해 주었더니 이렇게 말하는 것이었습니다. 즉 세상에서 그들을 위해서 봉사하던 육체가 육체의 기능을 버린다는 것은 좋은 일입니다. 우리들은 지금 죽어 있는 것이 아니고 이전과 같이 사람으로서 살고 있다는 것을 전해 주시면 고맙겠습니다. 한 세상에서 다른 세상으로 이주(移住)해 온 것에 지나지 않아서, 우리들은 어느 것도 잃은 것이 있다고는 생각지 않습니다. 이전과 같이 몸도 감각도 있고, 이해와 의지도 전과 같습니다. 생각도 정동도 또는 열망도 세상에 있을 때와 꼭 같다고 하였습니다.

〔5〕사람은 대부분의 경우 죽은 직후에 자기가 전과 같이, 더구나 같은 상태의 사람으로서 살고 있음을 보게 됩니다(그 까닭은 사람이 사후 처음에는 각자가 이 세상에서 가지고 있던 것과 꼭같은 생명의 상태를 유지하고 있으며, 그것이 점차로 변해서 천계에나 지옥을 향

해 가게 되기 때문이다). 그 때 그들은 이렇게 될 줄은 꿈에도 생각해 보지 않았다고 말하면서 살아 있다는 것에 대한 새로운 기쁨에 감동하였습니다. 더구나 사람의 사후 생명에 대해서 이렇듯 무지몽매하고 장님이었다는 것에 그들은 아주 놀라워합니다. 특별히 무지몽매와 소경으로 있었던 교회에 속한 사람이 전 세계의 어떤 사람보다 이런 사항들에 관해서 밝히 깨우쳐졌을 때 그 놀라움이 한층 더합니다.*1) 그 때 비로소 그들은 이상과 같은 자기들의 무지와 맹목의 원인들을 알아차리게 되는데, 그 원인은 세상적이고 육적인 겉껍데기 것들로 마음이 점령되어, 그것들로 꽉 차 있기 때문입니다. 그래서 천계의 빛 안에 올리워지는 것이나 교회가 가르치는 것 이상의 것을 지각하는 것이 불가능합니다. 오늘날과 같이 육적인 것이나 세상적인 것을 사랑하고 있으면 그같은 잘못된 교리에서 빠져 나오려고 해도 침노해 들어오는 것은 암흑 외에 아무것도 없습니다.

313. 기독교계 출신의 많은 지식인들은 죽은 후에 자기가 세상에

---

*1) 오늘날 기독교계에는 사람이 사후 즉시 살아 움직인다는 것을 믿는 사람은 거의 없다(창세기 영해 16장 서문·4622·10758항). 그러나 가시적인 것이 세상이 멸망하는 최후심판의 날에 다시 살 것을 믿는다(10595항). 이 같은 신조의 원인들(10595·10758항).
그렇지만 사람은 사후 즉시 다시 살며, 그 때 그 사람은 모든 면에서 그리고 지극히 적은 면에서까지 하나의 사람이다(4527·5006·5078·8939·8991·10594·10758항).
사후 죽지 않고 사는 영은 그 사람의 영혼이다. 그것은 그 사람 안에 있는 바로 그 사람 자신이다. 그리고 저 세상에서 그것은 하나의 완전한 인간 형체 안에 존재한다(322·1880·1881·3633·4622·4735·5883·6054·6605·6626·7021·10594항). 경험에 의한 실증(4527·5006·8939항). 성경말씀에 의한 실증(10597항).
죽은 사람이 뜻하는 바가 거룩한 도시에서 보여졌다(마태 27:53). 그것의 설명(9229항).
사람이 죽음에서 살아나는 방법들 그리고 경험들(168-189항).
부활 뒤의 사람의 상태(317-319·3119·5079·10596항).
영혼과 영혼부활의 잘못된 견해들(444·445·4527·4622·4658항).

있었을 때와 같이 육체를 가지고 있고, 몸에 옷을 걸치고 있으며, 집에 살고 있는 것을 발견하고 화들짝 놀랍니다. 그리고 나서 사후의 생명과 혼과 영 그리고 천계와 지옥에 대해서 전에 생각하고 있던 것이 되살아날 때 그들은 몹시 부끄러워 하고, 자기가 미련하게 생각했다고 고백하며, 오히려 단순한 신앙을 가진 사람들이 자기들 보다 더 지혜를 가지고 있었다는 것을 인정합니다. 이 점에 제나름대로 깨달음을 가지고 만사를 자연의 힘에 돌리고 있던 지식인이 있었는데, 그의 속마음이 까발겨졌습니다. 그들의 내면적인 것은 전적으로 닫혀 있고, 외면적인 것이 열려 있어서, 그 때문에 천계에는 눈을 돌릴 수 없고 이 세상과 지옥에만 눈을 돌리고 있다는 것이 드러났습니다. 다시 말해서 사람은 내면적인 것이 열려져 있으면 있을수록 천계를 향해서 눈을 돌리는 반면에 내면적인 것이 닫혀지고 외면적인 것이 열려 있으면 있을수록 지옥을 향해서 눈이 돌려지기 때문입니다. 왜냐하면 사람의 내면적인 것은 모두 천계의 것을 받아들이도록 그 형체가 형성되어 있지만 그 외면적인 것은 모두 이 세상의 것을 받아들이도록 형성되어 있기 때문입니다. 그리고 이 세상을 받아들이는 사람은 그것과 동시에 천계를 받아들일 수 없고 오히려 지옥을 받아들이게 됩니다.*1)

314. 천계가 인류에서 비롯되었다는 것은 이해하고, 지각하고 또 의도할 수 있는 능력을 향유하는 천사의 마음과 사람의 마음이 서로 닮았다는 것에서, 그리고 양자 모두가 천계를 받아들이도록 지어졌다는 사실에서 명백합니다. 왜냐하면 사람의 마음은 천사의 마음과 같이 지혜로울 수 있기 때문입니다. 다만 사람은 이 세상에서 그만

---

*1) 사람 안에서 영계와 자연계는 결합된다(6057항).
  사람의 내적인 것들은 천계의 형상으로 이루어지고, 외적인 것들은 이 세상의 형상으로 이루어진다(3628·4523·4524·6013·6057·9706·10156·10472항).

한 지혜를 가지지 못하는 것은 흙으로 된 육체 안에 있으므로 영적인 마음은 자연적으로만 생각하기 때문입니다. 그러나 그 자연적인 마음도 육체의 사슬에서 해방된다면 사정은 다릅니다. 그 때에는 사람이 벌써 자연적이 아니고 영적으로 생각합니다. 영적으로 생각하는 그 생각들은 자연적인 사람에게는 이해할 수도 없고 또 필설로 다 할 수 없는 것을 꼭 천사들처럼 경험하게 됩니다. 여기서 알게 되는 것은 영이라고 일컫는 사람의 내면은 그 본질에서는 천사다는 것입니다*1)(57항 참조). 흙에서 온 육체로부터 해방되면 사람은 천사와 같은 양식의 인간형을 지닙니다(천사가 완전한 사람의 형체를 가지고 있다는 것에 대해서는 73항 참조). 그러나 인간의 내면이 높은 차원으로 열려져 있지 않고 낮은 차원으로 열려져 있으면 육체로부터 놓여진 후에 사람의 형상은 하고 있으나 그것이 무서운 악마의 형상입니다. 왜냐하면 위에 있는 천계를 향해 눈을 올려 뜰 수 없고, 다만 아래에 있는 지옥을 향해서만 눈을 뜰 수밖에 없기 때문입니다.

315. 신령질서에 관해서 가르침을 받은 자는 누구나 사람이 천사가 되도록 창조되었다는 것을 이해할 수 있습니다. 그 까닭은 질서의 궁극적인 것이 사람 안에 있기 때문입니다(304항 참조). 즉 사람 안에 천계적이고 천사적인 지혜에 속한 것이 형성되고 쇄신되어 증가될 수 있기 때문입니다. 신령질서는 궁극적인 것을 떠나서 어떤

---

*1) 사람 안에는 천계의 계도 만큼 수많은 계도가 있고, 그것들은 사후 그 사람의 생명에 일치하여 개방된다(3747·9594항).
천계는 사람 안에 내재한다(3884항).
사랑이나 인애의 삶을 산 사람은 그들 안에 천사적 지혜를 소유하는데, 비록 그것이 숨겨진 시간의 것이라 하더라도 사후 그들은 그 지혜에 들어온다(2494항).
주님으로부터 사랑의 선이나 또는 믿음의 선을 받은 사람을 성경말씀에서 천사라고 불렀다(10528항).

것을 형성하기 위해서 중도에 멈추는 법이 없습니다. 왜냐하면 중도에는 충만하고 완전한 것이 없으므로 궁극적인 것에까지 진전하기 때문입니다. 신령질서는 궁극적인 것에서 한 형상을 가지게 되면, 거기서 수집된 방편들에 의하여 그 자체를 쇄신하며 또 그 자체를 계속 생산합니다. 다시 말해서 범창조(凡創造·procreation)를 통해서 그것의 형성과 쇄신 그리고 번식을 성취합니다. 그러므로 천계의 씨밭(the seed-ground)은 궁극적인 것입니다.

316. 주님은 영으로만이 아니라 몸으로도 부활하셨습니다. 왜냐하면 주님은 이 세상에 계셨을 때 당신의 전인간을 영화(영광화·榮化)하셔서 신령존재가 되셨기 때문입니다. 아버지에게서 비롯된 주님께서 소유한 영혼은 그 자체가 신령 그 자체였으며 주님의 몸도 그 영혼도 신령 자체였습니다. 그렇기 때문에 어떤 사람과도 다르게 주님께서는 영과 육 양면에서 부활하셨습니다.*[1] 그래서 주님을 보고 영을 본다고 생각했던 제자들에게 똑똑히 자신을 보이시며 말씀하셨습니다.

> 내 손과 내 발을 보아라. 바로 나다. 나를 만져 보아라. 유령은 살과 뼈가 없지만, 너희가 보다시피, 나는 살과 뼈가 있지 않으냐?
> (누가 24:39)

이 말씀으로 주님은 당신이 영만이 아니라 육체에 있어서도 사람이신 것을 보여 주셨습니다.

317. 사람은 사후에도 살아 있으며, 이 세상에서 가지고 있던 생명의 상태에 따라 천계에 아니면 지옥에 갑니다. 이것을 알게 해 주

---

*1) 사람은 오직 영으로만 다시 산다(10593·10594항).
  오직 주님만이 홀로 그분의 몸으로도 다시 사셨다(1729·2083·5078·10825항).

시려고 사람의 사후 상태에 관해서 나는 그에 관한 많은 정보를 받았습니다. 이것에 관해서는 〈영들의 세계〉를 다룰 제이편에서 차근차근 정연하게 설명하겠습니다.

제36장
천계에 있는 이방인 즉 교회 밖의 사람들

318. 교회 밖에서 태어난 이방인(異邦人) 또는 이교도(異敎徒)라고 불리는 사람들이 있는데, 그들은 성경말씀을 가지고 있지 않아서 주님에 관해서 아는 바가 전혀 없고, 그 까닭에 주님을 떠났으므로, 이런 사람에게는 구원이 없다는 일반적 견해가 있습니다. 그러나 이들도 구원받을 수 있다는 것은 아래의 사실들이 명확하게 합니다. 그것은, 주님의 자비는 우주적이라는 것 즉 모든 개개인에게까지 퍼져나갔다는 것, 또 상대적으로 교회 안에 태어난 사람은 적기는 하지만, 그들과 꼭같다는 것, 그리고 주님을 모르는 것이 그들 자신의 잘못이 아니라는 점 등입니다. 빛을 받은 이성으로 생각해 보면 누구나 알 수 있는 일인데, 지옥에 가기 위해서 태어난 사람이 있을 리가 없습니다. 왜냐하면 주님은 사랑 자체이시고, 그 사랑은 전 인류를 구원하시고자 원하는 사랑이기 때문입니다. 그래서 주님께서는 만민에게 종교를 주셨고, 또 그 종교에 의해서 신령존재와 내면적인 생명을 미리 준비하셨습니다. 왜냐하면 자신의 종교에 따라서 산다는 것은 내면적으로 살고 신령존재에게 눈을 돌려 우러르는 삶이기 때문입니다. 사람은 신령존재에게 눈을 우러르면 우러를수록 이 세상에는 눈을 돌리지 않고 그 만큼 외면적 생명인 현세의 삶에서부터 마음을 격리, 분리시키게 됩니다.*[1]

319. 이교도라 할지라도 기독교도들과 같이 구원받을 수 있다는

것은 사람 안에 천계가 있다는 사실을 안다면 명확히 이해할 것입니다. 왜냐하면 천계는 사람 안에 있고 자기 자신들 안에 천계를 가지고 있는 사람은 천계에 가기 때문입니다. 사람 안에 있는 천계란 신령존재를 시인하고 신령존재에게 인도되는 것을 말합니다. 어떤 종교라 할지라도 그 발판이 되고 으뜸가는 것으로 내걸고 있는 것은 신령존재를 시인하는 것입니다. 신령존재를 시인하지 않는 종교는 종교가 아닙니다. 종교에는 모두 계율이 있는데, 그 계율은 신령존재를 예배하도록 사람들을 제도하는 것이고 또 신령존재에게 받아들여지는 신령예배를 드리는 것입니다. 이것이 사람의 마음에 싹트게 되면 그것을 뜻하게 되는데 즉 그것을 사랑하게 되는데, 그렇게 되면 될수록 사람은 주님에 의해서 인도를 받게 됩니다. 이교도는 기독교도와 같이 도덕적 삶을 영위하고 있으며, 때로는 기독교도들 보다 더 훌륭한 도덕 기준을 엄수하는 경우도 많다는 것은 두루 알려져 있는 사실입니다. 도덕적 생활을 하는 목적은 신령존재를 위한다는 것이거나 아니면 이 세상 사람들을 위한 것입니다. 신령존재를 위해서 영위되는 삶은 영적 생명이 됩니다. 외면적으로는 서로 아주 비슷하지만 내면적으로는 매우 다릅니다. 즉 한편은 사람을 구원하는 것이 되지만 다른 편은 사람을 구원할 수 없습니다. 그 까닭은 신령

---

*1) 이방인도 기독교도들과 꼭같이 구원받는다(932·1032·1059·2284·2589·2590·3778·4190·4197항).
저 세상에 있는 교회 밖의 수많은 민족이나 백성들(2589-2604항).
성전이 있는 곳에는 특히 교회가 있으며, 그것에 의하여 주님을 알 수 있다(3857·10761항).
그럼에도 불구하고 성언이 존재하는 곳이나, 주님이 알려진 곳에 태어난 사람들은 교회 때문이 아니라, 인애에 속한 삶이나 믿음에 속한 삶을 살기 때문이다(6637·10143·10153·10578·10645·10829항).
주님의 교회는 그들의 종교에 일치하는 선 안에서 살고, 또 신령존재를 시인하는 이 세상에 있는 모두와 같이 한다. 그리고 이런 부류의 사람들을 수님께서 영섭하고, 그늘은 천계에 늘어간다(2589-2604·2861·2863·3263·4190·4197·6700·9256항).

존재를 목적해서 도덕생활을 하는 자는 신령존재에 의해서 인도되지만, 이 세상을 목적해서 도덕생활을 하는 사람들은 자기 자신에 의한 인도를 받기 때문입니다.

[2] 예를 들어 설명하겠습니다. 자기가 신봉하는 종교 때문에 즉 신령존재에게 반대가 되므로 이웃에게 악한 일을 하지 않는 사람은 영적인 동기에서 악행을 하지 않는 사람입니다. 그러나 법률이라든가 체면이나 명예를 잃는 것이 두려워서 또는 이해관계 때문에 즉 자신과 세상을 위한다는 이유만으로 타인에게 악행을 하지 않는 사람은 자연적인 동기에서 악한 일을 하지 않는 사람이므로 자기 자신에 의한 인도를 받습니다. 전자의 생명은 영적 생명이지만 후자의 경우는 자연적인 생명입니다. 사람의 도덕적 생명이 영적이라면 그 사람은 자기 안에 천계를 간직하게 되지만, 사람의 도덕적 생명이 다만 자연적인 것 뿐이라면 그 사람은 자기 안에 천계를 간직할 수 없습니다. 그 이유는 이렇습니다. 천계는 위로부터 입류하여 사람의 내면적인 것을 열고 그 내면적인 것을 통해서 외면적인 것에까지 침투해 가는 반면에 이 세상은 아래서부터 침투하여 외면적인 것을 열지만 내면적인 것은 열지 못합니다. 그 까닭은 입류가 자연적 세계로부터 영적인 세계를 향해서 흐르는 것이 아니라, 영적 세계에서부터 자연적 세계에로 향하는 것이기 때문입니다. 그래서 사람이 그 때 동시에 천계를 받아들이지 않는 경우가 되면 내면적인 것은 닫혀진 채로 남게 됩니다. 그런즉 천계를 자기 안에 간직하는 사람과 그렇지 않은 사람은 확실하게 구별됩니다.

[3] 사람 안에 간직된 천계라고 해도 모두 다 같은 것은 아닙니다. 그 각각 가지고 있는 선의 정동과 그것에서 비롯되는 진리의 정동에 따라서 서로 등차가 있습니다. 신령존재를 섬기며 선의 정동을 간직하고 있는 사람은 신령진리를 사랑합니다. 그 까닭은 선과 진리는 서로가 사랑하고 합일되기를 원하기 때문입니다.*[1] 이런 이유로 이방인의 경우 이 세상에서는 순수한 진리를 가지고 있지 않지만 사랑

을 가지고 있는 까닭에 내세에서는 그 순수한 진리를 수용할 수 있게 됩니다.

320. 이 세상에서 자기의 종교를 충직하게 간직하며, 인애의 선 안에서 살아온 한 이교도가 기독교도들이 신조들에 관해서 무엇을 믿어야 할 것인가를 논의하는 것을 듣고 있다가(영들은 특히 선과 진리에 관해서는 사람들 보다 훨씬 상세하고 치밀하게 논의한다) 그 논의하는 모양을 보고 놀라서 "그런 이야기라면 듣기도 싫소. 왜 그러냐 하면 외모나 위장을 가지고 머리를 쓰고 있군요." 그리고 다시 그들에게 "내가 만일 선한 사람이라면 그 선으로 말미암아 진리를 알 수 있을 것이고 만일 모른다면 그대로 받아들이면 될 것 아닙니까!"라고 말하였습니다.

321. 이런 저런 기회에 배운 것이지만, 이교도의 경우 도덕적 삶을 살고, 자기의 종교에 따라서 충직하게 순종하며 친절하게 살면서 양심적이라면 그 사람은 내세에 받아들여져서, 천사들에게 믿음의 선과 진리를 기초로 해서 친절하고 예의 바르게 가르침을 받을 것입니다. 그들은 가르침을 받는대로 겸손하게 더구나 이지와 지혜에 따라서 행동하고 손쉽게 진리를 받아들여서 자기 것으로 삼습니다. 그들은 또 기독교도들이 곧잘 보통 사람들 보다 자기와 다른 사상을 존중하지 않는 것처럼 믿음의 진리에 반대되는 것을 자기들을 위해서 역설하며, 또 그것에 대해서 논의하는 것 같은 일, 또는 주님에게 반역이 되게 걸림돌을 놓는 일은 없습니다. 그뿐이 아닙니다. 이교도의 경우 하나님이 사람(a Man)이 되어 이 세상에 당신 자신을 나타

---

*1) 선과 진리 사이에는 혼인이 존재한다(1904·2173·2508항).
  선과 진리는 결합하기 위하여 영원한 애씀 안에 있으며, 선은 진리를 사모하고 또 그것과 결합하기를 소망한다(9206·9207·9495항).
  선과 진리의 결합이 어떻게 이루어지고, 또 누구에게서 이루어지는가 (3834·3843·4096·4097·4301·4345·4353·4364·4368·5365·7623-7627·9258항).

내셨다는 말을 들으면 그 자리에서 그것을 시인하고 주님을 예배합니다. 왜냐하면 하나님은 천지(天地)의 하나님이고 인류는 하나님의 것이기 때문에, 하나님 당신 자신을 빈 구석이 없이 나타내셨구나 하고 말합니다.*¹⁾ 주님을 떠나서는 구원이 없다는 것은 신령진리입니다. 이 말은 주님에 의하지 않고는 구원이 있을 수 없다는 말입니다. 우주에는 수 많은 지구들이 있으며 거기 사는 사람들도 아주 많지만 우리들의 지구에만 주님께서 인간을 입으시고 오셨다는 사실을 아는 이는 별로 없습니다. 그렇지만 그 다른 지구의 주민들은 모두 주님의 형상을 우러러 예배하고 받아들여서 주님에 의해서 인도됩니다. 이것에 관해서는 《우주 안의 제 지구》라는 소책자를 참고해 주기를 바랍니다.

322. 기독교도의 경우와 마찬가지로 이교도들 중에는 지혜롭고 소박한 사람들이 있습니다. 그들의 상태를 알아볼 기회가 주어져서 장장 몇 시간이고 몇 날이고 이야기를 교환하였습니다. 그러나 현재에는 예전처럼 지혜를 가진 자는 없습니다. 그러한 사람은 특히 고대교회(古代敎會·the Ancient Church)에 있었는데, 이 교회도 아세아

---

*1) 이교도가 있는 선과 기독교가 있는 선의 차이점(4189·4197항).
이교도와 같이 하는 진리(3263·3778·4190항).
내면적인 것은 기독교도에게서와 같이 이방인에게 닫혀질 수 없다(9256항).
그들의 종교에 따라서 상호적인 인애 안에 사는 이방인에게는 전혀 인애적인 삶을 살지 않는 기독교도들처럼 그렇게 두꺼운 구름은 존재하지 않는다. 그리고 그런 이유들(1059·9256항).
이방인들은 기독교도들이 저지르는 것처럼 교회에 속한 거룩한 것을 모독하지 않는다. 왜냐하면 그들은 그런 것에 관해서 무지(無知)하기 때문이다(1327·1328·2051항).
그들은 그들의 삶 때문에 기독교도의 두려움을 가지고 있다(2596·2597항).
그들의 종교에 일치하는 바른 삶을 산 사람들은 천사들에 의해서 가르침을 받고 또 그들은 쾌히 믿음에 속한 진리를 수용하고, 또 주님을 시인한다(2049·2595·2598·2600·2601·2603·2861·3263항).

대륙 전토에 뻗쳐나가서, 그 고대 교회로부터 많은 이교도들에게 종교가 퍼져나갔습니다. 그들의 형편을 알기 위해서 현명한 몇 사람과 친숙하게 이야기하는 것이 나에게 허락되었습니다. 내가 만난 옛 현인들 중에는 지식인들의 세계에 알려져 있는 사람도 있어서, 나도 그들과 여러 가지 것을 이야기하였습니다. 그는 키케로였던 것으로 생각됩니다. 키케로가 현인이라는 것을 알고 있었기 때문에 나는 그 사람과 지혜·이지·질서·성언에 관해서 이야기를 나누었고, 나중에는 주님에 관해서도 이야기하였습니다.

[2] 그가 지혜에 관해서 말한 것은 생명에 속한 지혜 이외의 다른 지혜는 없다는 것과, 지혜는 생명에 관해서 서술한다는 것과 또 이지는 지혜에서 생겨난다는 것, 그리고 질서는 최고의 신(最高神·the Supreme God)에게서 비롯된다는 것, 신의 질서에 따라서 사는 것이야말로 지혜이고 이지라는 것 등등이었습니다. 성경말씀에 관해서 나는 예언서에서 인용해 그에게 읽어주었는데 그는 대단히 기뻐하였습니다. 하나 하나의 이름과 낱말에 속뜻이 있다는 말에 각별한 흥미를 보였습니다. 그런데 오늘날의 지식인들이 이런 것들의 연구에 관심이 없는 것에는 그도 심히 불쾌하였습니다. 내가 그에게서 확실하게 느낀 것은 그의 사상과 정신의 내면이 열려져 있다는 것입니다. 그는 내심 감동했고 그 거룩함에 압도되어서 더 이상 들을 수가 없었다고 말하였습니다.

[3] 이럭저럭 우리의 이야기는 주님에 관한 것에 이르렀습니다. 주님은 하나님에 의해서 수태되었고, 사람으로서 탄생했으며, 어머니로부터 받은 인간을 벗어 버리고 신령인간(神靈人間·the Divine Human)이 되시어서, 주님은 전 우주를 다스리고 계신다고 나는 그에게 말하였습니다. 그 말에 대해서 그는 자기가 주님에 관해서 여러 가지를 알고 있으며, 인류가 구원받기 위해서는 다른 방법이 없다는 것을 자기 나름대로 지각하고 있다고 대답하였습니다. 이런 이야기를 하는 중에, 어떤 사악한 기독교도가 찾아와서 걸림돌이 되는

생각을 불어 넣었지만 그는 그런 말에 귀를 기울이려고 하지 않고 말하였습니다. "그것은 별로 놀랄 것이 못되오. 그들은 육신을 입고 살 때에 그 주제에 맞지 않는 생각이 그들에게 불어 넣어져 있기 때문에 그것이 우선 제거되지 않으면 받아들이고 싶어도 받아들일 수가 없을 것이오. 차라리 알지 못하고 있다면 그것이 가능할 것인데 말이요. 참 아쉬운 일입니다"라고 말하였습니다.

323. 고대에 살았던 매우 지혜스러웠던 사람들 중의 어떤 영과 이야기할 기회가 있었습니다. 처음에 그들은 멀리 떨어진 전방에 나타나 보였지만, 그런데 그들은 거기서 내 마음 속을 헤아려 알고 있었습니다. 그것도 이것 저것 아주 구체적으로 상세하게 지각하고 있었습니다. 그들은 어떤 사상에 속한 하나의 관념을 기틀로 해서 그 전체의 내용을 파악하고, 또 그 관념 속에 아름다운 표상을 가지는 지혜의 기쁨을 부어 넣을 수 있었습니다. 그래서 나는 그들이 지혜로운 사람들임을 알았는데, 그들은 고대인들이라고 하였습니다. 그들이 접근해 왔기 때문에 나는 성경말씀에서 한 귀절을 간추려서 읽어 주었습니다. 그랬더니 그들의 기쁨은 한층 더하였습니다. 그들이 느낀 감격과 위로를 나도 함께 느낄 수 있었습니다. 그것은 특히 그들이 귀담아 들은 성경말씀의 한 마디 한 마디의 말과 전체가 천계와 영계의 표의이고 표징이라는 것에서 온 것들이었습니다. 그들은 이 세상에 살고 있었을 때 생각하는 방법과 말하는 방식 그리고 글쓰기의 방법까지도 모두 표징들에 의존하고 있었고 그것이 그들의 지혜 추구의 실제 방식이었다고 말하였습니다.

324. 현재의 이교도에 대해서는 지혜가 있다고까지는 말할 수 없지만 그러나 그들의 대부분은 소박한 마음을 가지고 있었습니다. 뿐만 아니라 상호간의 사랑을 가지고 생활한 사람 중에 내세에 와서 지혜를 받은 사람도 있었습니다. 이것에 관해서는 두 서넛 예를 들겠습니다. 나는 사사기 17장과 18장에 있는 단의 자손들이 미가가 새겨 만든 상(像)과 드라빔 그리고 그것을 주관하고 있던 레위 인을

데려가 버린 이야기를 읽었습니다. 그 때 새긴 신상을 생전에 섬기던 이교도 출신의 영이 거기 있었습니다. 그는 미가에게 일어난 일과 또 단 족속의 무리가 미가가 만든 상을 가져가 버렸을 때 미가의 비통에 대해서 주의깊게 듣고 있었는데, 그 영은 치밀어 오르는 슬픔에 정신을 잃을 정도였습니다. 그 영의 슬픔을 나도 피부로 느낄 수 있었고, 그 하나 하나의 정동에도 순진무구한 마음이 넘치고 있었습니다. 그 때 기독교도의 영이 나타났는데, 그는 그 모양을 보고 우상을 섬기는 자가 그토록 연민과 순진한 정동에 감동되고 있는 것에 기가 막혀 버렸습니다. 그 뒤에 선한 영들이 그 영과 이야기를 하였는데, 내용인 즉슨 그 새긴 상은 예배를 위한 것이 아니었으며, 그도 사람인 이상 그런 정도는 알고 있다는 것이었습니다. 또 오히려 새긴 상으로부터 마음을 돌려서 창조주이신 하나님, 온 천지의 주재자(主宰者·the Ruler)를 향하여 달려가지 않으면 안된다는 것, 그것도 그 신이야말로 주님이라고 하였습니다. 그 말을 듣고 그 영의 속마음에 있는 예배의 본성이 내 마음에도 전해오는 것을 마음으로 감지할 수가 있었습니다. 그 예배의 본성이 기독교도들이 가지고 있던 것보다 훨씬 맑고 깨끗했습니다. 이상의 것으로도 알 수 있지만 현재 기독교도 보다 이교도 편이 천계에 들어가기가 쉽겠다는 것입니다. 누가 복음서에는 다음과 같은 주님의 말씀이 있습니다.

> 사람들이 동과 서에서, 또 남과 북에서 와서, 하나님의 나라에서 잔치 자리에 앉을 것이다. 보아라, 꼴찌가 첫째가 될 사람이 있고, 첫째가 꼴찌가 될 사람이 있다.
> (누가 13:29, 30)

그 영은 그대로 신앙 전부를 흡수해서 마음에서 우러나는 정동으로 그것을 받아들일 수 있었습니다. 거기에는 사랑에서 나오는 연민이 있었고 무지한 중에 있으면서도 순진했습니다. 연민의 정과 순진무구한 마음이 있으면 믿는 것은 모두 극히 자연스럽고 더 기뻐서 받아들일 수 있게 됩니다. 그 영은 천사들에게 영접을 받았습니다.

325. 어느날 아침에 나는 멀리 떨어져 있는 곳에서 들려오는 합창소리를 들었습니다. 그 합창의 표징에서 그 사람들이 중국 사람들이라는 것을 알았습니다. 왜냐하면 털이 무성한 염소들의 모습과 좁쌀로 만든 전병과 상아 뼈로 된 숟가락, 거기에다 수상 도시 따위의 형상이 떠올랐기 때문입니다. 그들은 내게 가까이 접근하기를 갈망하였는데, 내 옆에 있게 되면 자신들의 생각을 털어놓고 이야기할 것이 있으니까, 나하고만 있게 되기를 원한다고 하였습니다. 그런데 그들만이 있고 싶다고 말을 했을 때, 그들이 손님으로 온 주제에 다른 사람들의 기분을 상하게 할 수 있을 것이므로 그들만은 있을 수 없다는 말을 들었습니다. 그런 상한 기분이 전해지자 그들은 그것이 이웃에게 잘못한 짓이 되지나 않았는지, 또 다른 사람의 권리를 침해한 것이 아닌가라는 생각에 빠져들고 말았습니다. 내세에서는 생각하고 있는 것은 모두 소통되므로 그들의 마음이 동요되고 있는 것을 나는 알 수 있었습니다. 즉 부지불식간에 다른 사람을 손상시킨 것을 인정하고 부끄러운 생각이 그들이 가지고 있던 다른 순진한 정동과 함께 넘쳐 나왔습니다. 그렇기 때문에 나는 그들에게 이웃사랑이 있음을 잘 알았습니다. 나는 잠시동안 그들과 이야기를 했는데, 마지막에는 주님에 관해서도 이야기를 하였습니다. 그분의 이름이 "그리스도"라는 거룩한 이름(聖名)에 이르자 나는 그들에게서 어떤 저항을 느꼈는데, 그 까닭은 그들이 이 세상에 있었을 때 기독교도의 생활 태도가 그들의 것 보다 악했고, 거기에 더하기를 사랑이 없었기 때문이라고 하였습니다. 그래서 나는 다만 가볍게 그분을 "주님"(the Lord)이라고 했더니 마음에 닿는 모양이었습니다. 기독교의 교리에 의하면 세상 어디서나 주님사랑과 이웃사랑을 무엇보다 우선해서 가르치고 있을 터인데 그 교리에 의한 생활을 하고 있는 자가 적다는 것을 그들은 천사들에게서 들어

서 알고 있었습니다. 이교도 중에는 이 세상에 살았을 때 자기들의 종교에 반대가 된다고 해서, 모골이 송연해지는 사악한 짓들, 즉 간음과 증오, 다툼과 술취함 등등 기독교인들이 하고 있는 생활을 보고 들어서 알고 있는 사람이 있었습니다. 그래서 그들은 내세에서 믿음의 진리를 받아들이는 일에 매우 겁을 집어먹고 있었습니다. 그러나 기독교의 교리가 그런 일을 하라고 가르치고 있지 않으며, 또 기독교도들이 이교도들에 비해서 자기들의 교리에 의해서 살고 있지 않다고 천사들에게서 들어 알게 되자 그들은 믿음의 진리를 받아들이고 주님을 예배하게 되었는데, 그러나 다른 사람들에 비하여 퍽 쉽지는 않았습니다.

326. 이교도의 공통된 것은 잡신(雜神·god)의 초상이나 입상(立像) 또는 조각상 등을 예배하던 자가 내세에 오게 되면 곧 그들의 신들이나 우상 자리에 있는 영에게 달려가는 것인데, 그 이유는 그들의 환상에서 해방되게 하려는 것 때문입니다. 며칠 동안 그러한 영과 함께 있게 되면 변화가 생깁니다. 사람을 예배하던 자는 때로는 예배하던 그 사람 자신이나 또 그 자리에 있는 다른 영에게 소개됩니다. 예를 들면 유대 사람일 경우에는 아브라함·야곱·모세 또는 다윗 같은 존재들인데, 그들도 다른 사람과 다름이 없고, 어떤 돌보심도 줄 수 없는 존재들이라고 알게 될 때 얼굴을 붉히며 자신들의 삶이 속해 있던 곳으로 옮겨갑니다. 천계에서 가장 사랑을 받고 있는 것은 아프리카 사람입니다. 왜냐하면 그들은 다른 인종 보다 훨씬 쉽게 천계의 선과 진리를 받아들이기 때문입니다. 그들에게는 신앙에 충실하다고 말하기보다는 순종형이라고 하는 것이 좋겠습니다. 그리스도교도라면 그 신조를 믿기만 하면 신자라고 불리게 되지만, 그들의 경우는 교리를 받아들이고 그것에 순종하는 것이나 또는 그 가능성이 없으면 신자라고 부를 수 없기 때문입니다.

327. 나는 고대교회의 몇몇 사람들과 이야기하였습니다(고대교회란 홍수 이후의 교회를 말하는 것이고, 당시 여기저기 여러 나라에 걸쳐서 존재하고 있던 교회로 앗시리아·메소포타미아·시리아·에치

오피아·아라비야·리비야·이집트·두로와 시돈까지의 팔레스틴과 요르단 양쪽에 위치한 가나안 땅 등에 있었다).*1) 그들은 주님께서 오신 것을 알고 있어서 믿음의 선으로 충만해 있었는데, 그럼에도 불구하고 그들은 그 교회를 떠나서 우상숭배자가 되었습니다. 그들은 전방 좌측의 어두움 속에 비참하게 있었습니다. 그들의 언어는 단조로운 피리 소리 같았고, 도리에 맞는 생각은 거의 없었습니다. 그들은 몇 세기 동안 거기 있으며, 때때로 남의 수하에 들어가 심부름꾼이 될 수 있을까 조사를 받았다고 말하였습니다. 그 점에서도 많은 기독교도들의 일이 생각났습니다. 그들은 외면적으로는 우상숭배자들이 아니지만 내면적으로는 우상숭배자들입니다. 자기와 세상을 섬기었으며, 마음으로는 주님을 부정하였습니다. 그러한 운명이 내세에서도 그들을 기다리고 있습니다.

328. 주님의 교회는 지상 곳곳에 분산되어 퍼져나갔으며 또 보편적이 되었습니다. 각각의 종교에 따라서 사랑의 선 안에서 삶을 영위하고 있는 사람은 모두 성언을 알고, 그것을 통해서 주님을 알게 되는 교회에 속해 있는데 그러한 교회는 교회 밖에 있는 사람들에게

---

*1) 지상의 첫번째 교회인 태고교회는 창세기 초두의 장들에 기술되었는데, 그 교회는 다른 교회들에 비하여 월등히 천적이었다(607·895·920·1121 -1124·2896·4493·8891·9942·10545항).
천계에서의 천적 존재(1114-1125항).
홍수 이후 고대교회라 불리우는 여러 교회가 있었다(1125-1127·1327· 10355항).
고대교회 사람들의 성품(609·895항).
고대교회는 표징적 교회이다(519·521·2896항).
고대교회는 성언을 가지고 있었지만 그것을 잃었다(2897항).
쇠퇴하기 시작했을 때의 고대교회의 성품(597·607·640·641·765·784· 895·4493항).
유대교회 안에 명명된 계율·공의·율법 등은 고대교회의 것들과 일부분은 서로 같다(4288·4449·10149항).
태고교회나 고대교회의 하나님은 주님이었고, 그분이 여호와이시다 (1343·6846항).

도 관계를 가지고 있습니다. 그것은 사람의 몸으로 예설하면 심장과 폐장 같아서 그것들에게서 몸 전체의 다양한 기관들과 지체가 그 형체와 위치 그리고 연결에 의해서 생명을 유지하고 있는 것과 같습니다(308항 참조).

제37장
천계에 있는 어린 아이들

329. 교회 안에서 출생한 어린 아이들은 천계에 갈 수 있지만 교회 밖에서 태어난 아이들은 천계에 갈 수 없다고 어떤 사람들은 믿고 있습니다. 그 이유로서 그들은 교회 안에서 출생된 어린 아이들은 세례를 받고, 교회의 신앙을 전수받았기 때문이라고 지적하지만 그러나 그 사람들은 세례로 말미암아 천계나 또는 신앙을 누구나 가질 수 없다는 것에는 생각이 미치지 못하고 있습니다. 세례는 다시 나지 않으면 안 될 사람의 표이고, 하나의 기념에 불과합니다. 교회 안에서 출생한 사람은 다시 날 수 있는 가능성을 가지고 있습니다. 그 까닭은 성경말씀이 있고, 신령진리가 있어서, 그것을 통하여 영적 재생이 이루어지기 때문입니다.[*1)] 또 거기서 주님에 관한 지식을 얻

[*1)] 세례(洗禮)는 주님 말씀에서 비롯된 믿음에 속한 진리에 의하여 주님에 의한 중생(重生·再生)을 뜻한다(4255·5120·9088·10239·10386-10388·10392항).
세례는 세례받은 사람이 중생시키시는 주님께서 계시는 교회에 속해 있음을 가리키는 증표이고, 또 주님을 시인하는 증표이다. 거기에는 중생이 성취되는 수단인 믿음에 속한 진리가 비롯되는 성경말씀이 존재한다(10386-10388항).
세례가 믿음이나 또는 구원을 부여하는 것은 아니다. 그러나 세례받은 사람이 믿음과 구원을 받을 것이다는 증거이다(10391항).

제1편 천 계

기 때문입니다. 따라서 우리는 여기서 분명히 알아야 할 것이 있습니다. 어린 아이는 누구라 할지라도, 또 어디서 태어났다고 하더라도, 즉 교회 안에 태어나건, 교회 밖에 태어나건, 경건하고 신심이 두터운 부모에게서 태어나건, 불신 부모에게서 태어나건 죽은 후에는 주님에 의해서 인도되어서 천계에서 교육을 받게 된다는 것입니다. 신령질서에 따라서 가르침을 받아서, 선한 정동과 진리의 지식으로 고쳐집니다. 그런 다음 그들이 이지와 지혜에 의해서 완전해지면 천계에 안내되어 천사가 됩니다. 이성을 살려서 생각한다면 알 수 있겠지만 지옥에 가기 위해서 태어나는 자는 없고, 모두 천계에 들어가기 위해서 출생됩니다. 지옥에 간다고 한다면 본인의 죄 때문일 터인데 어린 아이에게는 죄가 있다고 할 아무 것도 없습니다.

330. 어린 아이 때 죽으면 내세에서도 변함 없이 어린 아이입니다. 그들은 어린 아이의 마음을 가지고 있고 순진무구하며 또 아무런 사심(私心··ignorance)이 없습니다. 또 만사가 이 세상의 갓난아이와 같이 부드럽고 유순합니다. 어린 아이가 천사는 아니지만 천사가 되게 되어 있기 때문에 천사가 될 가능성을 가지게 되는 제일보라고 할 수 있겠습니다. 사람이 이 세상을 떠나게 되면 그 전과 같은 생명의 상태에 들어갑니다. 어린 아이는 어린 아이의 상태로 있고, 소년은 소년의 상태대로, 그리고 청년도 장년도 노년도 각각 청·장·노년의 상태에 있지만, 각자가 가지고 있는 상태는 곧 변화하게 됩니다. 어린 아이의 상태가 다른 연령층의 상태 보다 우수하다는 점이라면 그들이 순진무구하기 때문에 실생활에 악이 뿌리를 내리지 않고 있다는 것입니다. 그 까닭은 순진무구야 말로 믿음의 진리와 사랑의 선의 그릇이기 때문입니다.

331. 천계에서의 어린 아이의 상태는 이 세상에 있는 어린 아이의 상태 보다 훨씬 우수합니다. 그 까닭은 제 세상에서는 지상의 육체를 입지 않은 천사와 같기 때문입니다. 지상의 육체는 조악(粗惡)하고, 당초의 감각 작용이나 운동능력을 내면적인 영적 세계로부터 공

급받는 것이 아니라 외면 세계 즉 자연계로부터 공급을 받고 있습니다. 그래서 말인데 이 세상의 어린 아이는 보행과 몸짓 그리고 언어 등은 배워서 터득할 수밖에 없습니다. 즉 보고 듣고 하는 감각도 선용에 의하여 열려집니다. 그러나 저 세상에서의 어린 아이는 다릅니다. 영이기 때문에 자기 내면에 의해서 즉시 행동합니다. 실습(實習)에 의하지 않고서도 걸어다니기도 하고 말도 할 수 있습니다. 물론 처음에는 아직 관념으로 분화(分化)되어 있지 않은 공통의 정동에 의해서 되지만 곧 관념에 의해서 생각하기 시작하게 됩니다. 즉 그들의 외면적인 것이 내면적인 것과 동질이기 때문에 그 성숙과 발전이 매우 빠릅니다. 천사들이 말하는 언어는 각양각색의 정동을 기초로 해서 관념작용을 통해서 흘러오게 되어 있는데, 이것에 대해서는 상술한 바(234-245항 참조)를 참고하시기 바랍니다.

332. 어린 아이들은 죽은 후에 즉각 소생해서 천계로 영접되어 유모 천사들(angel women)에게 위탁됩니다. 이 천사들은 생전에 어린 아이들을 지극히 사랑했고 또 동시에 하나님을 사랑했던 사람들입니다. 그들은 이 세상에서도 모성애로부터 오는 부드러움으로 어떤 갓난애라 할지라도 사랑했기 때문에 천계에서도 어린 아이들을 자기 아이처럼 품어 줍니다. 어린 아이들 편에서도 그 천사를 자기들의 어머니로 사랑하는 본능적 성향을 가지고 있습니다. 그리고 한 유모 천사가 돌보는 어린 아이들의 수는 천사의 마음에 있는 영적 모성애에서 비롯된 간절한 바람만큼 많습니다. 그들이 있는 천계는 정면 영역 앞쪽에 있는데, 천사들이 주님을 우러를 때에 반사되는 빛이 앞이마에 나타납니다. 그들의 천계가 그렇게 나타나는 까닭은 어린 아이들이 모두 주님의 직접적인 배려를 받고 있기 때문입니다. 그들에게는 순진무구의 천계인 삼층천으로부터의 입류가 있습니다.

333. 어린 아이들에게도 각기 다른 천성이 있습니다. 어떤 아이는 영적 천사의 천성을 지녔고, 또 어떤 어린 아이는 천적 천사의 천성을 지녔습니다. 천적 천사의 천성의 어린 아이는 그들의 천계의 우

측에 나타나 보이고, 영적 천사의 어린 아이는 좌측에 보입니다. 천계인 대인간(大人間·the Grand Man) 안에서 어린 아이들은 모두 눈의 영역에 있는데, 천적 천사의 천성을 지닌 어린 아이들은 모두 오른쪽 눈의 영역 안에 있고, 영적 천사의 천성을 지닌 어린 아이들은 왼쪽 눈의 영역 안에 있습니다. 그 까닭은 주님께서 천적 왕국에 나타나실 때는 천사들의 오른쪽 눈 앞에 나타나시고, 영적 왕국에 나타나실 때는 천사들의 왼쪽 눈 앞에 나타나시기 때문입니다(118항 참조). 대인간 안에서 또는 천계에서 어린 아이들이 눈의 영역 안에 있다는 이 사실이 곧 어린 아이들이 주님의 직접적 돌보심과 배려 아래 있다는 증거입니다.

334. 천계에서 어린 아이들이 어떤 방식으로 교육을 받는가에 대해서 조금 이야기하고자 합니다. 그들의 유모 또는 탁아 천사에게서 그들은 말하는 것을 배웁니다. 맨 처음에 하는 말은 오직 정동의 음성일 뿐입니다. 그것이 계도들을 따라서 점점 더 분명한 사상 관념으로 그 정동의 음성 안에 들어옵니다. 왜냐하면 정동에서 비롯되는 사상의 관념들이 모든 천사들의 언어를 구성하기 때문입니다(234-245항 참조). 어린 아이들이 가지고 있는 정동은 모두 그들의 순진무구함에서 비롯됩니다. 그리고 당초에는 자기들의 눈 앞에 나타나고 유쾌하게 해 주는 것이 우선 그 정동 안에 스며듭니다. 이런 것들도 다 본래 영적인 기원을 가지고 있는 것으로서 그 안에 어린 아이들의 내면적인 것을 여는 천적인 것이 스며들어 내재해 있습니다. 이렇게 어린 아이들은 하루 하루 완성되어 갑니다. 이상과 같이 되어 제일기가 끝이 나면 다음에는 스승을 맞아 배우기 위해서 다른 천계로 옮겨지는데 이러한 일들이 계속 이어집니다.

335. 어린 아이들은 주로 그들의 역량에 적합한 표징들에 의한 가르침을 받습니다. 표징들 안에는 지혜의 아름답고 충만함이 가득합니다. 이 표징들 안에 이지가 순서를 따라 주입되는데 그 이지는 본질상 선에 그 근원을 두고 있습니다. 내가 본 두 가지의 표징들을

이제 소개하겠습니다. 아마도 이 두 표징들의 이야기에서 대부분 다른 것들의 성품을 알 수 있으리라고 생각됩니다. 처음에는 교사가 주님께서 무덤에서 일어나 나오신 주님의 표징을 보여주지만, 그와 동시에 주님의 신령인간과 신령존재의 합일(合一)을 보여줍니다. 이것은 인간의 모든 지성을 초월할만한 지혜가 넘치는 방식으로 행해지지만, 순진무구한 유아에게 맞는 방법으로 행해집니다. 그리고 무덤이란 무엇인가를 가르치고 그리고 멀리서 겨우 그분이 주님이신 것을 알아볼 수 있는 모습으로 주님의 형상을 보여 주었습니다. 그리고는 무덤의 개념 안에 함축되어 있는 것을 가르쳐 주기 위해서 그것이 가지고 있는 장의(葬儀)에 속한 것들이 있는데 그것이 제거되고 연한 물처럼 보이는 대기에 싸여 있는 무덤을 보여 주었는데, 그것으로 세례가 표징하는 영적인 생명을 어느 정도 거리를 가지게 하고 보여줍니다. 그 후에 "붙잡혀 있는 몸으로 있는 자들"에게 내려가서, 그들을 데리고 천계에 오르는 주님의 천사에 의한 표징을 나는 보았습니다. 그 표징에는 비교도 할 수 없는 사려 깊음과 경건함이 담겨 있었습니다. 주님께서 올라가시는 것이 어린 마음에 맞도록 돕기나 하는 듯, 눈에 보이지 않을 만큼 가늘고 연한 끈이 내려 뜨리어져 있는 것도 보였는데 참으로 귀여운 발상이었습니다. 구석구석까지 경건한 생각이 퍼져 있어서 어느 하나도 영적이고 천적인 내용이 함축되어 있지 않은 표징은 없었습니다. 그 밖에 여러 가지 표징적인 것들이 있었지만 그것들은 모두 유아의 마음에 맞는 재롱 형식의 것으로 되어 있어서 그 표징들은 진리의 시인과 선의 정동에 인도해 가도록 되어 있었습니다.

336. 유아들의 이해가 얼마나 유연한가도 보여 주었습니다. 내가 주기도문을 읊고 있었을 때 내 사상의 관념 안에 유아의 이해로부터 흘러오는 것이 있었는데, 그 입류는 부드럽고 유연했으며 거의 정동으로만 느낄 수 있었습니다. 유아들의 이해가 주님에 의하여 열려진다는 것이 지각되었는데, 왜냐하면 그것은 마치 유아들을 통해서 넘

쳐 나오는 듯 하였기 때문입니다. 더욱이 주님께서 어린 아이들의 생각 속에 입류를 보내실 때 먼저 지심한 것에서부터 내리셨는데, 왜냐하면 거기에는 어른들처럼 막혀진 곳이 전혀 없기 때문입니다. 진리를 이해하기 위해서 방해가 되는 거짓에 속한 원칙도 전혀 없고, 선을 받아들이는데 방해하는 악한 삶도 전혀 없기 때문입니다. 여기서 알게 된 일이지만 어린 아이들도 사후(死後)에 곧 천사가 되는 것이 아니라 선과 진리를 순서 있게 추구해서 조금씩 시인해 가는 것에 따라서 점차적으로 이르게 한다는 것입니다. 이것은 모든 면에서 천계 질서에 맞는 진행방식입니다. 주님은 어린 아이들이 가지고 있는 능력을 세부까지 알고 계셔서 선의 진리와 진리의 선이 받아들여지도록 그들의 성향이 향하는 매 순간을 인도하고 계십니다.

337. 모든 것이 어린 아이들의 취향에 맞고 즐겁고 귀여운 방식으로 어떻게 어린 아이들이 가르침을 받고 있는지를 내게 보이셨습니다. 나는 어린 아이들이 이쁘게 옷을 차려 입은 것을 보았습니다. 반짝 반짝 빛나는 천계의 색채를 가진 사랑스러운 꽃을 가슴에 꽂기도 하고, 그 작은 팔에 감기도 하였습니다. 하루는 나는 어린 아이들이 유모 천사와 처녀들과 함께 낙원에 있는 것을 보았습니다. 그 정원 안은 수목은 별로 없었으나 월계수 같은 것으로 오솔길을 장식하고 있었습니다. 여기 저기 복도가 있어서 경관을 이루고 있었습니다. 안뜰로 향하는 길이 있었는데, 어린 아이들이 옷을 예쁘게 차려 입고 안으로 들어갔습니다. 입구에는 만발하게 핀 꽃들이 기쁜 듯 활짝 웃고 있었습니다. 이상 말한 것에 의해서 우리는 어린 아이들이 지각하고 있는 기쁨이 어떤 것이며 또 주님이 그 즐거움과 기쁨을 통해서 순진무구와 인애의 선으로 그들을 인도해 가신다는 것 그리고 주님께서 즐거움과 기쁨으로 그 선을 부단히 고취시키고 계시다는 것을 명백하게 알 수 있게 되었습니다.

338. 천계에는 친밀한 교류가 있어서, 그 교류를 통해서 어린 아

이들이 어떤 대상에 눈을 향하며, 그 때 어떤 관념을 가지게 되는지를 나는 볼 수 있었습니다. 유아들은 하나 하나가 모두 생물로 비쳐집니다. 즉 그들이 생각하고 있는 관념 하나 하나에는 생명이 있었습니다. 나는 이 세상에서 그들이 놀이를 할 때 그와 같은 관념을 가지고 있다는 것을 알게 되었습니다. 즉 그것은 어른들이 무생물에 대해서 가지고 있는 것 같은 소견(所見)을 아직 가지고 있지 않기 때문입니다.

339. 상술한 것과 같이 어린 아이들에는 천적 천성을 가진 아이와 영적 천성을 가진 아이가 있어서 천적 천성을 가진 아이는 영적 천성을 가진 아이와 판이하게 구별됩니다. 즉 천적 천성을 가진 어린 아이는 생각하는 방식이나 말씨와 행동이 유연해서 모두가 주님이나 다른 아이들에 대하는 선한 사랑에서 흘러나오는 듯 보였습니다. 그와는 달리 영적 천성을 가지고 있는 어린 아이들은 그리 유연하지 않고 자기들 주변에서 매사에 날개를 펄럭이는 듯한 자기 표현을 하였습니다. 그 차이는 그들의 반감이나 그 밖의 다른 것들 안에서도 알 수 있었습니다.

340. 천계에서는 어린 아이들이 언제까지나 어린 아이로서 천사들 가운데 그대로 남게 된다고 생각하는 사람들이 많습니다. 아마도 그 까닭은 교회당이나 다른 곳에서 보는 벽화나 그림들에 천사를 어린 아이들 모양으로 묘사하고 있기 때문이라고 생각되지만, 그것은 천사에 관해서 아무 것도 모르는 사람들의 추측일 뿐이고, 사실은 그렇지 않습니다. 천사가 되는 기본 요소는 이지와 지혜입니다. 그런데 어린 아이들은 그것들을 아직 가지고 있지 못합니다. 그러니까 그들은 천사들과 함께 있기는 하지만 아직은 천사는 아닙니다. 이지와 지혜가 구비되면 비로소 천사들이 됩니다. 다만 천사가 되면 종전의 어린 아이의 모습이 아니라 성인의 모습을 하게 됩니다. 즉 그 때에는 이미 어린 아이의 성향을 벗어버리고 성징한 천사가 되는 것입니다. 왜냐하면 이지와 지혜가 구비되어 있기 때문입니다. 어린 아이들

은 이지와 지혜를 가지고 완성을 향해 자라게 되는데, 거기 따라서 그 자태도 성장해서 청년과 성인의 모습을 나타나게 됩니다. 그 까닭은 이지와 지혜가 영적으로 성장시키는 양식이기 때문입니다.*1) 따라서 그들의 마음을 양육하는 것은 그들의 몸도 양육합니다. 이러한 것은 대응에서 비롯됩니다. 왜냐하면 육체가 가지는 형체는 다만 내면적인 것의 외적 형체에 지나지 않기 때문입니다. 그렇지만 천계에 있는 어린 아이들이 성장한다고 했지만 성인의 초기 이상 나이를 먹지 않고 그대로 있게 된다는 것을 이해해야 하겠습니다. 나는 천계에서 어린 아이로서 교육을 받고, 거기서 성장한 사람들과 말을 나눌 기회가 있었는데, 아마도 이 경험한 사실로 이상의 사실을 확인할 수 있다고 생각합니다. 그들 중 어떤 이들은 아직까지 유아 시절에 머물러 있었고, 어떤 이들은 성장한 상태로 이야기를 하였습니다. 그들의 생명도 한 시대에서 다음 시대에로 일정한 순서를 따라 성장한다는 말을 나는 들었습니다.

341. 순진무구(純眞無垢·天眞性·innocence)가 천계의 만물을 담는 수용기이며, 따라서 어린 아이들의 순진무구함은 선과 진리를 위한 정동들이 있을 평면이라는 것은 천계에 있는 천사들의 순진무구에 관해 상술한 바에서 알 수 있겠습니다(276-283항 참조). 다시 말해서 천진성이란 주님에게 인도되기를 원하고 자신에 의해서 인도되기를 원하지 않는 소원입니다. 결국 한 사람이 천진성 안에 있는 것

---

*1) 영적 양식은 지식·이지·지혜인데, 따라서 이런 것들이 비롯된 선과 진리이다(3114·4459·4792·5147·5293·5340·5342·5410·5426·5576·5582·5588·5655·8562·9003항).
그러므로 영적인 뜻으로 주님의 입에서 나오는 것은 모두가 양식이다(681항).
떡(=빵)이 일반적으로 모든 양식을 뜻하기 때문에, 그것은 모든 천적 선과 영적 선을 뜻한다(276·680·2165·2177·3478·6118·8410항).
이런 이유 때문에 이런 것들은 속사람에 속하는 마음의 영양분이다(4459·5293·5576·6277·8410항).

만큼 그는 자기 자신의 고유속성을 떠나서 주님의 고유속성 안에 내재해 있는 것입니다. 주님 자신의 고유속성은 곧 의(義·righteousness)와 공로(功勞·merit)입니다. 그러나 어린 아이들의 천진성은 진정한 천진성이 아닌데, 그 까닭은 그 천진성이 지혜 밖에 있기 때문입니다. 진정한 천진성은 지혜입니다. 왜냐하면 누구라도 슬기로운 정도만큼 주님에게 인도되는 것을 사랑하고 또는 누구라도 주님에게 인도되는 것만큼 그는 슬기로워지기 때문입니다.

[2] 그러므로 아이들은 처음에 가지고 있는 외적 천진성 즉 아동기의 천진성이라고 부르는 것에 의해서 인도되고, 그 다음에 지혜의 천진성이라고 하는 내적인 천진성에 의해 인도됩니다. 이 천진성은 모든 교육과 그 교육 과정이 지향하는 목적입니다. 그러므로 그들이 지혜의 천진성에 도달하게 되면 잠시동안 한 평면으로써 그들에게 봉사했던 아동기의 천진성은 지혜의 천진성과 결합하여 일체가 됩니다.

[3] 아이들의 천진성이 내게 생명 없는 나무조각으로 재현된 일이 있는데, 그것이 진리의 지식들과 선을 원하는 정동들에 의해서 세련되어져 감에 따라서 생기가 주어졌습니다. 그 후에 진정한 천진성이 벌거벗고, 생명이 충만한 아름다운 아이로 재현되었습니다. 왜냐하면 지고한 천계 안에 있고 그렇게 주님과 가장 가깝게 있는 참으로 천진한 존재는 다른 천사들의 눈에는 벌거벗은 어린 아이들로 비쳐지기 때문입니다. 그 까닭은 천진성이 부끄러움을 동반하지 않는 벗은 몸으로 재현되기 때문입니다. 즉 첫 사람과 그 아내가 낙원에 있던 상태와 같다고 하겠습니다(창세기 2:25). 그래서 그들의 천진성이 파멸되었을 때 벗은 것을 부끄러워해서 숨었습니다(창세기 3:7, 10, 11). 한마디 말로 해서 천사들이 보다 슬기로우면 그럴수록 천진스럽고, 보다 천진스러우면 그럴수록 어린 아이들로 나타납니다. 이것이 성경말씀에서 "아이됨"(childhood)이 천신성을 의미하는 이유입니다(278항 참조).

342. 어린 아이들은 어른들처럼 실제로 악행을 하지 않고 있으며, 또 악과는 관계가 없으니 깨끗한가 아닌가에 대해서 나는 천사들과 이야기를 한 적이 있습니다. 그런데 천사들은 어린 아이들도 역시 어른들과 다름없이 악 안에 붙들려 있는만큼 악할 수밖에 없다고 하였습니다.*1) 그러나 제 자신 선 안에 있는 듯 생각할 만큼 천사들과 같이 주님에 의하여 악으로부터 제지되고 선 안에 붙들려 있습니다. 그래서 어린 아이들이 천계에서 어른으로 성장한 후에 자기에게 있는 선이 주님에게서 온 것이 아니고 자기 자신에게서 비롯된 것이라고 착각에 빠질 수도 있습니다. 그러니 그들은 그 사단(事端)의 진실을 알고 시인하고 믿을 때까지 그들이 유전으로 받은 악들에 내버려지고 거기 두어진다고 천사들은 말하였습니다.

〔2〕한 왕자가 있었는데, 그 왕자가 어려서 죽고 천계에서 자랐습니다. 그 왕자는 그가 태어난 악한 생활 속으로 내려 보내지고 거기서

---

*1) 사람은 모두 모든 종류의 악에 태어난다. 심지어 사람의 고유속성은 악 이외에는 아무것도 아닌 그런 것으로 태어난다(210·215·731·874 - 876 ·987·1047·2307·2308·3518·3701·3812·8480·8550·10283·10284· 10286·10731항).
결과적으로 사람은 다시 태어나야 한다. 즉 중생되어야만 한다(3701항). 사람의 유전악(遺傳惡·inherited evil)은 하나님 보다는 자기 자신을 사랑하는 사랑과, 천계나 또는 자기 자신과 비교하여 이웃을 사랑하는 사랑보다는 세상을 사랑하는 사랑으로 이루어진다. 자아적인 목적을 제외하면 아무것도 아닌, 다시 말하면 자기만을 위한, 따라서 자아애와 세간애로 이루어진다(694·731·4317·5660항).
모든 악은 자아애와 세간애가 지배할 때 그런 사랑에서 비롯된다(1307· 1308·1321·1594·1691·3413·7255·7376·7488·7490·8318·9335· 9348·10038·10742항).
이들 악들은 다른 사람을 경멸하는 것·앙심·복수·잔학·사기 등이다 (6667·7370 - 7374·9348·10038·10742항).
이같은 악들에게서 모든 거짓이 비롯된다(1047·10283·10284·10286 항).
이런 사랑은 그들에게서 통제가 없어지면, 저돌적으로 달려나갈 것이다. 그리고 자아애는 심지어 하나님의 보좌까지 노릴 것이다(7375·8678항).

남을 지배하고자 하는 천성이 자기에게 있다는 것을 자기의 생명의 영기(靈氣)에 의해서 지각되었습니다. 또 그런 이유로 해서 간음을 악으로 생각하지 않는다는 것도 깨달았습니다. 이 악들은 자기의 부모로부터 유전 받은 것들이었습니다. 그렇기 때문에 그가 그의 진정한 성격을 깨달은 후에 그가 전에 사귀었던 천사들 사이에 다시 영접되었습니다.

〔3〕저 세상에서는 자기의 유전악 때문에 처벌되는 법은 없습니다. 그 까닭은 자신의 악이 아니기 때문입니다. 즉 그가 그렇게 된 것은 자신의 실책이 아니기 때문입니다. 사람은 자기가 실제로 범한 악들, 다시 말해서 그에게 유전된 악을 자기의 실제 생활을 통해서 자신에게 전유(專有)시킨 것에만 벌을 받게 됩니다. 그러므로 어른이 된 어린 아이들이 자기에게 유전된 악의 상태로 내려보내질 때에는 그 악 때문에 벌받지 않고 오히려 자기자신이 악 이외에 다른 것이 아님을 배우게 됩니다. 그들이 있던 지옥에서부터 천계에 올려지는 것은 주님의 자비에 의한 것이라고 배우고 또 자기들이 천계에 있게 된 것이 오로지 주님으로 말미암은 것이고, 자신들의 공로에 의한 것이 아님도 배우게 됩니다. 그러므로 자기들 안에 있는 선을 남에게 자랑하지 않습니다. 그 까닭은 그러한 교만이 상호애에 속한 선에 반대가 되고 또 믿음의 진리에도 반대가 되기 때문입니다.

343. 수삼차 순진하게 어린 아이의 상태로 있는 아이들이 나와 함께 합창대에 있은 적이 있었습니다. 그들의 노래는 아주 부드러웠으나 아직은 잘 편곡이 되어 있지 않은 미사곡인 듯 들렸습니다. 그것은 그들이 더 성숙해졌을 때 하는 것과 같지 않게, 곡조에 맞추어 부르지 않았기 때문이었습니다. 내가 놀란 것은 나와 함께 있던 영들이 그들로 하여금 말하게 하려고 애쓰는 일을 자제할 수 없었다는 점입니다. 이 소원은 영들에게서 생득적인 것입니다. 그러나 그 때마다 아이들은 저항했고 그런 식으로 말하기를 원치 않았습니다. 나는 이 거부와 저항이 한 의분심을 동반한 것이라고 깨달았습니다. 그리

고 그들에게 말할 기회가 주어졌을 때 그들은 "그렇지 않다"는 말 이외에는 아무 말도 하지 않았습니다. 저항하는 것에 익숙해지게 하기 위해서 또 거짓과 악에 저항할 수 있도록 하기 위해서 또한 다른 자에게서 생각하고 말하고 행동하는 것을 강요받지 않게 하기 위해서 그렇게 유혹되는데, 그 결과로 주님 이외의 어떤 자들에게도 인도되는 것을 허용하지 않도록 배우게 되었습니다.

344. 이상과 같이 전술한 것에서 보면 천계에서의 아동교육이 어떠한지를 알 수 있겠습니다. 즉 그 교육은 진리의 이해와 선의 지혜의 방편에 의해서 그들을 천사적 삶으로 인도하는 것이며, 그 천사의 생명은 천진성을 내포하는 두 사랑 즉 주님사랑과 상호애입니다. 그러나 많은 경우에 아동교육이 지상의 그것과 다른 것임을 이 실례에 의해서 알 수 있겠습니다. 나는 큰 도시의 거리에서 소년들이 서로 싸우는 것을 보았습니다. 군중이 흥미진진해서 그 둘레에 모여서 그들을 지켜보고 있었습니다. 나는 어린 소년들이 그들 부모의 부추김을 받아서 싸우고 있다는 것을 알았습니다. 내 눈을 통해서 그런 것을 본 선한 영들과 천사들이 아주 불쾌하게 여겼기 때문에 나는 무서움을 느꼈습니다. 특히 부모들이 자기 아이를 부추겨 싸우게 한다는 것에 두려움을 느껴서, 이런 식으로 아이들이 주님에게서 받은 모든 상호애와 모든 천진성을 아이들이 어렸을 때 부모가 지워 버리고 증오와 복수심의 영들을 아이들에게 심어주는구나 하고 나는 말하였습니다. 즉 부모들은 아주 애써서 아이들을 상호애 이외에는 아무것도 없는 천계에서 밖으로 끌고 갔습니다. 그러므로 자기들의 아이들이 잘 되기를 원하는 부모들은 이런 것들을 삼가야 하겠습니다.

345. 나는 이제 유아기에 죽은 아들들과 성숙한 생활을 하다가 죽은 사람들 사이에 어떤 차이가 있는지를 설명하겠습니다. 성숙한 생활을 하다가 죽은 사람들은 지상적이고 물질적인 세계에서 획득한 심층(心層·plane)을 가집니다. 이 심층은 그들의 기억과 또 육체적이고 자연적인 정동입니다. 이 심층은 고정되어 있으며 아주 정지

(靜止)하게 됩니다. 그럼에도 불구하고 이 심층은 사후에는 가장 외적인 심층으로써의 그들의 사상에 봉사합니다. 왜냐하면 그 사람의 사상이 그리로 흘러들기 때문입니다. 결과적으로 이것이 그 심층이고, 또 그것 안에 있는 것들과 합리적 기능 사이에 있는 그 심층이 그렇고 또 그 대응도 그렇습니다. 그리고 사후 그 사람이 그렇습니다. 그러나 아동기에 죽은 아이들은 천계에서 교육을 받으므로 물질계와 지상적 몸에서는 아무 것도 비롯되지 않으므로 그러한 심층은 없지만, 그러나 그들은 영적 자연적 심층은 있습니다. 이런 까닭에 그들은 모든 것을 천계로부터 받기 때문에, 그들은 조악한 정동이나, 그것에서 비롯된 사상 안에는 전혀 존재할 수 없습니다. 더 나아가서 이 아이들은 자기들이 세상에 태어났다는 것을 모르고 오히려 천계에서 출생했다고 믿습니다. 그들은 영적 탄생 이외의 다른 것을 전혀 알지 못합니다. 이 영적 탄생은 선과 진리의 지식과 이지와 지혜를 통해서 성취되는데, 영적 탄생으로 말미암아서 사람은 사람이 된다고만 압니다. 또 이것들이 주님으로부터 오기 때문에 그들은 자신들을 주님의 것이라고 믿으며 그렇게 되기를 열망합니다. 그럼에도 불구하고 만약 자아애와 세간애인 육신적이고 세상적인 사상을 벗어버리고, 그 자리에 영적 사랑을 수용한다면, 천계에서 성장한 어린 아이의 상태와 꼭같이, 이 땅에서 성장한 사람의 상태가 완벽하게 된다는 것은 가능합니다.

제38장
천계에 있는 현자(賢者)와 소박한 자

346. 천계에서는 현자들이 소박한 자들 보다 더 영광과 고귀함을 지닌다라고 믿고 있습니다. 그 까닭은 다니엘서에서 이렇게 말하고

있기 때문입니다.

> 지혜(=이지) 있는 사람은 하늘의 밝은 빛처럼 빛날 것이요, 많은 사람을 옳은 길로 인도한 사람은 별처럼 영원히 빛날 것이다.
> (다니엘 12:3)

그러나 이 "이지(=지혜·intelligent)가 있는 자"라든가 "옳은 길(=의의 길)로 인도하는 자"가 무엇을 의미하는지 아는 사람은 거의 없습니다. 이런 자를 세상에서는 학자라든가, 조예(造詣)가 깊은 사람(the accomplished)이라고 불리는 사람이라고 알고 있는데, 특별하게는 교회에서 가르치고, 교리를 해설하고, 우수한 설교를 하는 사람, 특히 많은 사람들을 신앙인이 되게 인도하는 사람이라고 믿고 있습니다. 물론 이 세상에서는 이런 사람이 이지(理智)가 출중하다고 생각하지만 만일 그 이지가 천계의 이지가 아니라면 위에 인용한 말씀과 같은 천계의 현자는 아닙니다. 그 이지가 무엇입니까? 나는 이제부터 그것을 말씀드리겠습니다.

347. 천계적 이지는 진리를 위한 사랑에서부터 생겨난 내면적인 이지입니다. 이 내면적 진리는 세상에서의 어떤 영광이나 천계에서의 어떤 영광을 그 목적으로 해서 생겨지는 것이 아니라 가장 내면적으로 감동되고 가장 내면적으로 기쁨을 주는 진리 그 자체를 목적으로 하는 것입니다. 진리에 의해서 감동되고 진리 자체와 함께 기뻐하는 사람들은 천계의 빛에 의해서 감동되고 또 그 빛 자체와 함께 기뻐합니다. 그리고 천계의 빛에 감동되고, 또 그 빛 자체와 함께 기뻐하는 사람들은 신령진리에 의해서, 사실은 주님 자신에 의해서 감동되고, 또 주님 자신과 더불어 기뻐합니다. 그 이유는 천계의 빛이 신령진리이고, 신령진리가 천계에 계신 주님이시기 때문입니다 (126-140항 참조). 이 빛은 오로지 마음의 내면적인 것들에만 들어옵니다. 그 까닭은 마음의 내면적인 것들이 진리를 수용하기 위해

서 형성되었고, 그 진리가 들어올 때 그 진리에 의해서 감동되고 그 것을 기뻐하도록 형성되었기 때문입니다. 무엇이든지 천계에서부터 흘러들고 또 수용되는 것 안에는 기쁨과 즐거움이 충만하게 들어 있습니다. 신령진리로부터 진리를 위한 진리 즉 진리를 위한 진정한 정동이 비롯됩니다. 이 정동이나 그와 같은 것 즉 이 사랑 안에 있는 사람들은 천계적 이지 안에 있으며 "궁창의 휘황함을 동반하고 천계에서 빛을 냅니다." 신령진리는 천계 어디에서든지 존재하고 또 그 빛을 발합니다(132항 참조). 천계의 "궁창"은 대응에 의해서 천사들과 사람들에게 있는 즉 천계의 빛 안에 있는 이지적 기능을 뜻합니다.

〔2〕 이 세상에나 천계에서 자기 영광을 목적으로 진리를 사랑하는 사람들은 천계에서 빛을 발할 수 없습니다. 그런 사람들은 천계의 그 빛 자체에 의해서 감동되거나, 그 빛을 기뻐하지 않고, 세상의 빛에 의해서 감동되고 기뻐하기 때문입니다. 천계의 빛 밖의 세상의 빛은 천계 안에서는 짙은 암흑일 뿐입니다.*1) 왜냐하면 자기를 위한 영광은 지배하는 것이 목적이기 때문입니다. 왜냐하면 겉으로 드러난 목적이기 때문입니다. 그런 영광이 목적일 때 그 사람은 그 첫째 자리에 자기 자신을 올려 놓습니다. 자기 자신의 영광을 위해 섬기는 이같은 진리를 그 사람은 목적에 대한 수단이나, 또는 섬기게 하

---

*1) 세상의 빛은 겉사람을 위한 것이고, 천계의 빛은 속사람을 위한 것이다 (3222-3224·3337항).
천계의 빛은 자연적인 빛 안에 입류한다. 그리고 자연적인 사람은 천계의 빛을 받는 정도만큼 슬기롭다(4302·4408항).
천계의 빛 안에 있는 것들은 천계의 빛 안에서는 보이지만, 그러나 자연적인 빛이라고 하는 이 세상의 빛 안에서는 아무것도 보이지 않는다 (9755항).
그러므로 오로지 세상의 빛 안에 있는 사람들은 천계의 빛 안에 있는 것들을 전혀 지각하지 못한다(3108항).
천사들에게 세상의 빛은 짙은 흑암이다(1521·1783·1880항).

려는 도구로 단순히 염두에 둘 뿐입니다. 왜냐하면 자기 자신의 영광을 얻고자 해서 신령진리를 사랑하는 사람은 자신만을 존중하고 신령진리로 계신 주님은 염두에도 없으며, 자기 자신의 이해와 믿음에 속한 시야를 천계에서 세상에로 돌리고, 또 주님에게서 자신에게로 돌리기 때문입니다. 그러므로 이런 사람들은 세상의 빛 안에는 있지만, 오히려 천계의 빛 안에는 있지 않습니다.

〔3〕이러한 사람들일지라도 외형 즉 사람들의 눈에 비치는 모습으로는 천계의 빛 안에 있기나 하는 듯 아주 이지적이고 박학한 사람들로 보여집니다. 그 이유는 그 자들이 천계 안에 있는 자들과 유사한 방식으로 말을 하고, 때로는 외모로는 천계의 사람들 보다 더 슬기롭게 보여지기도 하는데, 그것은 자기들의 자아애에 의해서 충동되고 천계의 정동을 위조하는 술수이기 때문입니다. 그러나 천사들 앞에 나타나는 그들의 내면 모습은 전적으로 다릅니다. 이상 말한 것을 보아서 "궁창의 휘황함으로 천계에서 빛날 것이라는 총명한 사람들"이 어떤 사람들인가를 알 수 있으리라 생각됩니다. 이제는 "많은 사람들을 의(義)에로 인도하는 사람들"이 별처럼 빛날 것이라는 말씀에 대해서 설명하겠습니다.

348. "많은 사람들을 의(義·righteousness)에로 인도하는 사람"이란 지혜를 가지고 있는 사람을 이르는 말입니다. 천계에서는 선 안에 있는 사람을 지혜 있는 사람이라고 부릅니다. 그리고 천계에서 선 안에 있는 사람이라고 하는 것은 신령진리를 곧바로 삶 속에 옮기는 사람을 가리킵니다. 왜냐하면 신령진리는 삶에 속한 것이 될 때 선이 되기 때문입니다. 그 까닭은 생명이 의지와 사랑에 속한 것이고 또 의지와 사랑에 속한 것을 선이라고 부르기 때문입니다. 그러므로 지혜가 생명에 속한 것이기 때문에 이런 부류의 사람을 지혜로운 사람이라고 일컫습니다. 그러나 신령진리를 곧 삶에 옮기지 않고 처음에 기억에 담았다가 그 곳에서 진리를 꺼내서 삶에 적용하는 사람은 "이지를 가진 사람" 즉 "총명한 사람"이라고 일컫습니다.

천계에서 지혜가 있는 자와 총명한 사람이 무엇이 어떻게 다른지는 천계에 천적 왕국과 영적 왕국이 있다고 설명한 장(20-28항 참조)과 삼층의 천계에 대해서 설명한 장(29-40항 참조)에서 잘 알 수 있습니다. 주님의 천적 왕국에 있는 자 즉 지심한 삼층천에 있는 사람을 "의인"(義人·the righteous)이라고 부르는데 그 이유는 자기에게는 아무 의가 없다고 시인하고 모두 주님께 그 의를 돌리기 때문입니다. 천계에서는 주님의 의가 주님에게서 오는 선을 의미하는 것이므로*1) "의에 인도하는 사람"이란 그러한 사람을 가리킵니다. 주님은 그런 사람들에 대해서 이렇게 말씀하셨습니다.

그 때에 의인들은 그들의 아버지 나라에서 해와 같이 빛날 것이다.
(마태 13:43)

"그들이 해처럼 빛날 것"이라는 이유는 그들이 주님에게서 비롯된 주님사랑 안에 있기 때문인데, 그 사랑은 "해"가 뜻하는 사랑입니다 (116-125항 참조). 또 그들을 둘러싸고 있는 빛은 불타듯 번쩍이는 것이고, 그들은 천계의 태양인 주님에게서 직접 사랑의 선을 받기 때문에 그들의 사상의 관념은 불꽃과 같이 나타납니다.

349. 이 세상에서 이지와 지혜를 터득한 사람은 모두 천계에 영접되어서, 이지와 지혜의 내용과 정도에 따라서 천사가 됩니다. 왜냐하

---

*1) 주님의 공로와 의는 천계에서 다스리는 선이다(9486·9983항).
"의롭다" "의를 이루셨다"는 사람은 모든 것을 주님의 공로와 의에 돌리는 사람을 가리킨다. 그리고 "불의한 사람"은 자기 자신의 공로와 의라고 여기는 사람이다(5069·9263항).
저 세상에서 자기 자신에게 의를 요구하는 사람의 성품(942·2027항).
성경말씀에서 "의"는 선에 관해서 서술하고, "공의"(公義)는 진리에 관해서 서술한다. 그러므로 "의와 공의를 행한다"는 것은 선과 진리를 행하는 것을 가리킨다(2235·9857항).

면 사람이 이 세상에서 터득한 것은 그대로 남아 있어서 사후에 그와 더불어 그것을 가지고 가기 때문입니다. 그것이 증가해서 더욱 충만해지지만, 그 증가 정도는 각자가 가지고 있는 진리와 선에 대한 정동과 소원의 범위에 머물지, 그 범위를 넘지 않습니다. 정동과 소원이 작은 자는 조금밖에 받아들이지 못합니다. 그것도 각자의 수용능력이 가능한 정도의 범위 안에 국한됩니다. 정동과 소원이 큰 자는 많이 받아들입니다. 정동과 소원의 정도란 마치 말(升)과 같은 것입니다. 그 말이 꽉 차도록 채워져 갑니다. 그러므로 큰 말에는 많이 들어가고, 작은 말에는 적게 들어갑니다. 정동과 소원의 기틀이 되는 사랑은 그 사랑 자체와 일치하는 것은 모두 받아들입니다. 따라서 수용은 그 사랑에 의하여 판단됩니다. 이같은 내용은 주님의 말씀에서도 이해할 수 있습니다.

가진 사람은 더 받아서 차고 넘칠 것이며….
(마태 13:12; 25:29)
되를 누르고 흔들어서, 넘치도록 후하게 되어, 너희 품에 안겨 주실 것이다.
(누가 6:38)

350. 진리를 위해서 진리를 사랑하고, 또 선 때문에 선을 사랑한 사람들은 모두 천계에 받아들여집니다. 그러므로 사랑을 많이 한 사람들은 그만큼 더 슬기로운 사람이라고 불리우고, 좀 적게 사랑하는 사람들은 소박한 자라고 일컬어집니다. 천계에서 현자(賢者)는 많은 빛 안에 있고, 소박한 사람은 적은 빛 안에 있습니다. 즉 사람마다 선과 진리를 목적한 그 사람 자신의 사랑 정도에 따라서 빛 안에 있게 됩니다. 진리와 선을 목적해서 진리와 선을 사랑한다는 것은 진리와 선을 원하고 행한다는 것을 뜻합니다. 즉 사랑하는 사람들은 원하고 행하는 반면에, 사랑하지 않는 사람들은 원하거나 행하지 않

습니다. 진리와 선을 의지하고 행하는 사람들은 주님을 사랑하고 또 주님으로부터 사랑을 받습니다. 그 까닭은 선과 진리가 주님으로부터 오는 것이기 때문입니다. 선과 진리가 주님에게서 오는 한 주님은 선과 진리 안에 계시며, 선과 진리를 생활 안에서 행하는 것에 의하여 선과 진리를 그들의 삶 안에 받아들이는 사람들 안에 계십니다. 더구나 사람을 그 자신의 됨됨이로 볼 때 그 사람 자신의 선과 진리 이외에 다른 것이 아닙니다. 그 까닭은 선이 그 사람의 의지에 속하고, 진리는 그 사람의 이해에 속하기 때문입니다. 즉 사람은 자기 의지와 이해와 같은 존재입니다. 그 때에는 명백하게 자기 의지가 선으로 말미암아 형성되고, 자기 이해가 진리로 인해서 형성되는 그 정도만큼 주님에게서 사랑을 받습니다. 또 주님으로부터 사랑을 받는다는 것은 곧 주님을 사랑하는 것입니다. 왜냐하면 주님은 주님을 사랑하는 사람에게 사랑할 능력을 주시기 때문입니다.

351. 세상에서는 그 지식이 교회와 성언의 가르침들의 지식이든 과학의 지식이든 많은 지식을 가진 사람들이 다른 자들 보다 더 내면적이고, 진리의 예리한 환상을 갖는다고 믿고 있습니다. 즉 이들이 더 총명하고 지혜롭다는 것입니다. 그리고 그들 자신들도 그러한 견해를 가지고 있습니다. 그러나 무엇이 참 이지이며 지혜인가 또 무엇이 가짜이며 거짓된 이지와 지혜인가를 아래에서 설명하고자 합니다.
〔2〕참된 이지와 지혜는 진리와 선이 무엇인지, 또 무엇이 거짓이고 악인지를 이해하고, 지각하며 이 둘 사이를 명확하게 분별할 수 있는 것을 가리킵니다. 이지와 지혜는 내면적인 직감(直感)과 지각에서 비롯됩니다. 사람에게는 모두 내면적 기능과 외면적 기능이 있는데, 내면적 기능은 속사람 즉 영적 인간에게 속해 있고, 외면적 기능은 겉사람 즉 자연적 인간에게 속해 있습니다. 사람의 내면적인 것들이 형성되고 그것들이 그 사람의 외면들과 하나가 되어지는데 따라서 사람은 이해하고 지각합니다. 사람의 내면적인 것은 천계에서

만 형성되고, 그의 외면적인 것은 세상에서만 형성됩니다. 사람의 내면적인 것이 천계에서 형성될 때, 내면적인 것에서 유래하는 것들은 그가 세상에서 형성된 그의 외면적인 것들 안으로 흘러들어 가서 자기와 대응되는 것들을 형성합니다. 즉 내면적인 것과 외면적인 것이 하나가 되어 행동합니다. 이것이 이루어지면 사람은 내면적인 것에 의해서 이해하고, 지각하게 됩니다. 내면적인 것들이 형성되어 가기 위한 방법으로 사람은 신령존재와 천계를 우러르는 것 이외에는 아무것도 없습니다. 그것은 전술한 바와 같이 내면적인 것은 천계에서 형성되기 때문입니다. 사람은 신령존재를 믿고 모든 진리와 선 그리고 모든 이지와 지혜가 신령존재에게서 비롯된다고 믿을 때 비로소 신령존재를 우러릅니다. 또 그가 신령존재에 의해서 인도되기를 원할 때 신령존재를 믿습니다. 이런 식으로밖에는 사람의 내면적인 것들이 열릴 수 없습니다.

〔3〕 이상과 같이 믿고, 그 신앙에 따라서 살고 있는 사람에게는 이지를 이해하고 지혜로울 수 있는 가능성과 능력을 갖습니다. 그러나 이지가 있는 사람이나 지혜가 있는 사람이 되기 위해서는 천계의 것만이 아니라 이 세상의 것에 대해서도 많이 배워야만 합니다. 천계의 것은 성경말씀에서 그리고 교회를 통해서 배우고, 이 세상의 것은 학문에서 배웁니다. 사람은 배워서 그것을 생활에 적용하면 할수록 이지와 지혜를 가지게 되는데, 그 까닭은 자기 이해에 속한 내면적 시각과 의지에 속한 내면적 정동이 그 만큼 완성되어 가기 때문입니다. 여기서 말하고 있는 소박한 사람이란 그 내면적인 것이 열려 있기는 하나, 영적으로, 도덕적으로, 사회적으로 또 자연적으로 아직 세련되어 있지 않는 사람을 가리킵니다. 그들은 듣는 그대로 진리를 지각하지만, 진리를 있는 그대로 보는 데까지는 이르지 못한 사람들입니다. 지혜가 있는 사람이란 그 내면적인 것이 열려 있을 뿐 아니라 모든 것들이 세련되어 있는 사람입니다. 그들은 진리를 있는 그대로 보고, 그것을 지각합니다. 이상에서 참된 이지와 지혜가

어떤 것인지 확실하게 알았으리라 생각됩니다.

352. 진리와 선이 무엇이며 거짓과 악이 무엇인지를 내면적인 것에서 보고 지각하는 것이 아니라, 남들이 그렇게 말하니까 그것이 진리다 또는 선이다 말하고, 또 그것이 거짓이다 또는 악이다라고 믿어서 그 마음에 굳혀 버린 경우에는 그 사람의 이지와 지혜는 사이비 이지와 지혜입니다. 왜냐하면 그들은 진리를 진리에 의해서 보는 것이 아니라 남의 말에 의해서 보고 있기 때문에, 거짓에 점령당해서 그것이 진리인 양 믿어 버리고, 또 그것이 진리라고 생각하게끔 마음에 굳혀 버리기 때문입니다. 마음을 굳혀 버리면 모든 것이 진리로 보이게 됩니다. 마음에서 굳혀 버리지 않은 것은 어떤 것이건 진리가 아닙니다. 그런 사람들의 내면은 아래로부터 열려져 있지만 그 마음에 고집하고 있는 외면적인 것만큼은 열려져 있습니다. 그러므로 그들이 보는 빛은 천계의 빛이 아니고, 이 세상의 빛인데, 그 빛을 자연적 광명(自然的 光明·natural light·*lumen naturale*)이라고 일컫습니다. 이 빛 안에서는 거짓도 진리처럼 빛날 수가 있고, 더 나아가서 마음을 굳히면 광채를 발하는 일까지도 있는데, 물론 이것은 천계의 빛에 의한 광채는 아닙니다. 이 점에 관해서 더 부연한다면 마음을 굳히는 일이 많으면 그 사람의 이지나 지혜는 적어지고, 마음을 굳히는 일이 적으면 이지와 지혜가 더 커진다는 이야기가 되겠습니다. 이상 말한 것에 의해서 사이비 이지와 지혜가 어떤 것인지 잘 알았으리라 생각됩니다.

[2] 물론 이 점에 대해서는 어렸을 적에 교사들에게서 들은 것을 그대로 주장하는 경우와는 부합되지 않는다는 말을 해 두어야 하겠습니다. 즉 성인이 되어서 자기의 이해에 의지해서 생각하고, 교사들의 말을 고집하지 않고, 진리를 갈구하고 그 바람을 기틀로 해서 탐구를 계속하여 진리를 발견하게 되면 내적인 것에 의해서 감동이 주어집니다. 이런 경우 사람은 진리를 위한 진리에 의해서 감동되고 마

음을 굳히기 전에 진리를 보게 됩니다.*1)

[3] 예를 들어서 설명하겠습니다. 동물들은 필요한 지식을 가지고 태어나는데 사람은 어찌해서 그렇지 않은지를 영들과 함께 이야기한 적이 있습니다. 그 이유는 동물들은 자기들에게 주어진 본성의 질서 안에 있는 데 반해서 사람은 그렇지가 않기 때문입니다. 또 그 결과로 사람은 내적인 것이나 외적인 것에 관해서 배운 것에 의해 그 질서 안에로 인도되지 않으면 안 됩니다. 만일 사람이 무엇보다도 신령존재를 사랑하고 이웃을 자기 자신처럼 사랑하는 인간 본래의 질서 안에 태어났다면, 이지와 지혜 안에 출생된 것 뿐 아니라, 알 수 있는 만큼의 모든 진리를 믿는 신앙 안에도 태어났어야 했을 것입니다. 그런데 선한 영은 이 사실을 보자마자 진리의 빛에 의해서 곧 지각합니다. 그러나 믿음만이라는 교리로 마음을 굳히고, 하나님사랑이나 이웃사랑을 옆으로 물리쳐 버린 영은 그것을 알지 못합니다. 그들에게는 거짓을 고집하는 빛이 있어서 그것이 진리의 빛을 흐려지게 하고 불영명(不英明)하게 만들어 버리기 때문입니다.

353. 신령존재의 시인을 떠난 모든 이지나 지혜는 거짓된 이지와 지혜입니다. 신령존재를 시인하지 않고 그 대신 자연을 추켜 세우는 자는 이 세상에서 아무리 지식인이나 학자라고 칭송받는다고 하더라도 육체적 관능으로 생각하는 관능적 존재이기 때문입니다.*1) 왜냐

---

*1) 지혜스러운 사람들은 어떤 사실에 대해서 확신을 가지기 전에 그것이 참된 것인지 아닌지를 보고, 지각한다. 그리고 다른 사람의 말에 의해서는 결코 확신을 갖지 않는다(1017·4741·7012·7680·7950항).
진리만을 목적하고, 또 삶을 목적하는 진리에 의해서 감동하는 사람들은 어떤 사실에 대해서 확신을 가지기 전에 그것이 참인지 아닌지를 볼 수 있고, 또 지각할 수 있다(8521항).
확증의 빛은 영적 빛이 아니라 자연적 빛이고, 심지어 악한 사람들이 가질 수 있는 감관적 빛이다(8780항).
모든 것들, 심지어 거짓까지도 진리처럼 확증될 수 있다(2477·2480·5033·6865·8521항).

하면 그들의 지식이나 학문은 이 세상의 눈 앞에 나타난 하나의 현상이어서 기억 속에 담고 있는 것들의 한도를 넘어서지 못하고, 또 그들이 가지고 있는 과학적 지식은 정말 총명하게 생각하는 사람이 그 이해를 형성하는데 크게 유용하다고 생각하는 것과 동일한 지식들인데도 태반 물질적으로밖에 보지 않기 때문입니다. 여기서 과학이라고 하는 것은 각종의 실험과학들을 이르는데 물리학·천문학·화학·지리학·공학·해부학·심리학·철학 그리고 국가 사회와 문학의 세계에서 보는 역사·비판학 그리고 어학들을 뜻합니다.

〔2〕 신령존재를 부인하는 성직자는 그들의 사상을 겉사람의 관능적인 것들 이상으로 높이지 못하고, 그리고 다른 사람들이 과학을 중요시 하듯 그런 방식으로밖에는 성경말씀에 속한 것들을 중요시하지 않으며, 그것들을 조요된 합리심(照耀 合理心)에 의하여 사상이나 직관(直觀)의 내용으로 받지 않습니다. 그 까닭은 그들의 내면적인 것이 닫혀져 있는 것만이 아니라 내면적인 것에 인접해 있는 외면적인 것도 그 내면적인 것과 함께 닫혀 버리고 말았기 때문입니다. 내면적인 것을 자기 스스로 받아버린 사람들은, 천계에 등을 돌리고 있기 때문에 전술한 바 있듯이, 천계를 우러르는 능력을 뒤집어 엎어 버렸습니다. 그래서 진리가 무엇인지 선이 무엇인지 모르는 형편이 되었습니다. 그들에게 있어서는 진리와 선이 암흑 가운데 있고 오히려 거짓과 악이 빛 가운데 있게 되었습니다.

〔3〕 그렇지만 관능적인 사람일지라도 추론을 할 수는 있습니다. 어떤 자의 경우 오히려 다른 사람들 보다 더 교활하고 예리합니다. 그러나 그들은, 그들이 다른 사람들에 비하여 자신들이 지혜롭다고 믿는 방식으로 추론하기 때문에,*1) 그들의 지식으로 확인한 감관에 속

---

*1) 관능적인 사람들은 예리하고 또 교활하게 추론한다. 왜냐하면 그들은 모든 이지들을 육체적 기억으로 말미암아 말하는 것에 두기 때문이다(195·196·5700·10236항).

한 거짓으로 추론합니다. 그 추론들을 정동으로 밝혀주는 불은 자아애와 세간애의 불입니다. 이런 부류의 사람들은 거짓 이지와 거짓 지혜 안에 있습니다. 주님께서 마태복음서에서 말씀하신 사람들은 이런 사람을 뜻합니다.

너희가 듣기는 들어도 깨닫지 못하고,
보기는 보아도 알아보지 못할 것이다.
(마태 13:13)

또 다른 곳에서—.

하늘과 땅의 주재자이신 아버지, 이 일을 지혜 있고 똑똑한 사람에게는 감추시고, 철부지 어린 아이들에게는 드러내 주셨으니, 감사합니다.
(마태 11:25, 26)

354. 나는 이 세상을 떠난 많은 지식인들과 이야기할 기회가 있었습니다. 그 중에는 대단히 명성이 높은 사람, 문필로 문학계에 그 이름을 떨친 사람도 있었고, 그 보다는 못해도 지혜를 남몰래 간직하고 있던 사람도 있었습니다. 마음 속에서 신령존재를 부인하는 사람은 그 전문적인 어떤 것이라 할지라도 일상 생활에 관한 진리에는 미련하고 영적인 것에 있어서는 아무 것도 모르는 어리석음에 빠져 버리고 맙니다. 나는 그들의 내면적인 것이 닫혀져 있다는 것을 지

그러나 그들은 감관에 속한 거짓들에 의하여 추론한다(5084·6948·6949·7693항).
관능적인 사람들은 다른 사람들에 비하여 매우 교활하고, 심술궂다(7693·10236항).
고대사람들은 이런 부류의 사람들을 "지식의 나무의 뱀들"이라고 불렀다(195-197·6398·6949·10313항).

각하고, 또 목격한 적이 있는데 시꺼멓게 보였고(영계에서는 그렇게 나타나지기 때문이다) 천계의 빛이 비쳐질 여지가 없었음은 물론 천계로부터 오는 입류를 받아들일 수도 없는 상태였습니다. 그들의 내면적인 것을 덮고 있는 흑암은, 그들이 터득한 지식에 의하여 신령존재를 부인하는 방향으로 스스로 마음을 굳혀버린 사람의 경우에는, 아주 훨씬 심하고 넓은 범위에 퍼져 있었습니다. 이런 종류의 사람은 저 세상에서는 마치 솜이 물을 빨아들이는 것처럼 즐거움으로 온갖 거짓들을 흡수하고 받아 수용합니다. 그리고 떨어져 내려오는 물체를 튕겨 내는 골제(骨製) 용수철처럼 진리란 진리는 모두 튕겨 내던집니다. 신령존재를 부인하고 그 대신에 자연을 신(神)이라고 마음을 굳힌 사람의 경우 그 사람의 내면적인 것은 백골로 화한다고 말할 수도 있겠습니다. 그들의 머리는 뼈만 앙상하게 되어 굳어진 듯 보이며, 그 코 부분에 이르면 마치 상아(象牙)같이 툭툭튀어나온 것처럼 보입니다. 그 까닭은 지각하는 힘을 잃었다는 증표이기 때문입니다. 이렇게 된 사람들은 감탕뻘처럼 보이는 심연에 빠져들고 거기서 자기들의 거짓이 야기시키는 환각에 사로잡히게 됩니다. 명성이나 명예를 구하는 욕망은 그들을 불태워 버리는 지옥의 불입니다. 그 욕망에 자극을 받아서 어떤 자는 남을 공격하고, 자기들을 신적 존재로 모시지 않는 자들을 지옥의 격정(激情)으로 괴롭히고 고문합니다. 그것도 혼자서만 그러는 것이 아니라 그 고문 받는 상대와 서로 교대로 그 짓을 합니다. 세상에서 교양이라고 하는 것은 모두 이런 식으로 되어 있는데 그것은 신령존재를 시인하지 않은 결과로서 천계로부터 오는 빛을 반겨 받아들이지 않는 연유입니다.

355. 사후에 영계에 들어왔을 때, 영계에서 이런 일들이 일어난다는 것은 오직 이 한가지 사실에서 결론을 지을 수 있겠습니다. 이상과 같은 일들이 일어나는 즉 영계에 와서는 자연적 기억에 있는 것이나, 전술한 것처럼 과학적 지식처럼 육체의 감관에 직결되어 있는 것은 전부 쥐 죽은 듯 잠잠해 지지만, 이것들에게서 비롯된 것들이

지만 합리적 원칙들은 사상과 언어에 이바지합니다. 왜냐하면 사람은 자연적 기억을 모두 가진 채로 저 세상에 오지만, 그러나 이 기억 안에 들어 있는 것을 이 세상에 살고 있었을 때처럼 본인 자신이 직접 직관할 수 없고 그렇다고 생각 안에 끌어올릴 수도 없기 때문입니다. 기억에서부터는 아무 것도 꺼내 쓸 수 없는 상태에 있게 되고, 더구나 기억 안에 들어 있는 것들은 영적인 빛에 속한 대상(對象)이 아니기 때문에, 영적인 빛 아래서 보는 것은 있을 수 없습니다. 그러나 반면에 사람이 육체로 있었을 때 지식을 통해서 얻은 이성과 이해에 속한 것들은 영계의 빛과 일치합니다. 따라서 사람의 영이 이 세상에서 인식한 것이 지식이나 과학을 통해서 합리적으로 만든 것만큼 육체를 떠난 후에도 합리적인 존재가 됩니다. 그 까닭은 사후에 사람은 영이고 그 영은 육체 안에서 생각한 그 영을 가리키기 때문입니다.*1)

356. 지식과 과학을 통해서 이지와 지혜를 획득한 사람들에 관해서 보면 그들은 이지와 지혜를 생활의 선용에 적용하였고, 또 그들은 신령존재를 시인하고, 성경말씀을 사랑하며, 영적이고 도덕적인 삶을 영위하였고(319항 참조), 또 그들에게 있어서 과학은 지혜롭게 되고 신앙상의 여러 사항들을 증거하기 위한 수단으로 사용한 사람들입니다. 이러한 사람들의 마음의 내적인 것들이 내면적인 것들이 내게 지각되었는데, 그것들은 다이아몬드, 루비 또는 사파이어의 투명한 색깔들처럼 반짝이는 흰색이나 불꽃의 색 또는 청색 등의 빛

---

*1) 지식은 사람이 이 세상에서 사는 동안 그 사람이 가지고 있는 자연적인 기억에 속한다(5212·9922항).
사람은 사후 그의 전 자연적인 기억을 송두리채 가지고 온다(2475항). 그리고 이런 사실들의 경험들(2481-2486항).
그러나 그는 그가 이 세상에 있을 때처럼 그 기억에서부터 어떤 것들을 이끌어낸다는 것은 몇 가지 이유 때문에 불가능하다(2476·2477·2479항).

에서 비롯된 투명한 것으로 보였습니다. 즉 그것은 과학에 의해서 신령존재나 신령진리를 선으로 확인한 그 정도에 일치하여 투명한 빛을 띠웁니다. 진정한 이지나 지혜는 영계에서 모두 그런 식으로 보여집니다. 이같은 외현(外現)은 천계에서 비롯되는데 그 빛은 신령진리이고, 모든 이지와 지혜의 근원이신 주님으로부터 발해지고 있습니다(126-133항 참조).

〔2〕 형형색색이 존재하는 그 빛의 국면들은 바로 그들의 마음에 속한 내면적인 것들을 가리킵니다. 이같은 형형색색은 자연 안에 존재하는 것들 즉 과학 안에 내재하는 것을 방편으로 하여 신령진리의 확인에 의해 이루어져 나타납니다.*1) 왜냐하면 인간 내면적인 마음은 자연적인 기억 안에 있는 것을 직관적으로 보고, 또 증거물 역할을 할 것들을, 말하자면 천계적 사랑의 불을 가지고 정련(精練)하고 분리 정화해서 그것이 영적인 관념이 되도록 하기 때문입니다. 사람은 육신을 가지고 살고 있기 때문에 지금 설명한 내용은 거의 알지 못합니다. 그 까닭은 이 세상에서는 영과 자연 양계(兩界)에서 생각하기 때문입니다. 생전에 사람이 영으로 생각할 때에는 그 내용에 관해서 아무런 지각을 가지지 못하고, 자연으로 생각하고 있는 부분만을 지각합니다. 그러나 영계에 들어오면 이 세상에서와는 반대로 자연적으로 생각하던 것들에는 아무런 지각을 가지지 못하고 영적으로 생각하고 있던 것들만을 지각하게 됩니다. 사람의 상태는 이와 같이 변합니다.

〔3〕 이런 일련의 내용이 명확하게 하는 것은 지식들과 과학들의 수

---

*1) 천계에서는 가장 아름다운 색깔들이 보여진다(1053·1624항).
 천계의 색깔은 그곳의 빛에서 비롯되고, 또 그 빛의 변체(變體)이고, 변색이다(1042·1043·1053·1624·3993·4530·4742·4922항).
 따라서 그것들은 선에서 비롯된 진리의 현시(顯示)이고, 또 그것들은 이지와 지혜에 관계되는 것들을 뜻한다(4530·4677·4922·9466항).

단에 의하여 사람을 영적으로 만들고 또 그것들이 사람을 지혜롭게 만드는 방편들이다는 것입니다. 그러나 이러한 것은 오직 믿음과 삶에서 신령존재를 시인하는 사람에게만 이루어집니다. 이러한 사람은 다른 사람에 비하여 우선적으로 천계에 영접되고, 중앙에 위치한 천사들과 같이 있습니다(43항 참조). 왜냐하면 그들은 다른 자들 보다 더 빛 안에 있고 그들이야말로 천계에 있어서 이지가 있는 자요 지혜가 있는 자이기 때문입니다. 이들은 천계에서 이지적이고, 지혜로운 사람들인데, 그들은 "궁창의 빛 같이 빛나며" 또 "별 같이 빛나는" 사람들입니다. 물론 거기에 있는 소박한 사람도 신령존재를 시인하고, 주님말씀(聖言)을 사랑하고, 또 영적이고, 도덕적인 삶을 산 사람들입니다. 그러나 그들의 마음에 속한 내면적인 것들은 지식들이나 과학들에 의하여 그렇게 풍성하게 되지는 않습니다. 사람의 마음은 경작하는 토양과 같습니다.

《천계비의》에서의 발췌한 지식에 관한 인용문들*1)

사람은 지식에 정통하여야만 한다. 그 이유는 지식들의 방편에 의해서 생각하는 것을 배우고, 그 뒤에는 참된 것과 선한 것이 무엇인지 이해하고, 종국에는 지혜롭게 되는 것을 배우기 때문이다(129·1450·1451·1453·1548·1802항).

지식은 사람의 삶인 시민법적·도덕적·영적 삶의 기초가 되어, 그것 위에 정립(鼎立)하는 첫번째 것들이고, 또한 그것들은 목적으로써의 선용을 위해 필히 배워야 한다(1489·3310항).

---

*1) 이 발췌 내용에서 *scientia·scientificum·cognitio*라는 용어는 동일한 낱말 지식(知識·knowledge)으로 번역하였다. 왜냐하면 저자가 의미한 그것들의 어떤 구분이 영어로 한결 같이 표기하기에는 충분하게 분명하지 않기 때문이다(역자).

지식은 속사람에게 이르는 길을 열어주고, 그 뒤에는 선용에 따라서 겉사람과 더불어 그 사람을 결합시켜 준다(1563·1616항).
합리적 기능은 그 지식들에 의해서 태어난다(1895·1900·3086항).
그러나 지식 그것 자체에 의하지 않고, 오히려 그것들에서 비롯된 선용을 위한 정동의 방편에 의한다(1895항).
〔2〕신령진리에 통하는 지식과 그렇게 하지 않는 지식이 있다(5213항).
무의미한 지식은 소멸된다(1489·1492·1499·1581항).
무의미한 지식은 목적으로써 자아애와 세간애를 소유한 그런 것들인데, 그런 지식은 이와 같은 사랑을 계속해서 견지(堅持)하려고 하며, 또 하나님사랑과 이웃사랑에서 물러나게 한다. 왜냐하면 이런 지식은 그 사람이 천계에서 비롯되는 것들을 수용할 수 없는 정도만큼 속사람을 폐쇄시키기 때문이다(1563·1600항).
지식은 현명하게도 하고, 또는 바보스럽게도 하는 방편이다. 그리고 그것들에 의해서 속사람은 개방되기도 하고 폐쇄되기도 하며, 따라서 합리적인 사람이 풍성하기도 하고 또는 소멸하기도 한다(4156·8628·9922항).
〔3〕사람이 하나님을 우러르는 선용을 목적으로 삼는다면, 특히 영원한 생명을 우러르는 선용을 목적으로 삼는다면 그 사람의 속사람은 지식에 의하여 개방되고, 또 점진적으로 완전하게 된다(3086항).
그 때 속사람 안에 있는 지식들은 영적인 사람에게서 비롯된 영적인 것들이나 천계적인 것들에 의하여 만나게 되며, 이것들은 적합한 것으로 그것들에 적용된다(1495항).
그 때 천계적 삶에 속한 선용은 주님에 의하여 끌어내어지고, 완전하여지며, 또 속사람에 의하여 자연적 사람 안에 있는 지식들 가운데서 불러내어 일으켜 세워진다(1895·1896·1900·1901·1902·5871·5874·5901항).
〔4〕속사람의 시각은 그 사람의 사랑에 일치하는 것들을 겉사람에

속한 지식들에서 불러낸다(9394항).

속사람에 의하여 보여졌기 때문에 그 사랑에 관계되는 것은 중심에 놓이게 되고 또 밝음 가운데 있는데, 그러나 그 사랑에 속한 것이 아닌 것은 변두리에 놓이게 되고, 또 어두움에 있게 된다(6068·6084항).

적절한 지식들은 점차 사람의 사랑들 안에 활착하는데, 다시 말하면 그것들 안에 살게 된다(6325항).

만약 사람이 이웃사랑 안에 태어난다면 그 사람은 이지 안에 태어날 것이다. 그러나 만약 자아애나 세간애 안에 태어난다면, 그는 완전 무지 안에 태어날 것이다(6323·6325항).

지식·이지·지혜들은 하나님사랑과 이웃사랑의 아들들이다(1226·2049·2116항).

[5] 지혜롭게 되고 이해하고 알고 행하는 것은 모두가 하나이다. 그럼에도 불구하고 그들 안에 있는 질서에 순응한 영적인 삶은 행하는 것 즉 행위 안에 모두 존재한다(10331항).

또한 알고, 시인하고 믿음을 갖는다는 것은 모두가 하나이다(896항).

[6] 겉사람 즉 자연적인 사람에 관계되는 지식들은 이 세상의 빛 안에 있지만, 그러나 믿음에 속하고 또 사랑에 속한 진리로 만들어진 진리들, 따라서 생명을 터득한 진리들은 천계의 빛 안에 있다(5212항).

영적 생명을 터득한 진리들은 자연적 개념에 의하여 이해된다(5510항).

영적 입류는 속사람 즉 영적인 사람에게서부터 겉사람 즉 자연적인 사람 안에 있는 지식에 흘러든다(1940·8005항).

지식은 수용그릇이다. 말하자면 속사람에 속한 진리와 선을 받는 그릇이다(1469·1496·3068·5489·6004·6023·6052·6071·6077·7770·9922항).

지식은 속사람의 진리와 선이 영상으로 보여지는 거울과 같다(5201항).

거기에서 그것들은 그들의 가장 궁극적인 것 안에 있는 것처럼 모두 함께 존재한다(5373·5874·5886·5901·6004·6023·6052·6071항).

〔7〕입류는 물질적이 아니고 영적이다. 즉 입류는 속사람에게서 겉사람으로, 따라서 겉사람의 지식으로 흘러든다. 겉사람에게서 속사람으로가 아니고, 따라서 겉사람의 지식에서 믿음에 속한 진리에 흘러들지 않는다(3219·5119·5259·5427·5428·5478·6322·9110항).

출발(出發·beginning)은 성경말씀에서 비롯된 교회의 교리에 속한 진리에서부터 이루어져야 하고, 그리고 이들 진리들은 제일 먼저 시인되고, 그리고 그것은 지식들을 자문하는 것이 허용되어야 한다(6047항).

따라서 그것은 지식에 의하여 그것들을 이지적으로 확인하는 믿음에 속한 진리 측면에서 긍정적인 상태에 있는 사람들을 위해서 무방한 것이지만 그러나 부정적 상태에 있는 사람들을 위해서는 그렇지 않다(2568·2588·4760·6047항).

지식에 의하여 확신을 가질 때까지 신령진리를 믿지 않는 사람은 결코 신령진리를 믿을 수 없다(2094·2832항).

지식에서부터 믿음에 속한 진리에 들어간다는 것은 질서에 위배된다(10236항).

그렇게 행하는 사람들은 천계나 교회에 속한 것들에 대해서 미치게 만든다(128·129·130항).

그들은 악에 속한 거짓에 빠져든다(232·233·6047항).

저 세상에서 그들이 영적인 문제에 관해서 생각하면, 그들은 마치 명정(酩酊)상태가 되어 버린다(1072항).

이런 성품에 관해서는 더욱 그러하다(196항).

지식을 통해서 영적인 것들이 이해될 수 없다는 예들(233·2094·2196·2203·2209항).

많은 배운 사람들이 무식한 사람들에 비하여 영적인 사실들에서 더 심하게 미치게 되는데, 그 이유는 그들이 계속적으로 가지고 있거나, 또는 그들의 목전의 풍부한 지식에 의하여 확인하여야만 하는 부정적 상태에 그들이 있기 때문이다(4760·8629항).

[8] 믿음에 속한 진리에 거슬러서 지식으로 추론하는 사람들은 빈틈없이 예리하게 추론한다. 왜냐하면 그들은 감관에 속한 거짓으로 추론하기 때문이다. 그 거짓들은 왜냐하면 그것들이 쉽게 소멸될 수 없기 때문에 보증하고 확신한 것들이다(5700항).

감관에 속한 거짓들이 무엇이고, 그것들의 됨됨이가 어떤 것인지(5084·5094·6400·6948항).

진리의 이해가 없거나 또는 악 안에 있는 사람들은 진리나 믿음에 속한 선을 추론할 수는 있지만 그러나 그것들에 관해서 이해할 능력은 못된다(4214항).

이지는 그것을 확신하기에 앞서 그것이 진실인지 아닌지를 살펴보는 일을 제외한 단순히 확인한 교리들로 이루어지지 않는다(4741·6047항).

[9] 지식은 사후에는 쓸모가 없다. 그러나 그의 이해 안에 흡수한 것이나 또는 지식에 의한 삶만이 쓸모가 있다(2480항).

그럼에도 불구하고, 모든 지식들은 사후에 그대로 남는데, 다만 그것은 쥐죽은 듯이 잠잠할 뿐이다(2476-2479·2481-2486항).

[10] 악한 사람과 같이 하는 지식은 거짓이다. 왜냐하면 그들은 그것들을 악에 적용하기 때문이다. 그러나 선한 사람과 같이 하는 그 지식은 진리이다. 왜냐하면 선한 것에 적용하기 때문이다(6917항).

악한 사람에게 있어서 참된 지식이란 참된 것이 아니다. 더욱이 그들이 떠벌릴 때 참된 것처럼 보이는 것은 더욱 그러하다. 왜냐하면 그들 안에는 악이 있기 때문이다(10331항).

[11] 영들이 가지고 있는 알기를 갈망하는 실예(1974항).

천사들은 알려고 하고 지혜롭게 되려고 하는 끝없는 바람을 가지고 있다. 왜냐하면 배움이나 이지 그리고 지혜 등은 영적 양식이기 때문이다(3114·4459·4792·4976·5147·5293·5340·5342·5410·5426·5576·5582·5588·5655·6277·8562·9003항).

고대 사람들의 지식은 대응과 표징의 지식이었다. 그들은 그것들에 의해서 영적인 것에 관한 지식들을 터득하였지만 그러나 오늘날에는 그 지식들은 완전히 잃어버렸다(4749·4844·4964·4965항).

[12] 이해하여야 할 영적 진리 때문에 아래의 보편적인 진리들은 필히 주지하여야 한다.

(i) 우주 안에 있는 모든 것들은 선과 진리에 관계되고, 또 그것들이 무엇인가 되기 위한 그것들의 결합에 관계되고, 따라서 사랑과 믿음에 관계되고, 또 그것들의 결합에 관계된다.

(ii) 사람은 이해와 의지를 가지고 있다. 그 이해는 진리의 수용그릇이고, 의지는 선의 수용그릇이다. 그리고 사람 안에 있는 모든 것들은 선과 진리에, 그리고 그것들의 결합에 관계된다.

(iii) 속사람과 겉사람이 있다. 이 두 사람은 하늘과 땅이 다른 것과 같이 엄연히 분별된다. 그럼에도 불구하고 사람이 참된 사람이 되기 위해서는 이들 둘은 하나가 되어야 한다.

(iv) 속사람은 천계의 빛 안에 있고, 겉사람은 이 세상의 빛 안에 있다. 그리고 천계의 빛은 신령진리 자체이고, 그것에서부터 이지는 비롯된다.

(v) 속사람 안에 있는 것들과 겉사람 안에 있는 것들 사이에는 대응이 존재한다. 그러므로 그것들이 보여주는 외적인 차이는 오직 대응의 지식에 의하여서만 분별될 수 있는 그런 것들이다. 만약에 이런 것들이 없고, 또 알 수 있는 여타의 많은 것들이 없다면 영적인 개념이나 천계적 개념은 깨달을 수도 없고, 형성될 수도 없는 가당찮은 것 이외에는 아무것도 아니다. 그러므로 이들 보편적인 지식이 없이는 자연적인 사람의 지식들은 이해나 성장을 위한 합리적인 사람에게는 거의 쓸모가 없는 것이 되고 만다. 이러한 사실은 지식이

왜 필수적인 것인지를 자명하게 해 준다.

제39장
천계에 있는 부자와 빈자(貧者)

357. 천계에 영입되는 것에 관해서는 다양한 견해가 있습니다. 어떤 견해는 가난한 사람은 천계에 들어갈 수 있지만, 부자는 들어갈 수 없다는 것이 있는가 하면, 부자나 빈자(貧者)나 공히 천계에 들어갈 수 있다는 견해도 있습니다. 그러나 또 다른 견해는 부자는 자기의 재산을 다 팔아 버리고, 가난한 사람이 되지 않으면 안 된다고 생각하는 경우도 있습니다. 이러한 견해는 제각기 성경말씀에서 자기의 주장을 입증하려고 애씁니다. 그런데 이와 같이 천계에 들어갈 수 있는가 없는가를 부자와 빈자를 차별해서 생각하는 사람들은 성경말씀을 바르게 이해하지 못합니다. 성경말씀의 내면적인 것 안에는 영적인 것이 있고, 그 문자적인 것 안에는 자연적인 것이 있습니다. 따라서 영의(靈意)에 의하지 않고서 문자의(文字意)로만 성언을 해석하는 사람은 많은 오류를 범하게 됩니다. 특히 부자와 빈자에 관해서 많은 오류를 범합니다. 예를 들어 보겠습니다. 부자가 천계에 들어가는 것은 낙타가 바늘 구멍을 통해서 지나가는 것 보다 어려우며, 가난한 자는 가난하기 때문에 쉽다고 말하면서 다음 성구를 인용하는 사람들이 있습니다.

마음이 가난한 사람은 복이 있다… 하늘나라가 그들의 것이다.
(마태 5:3; 누가 6:20, 21)

그러나 성경말씀의 영의를 조금이라도 알고 있는 사람은 다르게 생각합니다. 왜냐하면 천계는 부자이건 빈자이건 믿음과 사랑의 삶을 산 사람 모두에게 예비되어 있다는 것을 알기 때문입니다. 성경말씀에서 "부자"라는 것과 "빈자"라는 것이 누구를 의미하는 것인가를 설명드리겠습니다. 천사와 더불어 이야기를 나누었고, 또 천사들과 같이 생활한 경험에 의해서 부자도 빈자와 같이 쉽게 천계에 들어갈 수 있다는 것과 또 재산 때문에 천계에서 거절 당하는 사람이나, 가난 때문에 천계에 영접되는 사람이 없다는 것을 확신을 가지게 하는 수차의 기회가 내게 주어졌습니다. 천계에는 부자였던 사람도 있고 가난했던 사람도 있습니다. 부자였던 사람이 가난했던 사람 보다 영예와 행복을 크게 누리는 것을 여러 번 보기도 했습니다.

358. 미리 말씀드리지만 술책을 쓰든가 악한 수단으로 돈벌이를 하지 않았다면 부(富)를 구하고, 있는 힘을 다해서 재물을 모은 것이 문제가 될 리가 없습니다. 즉 치부하는 데 삶의 가치를 두는 것이 아니라면 좋은 음식을 먹고 마신다 해도 좋은 것입니다. 자기 신분에 부응해서 호화스런 주택에 사는 것도 괜찮습니다. 또 사회인들과 대화를 즐기고, 극장에 가고, 세속적인 이야기를 해도 무방합니다. 슬퍼서 찌그러진 얼굴을 하고 경건한 사람처럼 어깨를 축 늘어뜨리고 걸어다닐 필요는 없습니다. 기쁘고 쾌활하게 지내도 좋습니다. 정동이 동기를 주어 행동하게 하는 것이 아니라면 가난한 자에게 보시(普施)하는 일도 필요 없습니다. 한마디로 말한다면 외면적으로는 이 세상 사람들과 같은 식으로 살아도 좋습니다. 자기 마음 안에 신령존재에 대해서 부합되는 생각을 품고 이웃들과 성실하고 정직하게 사귀고 있다면 그 사람은 천계에 들어가는 데 아무런 차질이 없습니다. 왜냐하면 사람은 바로 그의 정동과 사상이기 때문이고, 또한 사람은 그의 사랑과 믿음이기 때문입니다. 사람이 외면으로 행동하고 있는 것은 이것들에서부터 그것의 생명을 얻습니다. 즉 행위를 한다는 것은 원하는 것에서 오고, 말하는 것은 생각하는 것에서 오기 때문입니다. 다시 말하면 사람은 의지가 있어서 행동하고, 사상이 있어서 말을 합니다. 따라서 성경말씀에서 사람이 그 행함에 의

해서 심판받는다라든가 행위에 의해서 보응을 받는다라는 그 말씀이 뜻하는 바는 행위의 근원이 되면서 행위 안에 내재하는 사상과 정동에 의해서 심판받고 또 보응받는다는 것입니다. 그 까닭은 사상과 정동이 없었더라면 행동은 없었을 것이기 때문입니다.*1) 즉 행위는 사상과 정동의 표현이기 때문입니다. 그러니까 사람의 외적인 것이 무슨 일을 성취하는 것이 아니라, 외적인 것의 근원인 내적인 것이 행하고 성취한다는 것을 알 수 있습니다. 예를 들어 보겠습니다. 오직 법률을 두려워하고, 악평을 들을까, 명예와 이익을 상실할까 마음을 써서 그 결과로 진지하게 행동하고, 다른 사람을 속이는 따위 일을 하지 않는 경우, 그 사람이 그러한 두려움이 없다고 알게 될 때에는 할 수 있는 데까지 사람을 속이고 기만하게 될 것입니다. 이 사람의 사상과 의지는 기만적이지만, 외견상의 행위는 진지한 것으

---

*1) 성경말씀에는 사람은 그의 행위와 행한 업적에 따라서 심판을 받고, 또 상을 받을 것이라고 자주 언급되었다(3934항).
"행위와 업적"은 그것들의 내적인 형체 안에 있는 행위와 업적을 가리키지, 외적인 형체 안에 있는 것을 가리키지 않는다. 왜냐하면 외적인 형체 안에 있는 선한 일은 사악한 사람에 의해서 행해지지만, 그러나 내적 형체와 외적 형체 안에 있는 선한 일은 오직 선한 사람에 의해서만 행해지기 때문이다(3934·6073항).
모든 활동과 같이, 어떤 업적은 그것의 존재와 실체(存在·實體·esse et existere), 그리고 그 사람의 사상과 의지에 관계되는 그 사람의 내면적인 것에서 비롯되는 성품을 갖는다. 왜냐하면 그 업적은 이런 것들에서 발출하여 나오기 때문이다. 그러므로 내면적인 것들은 바로 이같은 업적을 가리킨다(3934·8911·10331항).
다시 말하면 내면적인 것들은 사랑과 믿음에 관한 것이다(3934·6073·10331·10332항).
따라서 업적은 사랑과 믿음을 내포하고, 결과 안에 있는 사랑과 믿음을 가리킨다(10331항).
그러므로 행위와 업적에 따라서 심판받고, 보상받는다는 말씀은 사랑과 믿음에 따른다는 것을 뜻한다(3147·3934·6073·8911·10331·10332항).
어떤 업적이 자아와 세상을 우러르는 한, 그것들은 선이 아니지만, 그러나 그것들이 주님과 이웃을 우러르는 한 그것들은 선이다(3147항).

로 보일 뿐입니다. 왜냐하면 그 사람의 속마음은 불성실하고 기만적이고, 그의 마음 속에는 지옥이 뿌리를 틀고 있기 때문입니다. 그러나 하나님에게 반대가 되고 이웃에게도 거스른다는 이유로 정직하게 행동하고, 사람을 속이지 않는 사람은 사람을 속일 수 있는 기회가 온다고 해도 그럴 생각도 하지 않을 것입니다. 그의 사상과 의지는 양심에 의한 것으로서 그 마음 안에는 천계가 자리잡고 있습니다. 이상 두 종류의 사람의 행위는 외견상으로는 동일하지만 내면에서는 전혀 다릅니다.

359. 사람은 외면적으로는 다른 사람들처럼 부를 축적하고, 맛있는 음식을 즐기고, 자기 신분과 지위에 맞는 좋은 집에서 살고, 좋은 의복을 입고, 삶의 즐거움이나 기쁨을 만끽하고, 직업을 위해서나 심신의 건강유지를 위해서 세속의 일들을 해도, 다만 내심 신령존재를 시인하고 이웃 사람들에게 친절하게 산다면 무방합니다. 이상 말한 것에 의해서 고찰해 보면 많은 사람들이 생각하는 것만큼 천계에 들어가는 것이 어려운 것은 아닙니다. 다만 어렵다는 점은 자아애와 세간애는 모든 악들의 근원이기 때문에*1) 자아애와 세간애에게 지배받지 않도록 이것들에게 저항하는 것입니다. 즉 천계에 들어가는 것은 사람들이 생각하는 만큼 어렵지 않다고 주님은 다음 성경말씀에서 밝혀 주셨습니다.

나는 마음이 온순하고 겸손하니, 내 멍에를 메고 내게 배워라. 그러면 너희는 마음에 쉼을 얻을 것이다. 이 멍에는 편하고 내 짐은 가볍다.

---

*1) 모든 악은 자아애와 세간애에서 비롯된다(1307·1308·1321·1594·1691·3413·7255·7376·7488·7490·8318·9335·10038·10742항).
이런 것들은 모두 타인의 멸시·앙심·증오·복수·잔학·사기 등을 가리킨다(6667·7370-7374·9348·10038·10742항).
사람은 이런 류의 사랑 안에 태어남으로, 그것들 안에는 그 사람의 유전악(遺傳惡·inherited evil)이 내재한다(694·4317·5660항).

(마태 11:29, 30)

주님의 멍에는 편하고 주님의 짐은 가볍다고 말씀하신 것은 사람이 자아애와 세간애로부터 흘러오는 악에 저항하면 할수록 자기 자신(自我)이 아니라 주님에 의하여 인도되기 때문입니다. 그 이유는 그 때에 주님이 그 사람 안에서 악을 저항해 주시고, 그것들을 제거해 주시기 때문입니다.

360. 나는 죽음을 경과해서 온 몇 명의 영들과 이야기를 하였는데, 그들은 생전에 세상을 버리고 대체로 고독하게 살아온 사람들이었습니다. 그들은 천계에 들어갈 수 있는 유일한 길이 세속적인 것들로부터 마음을 끊고 청정한 명상만 하는 것으로 믿고, 살아온 것입니다. 그런데 그들이 저 세상에 와 보니 오히려 슬픈 성품의 사람으로 여겨지며, 자기와 동류가 아닌 자들을 경멸하고 다른 사람들보다 자기는 더 행복할 값어치가 있는 일들을 했는데도 막상 저 세상에서는 그렇지 않은 것을 터무니 없게 생각하며, 화를 내고 있었습니다. 그들은 다른 사람에게는 전혀 관심이 없었고, 또 천계와 자기를 연결시켜주는 인애의 의무를 기피하였습니다. 그들은 다른 사람 이상으로 천계를 갈망하고 있으나 막상 천사들이 있는 곳에 올려졌을 때 천사들이 만끽하고 있는 행복을 방해하는 불안을 내뿜으며, 천사들에게서 멀리 떠나갔습니다. 천사들에게서 멀리 떨어져 나간 후에는 또 이 세상에서 하고 있던 것과 같은 생활을 사막에서 계속하였습니다.

〔2〕사람은 이 세상적인 방편을 빌리지 않고서는 천계에 합당하게 자기를 개혁할 수 없습니다. 이 세상은 각자의 정동이 흘러나와 머물러서 완결되는 곳입니다. 왜냐하면 이 정동은 사람들이 많이 있는 사회 안에 나타나서 행동으로 옮겨지는 것으로써, 그것이 없다면 정동은 질식하게 되고, 그 결과 이웃사람은 안중에도 없고 자기만을 소중하게 여기기 때문입니다. 이웃사랑으로 산다는 것은 모든 행위

와 업적 중에 정의와 공정을 실천해 가는 것을 말합니다. 이런 생활이야말로 사람을 천계로 인도해가는 것이며, 그것이 터전이 되어 있지 않은 경건생활로는 천계에 인도되지 않는다는 것이 명명백백하게 되었습니다.*1) 따라서 사랑의 실천과 그것에서 오는 사랑의 생명은 사람이 선한 일에 종사하면 업적에 따라서 인애의 생명은 성장해 가는 것입니다. 선한 일에서 자기 자신을 멀리 떼어 놓는 사람은 그만큼 인애의 생명을 위축시키는 것입니다.

[3] 이런 사실들에 관해서 내 경험에 의해서 설명해 드리면, 천계에는 이 세상에서 장사나 교역을 통해서 치부했던 사람들이 많이 있었습니다. 그러나 고용(雇用)을 통해서 치부한 사람은 비교적 적었습니다. 그 이유는 정의와 공정을 이행하지 않고 이익과 명예를 차지하는 것에만 눈독을 들이었고, 자기에게 이익이나 명예가 돌아오면 자기와 세상을 사랑하였는데, 그것이 자기의 생각과 정동을 천계로부터 격리시키고, 또 자기중심의 생각을 하게 만들었기 때문입니다. 사람은 자기와 이 세상을 사랑하게 되면 그럴수록 만사에 있어서 자기와 세상만을 우러르게 되고, 또 그렇게 되면 될수록 신령존재로부터 마음을 멀리하게 하고, 천계에서 자기 자신은 멀어지게 됩니다.

361. 천계에 있는 부자들은 대부분 다른 사람들 보다 유복합니다. 내부를 보면 모든 것이 금 은으로 빛나는가 하면, 만사가 생활하기에 편리하게 구비되어 있는 궁전에 사는 사람들도 있습니다. 그렇지만 마음은 눈에 보이는 물건에 있지 않고, 그것들의 선용에 있습니

---

*1) 이웃을 향한 인애는 모든 일과 업무에서 선·의·정의를 실천하는 것이다 (8120-8122항).
따라서 이웃을 향한 인애는 사람이 생각하고, 의도하고, 행하는 전체적인 것이나 또는 개별적인 것에까지 확장된다(8124항).
인애의 생명에서 멀어진 경건한 삶은 전혀 생동감이 없지만 그러나 그것들은 모든 것들을 위해서 전적으로 유용(有用)하다(8252-8253항).

다. 선용(善用)은 그들이 빛 가운데 있는 것처럼 밝게 보이지만, 그러나 금과 은은 그늘에 있는 것처럼 어둡게 보입니다. 그렇게 말하는 것은 그들이 이 세상에서 선용을 사랑하고 금 은은 다만 수단이나 선용을 위한 도구로밖에 사랑하고 있지 않았다는 뜻입니다. 천계에서는 이 선용만이 빛나고 번쩍입니다. 그리고 선용의 선은 금이고, 선용의 진리는 은입니다. 이 세상에서 사람은 선용에 따라 유복하게 되고, 기쁨과 행복을 누립니다. 선용이란 자기와 자기의 식솔들의 생활상 필요한 것을 제공하는 것입니다. 또 조국과 이웃이 유복하게 되는 것을 바라는 것이기 때문에 이 점에서는 가난한 사람들 보다 부자 쪽이 자선의 행위를 더할 수 있습니다. 이것은 사람이 생득적으로 가지고 있는 악한 것을 생각하게 하는 사람의 마음을 태만한 생활에서 떼어내는 것입니다. 선용들 안에는 거룩한 것을 담고 있으면 있을수록 더욱 좋은 선용이 됩니다. 즉 사람이 신령존재와 천계를 우러르고, 그 안에 자기의 선을 두는 것이라고 믿으며, 부(富)라고 하는 것은 그것을 돕고 섬기는 것에 불과하다고 생각하는 데 따라서 더욱 좋은 선용이 됩니다.

362. 신령존재를 믿지 않고, 천계와 교회에 속한 것들을 자기 마음으로부터 떼어버린 부자의 운명은 이와는 전혀 반대가 되겠습니다. 그들은 지옥에서 더럽고 비참할 뿐 아니라 모든 것이 결핍된 상태에 빠져 있습니다. 그것은 치부(致富)하는 것을 목적으로 삼고 부(富)에 애착한 결과 부 자체에만이 아니라 치부하게 하는 수단이 목적으로 바뀌어 버린 결과입니다. 스스로 타락한 생활을 하고, 쾌락으로 몸을 망치고, 끝도 없이 제 멋대로 파렴치한 짓을 해서 마음을 위장하고, 남을 경멸하며, 또 그러한 상태에 자기를 두고 있는 사람의 경우는 모두 그렇습니다. 이러한 부와 선용은 그들에게 영적인 부와 선용이 되지 않고 지상적인 것이 되어 점점 오염되어 갑니다. 왜냐하면 부와 선용에 내재하는 영적인 목적은 육체 안에 있는 영혼과 같고, 축축한 토양을 비추는 천계의 빛과 같지만, 그렇지 않은 부

와 선용은 영혼이 빠진 육체와 같이 또 천계의 빛이 미치지 않는 습지와 같이 부패하게 됩니다. 그들에게 있어서는 부(富)가 속이는 존재가 되어 임하고 천계로부터 마음을 떼어 버리는 것으로 바뀌게 됩니다.

363. 사람 하나 하나에게는 사후에도 각자의 주도정동(主導情動·ruling affection) 즉 주도애(主導愛·ruling love)가 남아 있으며, 그것은 결코 뿌리 뽑아지지 않습니다. 그 까닭은 사람의 영은 그 사람의 사랑과 동일하기 때문이며 이것은 비의(秘義)에 속한 것입니다. 즉 영이나 천사의 몸(形體)은 그 영과 천사가 가지고 있는 사랑의 외적 형체이며, 그 외적 몸(形體)은 그의 성품이나 마음의 내면적 형체에 대응됩니다. 그러므로 영의 성품은 그 사람의 얼굴과 동작 그리고 말씨에서 잘 알 수 있습니다. 또 사람이 자기의 얼굴과 동작 그리고 말씨를 가면을 쓰고 위장하는 법을 배워 익히지 않았다면 이 세상에 살고 있는 동안에도 영의 성품은 잘 알려질 것입니다. 이상에서 볼 때 사람은 그가 가지고 있는 주도정동 즉 주도애를 영원히 몸에 지니고 있다는 것이 이해될 것입니다. 나는 천 칠백년 전에 이 세상에 살았다는 사람들과 이야기를 나눈 적이 있습니다. 당시의 기록으로 본다면 그들이 어떤 생애를 보냈는지 잘 알 수 있습니다. 그들은 생전에 가지고 있던 사랑을 그대로 몸에 지니고 있다는 것도 알 수 있었습니다. 그 경험에서 알 수 있는 것은, 부에 대한 사랑이라든가 또 그 부에서 비롯되는 선용의 사랑이 사람 하나 하나와 함께 영속된다는 것이고, 그것들이 그들이 이 세상에서 획득한 것 그대로의 상태라는 것입니다. 다만 다른 점이 있다면 부(富)를 선한 일에 선용한 사람에게는 그것이 선용에 대응한 기쁨으로 변하고, 부(富)를 악한 일에 사용한 사람에게는 하나의 오물(汚物)로 바뀐다는 것입니다. 더구나 후자의 경우 이 세상에서 부를 악용해서 즐긴 것과 꼭같이 그들은 그 오물에서 비롯된 즐거움을 만끽할 뿐입니다. 그들이 오물에서 즐거움을 느끼고

있는 까닭은 부를 악용해서 경험한 오염된 쾌락과 파렴치한 행위나 또 선용할 뜻이 없는 부에 대한 사랑 즉 탐욕이 그 오물에 대응되기 때문입니다. 영적인 오물은 이런 것 이외의 다른 것이 아닙니다.

364. 가난한 자가 천계에 들어간다고 해도 그의 궁핍 때문이 아니라 그의 생활 때문입니다. 부자이든 가난한 자이든 사람 각자에게 따르는 것은 그들의 삶입니다. 한 사람이 다른 사람보다 특별한 자비를 얻게 되는 일은 전혀 없습니다.*[1]) 선량한 삶을 산 사람은 영접되지만 사악한 삶을 산 사람은 거절당합니다. 그 뿐이 아닙니다. 빈곤이 어떤 자를 천계로 인도하거나 끌어내는 것이 아닌 것은 유복함이 그렇지 않은 것과 같은데, 빈부(貧富)가 인간의 구원에 아무런 상관이 없습니다. 자기의 운명에 불만을 품고 있는 사람들이 많습니다. 그 중에는 많이 가진 것을 부러워하고, 재산을 축복이라고 믿고 있는 사람들도 있습니다.*[2]) 그래서 재물이 손에 들어오지 않으면 화를 내면서 신령섭리(神靈攝理·the Divine providence)를 나쁘게 생각하고, 좋은 물건을 소유하고 있는 다른 사람들을 질시합니다. 그러니까 기회만 있으면 사람을 속이고, 전술한 부자처럼 오염된 쾌락을 즐기며 살아 갈 것입니다. 가난하지만 자기의 운명에 만족하고 있는

---

*[1]) 수단을 떠난 자비는 있을 수 없고, 다만 수단을 통해서 자비가 있을 뿐이다. 즉 주님의 계명에 일치하는 삶을 사는 사람들에게 자비는 주어진다. 주님께서는 그분의 자비에 의하여 이 세상에서 그런 사람을 인도하시고, 뒤에는 영원으로 인도하신다(8700·10659항).

*[2]) 품위(品位)나 부(富)가 진정한 축복이 아니다. 그러므로 그런 것들은 사악한 사람이나 선한 사람이나 모두에게 부여된다(8939·10775·10776항).
진정한 축복은 주님에게서 비롯되는 사랑과 믿음의 그릇이고, 또 그것에 의한 결합이다. 왜냐하면 이것이 영원한 행복의 근원이기 때문이다(1420·1422·2846·3017·3406·3504·3514·3530·3565·3584·4216·4981·8939·10495항).

사람의 경우는 이와는 전혀 다릅니다. 자기의 일에 전념하고, 부지런하게 일하고, 한가하게 지내는 것 보다는 오히려 노동하며 정직하고 성실하게 행동할 뿐 아니라, 그리스도교인으로서 생활을 영위합니다. 나는 여러 번 농부나 빈민계급 출신의 사람과 이야기한 일이 있습니다. 그들은 이 세상에 살면서 그들 자신의 직업 자체에 정의와 공정을 가지고 종사한 사람들이었습니다. 그들은 진리를 알고자 하는 정동을 가지고 있었고, 사랑과 믿음이 무엇인지를 알고자 애썼습니다. 그 까닭은 이 세상에서는 믿음에 대해서 여러 가지 이야기를 듣고 있었지만, 저 세상에서는 오히려 사랑에 대해서 많은 이야기를 듣게 되었기 때문입니다. 그래서 그들은 사랑이 생활 전부에 관한 것이고 믿음은 전부가 교리에 관계되는 것임을 알게 되었다고 말했습니다. 또 사랑은 모든 행위 안에서 정의와 공정을 원해서 행동하는 것이고, 믿음이란 정의와 공정에 따라서 생각하는 것 즉 믿음과 사랑은 사상과 의지가 결합되어 있는 것처럼 교리와 그 교리에 의거한 생활이 결합된 것이라는 것을 배워 알게 되었고, 또 사람이 정의와 공정에 의거해서 생각하고, 그것을 행할 때 믿음이 사랑으로 바뀌어져 간다는 것과 그렇게 되면 이 둘은 곧 하나가 된다는 것을 배우게 되었습니다. 그들은 이상과 같은 것을 알게 되었기 때문에 매우 기뻐하면서 믿는 것과 생활하는 것의 차이점이 세상에서는 잘 알려져 있지 않았었다고 말하는 것이었습니다.

365. 이제는 확실하게 알았으리라고 생각됩니다. 부자도 가난한 자도 꼭같이 천계에 들어갈 수 있습니다. 한쪽이 다른 쪽의 사람보다 쉽게 들어가는 일은 없습니다. 가난한 자가 천계에 들어가는 것이 간단하고, 부자가 그렇게 간단하게 들어갈 수 없다고 사람들이 생각하고 말하게 되는 것은 부자와 가난한 자에 대해서 말씀하고 있는 성경말씀의 뜻을 알지 못하고 있기 때문입니다. 영의로 "부자"(富者·the rich)는 선과 신리의 시식을 넘치도록 가시고 있는 사람을 뜻하고, "가난한 자"(貧者·the poor)는 교회 밖에 있으므로 성경말

씀에 접할 기회가 없어서 선과 진리의 지식이 결여되어 있는 사람을 의미합니다.

〔2〕홍포와 모시옷을 입고 있는 부자가 지옥에 던져졌다고 되어 있는데, 그 부자는 유대 민족을 표징합니다. 그들은 주님말씀(聖言)을 소유하고 있어서 선과 진리의 지식이 넘치도록 풍부했기 때문에 부자라고 표현되었습니다. "붉은 비단 옷"은 선에 속한 지식을 표의하고, "겉옷"은 진리에 속한 지식을 의미합니다.*1) 부자집 문간에 앉아서 부자의 식탁에서 떨어지는 떡 부스러기를 먹고 연명하고자 했던 사람이 천사의 인도로 천계에 올리워졌다는 가난한 자는 선과 진리의 지식은 없었지만 그것을 간절하게 갈구하는 사람을 의미합니다(누가 16:19-31). 그리고 혼인 잔치에 초대를 받고도 핑계를 대며 초대에 응하지 않은 부자들은 유대 민족을 의미하는 반면에 그 대신 잔치에 초대 받아서 참석한 가난한 자들은 교회 밖에 있는 이방인들을 표의합니다(누가 14:16-24).

〔3〕주님께서는 부자가 어떤 사람인지를 다음과 같이 말씀하셨습니다.

> 부자가 하나님의 나라에 들어가는 것보다 낙타가 바늘귀로 지나가는 것이 더 쉽다.
> (마태 19:24)

여기서 말하는 "부자"에는 자연적인 뜻과 영적인 뜻이 있다는 것을 알게 됩니다. 자연적인 뜻으로는 부자가 재산을 축적하고 그 부를

---

*1) "겉옷"은 진리, 따라서 지식을 뜻한다(1073·2576·5319·5954·9212·9216·9952·10536항).
"붉은 비단 옷"은 천적 선을 뜻한다(9467항).
"고운 모시 옷"은 천적 근원에서 비롯된 진리를 뜻한다(5319·9469·9744항).

마음에 두고 있는 사람입니다. 그러나 영적인 의미로는 지식과 학식 즉 영적인 재물을 많이 축적하고 있으면서, 그것을 사용해서 즉 자기의 이지로 말미암아 천계와 교회에 속한 것으로 자기 자신을 전하는 사람을 뜻합니다. 그러나 이것은 신령질서에 위배되기 때문에 "낙타가 바늘귀를 통과하는 것이 더 쉬울 것"이라고 말씀하고 있습니다. 여기 "낙타"는 일반적인 뜻으로나, 자연적인 뜻으로 아는 기능(knowing faculty)이나 아는 것(知識)을 의미하며, "바늘귀"는 영적 진리를 표징합니다.*1) 사실 "낙타"와 "바늘귀"가 이런 뜻을 가지고 있다는 것은 오늘날 알려져 있지 않습니다. 그 까닭은 성경말씀의 문자의(文字意)가 영적으로 어떤 의미를 가지는지를 가르치는 지식이 지금까지 꽉 닫혀 있기 때문입니다. 성경말씀에는 낱말 하나 하나에 영의(靈意)와 자연의(自然意·文字意)가 있습니다. 즉 천계와

---

*1) 성경말씀에서 "낙타"는 일반적으로 아는 능력이나 지식을 뜻한다(3048·3071·3143·3145항).
"바느질" "바늘로 하는 일"이 뜻하는 것, 그러므로 "바늘"이 뜻하는 것 (9688항).
지식에서부터 믿음에 속한 진리에 들어가는 것은 신령질서에 반대된다 (10236항).
이런 것을 행하는 사람들은 천계나 교회에 속한 측면에서 보면 미친 사람들이다(128-130·232·233·6047항).
저 세상에서 사람들이 영적인 것에 관해서 생각하면, 그들은 명정(酩酊)이 된다(1072항).
이런 것에 관한 상세한 것(196항).
영적인 것들이 지식을 통해서 들어갔을 때 그것들이 이해될 수 없다는 것을 예로 보여줌(233·2094·2196·2203·2209항).
성경말씀이나 교회에 속한 진리는 제일 먼저 시인되어야만 한다. 그 뒤 지식을 고려한다는 것은 허락되지만, 그것에 앞서는 것은 불가능하다 (6047항).
영적 진리에서 자연적인 사람에게 관계되는 지식에 들어가는 것은 허용되지만 그 역은 허용되지 않는다. 왜냐하면 영적 입류는 자연적인 것에 들어갈 수 있지만 자연적 입류는 영적인 것에 들어갈 수 없기 때문이다 (3219·5119·5259·5427·5428·5478·6322·9110항).

이 세상 사이에 있는 직접적인 연결이 끊어지고 난 후에 천계와 이 세상, 또 천사와 사람을 다시 한번 연결시키기 위해서 영계와 자연계의 대응만으로 성경말씀은 이루어져 있습니다. 위에서 "부자"라고 하는 것이 특히 어떤 뜻을 가진 것인지 명확하게 알았을 줄 압니다.
〔4〕 성경말씀에서 "부자"라고 말하면 영의로는 진리와 선에 관한 지식을 가지고 있는 사람을 뜻하며, "부"는 그 지식 자체를 의미합니다. 즉 그것이 영적 부를 의미한다는 것은 성경말씀 여러 곳에서 밝히 볼 수 있습니다(이사야 10:12-14; 30:6, 7; 45:3; 예레미야 17:3; 48:7; 50:36, 37; 51:13; 다니엘 5:2-4; 에스겔 26:7, 12; 27:1-끝절; 스가랴 9:3, 4; 시편 45:12; 호세아 12:9; 묵시록 3:17, 18; 누가 14:33 참조).
"가난한 자"(貧者)는 영의로 선과 진리의 지식이 없으면서도 그것을 희구해 마지 않는 사람을 뜻합니다(마태 11:5; 누가 6:20, 21; 14:21; 이사야 14:30; 29:19; 41:17, 18; 스바냐 3:12, 13 참조).
이상 인용한 곳에 대해서는 《천계비의》에서 영의에 의거해서 설명하였으므로 참고하시기 바랍니다(10227항).

제40장
천계의 혼인

366. 천계는 인류로부터 이루어지기 때문에 천계의 천사들에게도 자웅(雌雄) 양성이 다 있습니다. 즉 여자는 남자를 위하여 있고, 남자는 여자를 위해서 있으므로 각각 서로 상대가 되도록 지어져 있습니다. 또 양성에게는 모두 생득적인 사랑이 있어서 천계에도 지상과 같이 혼인이 있는 것을 알 수 있습니다. 단 천계의 혼인은 이 지상

의 혼인과는 아주 다른 혼인입니다. 천계의 혼인이란 어떤 것이며, 지상의 혼인과 무엇이 다르며, 또 무엇이 유사한지를 이제부터 설명하겠습니다.

367. 천계에서 혼인한다는 것은 두 사람의 마음이 하나로 묶여지는(結合) 것입니다. 이 결합이 어떠한 것인지를 우선 설명해 보겠습니다. 사람의 마음은 두 부분으로 되어 있으며, 그 하나는 이해(理解·understanding)요, 다른 하나는 의지(意志·will)라고 일컬어지는 것입니다. 이 두 부분이 일체가 되어 움직여서 이 둘이 하나의 마음을 이루고 있다고 말할 수 있습니다. 여기에서 남편은 이해라고 일컬어지는 부분이고, 아내는 의지라고 일컬어지는 부분의 역할을 합니다. 이 결합이 행해지는 것은 두 사람의 마음의 내면적인 것에서 이룩되는 것인데, 그 하층이 되는 육체에서 그 결합이 이룩되면 그것을 사랑으로 지각하고, 느끼게 됩니다. 이 사랑이 바로 혼인애(婚姻愛·marriage love)입니다. 이 혼인애의 기원은 두 사람의 마음을 하나로 묶는 결합(結合·conjunction)이라는 것을 알 수 있으리라고 나는 생각합니다. 천계에서는 이 결합을 함께 사는 것 즉 동거(同居·cohabitation)라고 부릅니다. 그런즉 이 결합으로 인해서 이제는 둘이 아니고 하나가 됩니다. 그러니까 천계에서는 남편과 아내가 두 사람이 아니라 한 사람 천사(一位 天使·one angel)라고 부릅니다.*1)

---

*1) 오늘날에는 혼인애가 무엇인지, 그리고 그 근원이 어디인지를 모른다(2727항).
　혼인애는 상대가 뜻하는 것을 원하는 것이고, 따라서 뜻하는 것은 상호적이고, 교호적이다(2731항).
　혼인애 안에 있는 사람들은 모두가 생명에 속하는 가장 지심(至深)한 곳 안에서 산다(2732항).
　이와 같은 두 마음의 합일(合一·union)은 사랑으로 말미암아 그들이 하나되게 한다(10168·10169항).
　왜냐하면 영적 사랑인 믿음에 속한 사랑은 곧 하나의 합일이기 때문이다(1594·2057·3939·4018·5807·6195·7081-7086·7501·10130항).

368. 남편과 아내 두 사람의 마음의 지심한 곳에서 이루어지는 이 결합은 창조 자체로부터 되어진 것으로써, 남성은 이지적(理智的) 즉 이해로부터 생각하도록 태어나고, 여성은 정동적 즉 의지로부터 생각하도록 태어났습니다. 이 사실은 두 사람의 성향 즉 생득적인 천성과 두 사람의 형체를 보아도 명백하게 알 수 있습니다. 천성(天性)에 관해서 말하자면, 남성은 이성으로 말미암아 행동하고, 여성은 정동으로 말미암아 행동합니다. 형체를 보면 남성은 얼굴이 좀 거친 편이고 별로 아름답지 않으며 목소리는 굵고 몸은 보다 경직된 모습입니다. 이에 비하여 여성은 미끈하게 생겼으며 얼굴은 아름답고, 목소리는 부드럽고 몸은 유연합니다. 이와 유사한 차이가 이해와 의지 사이에도 있고 사상과 정동 사이에도 있습니다. 물론 진리와 선 사이에도 그렇고, 믿음과 사랑의 사이도 이상과 같은 차이가 있습니다. 왜냐하면 진리나 믿음은 이해에 속해 있고, 선과 사랑은 의지에 속해 있기 때문입니다. 그런 까닭에 성경말씀에서는 "젊은이"(靑年·youth)나 "사람"(成人·man)이라고 할 때 영적인 뜻으로는 진리에 속한 이해를 가리키고 있고, "처녀"와 "여인"이라고 할 때에는 선에 속한 정동을 가리키고 있습니다. 그런 이유로 교회는 선과 진리의 정동에 속한 "여인"이라고도 하고 "처녀"라고도 일컬어집니다. 그러니까 선에 속한 정동 안에 있는 자는 모두 처녀라고 불려지고 있습니다(묵시록 14:4 참조).*1)

---

*1) 성경말씀에서 "젊은이"(靑年)는 진리에 속한 이해 즉 이지를 뜻한다(7668항).
"사람"(男子)도 같은 뜻을 갖는다(158·265·749·915·2517·3134·3236·4823·9007항).
"여인"(女子)은 선과 진리를 위한 정동을 뜻한다(568·3160·6014·7337·8994황). 마찬가지로 교회를 뜻한다(252·253·749·770항). "아내"도 같은 뜻이다(252·253·409·749·770항). 이들 둘의 차이(915·2517·3236·4510·4823항).

369. 남성이나 여성이 각각 이해와 의지를 가지고 있지만, 그래도 남성의 경우는 이해가 주역을 하고 있고, 여성은 의지가 주역이 되고 있습니다. 그리고 사람의 성격은 그 주역이 되고 있는 것에 의해서 결정이 됩니다. 그러나 천계의 혼인에는 그 주역이라는 것이 있을 수 없습니다. 왜냐하면 아내의 의지는 남편의 의지이고, 남편의 의지는 아내의 의지이기 때문입니다. 물론 한편은 다른 한편과 같은 것을 의지하고 생각하기를 좋아하고, 또 그것이 교호적(交互的)으로 서로 교체되는 것을 오히려 좋아합니다. 그래서 두 사람은 하나로 결합됩니다. 이 결합은 실체적인 결합입니다. 왜냐하면 아내의 의지는 남편의 이해 속에 들어가고, 남편의 이해는 아내의 의지 속에 들어가기 때문입니다. 특히 이 실체적인 결합은 그 두 사람의 얼굴을 마주할 때 일어납니다. 왜냐하면 앞에서도 자주 언급하였듯이 천계에서 행해지는 사상과 정동의 나눔(sharing)은 배우자끼리 혼인하여 사랑 나눔이기 때문에 당연합니다. 자, 이제는 혼인하여 천계의 혼인애를 만들어내는 두 사람의 마음의 결합이 어떤 것인가를 알았으리라 생각합니다. 다시 말하면 한편은 자기의 것이 상대자의 것이 되고 상대자의 것이 자기의 것이 되는 것을 서로가 원하고 있습니다.

370. 내가 천사들에게 들은 바로써는 배우자끼리 이렇게 결합되어 있으면 그 만큼 둘은 혼인애 안에 있다는 것입니다. 그 까닭은 모든 이지와 지혜 그리고 행복의 근원인 신령진리와 신령선은 주로 혼인애 안에 흘러들기 때문입니다. 그래서 혼인애는 진리와 선의 혼인이기도 하기 때문에 신령존재의 입류를 받는 심층(心層·the very plane

---

가장 높은 뜻으로 "남편과 아내"는 주님에 관해서, 그리고 천계나, 또는 교회와 결합한 주님과의 결합을 서술한다(7022항).
"처녀"는 선을 위한 정동을 뜻하고(3067·3110·3179·3189·6729·6742항). 마찬가지로 교회를 뜻한다(2362·3081·3963·4638·6729·6775·6788항).

of Divine influx) 그 자체라는 것입니다. 왜냐하면 이해와 의지가 결합되듯이 진리와 선이 결합되기 때문입니다. 그 까닭은 이해는 신령진리를 받고, 또 그 진리에 의해서 형성되고, 의지는 신령선을 받고, 또 그 선에 의해서 형성되기 때문입니다. 사실 선이란 그 사람에게는 그 사람이 의지하는 것이고, 진리란 그 사람에게는 그 사람이 이해하는 것입니다. 그러니까 이해와 의지의 결합이라고 하지만 진리와 선의 결합이라고 해도 무방합니다. 진리와 선의 결합이 천사를 만들고, 또 그것은 천사의 이지와 지혜 그리고 행복을 완성합니다. 왜냐하면 천사는 그가 가진 선과 진리가 결합되고, 그가 가지고 있는 진리가 선과 결합할 될 때 천사가 되기 때문입니다. 또 같은 말이 되겠지만 그가 가진 사랑과 믿음이 일치하고, 그가 가진 믿음과 사랑이 일치할 때 천사가 되는 것입니다.

371. 혼인애가 선과 진리의 결합에서 비롯되기 때문에 주님에게서 발출되는 신령은 주로 혼인애 안에 입류합니다. 왜냐하면 앞에서 설명한 것과 같이, 그것은 이해와 의지의 결합 즉 선과 진리의 결합이라고 말할 수 있기 때문입니다. 선과 진리의 결합은 천계와 지상에 있는 모든 사람을 향한 주님의 신령애 안에 그 근원을 갖습니다. 이 신령애로부터 신령선이 발출되고, 그 신령선은 신령진리 안에 천사와 사람에 의해서 받아 간직됩니다. 진리가 오직 선의 수용그릇이기 때문에, 진리 안에 있지 않는 사람은 주님이나, 천계로부터 아무 것도 받아들일 수 없습니다. 그러므로 사람 안에서 선과 진리가 결합되어 있으면 있을수록 그 사람은 주님과 천계에 결합되어 있는 것이 됩니다. 여기에 혼인의 기원이 있는 것을 이제는 알았으리라 사려됩니다. 왜냐하면 혼인애야말로 신령존재의 입류를 받아들이는 심층 자체이십니다. 이상 말한 것에서 선과 진리의 결합이 천계적인 혼인이라고 불리는 이유를 확실하게 알았으리라 생각됩니다. 성경말씀에서는 천계가 혼인에 비유되고, 또 혼인이라고 일컬으며, 또 주님은 "신랑"이시고 "남편"이시며 천계는 교회와 함께 "신부"요 "아내"

라고 기술되었습니다.*1)

372. 선과 진리는 천사나 사람에게서 결합되는데 그 때에는 선이 진리의 선이고 진리는 선의 진리가 되기 때문에 선과 진리는 둘이 아니고 하나입니다. 이 결합은 사람이 원하는 것을 생각하고, 생각하는 것을 원하는 것에서도 알 수 있습니다. 그 때 사람의 생각과 의지는 하나가 되어 있으며, 하나의 마음을 형성하게 됩니다. 사람이 생각하는 것은 의지가 원해서 형성되든가, 형체로 나타나든가 하는 것입니다. 의지는 그 진리의 생각을 기뻐합니다. 그러므로 천계에서는 두 사람의 배우자가 두 사람이 아니라 한 위(一位)의 천사(one angel)라고 일컬어지는 까닭이 여기 있습니다. 아래의 주님의 말씀이 의미하는 것도 이것을 밝혀 주고 있습니다.

너희는 창조주께서 처음부터 사람을 남자와 여자로 만드시고, 말씀하시기를 "그러므로 남자는 부모를 떠나, 자기 아내와 합하여 둘이 한 몸이 되어야 한다" 하신 것을 아직 읽지 못하였느냐? 따라서 그들은 이제 둘이 아니라, 한 몸이다. 그러므로 하나님이 짝지어 주신 것을 사람이 갈라 놓아서는 안 된다.… 누구나 다 이 말을 받아들이지는 못한다.

---

*1) 참된 혼인애의 근원, 원인, 그리고 본질은 선과 진리의 혼인이다. 따라서 그것은 천계에서 비롯된다(2728·2729항).
천사적 영들을 보면, 그들은 선과 진리의 결합에 속한 관념에서 혼인에 관한 것이 있는지 아닌지를 판별하는 지각을 가지고 있다(10756항).
모든 것 안에는 선과 진리의 결합과 꼭같은 혼인애가 있다(1904·2173·2429·2508·3101·3102·3155·3179·3180·4358·5807·5835·9206·9495·9637항).
선과 진리의 결합은 어떻게, 누구와 더불어 이루어지는가?(3834·4096·4097·4301·4345·4353·4364·4368·5365·7623−7627·9258항).
주님에게서 비롯된 선과 진리 안에 있는 사람만이 참된 혼인애가 무엇인지를 잘 안다(10171항).
성경말씀에서 "혼인"은 선과 진리의 혼인을 뜻한다(3132·4434·4835항).
주님의 나라 천계는 참된 혼인애 안에 존재한다(2737항).

(마태 19:4-6, 11; 마가 10:6-9; 창세기 2:24)

여기에는 천사들이 있는 천계의 혼인과 선과 진리의 혼인이 묘사되어 있습니다. "하나님이 짝지어 주신 것을 사람이 갈라 놓아서는 안된다"라는 말씀은 선이 진리에게서 단절되어 나가서는 안 된다는 의미의 말씀입니다.

373. 참된 혼인애의 근원을 이제 알았으리라 생각합니다. 즉 그것은 처음에는 혼인한 두 사람의 마음 안에서 형성되고, 그것이 육체 안에 들어와서 내려지고, 그리고 거기서 사랑으로써 지각되고 느껴집니다. 육체 안에 감지되는 것은 모두 영적인 것에 근원을 두고 있습니다. 그 까닭은 그것들이 모두 이해와 의지에서 온 것이기 때문입니다. 이해와 의지야말로 사람을 영적인 존재로 만듭니다. 사람의 영적인 것들이 육체 안에 내려오면 거기서 모양새가 바뀐다고 하지만 영혼과 육체의 관계는 원인과 결과의 관계처럼 서로 닮고 일심동체가 됩니다. 이것은 대응을 다룬 두 장에서 서술한 바에서 잘 알 수 있겠습니다.

374. 나는 한 천사가 참된 혼인애와 그것의 천계적 기쁨을 다음과 같이 묘사하는 것을 들은 적이 있습니다. 그는 천계에서의 주님의 신령은 신령선과 신령진리인데 이 둘은 둘이 아니고 두 사람 안에서 하나로 합일한 것이라고 하였습니다. 그는 또 천계에서 말하는 배우자란 이 혼인애를 가리킵니다. 그 까닭은 각자는 마음으로나 육체로나 그 나름대로의 선과 그 나름대로의 진리로써 육체는 마음을 닮은 모습으로 형성되어 있기 때문에 육체는 마음의 닮은꼴이라고 말하였습니다. 그리고 나서 그 천사는 결론으로써, 신령존재는 참된 혼인애를 가지고 있는 두 사람 안에 당신의 형상을 심어준다고 하였습니다. 온 천계는 주님에게서 발출되는 신령선과 진령진리와 관계되기 때문에, 천계는 신령존재가 각인(刻印)되어 있습니다. 그러니까 천계에 있는 모든 사람에게는 그 사랑이 새겨져 있어서 수로 헤아릴

수 없는 행복과 기쁨이 넘치게 됩니다. 그 천사는 수억이 넘는 내용을 단 하나의 낱말로 그 수를 표현했습니다. 교회는 지상에 있는 천계이고, 천계는 선과 진리의 혼인이라는 것을 교회에 속하는 사람들이 아무것도 모르고 있는 것에 천사는 놀라움을 금치 못한다고 말했습니다. 생각만 해도 놀라운 일은, 교회 안에서 다른 어떤 곳 보다 더 간음하는 사람 또는 그런 행동은 하지 않으나 간음을 시인하는 사람이 있다는 것입니다. 간음에서 오는 쾌락 그 자체는 영적 의미만으로가 아니라 영계에서도 악과 결합된 거짓을 사랑하는 즐거움 이외에 다른 것이 없습니다. 그리고 또 그 쾌락은 지옥적인 쾌락이고, 선에 결합된 진리에 속한 사랑에서 오는 것 즉 천계의 기쁨에 정반대가 되는 쾌락이라고 부연했습니다.

375. 서로 사랑하고 있는 배우자들은 내면적으로 하나로 묶여져 있고 또 그 혼인의 요소가 성품과 마음의 합일입니다. 따라서 어떤 성품과 마음을 가지고 있느냐에 의해서 그 일치하는 정도나 상호간의 사랑도 정해집니다. 사람의 마음은 진리와 선에 의해서만 형성됩니다. 그 까닭은 우주만물이 선과 진리 또 그 양자의 결합에 관계되기 때문입니다. 그렇기 때문에 두 사람의 마음의 한 몸(一體)됨도 그 마음을 형성하고 있는 진리와 선의 성품에 따라 이루어집니다. 순수한 진리와 선에 의해서 형성되어 있는 두 사람의 마음이 일치하는 때야말로 그 일치됨이 더욱 더 완벽하다고 할 수 있을 것입니다. 진리와 선을 서로 사랑하고 있는 사람은 그만큼 따로 있지 않다는 것을 알아야 합니다. 그러므로 그 사랑에게서 혼인애가 내려오는 것입니다.*[1] 거짓도 악도 마찬가지로 서로 사랑하고 있지만 그 사랑은

---

*1) 우주 안에 있는 모든 것들, 즉 천계에 있는 것이든, 이 세상에 있는 것이든 모두 다 선과 진리와 관계된다(2452·3166·4390·4409·5232·7256·10122항).
　　이것들의 결합에 대하여(10555항).

언젠가는 지옥으로 바뀌게 됩니다.

376. 혼인애의 기원을 말한 것에 의해서 어떤 사람이 혼인애 안에 있고 어떤 사람이 그 밖에 있는지는 자연 결론지을 수 있습니다. 즉 혼인애 안에 있는 사람은 신령진리에서 비롯된 신령선 안에 있는 것이고, 또 그 혼인애는 선과 결합된 진리가 순수한 것만큼 순수한 혼인애라고 하겠습니다. 그리고 진리에 결합되어 있는 진리는 모두가 주님에게서 오는 것이기 때문에, 주님과 또 그분의 신령을 시인하지 않으면 아무도 진정한 혼인애 안에 있을 수 없습니다. 왜냐하면 주님을 시인하지 않을 경우 주님의 입류가 주어지지 않을 것이고, 또 사람은 진리에 결합될 수 없기 때문입니다.

377. 그러므로 거짓 안에 있는 자, 특히 악에서 비롯된 거짓 안에 있는 사람은 혼인애 안에 있지 않는 것이 명백합니다. 악 안에 있는 사람, 또 그 결과로 오는 거짓 안에 있는 사람의 경우도 그 마음의 내면적인 것은 그냥 닫혀져 있습니다. 따라서 그 곳에는 혼인애의 근원이 되는 것은 아무 것도 없습니다. 오히려 그 하층에 있어서 내면적인 것에서부터 분리된 외적이고 자연적인 사람 안에는 지옥과의 혼인이라는 결합 즉 거짓과 악의 결합이 있습니다. 악에 속한 거짓 안에 있는 자들 사이의 혼인 즉 지옥의 혼인이 어떤 것인지를 볼 기회가 있었습니다. 그들은 서로 조잘거리며 마음 내키는대로 짝을 짓지만 내심 상대방에 살기 넘치는 증오가 타오르고 있어서 말로는 도저히 표현키가 어렵습니다.

선은 진리를 사랑하고, 사랑으로 말미암아 진리를 동경하고 또 그것 자체와 진리와의 결합을 열망한다. 그리고 이것에서부터 그들은 결합하려는 영원한 애씀 안에 있다(9206·9207·9495항).

진리의 생명은 선에서 비롯된다(1589·1997·2572·4070·4096·4097·4736·4757·4884·5147·9667항).

진리는 선에 속한 형체이다(3049·3180·4574·9154항). 물과 빵과의 관계이듯 진리와 선의 관계도 마찬가지이다(4976항).

378. 혼인애는 서로가 다른 종교를 가지고 있는 배우자 사이에는 가능하지 않습니다. 그 까닭은 한쪽의 진리가 다른 쪽의 선과 잘 화합이 되지 않고, 상위점(相違點)과 부조화 때문에 두 사람의 마음이 하나가 되지 않기 때문입니다. 따라서 그들의 사랑의 근원은 영적인 근원이 아닙니다. 함께 생활하고 조화를 한다고 하면, 그것은 오직 자연적인 동기(動機·grounds) 때문입니다.*1) 그러니까 천계에서는 같은 사회에 있는 사람들끼리가 혼인하고 동거하는데 그 까닭은 그들은 같은 선과 진리 안에 있는 사람끼리는 혼인을 하지만, 자기 사회밖에 있는 사람과는 혼인할 수 없기 때문입니다. 동일한 사회 안에 있는 사람은 모두 같은 선과 진리 안에 있으므로 다른 사회의 사람들과는 다른데, 이 사실에 대해서는 41항을 참조하십시오. 이것에 대해서는 자기들 동족끼리 특히 같은 가족 사이에서 혼인하고 타종족과는 혼인하지 않는 이스라엘 민족에 의해서 표징으로 나타내지고 있습니다.

379. 한 남편과 수삼의 처 사이에는 참된 혼인애가 성립되지 않습니다. 왜냐하면 그것은 두 사람이 한 마음을 형성해가는 혼인의 영적 근원을 무시하는 것이고, 또 혼인애의 본질에서 오는 선과 진리의 내적 결합을 망쳐 버리기 때문입니다. 일 대 일이 아니고 복수의 배우자와의 혼인은 하나의 이해가 많은 의지에게로 분산되는 것과 같은 것입니다. 또 마치 한 사람이 일정한 교회에 적을 두지 않고 여러 교회에 적을 두는 것과도 유사한 것인데, 이러한 행동으로 사랑의 믿음은 산산이 흩어져 소멸될 것이 아니겠습니까! 천사들은, 많은 처(妻)를 취한다는 것은 신령질서에 정면으로 반대된다는 것과 또 그들은 이같은 사실을 여러 가지 이유에서 잘 알 수 있다는 것

---

*1) 다른 종교에 속한 사람 사이에 혼인이 허용되지 않는 것은, 거기에서 내면적인 것들 안에 있는 선과 진리의 결합이 전혀 있을 수 없기 때문입니다(8998항).

과, 그리고 그 중에 한 예로는, 한 사람이 몇 사람의 상대와 혼인하겠다고 생각하는 순간 내적인 축복과 천계의 행복은 사라지고, 술에 취한 자처럼 되어 버린다고 말하였습니다. 왜냐하면 이런 사람의 경우 그들 자신 안에 있는 진리와 선이 분리되어 버리기 때문입니다. 또 그들의 마음의 내면적인 것이 어떤 의도에서이건 그러한 혼인 상태로 들어가려고 생각해 보는 것만으로도 명확하게 알 수 있으리라고 여겨지지만 한 사람 이상의 상대와 혼인하는 것은 사람의 내면적 마음을 닫아버리고, 혼인애 대신에 천계를 등진 정욕적인 사랑에 몸을 맡기게 된다고 합니다.*1)

〔2〕또 다음과 같이 말했습니다. 이상 말한 것에 대해서는 사람은 거의 아무 것도 모르고 있습니다. 그 까닭은 참된 혼인애 안에 있는 사람이 극소수이기 때문인데, 사람이 참된 혼인애 안에 있지 않고서는 혼인애 안에 내재해 있는 내적인 기쁨을 전혀 알 수 없고, 다만 알고 있는 것이라면 정욕적인 쾌락이므로, 그런 것은 잠시 함께 동거한 후에는 곧 불쾌한 것으로 바뀌어 버리기 때문입니다. 반면에 참된 혼인애의 기쁨은 이 세상에서 만년(晩年)을 맞을 때까지 계속

---

*1) 남편과 아내는 하나이어야만 하고, 또 그들은 생명에 속한 지심한 곳에서 함께 살아야 하기 때문에, 그리고 또 그들은 천계에서 하나의 천사를 이루기 때문에, 참된 혼인애는 한 남편과 여러 아내 사이에는 존재할 수 없다(1907·2740항).
여러 아내와 동시에 혼인한다는 것은 신령질서에 위배된다(10837항).
일부일처 외에는 혼인애가 존재하지 않는다는 것을 주님의 천적 왕국에 있는 사람들은 명확하게 지각한다(865·3246·9002·10172항).
그런 이유 때문에 거기의 천사들은 선과 진리의 혼인 안에 있다(3246항).
이스라엘 민족에게는 일부다처가 허용되었고, 또 아내들 외에 내연의 처를 두는 것까지 허용되었으나 기독교도들에게는 허용되지 않는다. 그런 이유 때문에 그 민족은 내적인 것에서 분리된 외적인 것 안에 있었지만, 반면에 기독교도들은 내적인 것 안에 들어갈 수 있고, 따라서 선과 진리의 혼인에 들어갈 수 있다(3246·4837·8809항).

될 뿐 아니라 사후에는 천계의 기쁨으로 채워지며, 그 기쁨은 영원히 완성을 향해 더욱 더 전진해 나간다고 했습니다. 그들은 또 참된 혼인애에서 오는 축복은 곧 수천배로 증가해 가지만 주님에게서 유래하는 선과 진리의 혼인을 마음에 담고 있지 않는 사람은 그 행복의 편린(片鱗)도 알지 못하고, 이해할 수도 없다고 말하였습니다.

380. 남을 지배하려고 하는 지배욕은 혼인애는 물론이고 그 천계적 기쁨까지 빼앗아갑니다. 그 까닭은 전술한 바대로 혼인애와 그 기쁨은 서로가 교호적으로 즉 한편의 의지가 상대방의 의지가 되는 것에 있기 때문입니다. 혼인에서 이 지배욕은 이 양자의 혼인 관계를 파괴해 버립니다. 지배욕은 자기의 의지만을 상대에게 관철하려는 것이며 상대방의 의지를 자기 안에 받아들이려는 의도는 전혀 없습니다. 따라서 상호 보충적이지도 않고, 또 일방적인 사랑과 기쁨만 있을 뿐, 상대방과 교환(交換)하는 일은 없습니다. 그럼에도 불구하고 그 교류와의 결합이야말로 내적인 기쁨이고, 이 기쁨을 혼인의 축복이라고 일컫습니다. 지배욕은 이런 축복과 사랑이 가지는 천계적이고 영적인 것 모두를 뒤섞어서 무엇이 무엇인지 알 수 없도록 완전히 소멸시키고 맙니다. 그리고 축복에 관해서 조금이라도 말하는 사람이 있으면 껄껄 하고 일소에 붙이든가, 아니면 확 하고 화를 낼 정도로 그것을 멸시합니다.

〔2〕자기가 원하고 사랑하는 것을 상대도 원하고 사랑할 때 양자 모두가 자유롭습니다. 왜냐하면 자유는 사랑에서 오는 것이기 때문입니다. 그런데 지배욕이 있는 곳에는 자유가 없습니다. 한편은 노예가 되겠지만 지배욕을 가진 자는 그 지배욕에 지배를 받고 있는 노예임에는 틀림이 없습니다. 그러나 이와 같은 것은 천계적인 자유가 어떤 것인가를 알지 못하고는 전혀 알 수 없을 것입니다. 혼인애의 근원이나 본질에 대해서는 전술한 바에 의해서도 명확하지만 지배욕이 들어오면 그 만큼 둘의 마음이 결합되지 않고 떨어져 나갑니다. 지배욕은 상대방을 굴복시키고자 하나 굴복한 측의 마음에는 의지가

없든가, 반항하든가 그 한쪽이 될 것입니다. 의지가 없다면 사랑이 없고, 의지가 반항을 한다면 사랑 대신에 미움이 생겨납니다.

〔3〕 이와 같은 혼인생활을 하고 있는 사람들의 내면적인 것들은 외면적으로는 평온을 가장하고 억압하고 대립되는 상대들이 늘 그렇듯이 서로 충돌과 경쟁 속에 있게 됩니다. 그 내면적인 것의 충돌과 다툼은 사후에 더한층 명확하게 나타납니다. 잘 지내고 있다고 하더라도 원수들처럼 싸우고 물고 뜯고 합니다. 왜냐하면 자기들의 내면 상태에 따라 행동하고 있기 때문입니다. 이와 같은 두 사람의 다툼이나 물고 뜯고 하는 것을 몇 번 볼 수 있었습니다. 그들의 내면적인 것은 복수심과 잔혹한 생각으로 차 있었습니다. 누구나 저 세상에서는 그 내면적인 것이 자유롭게 되지만 이 세상에서 곧 잘 있는 이유 따위로 외부의 억압을 받는 일은 결코 없습니다. 누구든지 자기 내면의 성품을 있는 그대로 외면에 나타냅니다.

381. 어떤 사람에게는 혼인의 모양이 주어집니다. 그렇지만 선과 진리의 사랑 안에 있지 않고는 혼인애는 없고, 다만 각양한 원인들로 인해서 혼인애 안에 있는 듯 보일 때가 있습니다. 예를 들면, 가정에 충실하기 위해서, 또는 무사하게 살아가기 위해서, 평온을 유지하기 위해서, 안일을 위해서, 병나고 늙어서 돌보아 달라기 위해서, 사랑하는 아이들을 위한 잔심부름을 시키기 위해서, 그렇게 보이도록 행동합니다. 어떤 사람의 경우에는 배우자를 두려워하든가, 명성을 잃을까 걱정을 하든가, 여러 가지 불행에서 오는 공포심 따위에 강제되기도 합니다. 또 다른 사람의 경우에는 정욕에 의한 통제 행동 때문에 혼인애 안에 있는 듯 가장합니다. 두 배우자 안에 있는 혼인애가 서로 다를 수 있습니다. 한편에 그 사랑이 다소 있다고 해도 다른 한편에는 거의 그것이 없을 수도 있습니다. 이와 같이 다르게 되면 한편은 천계에 가고 다른 한편은 지옥에 가게 되는 결과가 옵니다.

382a. 지심한 천계에는 순수한 혼인애가 존재합니다. 왜냐하면 천

사들은 거기서 선과 진리의 혼인 안에 있을 뿐 아니라 순진무구함을 간직하게 됩니다. 낮은 계도의 천사들에게도 혼인애는 있지만 그 혼인애는 그들의 순진무구함에 비례합니다. 그 까닭은 혼인애는 그 자체로 본다면 순진무구한 상태에 지나지 않기 때문입니다. 그렇기 때문에 혼인애 안에 있는 배우자 사이에는 천계의 기쁨이 감돌고 있습니다. 이와 같은 배우자들의 마음에는 어린 아이들 사이에 있는 것 같은 더럽혀지지 않은 재롱과 같은 것이 있어서 두 사람의 마음을 즐겁게 해주지 않는 것은 아무 것도 없습니다. 천계에서는 그러한 기쁨이 그들의 생활 구석구석에까지 침투해 있습니다. 그런고로 천계에서는 혼인애가 무엇보다도 아름다운 모습으로 표징됩니다. 나는 혼인애가 밝고 빛난 흰 구름에 싸여 말로 할 수 없이 아름다운 처녀의 모습으로 나타내진 것을 보았습니다. 혼인애로부터 천계의 천사에게 있는 모든 아름다움이 생겨난다는 말을 들었습니다. 또 혼인애에서 나오는 정동과 사상은 다이아몬드의 광채와 같고 홍옥과 루비로 번쩍임 같아서 마음에 속한 내면적인 것을 감동시키는 기쁨으로 넘치고 있었습니다. 한마디로 하면 천사에게 있어서 천계란 선과 진리의 결합이고, 이 결합이 혼인애를 만들고 있기 때문에 혼인애야말로 천계의 표징입니다.

382b. 천계의 혼인이 지상의 혼인과 다른 점은 지상의 혼인이 목적하는 것 중 하나가 후손을 생산하는 것인 반면에 천계의 혼인은 그것이 목적이 아니고 자녀 출산 대신에 선과 진리의 생산이 있습니다. 그 출산 대신에 이러한 생산이 있게 되는 이유는 그들 사이의 혼인이 전술한 바와 같이 선과 진리 사이의 혼인이며, 이러한 혼인에는 만사를 제쳐 놓고 선과 진리 그리고 이 둘의 결합이 사랑받고 있기 때문입니다. 따라서 천계의 혼인에서 생산되는 것은 선과 진리 그리고 이 둘의 결합입니다. 그러므로 탄생이라든가 출산(generations)이라고 하는 것은 선과 진리와 같은 영적인 출신을 의미하므로, 어머니 아버지라면 생산하는 주체가 되는 선에 결합된 진리를

뜻하고, 아들이다 딸이다 하면 생산된 진리와 선을 의미하고, 사위다 며느리다 하면 그 결합을 가리킵니다.*1) 이상으로 천계의 혼인이 지상의 혼인과 같지 않음을 알 수 있습니다. 천계에서는 영적으로 시집가는 것이 있는데 시집 간다고 하기 보다는 선과 진리의 결합에서 생기는 마음의 결합이라고 하는 것이 옳겠습니다. 영만이 아니고 육체도 결합합니다. 천계에서는 시집가는 일이 없다고 한 말에서 결합된 둘은 부부라고 부르지 않고 두 마음이 하나로 결합된 것이라는 천사들의 생각을 따라 배우자 쌍방이 서로 내 상대(임자·one's own)라는 의미의 말로 부르게 됩니다. 이러므로 시집가는 일에 대해서 주님의 말씀을 어떻게 이해해야 할 것인지를 잘 알게 되었습니다(누가 20:35, 36참조).

383. 천계에서 혼인이 어떤 식으로 체결되는가에 대해서도 나는 목격할 수 있었습니다. 천계는 어디서나 동류끼리는 동거하고, 동류가 아니면 헤어집니다(41·43·44항 참조). 그러므로 천계의 각 사회는 마음이 맞는 동류의 사람들로 구성되어 있습니다. 동류가 모이는 것도 자기 스스로 되는 것이 아니라, 주님께서 그렇게 하십니다. 마

---

*1) 수태·임신·출산이나 생식(生殖) 등은 영적인 것들을 뜻한다. 즉 그런 것들은 모두가 선과 진리에 관계되고, 또한 사랑과 믿음에 관계된다(613·1145·1255·2020·2584·3860·3868·4070·4668·6239·8042·9325·10249항).
그러므로 생식이나 출산은 믿음과 사랑을 통한 중생(重生) 또는 재생(再生·rebirth)을 뜻한다(5160·5598·9042·9845항).
어머니(母)는 진리의 측면에서 교회, 따라서 교회에 속한 진리를 뜻하고, 아버지(父)는 선의 측면에서 교회, 따라서 교회에 속한 선을 뜻한다(2691·2717·3703·5581·8897항).
아들(子)들이 진리를 위한 정동, 따라서 진리를 뜻한다(489·491·533·2623·3373·4257·8649·9807항).
딸들은 선을 위한 정동, 따라서 선을 뜻한다(489-491·2362·3963·6729·6775·6778·9055항).
사위는 선을 위한 정동과 한패가 된 진리를 뜻한다(2389항). 며느리는 그 진리와 제휴한 선을 뜻한다(4843항).

음이 서로 하나로 결합되면 될수록 두 사람은 동시에 상대방을 배우자로 여기고 접근합니다. 그들은 한 눈에 상대방을 마음에서부터 사랑하고 배우자 끼리라는 것을 알게 되어 혼인합니다. 그렇기 때문에 천계의 혼인은 모두 주님께서 홀로 주관하십니다. 많은 사람들이 모여서 혼인 잔치가 벌어지는데 이 잔치 모양은 사회마다 다릅니다.

384. 지상의 혼인은 인류의 온상(溫床)이기 때문에(나는 천계가 인류로 말미암아 이룩된다는 것을 전술한 바 있다) 또 이들 혼인은 영적 근원에서 비롯되기 때문에, 다시 말하면 선과 진리의 혼인에서 비롯되기 때문에, 그리고 또한 주님의 신령이 그 혼인애에 입류하기 때문에 혼인은 천사들 앞에서도 가장 거룩한 것입니다. 이와 반대로 간음은 혼인애에 상반되는 것이기 때문에 천사들은 신성모독(神聖冒瀆·profane)이라고 여깁니다. 왜냐하면 천사들에게 있어서는 천계 그 자체인 선과 진리의 결합인데 반해서 간음은 지옥 그 자체 즉 거짓과 악의 혼인으로 봅니다. 만약 그들은 간음이라는 말만 들어도 얼른 등을 돌립니다. 그렇기 때문에 간음을 범하고 즐기는 사람에게는 천계가 닫혀지고 맙니다. 천계가 닫혀지면 사람은 신령존재도, 교회의 믿음도 시인할 수 없게 됩니다.*[1] 나는 지옥에 있는 자들이 혼인애에 반대되는 것, 그리고 지옥에서 발산하는 영기를 보고 어떤

---

*1) 간음은 신성모독이다(9961·10174항).
　간음하는 사람에게는 천계는 굳게 닫힌다(2750항).
　간음에서 쾌락을 체험한 사람들은 천계에 오를 수 없다(539·2733·2747
　－2749·2751·10175항).
　간음자들은 무자비하고, 또 종교에 대하여 궁핍한 자들이다(824·2747·
　2748항).
　간음자들의 관념은 모두가 부정하고 불결하다(2747·2748항).
　저 세상에서 그들은 부정한 것을 좋아하고, 불결한 지옥에 있다(2755·
　5394·5722항).
　성경말씀에서 간음은 선의 섞음질을 뜻하고, 매춘은 진리의 도착(倒錯)
　을 뜻한다(2466·2729·3399·4865·8904·10648항).

것인지를 감지할 수 있었습니다. 그것은 꼭 혼인의 유대를 끊어버리고 혼인을 짓밟아 버리려는 부단한 노력처럼 보였습니다. 이제 여기서 확실해지는 것은 지옥에서 세력을 부리고 있는 쾌락은 간음의 쾌락이고, 또 천계를 이루고 있는 선과 진리의 결합을 소멸시키려는 쾌락입니다. 따라서 간음에 속한 쾌락은 천계의 기쁨이기도 한 혼인에 속한 기쁨을 전적으로 반대하는 지옥에 속한 쾌락입니다.

385. 생전에 몸에 익혔던 습관으로 교묘하게 나를 괴롭히던 영들이 있었습니다. 그들은 정직한 성품을 가진 영들이 곧잘 그러했던 것처럼 물결이 이는 것 같은 약한 입류를 가지고 있었습니다. 그러나 그러는 중에 사람을 감금하고 속여먹는 교활함과 술책이 그들에게 있는 것을 알았습니다. 종국에 나는 그 중에서 생전에 군(軍)의 지휘관이었다는 한 영과 이야기를 하게 되었습니다. 그의 생각 안에는 색욕의 음심이 있음을 감지했지만, 나는 그와 한 순간에 수많은 내용과 또 모든 것을 충분하게 표현할 수 있는 표징적 언어인 영적인 언어를 구사해서 혼인에 관하여 이야기를 나누었습니다. 그는 육체를 입고 있었을 때 간음이 악하다고 생각하지 않았다고 말하였습니다. 그래서 나는 그에게 양해를 구하고서, 그 자신과 비슷한 그런 부류의 사람들에게는 비록 그렇게 나타나지 않고, 심지어 허용할 수 있는 것 같이 보일런지 모르지만 사실은 간음이 갖는 매혹적이고 유혹적인 것 때문에 간음은 가증하고 극악무도한 것이다고 말하였습니다. 혼인은 인류의 온상일 뿐 아니라 천계의 왕국의 묘포(苗圃)다는 사실에서 간음은 가증하고 극악무도한 것이다는 것과 그러므로 혼인은 범할 수 없는 거룩한 것이다는 것도 말하였습니다. 또 혼인애는 천계를 통해서 주님으로부터 오는 것이므로 어버이라면 그 혼인애로부터 상호간의 사랑이 생겨서 그것이 천계의 토대가 되어 있다는 것을 저 세상에서 그리고 지각의 상태 안에 있는 그의 존재로 인하여 그가 꼭 알아야만 된다고 말해주었습니다. 또 간음을 범하는 자는 천계의 사회에 근접하게 될 때 자기 자신에게서 악취를 느끼고, 지

옥에다 자기 몸을 내던진다는 것도 말해주었습니다. 적어도 알게 되는 것은 혼인을 더럽히는 것이 신령율법을 위반하는 것이고, 모든 국가의 시민법에도 위배되는 것이며 더 나아가서 이성에 속한 순수한 빛에도 반대된다는 것인데, 그 까닭은 기타 여러 가지 이유를 나열하지 않아도 신령과 인간의 질서에도 위배되는 것임을 말하였습니다. 그러나 그들은 육체를 가지고 있었을 때 그런 것은 생각도 해보지 않았다고 대답하였습니다. 그는 그것이 정말인지 아닌지 검토해 보고자 했지만 나는 그에게 진리는 핑계를 용서치 않는데, 왜냐하면 핑계는 쾌락이 따를 때에는 그것이 사악하고 거짓된 것이지만, 그래도 그것이 옳다고 정당화하려고 하기 때문이라고 일러주었습니다. 그리고 또 우선 습관적으로 진실이라고 말하는 것에 대해서 생각해 보아야 하고, 또 세상에서는 주지하고 있는 사실이지만, 다른 사람이 자신에게 해 주지 않기를 바랄 때 자기도 다른 사람에게 그런 일을 하지 않아야 한다는 원칙을 생각해 보아야 합니다. 만일 어떤 사람이(혼인 초에는 모두 애처가이므로) 사랑하는 자기 아내를 이리 저리 속였다면, 그리고 이런 사실에 대해서 그 자신이 분노의 상태에서 비판적이었다면 역시 당신도 간음을 싫어하고 있는 것이 아니겠습니까! 그 때 그 사람이 유능한 사람이라면 간음을 저주하고 지옥에 던져 넣겠다고 마음 속에서 다짐할 것이 아니겠는가 라고 말하였습니다.

386. 혼인애의 기쁨이 천계를 향해 가는 반면에 간음의 쾌락은 지옥을 향해 진전한다는 것을 나는 목격하게 되었습니다. 천계를 향한 혼인애에 속한 기쁨의 진전은 축복과 행복이 자꾸 증가해 가며, 셀 수 없는 즉 무엇이라고 말로 할 수 없는 기쁨이 되어 갑니다. 그것이 내면으로 깊어지면 그 만큼 그 종류도 늘어나고 말로 할 수 없는 것이 됩니다. 그 까닭은 지심한 천계의 기쁨 즉 순진무구의 기쁨이 되어 최고의 자유를 통해서 축복과 행복이 됩니다. 왜냐하면 자유는 모두 사랑에서 오는 것인데, 최대의 자유는 천계의 사랑 그 자체인

혼인애로부터 옵니다. 그것에 반대되어서 간음은 지옥을 향해서 증가해 갑니다. 차츰 차츰 아래로 가라앉고 불결과 공포 이외에 아무 것도 없는 곳으로 빠져듭니다. 이것이 바로 이 세상에서 간음자였던 자를 기다리는 사후의 운명입니다. 간음자란 간음의 쾌락은 만끽하지만, 혼인애의 기쁨은 전혀 느끼지도 못하는 사람을 뜻합니다.

제41장
천계에서의 천사들의 직무

387. 천계에서 담당하게 되는 직무(職務·employment)들은 수 없이 많아 일일이 열거할 수 없으며, 그것들을 상세하게 설명한다는 것은 더욱 불가능하지만, 그러나 개략적인 방법으로 그것들에 관해서 설명할 것이 몇가지 있습니다. 왜냐하면, 실제로 직무란 각 사회의 역할에 따라서 무수히 많고, 또 각양각색이기 때문입니다. 개개의 사회는 그 역할의 특성 때문에 그 사회마다 특이한 직무를 수행하고 있습니다. 왜냐하면 각각의 사회들은 그 사회의 선에 따라서 각양하게 구분되기 때문에(41항 참조), 다시 말하면 선용에 의해서 구분된다고 하겠습니다. 천계에서의 선은 모두가 선용인 현행의 선입니다. 주님의 나라가 선용의 나라이기 때문에 누구나 선용을 성취하여야 합니다.*1)

---

*1) 주님의 나라는 선용에 속한 나라이다(454·696·1103·3645·4054·7038항).
  선용의 성취는 주님을 섬기는 것이다(7038항).
  저 세상에서는 모두가 선용을 성취하여야 한다(1103항). 심지어 사악한 사람이나 악마 같은 사람까지도 선용을 성취하여야 하는데, 그같은 방법들(696항).

388. 천계에서도 지상에서와 같이 수많은 업무형태가 있습니다. 왜냐하면 교회 업무가 있고, 시민적인 업무가 있고, 가정 업무가 있기 때문입니다. 교회 업무가 어떤 것인가는 신령예배에 관해서 전술한 내용을 참고하십시오(221-227항 참조). 시민적인 업무에 대해서는 천계의 통치 조직을 말한 내용을 참고하시고(213-220항 참조), 가정 업무에 관해서는 천사들의 주거와 가정(183-190항 참조)을 논한 곳과 천계의 혼인을 설명한 곳(366-386항 참조)을 참고하시면 명백하게 알 수 있으리라 생각합니다. 이상 예거한 것들을 본다면 개개의 천계 사회 안에는 수많은 직무와 업무들이 있음을 알게 됩니다.

389. 천계에 있는 모든 것들은 신령 질서에 의해서 조직이 되어 있어서 어디서나 천사들에 의하여 성취된 업무에 의하여 그 질서가 보존됩니다. 일반적인 선이나 선용에 관계가 있는 것은 높은 지혜의 천사에게 맡겨지고, 개별적인 선용에 관계되는 것들은 낮은 지혜를 가진 천사들에게 맡겨져 질서가 유지됩니다. 즉 그들은, 마치 선용이 신령질서 안에서 서열이 있듯이, 서열이 정해져 있습니다. 이런 이유 때문에, 하나의 위계(位階·dignity)는 선용의 위계에 일치하는 각각의 직무와 관련되어 있습니다. 그럼에도 불구하고 천사들은 그 위계를 자기의 것으로 여기지 않고, 모든 위계를 선용에게 돌립니다. 그 까닭은 선용이란 자기가 성취한 선을 가리키고, 그리고 모든 선은 주님에게서 오는 것이므로, 그 위계를 주님에게 돌리고 있습니다. 그러니까 자기의 명예를 선용보다 우위에 놓고, 선용을 자기를 위한 생각 밑에 놓는 사람은 천계에서 어떤 직무도 맡을 수 없습니다. 그

모두는 그들이 성취한 선용을 가리킨다(4054·6815항). 예증된 것들(7038항).

천사적 축복은 인애에 속한 선으로 이루어진다. 즉 선용의 성취로 이루어진다(454항).

이유는 주님에게 등을 돌리고 자기를 제일로 앞세우고 선용은 이차적으로 여기기 때문입니다. 선용이 주님에 관해서 언급될 때 선용이 뜻하는 것은, 앞에서 설명한 것과 같이, 선용은 선이고, 선은 주님에게서 비롯된다는 것입니다.

390. 그러므로 천계의 서열이 어떤 식으로 되어 있는지를 알게 됩니다. 즉 누구나 선용을 사랑하고 그것을 높이 평가하며 선용에게 영예를 돌리는 것과 같이 또 그 선용을 수행해 가는 사람을 사랑하고 높이 평가하며 그 사람에게 칭찬을 돌립니다. 그리고 사람이 그 선용을 자기에게 돌리지 않고 주님의 은덕으로 돌리면 그럴수록 그 사람은 사랑을 받고 높이 평가되며 영예를 얻게 됩니다. 왜냐하면 이런 사람은 자기가 지혜스러울만큼 그가 성취한 선용을 선에서 성취되기 때문입니다. 영적인 사랑이나 평가 또 그 영예는 그 사람 안에 있는 선용에 속한 사랑이요 평가며 또 영예임이 틀림 없습니다. 동시에, 선용 때문에 그 사람에게 영예를 돌리는 것이지, 그 사람 때문에 선용에게 영예를 돌리는 것은 아닙니다. 영적 진리에 의해서 사람을 보면 그렇게 보입니다. 왜냐하면 그 때 사람은 누구나 높은 위계의 사람이든 낮은 위계의 사람이든 같은 사람으로 보이지만 다만 지혜의 면에서는 다르게 보입니다. 다시 말하면 지혜란 선용을 사랑하는 것입니다. 즉 사회에 속한 동포들을 위한 선, 조국과 교회를 위한 선을 사랑하는 것이 지혜입니다. 주님사랑을 이루는 것도 역시 이것입니다. 왜냐하면 선용에 속한 모든 선은 모두가 주님에게서 비롯되기 때문입니다. 또 이웃사랑도 같습니다. 왜 그런가 하면 이웃이란 동포 사회 국가 그리고 교회 안에서 사랑 받지 않으면 안 될 선임과 동시에 그 안에 있는 사람들에게 사랑받지 않으면 안 될 선이기 때문입니다.*¹⁾

391. 천계의 온 사회가 그 사회가 가지고 있는 선 여하에 따라 나뉘어져 있기 때문에(41항 이하 참조) 그러므로 그것들이 선용 여하에 따라, 즉 선은 행동하는 선이므로, 인애의 선이고, 선용의 선에

따라서 나뉘어진다고 하겠습니다. 어린 아이들을 돌보는 일을 하는 사회, 또는 아이들이 어른으로 성장할 때까지 아이들을 교육하고 지도하는 일을 전문적으로 하는 사회, 이 세상의 교육으로 아주 훌륭한 성품(性稟)을 가지게 된 소년 소녀들이 천계에 오면 그 아이들을 교육하고 지도하는 사회 등 여러 사회들이 있습니다. 그리고 기독교계로부터 온 단순하고 선량한 사람들을 가르쳐서 천계로 가는 길을 준비시키는 사회, 마찬가지로 이방인들을 대상으로 교육과 지도를 담당하는 사회, 최근에 이 세상에서부터 온 신참의 영들을 악령의 만행에서 지켜주는 사회, 또 낮은 땅에 있는 영들을 지켜주는 사회, 지옥에 있는 자와 함께 있으면서 정해진 한도를 넘어서 서로 괴롭히지 못하도록 규제하는 사회, 막 죽음에서 회생한 사람에게 붙어서 일하는 사회 등등 여러 종류의 사회들이 있습니다. 일반적인 말을 한다면 한 사회로부터 사람에게 파견되는 천사는 사람들을 보살피고, 악한 정동이나 일반적인 생각을 멀리하게 하고, 또 사람이 자유

---

*1) 이웃을 사랑하는 것은 그 사람을 사랑하는 것이 아니고, 그 사람 안에 있는 것, 그리고 그 사람을 구성하는 것을 사랑하는 것이다(5025·10336항).

그 사람을 사랑하고, 그 사람 안에 있는 것이나, 그 사람을 구성하는 것을 사랑하지 않는 사람들은 악한 사람이나 선한 사람이나 꼭같이 사랑한다(3820항). 그리고 또한 악한 사람이나 선한 사람에게 꼭같이 선을 행한다. 그럼에도 불구하고 악한 사람에게 선을 행하는 것은 선한 사람에게 악을 행하는 것인데, 이것은 이웃을 사랑하는 것이 아니다(3820·6703·8120항).

악한 사람이 바로잡기(改革) 위해서, 선한 사람에게 오염되지 않고, 또 해를 입지 않기 위해서 악한 사람에게 벌을 주는 판결을 한 재판관은 그의 이웃을 사랑하는 사람이다(3820·8120·8121항).

모든 개인이나 모든 사회 그리고 그들의 국가나 교회, 그리고 높은 뜻으로 주님의 나라도 모두 이웃이다. 그리고 그들의 상태의 질에 따라서 선에 속한 사랑으로 이들에게 선을 행한다는 것은 이웃을 사랑하는 것이다. 즉 이웃은 그들의 선이요, 그것은 언제나 고려되어야 할 사실이다(6818-6824·8123항).

의지 안에서 선한 정동을 받는 정동까지 그들을 선한 정동으로 고무시키고, 또 이런 방법들에 의하여 될 수 있는대로 악념(惡念·evil intention)을 제거해서 사람이 하는 의도나 행동을 통솔하는데 힘씁니다. 천사가 사람에게 붙어 있는 때는 사람의 정동 안에 들어 있는 것과 같아서, 사람이 진리로 말미암는 선 안에 있는 한에는 그 천사가 가까이 있고, 그 선에서 멀리 떠나면 천사는 멀어져 갑니다.*1) 다만 천사가 수행하는 직무는 모든 천사를 통해서 행하시는 주님의 직무입니다. 천사는 자기 스스로가 아니라 주님에 의해서 그 직무를 수행하고 있기 때문입니다. 따라서 성경말씀의 속뜻으로 "천사"라고 하면 천사 자신을 이르는 말이 아니고 주님을 의미합니다. 그래서 성경말씀에서는 천사들을 언급할 때 "신들"(gods)이라고 하고 있습니다.*2)

392. 이상과 같은 직무는 천사들에게 공통되는 직무 분류이지만 또 개개의 천사에게 맡겨진 직무도 있습니다. 왜냐하면 일반적인 선용에도 중간적인 것, 사목(司牧)적인 것, 또는 보조적인 것이라고 할 수 있는 선용들이 있기 때문입니다. 어떤 선용에도 신령질서에 따라

---

*1) 천사들 중에는 어린 아이와, 그 뒤에는 소년들과 계속해서 같이 하는 천사도 있다(2303항).
사람은 사후 천사에 의해 소생한다. 그 경험들(168-189항).
천사들은 지옥에 있는 사람들에게 서로 말할 수 없는 고통을 주는 것을 방비하기 위해서 지옥에 있는 사람에게 파견된다(967항).
사람이 저 세상에 이르자마자 곧 천사들에 의하여 많은 보살핌이 제공된다(2131항).
모든 사람과 같이 하는 영들이나 천사들이 있는데, 주님은 그 영들과 천사들을 통해서 사람을 인도하신다(50·697·2796·2887·2888·5846-5866·5976-5993·6209항).
천사들에게는 악령을 다스리는 통치력이 있다(1755항).
*2) 성경말씀에서 천사는 주님에게서 비롯된 신령한 것을 뜻한다(1925·2821·3039·4085·6280·8192항).
성경말씀에서 천사들은 주님에게서 비롯된 신령진리와 선의 수용그릇이기 때문에 "신들"(gods)이라고 불렀다(4295·4402·8192·8301항).

각각 종횡(縱橫)으로 조직되어 있어서 그것이 전체로서 일반적 선이라고도 일컬어지는 공통된 선용을 완성하고 있습니다.

393. 천계에서 교회의 일을 맡아 하는 사람이라고 한다면 그는 이 세상에서 성경말씀을 사랑하고, 성경말씀 안에 있는 진리를 열심히 탐구하고, 자기 명예나 이득을 위하지 않고 자기와 타인의 선용의 삶에 힘쓴 사람입니다. 그들은 선용을 사랑하고 바라는 열의의 대소에 따라 천계에서 빛을 받는 조요(照耀)의 상태에 있고, 또 지혜에 속한 빛 안에 있습니다. 그들이 천계에서 받는 지혜의 빛은 주님말씀(聖言)에서 비롯되는데, 그것은 이 세상에서처럼 자연적인 말씀이 아니고 영적인 말씀에서 입니다(259항 참조). 거기서도 설교하는 일을 맡은 사람들은 지혜의 면에서도 다른 천사보다 조요됨이 많고 신령질서에 따라서 보다 높은 지위에 있습니다.

〔2〕이 세상에서 자기 자신의 선보다는 조국과 또 일반적 선을 사랑하고, 정의와 공정을 사랑하고 그것을 실천한 사람에게는 시민적인 업무를 담당하는 직무가 맡겨집니다. 그들은 사랑하는 마음의 열정에서 법의 정의를 찾고 그것에 의해 몸에 지닌 이지(理智)의 정도에 따라서 천계에서 그같은 업무를 수행할 능력을 가지게 되는데, 일반적 선을 목적한 그들의 선용에 속한 사랑과 일치하는 그들의 이지에 따른 지위와 계도 안에서 이런 임무를 완수합니다.

〔3〕천계에는 그 밖에도 수로 헤아릴 수 없는 다양한 일과 직무들이 있습니다. 그것에 비한다면 이 세상에서 보는 직무와 일의 가지 수는 별로 많지 않습니다. 단 이와 같이 다종 다양하게 많은 직종으로 나뉘어져 있지만 모두 선용을 사랑하는 마음에서 자기의 직무를 수행하고 일하는 것을 기뻐합니다. 자아애나 이득을 위해서 일하지 않으며, 또 생계를 위해서 일하는 삶도 없습니다. 물론 생활상 필요한 것이 무상으로 주어지고 있기 때문입니다. 모두가 주거를 무상으로 받고 옷도 무상으로 받고 식시기 무상으로 제공되고 있기 때문입니다. 그래서 이제 알게 되는 것인데 선용보다 자기와 세상을 더 사랑

하는 사람의 경우에는, 천계에서의 거주권(居住權)이 없다는 것입니다. 왜냐하면 각자가 가지고 있는 사랑과 정동은 이 세상에서의 생애를 끝마친 뒤에도 그대로 남아 있으며, 영원히 제거될 수 없기 때문입니다(563항 참조).

394. 천계에서는 모두가 대응에 일치하는 직무가 주어집니다. 대응이란 업무 자체와의 대응이 아니라, 그 각각의 직무에 따르는 선용과의 대응입니다(112항 참조). 왜냐하면 거기에는 모든 것들에 속한 대응이 있기 때문입니다(106항 참조). 천계에서는 자기의 선용에 대응하는 직무와 일이 주어지는데, 그 대응은 이 세상에 있었을 때 가졌던 그 사람의 삶에 의해서 되어집니다. 그렇게 말하게 되는 것은 영적인 것과 자연적인 것은 대응에 의해서 하나로 일치하기 때문입니다. 다만 다른 것이 있다면 내면에 있는 영적인 생명은 천계에서 받는 축복을 훨씬 쉽게 받아들일 수 있는 상태의 것이므로 보다 깊고 보다 내면적인 기쁨으로 채워진다는 것입니다.

제42장
천계적 기쁨과 행복

395. 천계가 어떤 곳이며, 천계적 기쁨이 어떤 것인지를 아는 사람은 오늘날 거의 없습니다. 간혹 천계적 기쁨에 대해서 생각해 보는 사람들이 있기는 하지만 워낙 그 개념이 막연하고 조악(粗惡)하기 때문에 확실하게 그 실체를 파악할 수가 없습니다. 나는 이 세상에서부터 저 세상으로 온 영들에게서 천계와 천계적 기쁨이 무엇인지를 충분히 터득할 수 있었습니다. 왜냐하면 그들을 그들대로 방치해 두었더니 그들이 세상이 있을 때 가지고 있던 그대로의 생각으로 돌아갔기 때문입니다. 천계의 기쁨이 어떤 것인지를 모르는 까닭은

그것에 관해서 생각할 때 자연적 사람이 느끼는 외적인 기쁨을 기준으로 해서 그들의 소견을 짜맞추고, 속사람 즉 영적인 사람이 무엇인지를 모르고, 따라서 그 기쁨과 축복이 어떠한 것인지를 모르기 때문입니다. 그래서 영적이며 내적인 기쁨을 지각하는 사람에게서 천계의 기쁨에 관한 이야기를 들어도 이해할 수 없습니다. 왜냐하면 친숙하지 않은 관념에 빠져서, 그러므로 자연적인 사람으로는 받아들일 수 없다는 이유 때문에 아무것도 지각할 수 없기 때문입니다. 그럼에도 불구하고 한 사람이 외면적 자연적인 인간이 되는 것을 멈추면 내면적 영적 인간이 될 수 있다는 것은 누구라도 알 수 있습니다. 그래서 천계의 기쁨이 내적이고 영적인 기쁨이며, 외적이고 자연적인 기쁨이 아닌 것도 알게 될 것입니다. 내적이고 영적이라는 것은 아주 순수하고 세련된 것이며, 영혼과 육체에 속한 사람의 내면을 움직여 가는 것입니다. 이것까지만 생각해도 알 수 있는 것은 사람의 영이 감지하는 기쁨이야말로 그 사람의 기쁨이고, 그와 반대로 육의 기쁨이라고 말하는 쾌락은 천계적 기쁨과는 비교도 할 수 없는 것으로 그가 사후에 몸을 떠난다고 해도 사람－영(人間·靈·a man-spirit)으로 천계에 살기 때문에 그것이 사람의 영 안에 남아 있는 것을 가리킵니다.

396. 기쁨이란 모두 사랑에서 오는 것입니다. 사람은 자기가 사랑하는 것에서 기쁨을 느끼기 때문입니다. 그 밖의 것에서는 사랑을 느끼지 않습니다. 그러니까 사랑의 됨됨이에 따라서 그 사람의 기쁨이 정해집니다. 육체 또는 육신의 기쁨은 모두가 자아애와 세간애에서 오는 것이므로 그런 기쁨 안에는 정욕과 쾌락만이 있습니다. 그와는 반대로 영혼과 영의 기쁨은 모두 주님사랑과 이웃사랑에서 비롯됩니다. 따라서 그런 것들은 모두가 선과 진리에 대한 정동이고, 또한 내면적인 만족들입니다. 이런 기쁨과 같이 하는 사랑은 주님에게서 천계의 내부의 길을 통해서 내려옵니다. 즉 위로부터 인간의 내면적인 것에 영향을 주게 됩니다. 반면에 그들의 기쁨과 같이 하

는 전자의 사랑은 육신과 세상에서 외적인 길을 통해서 흘러듭니다. 즉 아래로부터 와서 인간의 외면적인 것에 영향을 줍니다. 반면에 그들의 기쁨과 같이 하는 전자의 사랑은 육신과 세상에서 외적인 길을 통해서 흘러듭니다. 즉 아래로부터 와서 인간의 외면적인 것에 영향을 줍니다. 그렇기 때문에 신령존재에의 사랑과 이웃에의 사랑이라는 천계의 두 사랑을 받아들이면 그럴수록 그것이 마음에 새겨지고 또 새겨져서 혼 또는 영혼이기도 한 내면적인 것이 열려져서, 이 세상으로부터 눈을 돌려 천계를 우러르게 됩니다. 그와는 반대로 자아애와 세간애라는 두 사랑을 받아들여 그것이 마음에 새겨지면 새겨질수록 육체 또는 육이기도 한 외면적인 것이 열려져서 천계로부터 눈을 돌려 이 세상을 우러르게 됩니다. 사랑이 넘치고 그것을 받아들일 때 천계적 기쁨이 내면적인 것에 흘러들든가, 또는 이 세상의 기쁨이 외면적인 것에 흘러들어 그 나름대로의 기쁨이 넘치게 됩니다. 이 까닭은 전술한 바와 같이 모든 기쁨이 사랑에게서 비롯되기 때문입니다.

397. 천계가 천계인 것은 기쁨이 넘치고 있기 때문입니다. 천계란 그 자체로 보았을 때 축복과 기쁨 이외의 것 말고는 아무 것도 아닙니다. 왜냐하면 그것은 주님 당신의 신령애로부터 발출한 신령선이 널리 개개의 것에 퍼져나가서 각자에게서 일반적으로나, 개별적으로나 천계를 이루고 있기 때문입니다. 신령애란 모든 자가 내면으로부터 완전히 구원을 받아서 행복해지는 것의 소원을 가리킵니다. 그러므로 천계라고 하든 또는 천계적 기쁨이라고 하든 마찬가지입니다.

398. 천계의 기쁨은 말로 할 수도 없고 그 수를 헤아릴 수도 없습니다. 그러나 육신이나 육체의 기쁨밖에 모르는 사람은 그 많은 것 중의 하나도 모르며 또 믿을 수도 없습니다. 왜냐하면 그것은 전술한 바대로 사람의 내면적인 것이 천계로부터 눈을 돌려 그 배후에 있는 세상을 바라보기 때문입니다. 육신의 기쁨이나 육체의 기쁨에만 전적으로 빠져 있는 사람은, 마찬가지로 자아애와 세간애밖에는

없는 경우에는 명예나 이득 즉 육체적이고 감각적인 쾌락 이외에 아무 것도 없습니다. 이것들은 천계에서 오는 내면적인 기쁨을 소멸하고 질식시키는 것들이기 때문에 천계적 기쁨이라고는 그 존재까지도 믿을 수 없습니다. 그래서 명예나 이득과 관계가 없는 기쁨이라는 말만 들어도 화들짝 놀라 버립니다. 그것 뿐 아니라 천계의 기쁨이 이 세상의 기쁨과 달라서 더욱 더욱 증가하여 수도 헤아릴 수 없는 것이 된다는 것이나, 명예나 이득 따위로부터 오는 육체나 육신의 쾌락은 비교도 될 수 없다는 말을 듣게 되면 놀라 자빠집니다. 이 일련의 것은 천계의 기쁨이 무엇인지를 알지 못하는 이유가 무엇인지 명확하게 합니다.

399. 천계에 있는 자는 모두 자기의 기쁨과 축복을 다른 자와 나누어 가지는 것을 기뻐하고 있다는 사실만으로도 천계의 기쁨이 얼마나 큰 것인지를 알 수 있습니다. 천계 안에 있는 모든 사람의 성격이 이러하기 때문에 천계의 즐거움이 얼마나 측량할 수 없는가가 분명합니다. 천국 안에서는 모두는 각 개인과, 또 각 개인은 모두와 나누어 가진다는 것입니다. 이와 같은 나눔은 앞에서 말한 것과 같이(268항 참조), 주님사랑과 이웃사랑인 천계의 두 가지 사랑으로부터 비롯되며, 또 그들의 기쁨을 나누는 것이 이들 사랑의 본질이라는 것입니다. 주님을 사랑한다는 것이 이와 같은 것은 주님사랑은 가지고 있는 모든 것을 모두와 나누어 가지는 사랑이기 때문이요, 또 모두의 행복을 원하기 때문입니다. 이 사랑은 주님을 사랑하는 하나 하나의 천사 안에 깃들어 있는데 그것은 그들 안에 주님이 내재해 계시기 때문입니다. 천사들 사이에는 주님의 내재로부터 자기의 기쁨을 서로 나누는 교류가 생겨집니다. 이웃사랑에 대해서도 같은 내용을 말할 수 있는데, 이것에 대해서는 뒤에 설명하겠습니다. 이상으로 신령존재에게 바치는 사랑과 이웃사랑의 본질이 자기의 기쁨을 나누어 주는 교류라는 것을 확실히 알았으리라 생각합니다. 사아애와 세간애의 경우는 이와는 다릅니다. 자아애는 타자로부터 기

쁨을 빼앗고, 또 기쁨에 속한 것들을 약탈해서 그것을 자기 자신만을 사랑하게 합니다. 왜냐하면 자기에게만 좋은 일이 있기를 원하기 때문입니다. 세간애는 이웃이 가지고 있는 것을 자기의 것으로 만들기를 원합니다. 그러니까 자아애도 세간애도 다른 사람이 가지고 있는 기쁨을 파괴합니다. 가령 무엇인가를 남과 나누려는 성향이 있다면 그것은 자신을 위해서 한 것이고 남을 위한 것은 아닙니다. 그러므로 다른 사람이 가진 기쁨이 자기에게로 돌아오지 않는 한에는 교류를 하지 않고, 오히려 파괴해 버립니다. 자아애와 세간애가 사람을 지배하기 시작하면 이런 식으로 된다는 예를 나는 자주 산 경험으로 지각할 수 있었습니다. 이 세상에서 살았을 적에 자기와 세상을 사랑한 영이 몇 번이고 내게 접근해 왔었는데, 그때마다 내 기쁨이 감퇴했고 사라졌습니다. 내가 들은 것인데, 이러한 영이 천사들의 사회에 접근하게 되면, 그들이 접근해 옴에 따라서 그 사회에 있는 천사들의 기쁨도 점차 감퇴해 간다는 것입니다. 사악한 자는 그 때 자기 나름대로의 기쁨을 만끽하고 있었다는 놀라운 이야기였습니다. 그렇기 때문에 영의 상태에 따라서 사람이 육체로 있었던 그 상태를 알 수 있습니다. 왜냐하면 사람은 육체를 떠난 후에도 종전의 상태가 변하지 않기 때문입니다. 다시 말하면 그런 영은 다른 사람의 기쁨과 선에 대해서 호기심으로 눈빛이 달라지고 그것을 마음껏 즐기기를 열망합니다. 그것들을 가로채면 챌수록 유쾌하게 생각합니다. 이와 같은 것에서 자아애와 세간애가 천계의 기쁨을 파괴한다는 것과, 따라서 나누어 가진다는 것을 본분으로 삼는 천계의 사랑과는 정반대임을 명백하게 알았으리라고 믿습니다.

400. 자아애와 세간애에 탐닉되어 있는 자의 기쁨이 천계의 사회에 근접해 가면 정욕에 속한 쾌락으로 변하고, 천계의 기쁨과 정반대가 되는 대립하는 쾌락이 된다는 것을 주지하시기 바랍니다. 자기 나름대로의 정욕에 속한 쾌락에 몰입하면 천계의 천사들이 만끽하는 천계의 기쁨은 그만큼 소실됩니다. 물론 천계의 기쁨을 소실하지 못

하게 하는 경우도 있습니다. 왜냐하면 그들이 접근하면 할수록 그 영은 자기 편에서 괴로움 때문에 몸부림치며 괴로워하게 되어, 더 이상 접근할 수 없는 경우입니다. 이것도 여러 번 경험을 통해서 알게 된 것인데, 그 중 몇 가지를 소개하고자 합니다.

〔2〕 이 세상에서 저 세상으로 오는 영은 무엇 보다도 천계에 들여지기를 무척 갈망합니다. 대부분의 경우 천계라는 곳이 환영을 받고 들어가게 되어 있는 곳이라고 믿고 천계를 갈망합니다. 그 소원 때문에 가장 외부에 있는 천계의 한 사회에 오르게 되었습니다. 그러나 자아애와 세간애를 가지고 있는 사람은 천계의 제일 관문에 가까워지게 되면 내심 고문을 받고 있는 듯 고통 때문에 몸을 비틀기 시작하고, 자기 안에 천계를 가지는 것이 아니라 지옥을 느끼게 됩니다. 그래서 곤두박질하듯 달려가서 자기 부류들이 있는 지옥에 자기 몸을 던지기까지 일각도 쉴 수 없습니다.

〔3〕 또 천계에서 흔히 있는 일인데, 천계의 기쁨이 어떤 것인가를 알고자 하는 영들이 있었습니다. 그 기쁨이 천사들의 내면에 있다는 말을 듣고서는 천사들과의 교류를 원하였습니다. 그런 일이 허락되었습니다. 왜냐하면 아직 천계에도 지옥에도 갈 심판이 끝나지 않은 영의 경우 본인을 위한 것이라면 들어주어야 하겠기 때문입니다. 그런데 교류가 시작되자마자 그들은 몸을 비틀며 괴로워 발광을 하며 어찌할 바를 모르게 되었습니다. 머리를 양 무릎에 틀어박고는 땅바닥을 기어다니며 내면에서 오는 고통 때문에 뱀처럼 몸을 비비꼬는 것이었습니다. 자아애와 세간애에서 오는 쾌락을 만끽하고 살았던 사람들에게 임한 천계의 기쁨은 모두 그러한 결과를 가져옵니다. 이유는 쌍방의 사랑이 전혀 반대가 되어 있기 때문에, 서로 반대가 되는 관계에서 이런 고통이 유발하기 때문입니다. 천계의 기쁨은 내면의 길을 통해서 들어오고, 대립하고 있는 기쁨에도 침투해 들어가는데 반대의 기쁨 안에 있는 내면적인 것들은 비비꼬고, 뒷걸음질치며, 따라서 스스로 반대 방향으로 도망치는데, 그 결과가 이런 유의 고

통입니다.

〔4〕 상술한 이유들 때문에 이들 두 사랑은 서로 대립되고 있습니다. 주님께 바치는 사랑과 이웃을 향한 사랑은 교류를 통해서 자기의 것을 남들과 나누어 가지려고 하는데, 왜냐하면 이것이 천사들의 기쁨이기 때문입니다. 반면에 자아애와 세간애는 다른 사람들이 가지고 있는 것을 갈취하여 자기의 소유로 삼기를 갈망합니다. 이런 일을 성사시키는 만큼 그들은 자신들의 쾌락을 한껏 만끽합니다. 여기에서도 역시 지옥과 천계가 분리되어 있는 이유를 알 수 있을 것입니다. 왜냐하면 지옥에 있는 자는 모두 이 세상에서 사는 동안 자아애와 세간애로부터 오는 육체의 쾌락만으로 살아왔지만 그러나 천계에 있는 사람은 모두 이 세상에 살고 있는 동안 주님을 사랑하고 이웃을 사랑하는 사랑에게서 오는 영혼과 영의 기쁨 안에서 살았기 때문입니다. 쌍방의 사랑이 서로 대립되어 있는 고로, 그것에 의해서 지옥과 천계가 전적으로 분리되어 있는 것입니다. 그러므로 사실 지옥에 있는 영은 그곳에서 손가락 하나라도 움직이려고 하지 않을 뿐 아니라 정수리(腦天)마저도 들어올리려고 하지 않습니다. 왜냐하면 만약 조금이라도 그렇게 한다면 주리를 트는 것 같은 고통으로 몸부림칠 수밖에 없기 때문입니다. 나는 몇 번이고 이런 일들을 목격한 바 있습니다.

401. 자아애와 세간애 안에 있는 사람은 육체를 쓰고 있을 동안에 그 사랑으로부터 오는 기쁨과 그 사랑을 기틀로 하고 있는 쾌락 하나 하나를 지각하고 즐깁니다. 이와는 반대로 하나님을 향한 사랑과 이웃사랑 안에 있는 사람은 육체로 있을 동안 그 사랑으로부터는 물론이고 그 사랑에서부터 오는 선한 정동으로부터 말로 할 수 없는 기쁨을 거의 지각하지 못하지만, 그러나 거의 지각할 수 없는 정도의 축복만을 지각합니다. 그 이유는 이러한 종류의 기쁨은 사람의 내면적인 것 안에 숨겨져 있고, 또 육신에 속한 외면적인 것에 가리워져 있으며, 거기에다 이 세상 걱정과 근심에 의하여 단조롭고 지

루하게 만들기 때문입니다. 그런데 죽은 후에는 이같은 상태는 완전히 바뀌어집니다. 자아애와 세간애의 쾌락은 이 때에는 고통이 넘치는 불결한 것으로 바뀌는데, 그것은 지옥불이라고 부른 것 따위, 그들의 더러운 향락에 걸맞는 오염된 것들로 변하게 됩니다. 그것도 단번에 변하는 것이 아니라 점차적으로 바뀌어져 갑니다. 그런데 이상한 것은 그 더러운 것들이 그들의 기쁨이 된다는 것입니다. 이와는 반대로 하나님사랑과 이웃사랑 안에 있으며, 이 세상에서는 막연한 기쁨이나 얼마간 느끼고 있던 그 축복감은 비로소 천계적인 기쁨으로 변하고, 그 기쁨은 한없이 느껴지게 되는데, 왜냐하면 이 세상에 있는 동안 내면적인 것 안에 감추어져 있던 축복의 열매가 나타나게 되어서 확실하게 만끽할 수 있게 되기 때문입니다. 이 때 사람은 영 안에 있고 영만이 느끼는 특이한 기쁨을 지각하게 됩니다.

402. 천계의 기쁨은 모두 선용과 관계되어 있으며 선용 안에 내재해 있습니다. 그 까닭은 선용은 천사들이 가지고 있는 사랑과 인애에 속한 선에서 비롯되기 때문입니다. 따라서 선용에 따라 각자들은 각각의 기쁨을 가지게 되며, 그 선용의 정동의 계도 안에 그 기쁨도 있습니다. 천계의 기쁨은 모두가 선용의 기쁨입니다. 이것은 인체의 오관(五官)에 비해 보면 잘 알 수 있습니다. 각각의 감각에는 그 선용에 대응하는 기쁨이 있습니다. 시각의 기쁨·청각의 기쁨·후각의 기쁨 그리고 미각의 기쁨과 촉각의 기쁨이 있습니다. 시각의 기쁨에는 아름다움과 보이는 외관에서 옵니다. 청각의 기쁨은 조화에 있습니다. 후각의 기쁨은 향기에 있습니다. 미각의 기쁨은 소위 맛에 있습니다. 각 기관이 가지고 있는 용도에 따라서 생각해보면 알게 될 일이지만 대응에 관해서 알고 있으면 한층 더 확실하게 이해가 됩니다. 시각에 기쁨이 있는 까닭은 내적 시각인 이해에 미치는 선용 때문입니다. 청각의 기쁨은 듣는 것에 의해서 이해와 의지에 미치고 있는 선용 때문이고, 후각의 기쁨은 두뇌와 폐에 미치는 선용 때문이고, 미각의 기쁨은 위만이 아니라 위로부터 영양분을 취해서 몸

전체에 미치는 선용 때문이고, 혼인의 기쁨은 촉각의 기쁨이고, 또 훨씬 잘 세련된 촉각의 기쁨입니다. 이 촉각의 기쁨은 인류의 번식과 천계의 천사들이 증가해 가게 하기 위한 선용이라는 면에서 보더라도 어떤 기쁨 보다도 우수하고 출중한 기쁨입니다. 이상 열거한 기쁨들은 모두 천계로부터의 입류에 의해서 오며, 각 감각 기관 안에 내재하고 있는 기쁨입니다. 천계에서는 기쁨이 모두 선용에 관계되고, 또 선용에 일치합니다.

403. 이 세상에서 몸에 익힌 소견 때문에 천계의 행복을 남들에게 대접을 받고 무위도식(無爲徒食·idle life)하며 살아가는 것이라고 믿고 있던 영이 있었습니다. 그 영이 행복이 하루 놀고 하루 쉬는 것에서 맛볼 수 없다는 말을 들었습니다. 이 말은 만일 누구나 다 자신의 행복을 원하고, 그 원하는 것이 자기 자신을 위하는 것이 되어야 한다면 행복하게 될 사람은 아무도 있을 수 없다는 것을 뜻합니다. 즉 거기서는 활발하고 기민한 삶이 없을 것이며, 누구나 다 늘어져서 멍청하게 될 것이 아닙니까? 사람에게 활동적인 삶이 없다면 행복은 있을 수 없다는 것을 알아야 합니다. 사람에게 한가한 틈이 있다는 것은 그 사람에게 상쾌하고 가볍게 생활 전선으로 재투입할 수 있게 하는 레크레이션을 위해서입니다. 이와 같은 이유로 천사의 생활은 인애에 속한 선한 일(善行·good work)을 성취하는 것으로 이루어지는데, 그것은 바로 선용의 생활입니다. 그러니까 천사들의 행복은 만사 선용하는데 있고, 선용에서 오는 것이며 또 선용에 일치한다는 것을 천사들은 알게 됩니다. 언제까지나 쉬고 놀고 싶다는 생각을 하며, 무위도식하며 세월을 보내는 것이 천계의 기쁨이라는 소견을 가지고 있는 사람에게, 그같은 관념에 부끄러움을 가지게 하기 위해서 그같은 생활이 어떤 것인지를 깨닫게 할 지각이 주어졌습니다. 그들은 그같은 삶은 슬픔이 넘치고 기쁨이라고는 모두 무산될 뿐 아니라 삶에 지쳐서 몸을 뒤틀게 된다는 것을 알게 되었습니다.

404. 남들보다 자기가 유식하다고 생각했던 영들이 있었습니다.

그들은 천계의 기쁨이 하나님께 찬양을 올리는 것이며, 그렇게 하면 활동적인 생활을 하는 것이 된다고 이 세상에서 믿고 있었다는 말을 하였습니다. 그런 사람들에 대해서 들은 것인데, 하나님을 찬양하는 것이 활동적인 삶을 하는 것이 될 수 없다는 것과 또 하나님은 찬미와 영광 돌림이 필요 없으시다는 것입니다. 오히려 그분의 뜻은 사람이 선용을 완수하고 그 선용을 통해서 인애의 선이라 부르는 선을 행하도록 바라고 계시다는 것입니다. 그런데 그들은 인애의 선 안에 천계의 기쁨이 있다고는 생각하지 않고 오히려 그런 것은 노예들의 상태라고 말했을 때, 천사들은 그들에게 그 기쁨이야말로 내적인 정동에서부터 나온 것이며 말로 할 수 없는 기쁨과 관련되어 있기 때문에 자유 그 자체라고 증언했습니다.

405. 저 세상에 들어오는 사람은 누구나 거의가 지옥이 누구에게나 동일하고 천계도 또한 그렇다고 생각합니다. 그럼에도 불구하고 천계도 지옥도 무한한 변화가 있고, 서로 다른 점이 있어서, 누구라도 다른 사람과 꼭 같은 지옥을 경험하거나 꼭 같은 천계를 경험할 수 없습니다. 그 까닭은 마치 사람이나 영들 그리고 천사들까지도 누구 하나 남과 같은 자가 없고, 얼굴도 다 다르게 생겼다는 점을 보면 알 수 있습니다. 두 사람이 꼭 같이 생겼고 또 동등하다는 내 생각에 천사들은 깜짝 놀라면서 이렇게 말했습니다. 모든 경우에도 하나는 많은 것과 조화와 화합으로 형상 지어져 있고, 그 화합과 일치하는 것에 따라서 각자의 성격이 결정됩니다. 이와 같이 하여 천계의 사회 전체는 하나가 되고, 천계의 각 사회도 전체로서 하나가 됩니다. 이것은 오로지 주님께서 사랑으로 행하시는 것이다라고 하였습니다.[1] 천계의 선용도 그 변화나 다양성의 면에서는 이와 같습

---

[1] 하나의 것은 여러 것으로 이루어졌고, 그것에 의하여 조화와 일치의 성질에 따라서 그것의 형체·질 그리고 완성을 이룬다(457·3241·8003항).

니다. 어떤 천사의 선용이 다른 천사의 선용과 닮았거나 동일한 것은 없습니다. 어떤 천사의 기쁨이 다른 천사의 기쁨과 같은 일도 없습니다. 더구나 각 천사는 각각 선용에서 생기는 기쁨이 수없이 많고 또 무수함에도 다양성이 동반되고 있습니다. 마치 사람의 몸에 사지와 기관 그리고 내장들이 수행하는 역할이 일정한 질서를 가지고 서로를 위해서 일하고, 그 일로 결합되어 있는 것과 같습니다. 그리고 또 각각의 사지와 기관 그리고 내장의 어떤 관(管)이나 섬유질의 역할을 보아도 알 수 있듯이 전체와 그 각각의 개체가 하나로 띠를 형성하고 다른 개체와 전체 안에서 자기들의 선을 보면서, 각각 개체 안에서 전체를, 전체 안에서 개체를 보고 있습니다. 이리하여 전체에서 보든 개개의 것에서 보든 행동은 하나로 하고 있습니다.

406. 최근에 이 세상에서 저 세상으로 옮겨 온 영들과 영생의 상태에 관해서 이야기를 나누었습니다. 그들이 흥미로워한 것은 왕국의 주님이 누구시며, 그분의 통치는 어떤 식으로 행해지며, 그 통치체제는 어떤 것인가라는 것이었습니다. 그것은 마치 어떤 사람이 한 나라에 왔을 때 무엇보다도 누가 그 나라의 왕이며, 그 왕은 어떤 사람이며 또 정치는 어떻게 행해지고 있는가를 알고 싶어하는 것과 흡사합니다. 그런데 그가 찾아온 나라에서 영원히 살려는 뜻이 있다면 그 알고자 하는 바람은 더욱 강력해질 것입니다. 이렇게 해서 그들이 알게 되는 것은 주님께서 천계 뿐 아니라 온 우주를 다스리시

무한한 다양성이 있어서, 결코 어느 것도 다른 것과 꼭같을 수는 없다(7236·9002항).
천계에서 꼭같은 것들(3744·4005·7236·7833·7836·9002항).
그러므로 천계 안에 있는 모든 사회들, 그리고 한 사회 안에 있는 모든 천사들은 서로 서로 다르다. 왜냐하면 그들은 서로 상이한 선과 선용 안에 있기   때문이다(690·3241·3519·3804·3986·4067·4149·4263·7236·7833항).
주님의 신령사랑은 모든 것을 천계적 형체로 배열하며, 그러므로 그것들이 하나의 사람 같이 그것들을 결합한다(457·3986·5598항).

는 주재자(主宰者)시라는 것인데 왜냐하면 천계를 다스리시고 계시는 분이시라면 온 우주도 다스리고 계실 것이기 때문입니다. 그들이 현재 있는 나라는 주님의 것이고, 그 나라의 법률은 영원한 진리입니다. 그 진리의 전체는 무엇보다도 주님을 사랑하고 이웃을 자기 자신처럼 사랑하라는 한 계명 위에 안치되어 있습니다. 현재에 와서 한층 더 그들이 바라는 것이 있다면 천사와 같이 되는 것인데, 그렇게 되기 위해서 가장 필요한 것은 이웃을 자기 이상으로 사랑하지 않으면 안 된다는 것입니다. 그들은 이 말을 듣고 아무런 대답도 하지 못했습니다. 물론 그들이 생전에도 그런 이야기를 들어 왔지만 별로 대수롭게 여기지 않았고, 그 말을 믿지는 물론 않았기 때문입니다. 그들은 오히려 그러한 사랑이 천계에 있고 누구나 이웃을 자신들보다 더 사랑할 수 있는 것을 보고 놀랐습니다. 그리고 더 알게 된 것은 저 세상에서는 모든 선이 무한하게 증대해진다는 것입니다. 육체 안에 있었을 때는 육체 때문에 이웃을 자신과 같이 사랑하는 것 이상에는 나아가지 못한 인생이었습니다. 그런데 육이 제거되고 이제는 사랑이 정화되어서 마침내는 천사가 되어 자신 이상으로 이웃을 사랑할 수 있게 되었다는 것입니다. 그 이유는 천계의 기쁨은 타인에게 선을 행하는 것이며 타인에게 선이 되지 않으면, 즉 자신이 행하는 것이 남을 위한 것이 아니라면 자신에게 선이 된다고 하더라고 기쁘지 않다는 것입니다. 바로 이것이 이웃을 자신 이상으로 사랑한다는 말씀의 내용입니다. 이 세상에도 이런 사랑이 있을 수 있다는 것을 우리는 혼인한 두 사람의 혼인애에서 알 수 있습니다. 그것은 고통에서부터 배우자를 지키기 위해 자신의 죽음을 선택하는 경우가 되겠습니다. 또 자기 자녀들이 굶주림에 시달리는 것 보다 차라리 자기의 배고픔을 참고 견디는 어머니처럼 어버이의 자녀들을 향한 사랑의 경우에서도 볼 수 있습니다. 또 친구를 위해서 목숨을 거는 사람처럼 진실한 우정에서 생겨나는 사랑의 경우도 있습니다. 또 그러한 우정에 경쟁이라도 하듯 의례적으로 남 보라는듯 베푸는 우정까지라도 자기가 호의를 표시하고 싶은 상대라든가, 마음에도 없는 아양을 떨 때까지라도 모두 거기에는 그런 사랑이 있습니다. 마지막으로 사람 본성에서 나온 것도 있습니다. 다른 사람을 섬긴다는 것을 자기를 위해서 하는 것이 아니라 상대방을 위해서 기뻐 섬기는 경우입니다. 실제로 이상과 같은 것은 다른 사람보다 자기를 더 사랑했거나, 육체로 있을 때에 이득만을 쫒은 사람에게는 이해가 되지 않는 내용입니다. 그 중에도 특히 탐욕한 사람은 전혀 알 수 없는 것입니다.

407. 육체를 입고 있었을 때 남들 위에 군림하여 권력을 부렸고 또 저 세상에 와서도 지배욕을 버리지 못하는 자가 있었습니다. 이런 자들에 관해서 천사들은 다음과 같이 말했습니다. "당신들은 지금까지와는 다른 나라에 와 있소. 이 나라는 영원한 나라이며 당신들이 가지고 있던 지배권은 이미 사라졌소. 지금은 누구나 다만 선과 진리 그리고 이 세상에서 살고 있을 때 경험한 주님의 자비로 밖에는 평가될 수 없소. 이 나라에서는 재산이나 군왕의 총애를 받는 정도에 따라서 평가되는 지상의 생활과 닮은 데가 있기는 하오. 그 까닭은 이 나라에서 보는 재산은 선과 진리이고, 군왕으로부터의 총애는 주님의 자비이기 때문이오. 그것은 사람이 이 세상에서의 삶에 따라 주님으로부터 받은 것입니다. 만일 당신이 이 이외의 방식으로 통치되기를 원한다면 타국으로부터의 침입자가 되어 온 것이 되므로 모반자로 몰리게 될 것입니다"라는 말을 들었는데, 그들의 체면은 말이 아니었습니다.

408. 나는 천계의 기쁨이 남보다 위대한 자가 되는 것이라고 믿고 있는 영들과 이야기한 적이 있습니다. 그런데 그들에게 천사들이 말한 것이지만, 천계에서 제일 크다는 사람은 가장 작은 사람을 의미합니다. 여기에서 가장 작은 자라고 하는 것은 자기 힘으로 무엇을 할 수 있다든가, 알고 경험한다든가 또 그것은 원하는 일을 하지 않고 다만 주님에 의해서만 무엇인가를 행하고 알고 경험하기를 원하

는 자를 의미합니다. 이런 의미로 볼 때 가장 작은 자야말로 최대의 행복을 누린다는 것입니다. 즉 최대의 행복을 맛보고 지혜를 구비하고 있기 때문에 가장 위대한 자라고 할 수 있습니다. 즉 주님에 의해서 무엇인가를 행하며, 누구보다도 더 지혜를 가지고 있기 때문입니다. 가장 위대한 자란 가장 행복한 자라는 말입니다. 사람은 가장 행복한 자가 되고자 해서 권력자는 권력을 사용하고, 부자들은 부(富)를 이용해서 그것을 추구하고 있습니다. 그리고는 이 한마디 말을 첨가했습니다. 천계는 또 가장 위대한 자가 되고자 하는 목적으로 가장 작은 자가 되고자 하는 자의 나라도 아닙니다. 만일 그렇다면 결국 가장 위대한 자가 되기를 원하고 갈망하는 것이 되기 때문입니다. 그렇지 않고 오히려 자기보다는 남의 행복을 위해서 봉사하고, 그것도 그 행위에 대한 보응을 위해서 하는 것이 아니라 다만 사랑하기 때문에 행하는 겸손한 봉사의 나라입니다.

409. 천계의 기쁨 그 자체가 본질적으로 어떤 것인지는 서술할 수 없습니다. 왜냐하면 그 기쁨은 천사의 생명 속 깊은 곳에 있는 것으로써 그 하나 하나의 사상과 정동 안에 스며 있고, 그것을 통해서 말하는 언어와 행하는 동작 하나 하나에 나타나기 때문입니다. 그들의 내면적인 것은 기쁨과 축복을 받아들이기 위해서 완전히 열려 있고, 해방되어 있으므로 기쁨은 전체에 충일하고 그것에서 하나 하나의 섬유질에까지 파급되고 있습니다. 그 기쁨의 지각이나 느낌은 말로 표현할 수 없고 다만 말할 수 있는 것은 그 기쁨이 지심한 부분에서 시작되어서 그리로부터 흘러나와 하나 하나의 부분으로 파급되고, 외면에 이르는 데 따라서 더욱 더욱 증가되어 부단히 퍼져 나간다는 것입니다. 천계에 들리어 올라가기까지 이러한 기쁨을 아직 경험하지 못한 선한 영들이 있었는데, 그들도 또한 천사가 가지고 있는 사랑의 영기에 의해서 이러한 기쁨을 느끼게 되는 경우가 있는데 그 때 그들은 정신이 나갈 정도의 감미로운 기쁨에 충만해집니다. 천계의 기쁨이 어떤 것인지를 알기를 원하는 사람들에게 이러한 일

이 가끔 일어납니다.

410. 천계의 기쁨이 어떤 것인가를 알고자 하는 영들이 있었습니다. 그래서 이 영들이 알 수 있을 만큼의 최대한도로 그것을 느낄 수 있도록 허락되었는데, 그래도 그 느낌이 천사들의 기쁨에 도달할 수 없었고 다만 천사들의 기쁨으로서는 겨우 최소의 것이라고나 할 수 있는 것이었습니다. 그 앎은 나눔에 의해서 행해졌는데 천사로서는 으슥 으슥 추울 정도의 보잘 것 없는 미세한 기쁨이었습니다. 그러나 그들에게는 그것이 자기들의 내면에 접촉되었기 때문에 최고의 천계적 기쁨이라고 말하고 있었습니다. 여기서 알 수 있는 것은 천계의 기쁨에도 계도(階度)가 있다는 것입니다. 즉 어떤 천사의 내면적인 것은 다른 천사의 가장 외면적인 것이나 중간부에도 미치지 못한다는 것입니다. 그와 동시에 어떤 자는 자기 내면으로 느낀 경우 자기 나름대로의 기쁨이 있지만 그것이 좀 더 내면의 것이 되어 오면 감당키 어려운 고통이 되는 경우도 있다는 말입니다.

411. 악에 물들지 않는 영들이 있어서, 잠자는듯 무활동의 조용한 상태에 들어갔습니다. 그들의 마음 내면적인 것이 천계로 옮겨졌습니다. 왜냐하면 영들은 그 내면적인 것이 열려지기 전에 천계로 올리워져서 거기서 행복에 관한 가르침을 받기 때문입니다. 나는 그들이 약 한 시간 반 정도 조용한 상태에 있는 것을 보았습니다. 그 뒤 그들은 종전에 있었던 그들의 외적인 것에 되돌려져서, 자기들이 목격한 것을 회상해 보는듯 했습니다. 그들은, 천계에서 천사들과 같이 있었다는 것과 거기에서 놀라운 것을 견문(見聞)하고, 느꼈다고 말하고 있었는데, 모든 것들이 금과 은 그리고 보석으로 광채를 발하고 있었으며, 그 형체도 정교하였을 뿐 아니라 말할 수 없이 다양성을 가지고 있었다는 것과 또 천사들은 그러한 외관에는 기뻐하지 않고 오히려 입으로 표현할 수 없는 신령한 것들과 무한한 지혜를 표징하는 것들에 기쁨을 느끼고 있었다는 것과, 또 그것들이 그들의 기쁨이다는 것을 말하였습니다. 그 밖에도 사람의 말로는 만분의 일

도 나타낼 수 없는 것 즉 물질에서 생겨나는 관념으로는 표현할 수 없는 무수한 것들이 있었다고 하였습니다.

412. 저 세상에 오는 자 중에는 천계의 축복이나 행복에 대해서 아무 것도 모르는 자들이 태반입니다. 왜냐하면 그들은 내면적 기쁨이 무엇인지 모르는 것 뿐 아니라, 오히려 그것을 육체적이고 세상적인 즐거움이나 기쁨으로 지각하려고 하기 때문입니다. 따라서 자기들이 모른다면 그런 것이 존재하지 않는다고 생각하고 있지만, 사실을 말하면 천계의 것에 비하면 육적이고 현세적인 것은 아무 것도 아닙니다. 그러므로 바른 마음을 가지고 있으면서, 천계의 기쁨이 어떠한 것인지를 모르는 경우 그것을 알고, 분명히 깨닫게 하기 위해서 제일 먼저 상상을 초월한 낙원에 데려가집니다. 그들은 거기에서 천계의 낙원에 왔다라고 생각하지만, 아직은 그것이 참된 천계의 행복은 아니라는 것을 배우게 됩니다. 그 곳에서는 그들은 그들의 지심한 곳에 지각될 수 있는 기쁨에 속한 내면적 상태를 분명히 깨달을 수 있는 것이 허락됩니다. 그 후에 마음 속 깊이까지 도달하는 평화의 상태에 옮겨지는데, 그 때 그들은 그것은 전혀 표현할 수도 없고, 상상할 수 없는 것이라고 고백하였습니다. 마침내 그들은 순진무구의 상태에 옮기워지고 종국에는 그들의 지심한 내적 감각에까지 옮기워졌습니다. 거기서 진정한 영적이고 천적인 선이 무엇인지 알게 됩니다.

413. 천계와 그 기쁨의 본질을 배우게 하기 위해서 천계의 기쁨이 주는 즐거움을 지각하도록 주님은 아주 자주, 그리고 오랜 기간 동안 내게 허락해 주셨는데, 나는 생생한 경험에 의해서 잘 알고 있으나 역시 기록할 수는 없습니다. 다만 그 기쁨에 대해서 생각을 같이 할 수 있기 위해서 몇 가지 경험을 이야기하겠습니다.

천계의 기쁨은 헤아릴 수 없는 기쁨과 즐거움의 정동이지만 그 기쁨은 다 합치면 일반적인 것을 나타냅니다. 이 일반적인 깃 인에 있는 즉 일반적인 정동 안에는 지각이 매우 조잡스럽기 때문에 불영명하고, 또 분명하지 않게 지각되는 수많은 정동에 속한 조화(調和)가 있습니다. 또 내가 지각한 것은 셀 수 없는 것들이 정연하게 그 안에 있다는 것입니다. 그것도 글로 표현할 수 없는 것들인데, 각기 자기 성격을 가지고 있으며, 천계의 질서에 의해서 흘러내려 옵니다. 이와 같은 질서는 정동의 개개의 가장 작은 것에까지 내려와서 그것도 지극히 공통된 하나의 것으로 나타나고, 그것을 인식하는 주체의 능력에 따라 지각됩니다. 한마디로 말한다면 각각의 매우 정연한 하나의 형체 안에 정리된 무한한 정동을 내포하고 있는데, 거기에 있는 것들은 모두가 살아 있는 것이고, 또 지심한 곳에서부터 그것들의 모두에게 감동을 주지 않는 것은 아무것도 없습니다. 그 까닭은 천계의 기쁨은 가장 속 깊은 곳에서 오는 것이기 때문입니다. 또 내가 지각한 것은 기쁨과 무아경(無我境)은 심장에서부터 그 내부의 모든 섬유질을 통해 극히 유연하게 넘쳐 나고 있으며, 그것이 또 섬유질이 집결하고 있는 곳에까지 파급되고 있다는 것입니다. 그리고 그것은 내적 감각의 기쁨을 동반하고 있으며 섬유질이 기쁨과 무아경 그 자체인듯 느껴지고 그것에서 지각되는 느낌 모두가 행복감으로 생기를 얻게 합니다. 이러한 즐거움과 비교하면, 육체적 쾌락에 속한 즐거움은 순수하고 가장 온화한 영기(靈氣·aura)에 비교하면 조잡하고, 코 속을 찌르는 말라붙은 코딱지 같다고 하겠습니다. 내가 알려 줄 수 있는 것은, 내가 내 기쁨을 다른 사람에게 건네주려고 하면 할수록 더욱 더 내면적이고, 더욱 충만한 기쁨이 계속해서 그 자리에 흘러들며, 또 내가 이것을 원하면 원할수록 더 많은 기쁨이 흘러든다는 것입니다. 이것은 주님에게서 오는 것이라고 나는 명확하게 알았습니다.

414. 천계에 있는 사람은 인생의 봄철을 향해 부단히 나아갑니다. 몇 천년이고 오래 오래 살면 살수록 그들은 보다 즐겁고 행복한 봄철을 향해 더욱 더 크게 진전하는데, 이런 일은 그들의 사랑과 인애 또는 믿음의 성장과 계도에 일치하는 증대와 더불어 영원히 계속됩

니다. 만년에 이르러 노쇠로 인해서 죽은 여인들이 주님을 믿는 믿음과 이웃을 위한 인애만이 아니라, 한 남편과 행복한 혼인애로 살았다면 여인은 해가 거듭할수록 청춘과 완숙(完熟)한 여인만이 가질 수 있는 꽃다운 모습으로 진전하고, 땅에서 보는 그 어떤 아름다움보다도 더 뛰어난 아름다움을 지닙니다. 선과 인애는 이같은 형체를 이루는 것이고, 따라서 인애에 속한 즐거움과 아름다움은 지극히 작은 얼굴 표정 하나 하나에서 빛을 발하는 원인인, 그리고 그들로 인애 자체가 되게 하는 원인인 그들 자신과 닮은 모습을 드러내 보여줍니다. 이런 것을 본 사람은 놀라움에 압도될 것입니다. 천계에서 생기 있는 것으로 보이는 인애의 형체는 이루기도 하고, 이루어지기도 하는 인애 자체입니다. 마찬가지로 전 천사는 하나의 인애입니다. 말하자면 특히 얼굴이 바로 인애입니다. 이런 사실은 명확하게 보여지며 또 느낄 수 있습니다. 이같은 모습이 보여질 때 그것은 말로 표현할 수 없을 만큼 아름답고 또 그것은 인애로써 마음에 속한 지심한 생명에게 더불어 감동을 줍니다. 한마디 말로 하면 천계에서 나이를 먹는다는 것은 다시 회춘(回春·grow young)한다는 것입니다. 주님사랑과 이웃사랑 안에 산 사람들은 저 세상에서는 이상과 같은 모습과 아름다움을 몸에 지니게 됩니다. 천사는 모두 이런 모습을 하고 있으며, 그것은 무한하게 다양 다종합니다. 또 천계는 이런 천사들로 이루어져 있습니다.

제43장
천계의 광대무변(廣大無邊)

415. 주님의 천계가 광대무변(廣大無邊)하다는 것은 앞에서 설명한 여러 가지 내용들에서 명확하게 알 수 있으리라 믿습니다. 즉 그것은 우선 천계가 인류에게서 말미암는다는 것(311-317항 참조),

그것도 교회 안에 생을 받은 사람만이 아니라 교회 밖에서 출생된 사람들로 이루어진다는 것(318-328항 참조)에 의해서도 알 수 있습니다. 따라서 이 세상이 창조된 시초부터 선한 생활을 한 모든 사람들로 천계는 이루어졌습니다. 지구 전체에 걸쳐서 존재한 인간의 수가 어느 정도인지는 지구상의 국가나 지역과 구역에 대해서 조금이라도 알고 있다면 누구나 납득이 갈 것입니다. 계산을 해보면 알겠지만 매일 이 세상에서 기천의 사람들이 세상을 떠나고 있습니다. 이 수가 일 년이면 기백만 명이라는 수가 될 것입니다. 그것도 지구의 최초 시대로부터 계산한다면, 그 수는 어마어마 할 것입니다. 왜냐하면 우리의 지구가 몇 천년이 지나갔기 때문입니다. 이와 같이 모든 사람은 사후에 영계(靈界·the spiritual world)라고 부르는 저 세상에 가는데, 그것도 줄곧 끊임없이 계속되고 있습니다. 다만 그 중 어느 정도의 사람들이 천계의 천사가 되었는지 또 될 것인지는 명확히 말할 수 없습니다. 다만 내가 할 수 있는 말은 고대에는 비교적 많은 사람이 그렇게 되었다고 하겠습니다. 왜냐하면 그 당시 사람들은 지금보다 훨씬 내면적이고 영적으로 생각하고 있었으며, 그 결과로 천계의 정동 안에 있었기 때문입니다. 그러나 그 뒤 이어지는 세대에는 그 수가 그리 많지 않았습니다. 왜냐하면 사람은 점점 외면적이 되고 생각하는 방식도 자연적이 되었고, 그것이 원인이 되어 영적이 아닌 현세적이고, 세속적인 정동에 몰입되고 말았기 때문입니다. 이상의 것에서만도 우선 알 수 있는 것은 이 지구의 인류에 의해서만 생각해도 천계가 광대하다는 것을 잘 알 수 있습니다.

416. 주님의 천계가 광대하다는 것은 교회의 안팎을 불문하고 출생되자 곧 죽은 영아들이 모두 주님에 의하여 곧 천사가 된다는 것에서도 알 수 있습니다. 그 수가 지상에 생을 받는 인류 전체의 4분의 1로부터 5분의 1에까지 이릅니다. 영아들은, 교회 안에 태어났건 밖에서 태어났건, 또는 신심(信心) 깊은 부모에게서 태어났건, 불신앙의 부모에게서 태어났건 그 출생이 어떠하건 간에 모두 죽어서는

주님에 의해서 영접되어, 천계로 올리워져서, 신령질서에 따라 교육을 받고, 선한 정동이 주입되고, 그 정동을 기틀로 해서 진리의 지식이 고취됩니다. 이렇게 이지와 지혜면에서 완성되면 천계로 들어가서 천사가 되는데 이 사실에 대해서는 앞에서 설명하였습니다(329 –345항 참조). 이상의 것에 의해서도 창조 당초부터 현재까지 이렇게 천사가 된 자의 수가 얼마나 많을 것인지 미루어 알 수 있을 것입니다.

417. 우리들의 태양계의 세계에서 육안으로 보이는 별들이 모두 지구라는 사실을 알면 주님의 천계가 얼마나 광대한지를 알 수 있습니다. 그것만이 아니라 우주에는 수를 헤아릴 수 없을 만큼의 지구들이 있고, 그 곳들에는 모두 주민들이 살고 있다는 것입니다. 이것에 대해서는 《우주 안의 제 지구》(the Earths in the Universe)라는 작은 책자에서 다루었는데, 그 중 다음 것들만이라도 소개하겠습니다.

저 세상에 있는 사람들은 많은 지구들이 있고 거기에는 사람들이 살고 있으며, 거기에서 온 영이나 천사도 있다는 것에 관해서는 모두 알고 있다. 왜냐하면 저 세상에서는 진리를 사랑하고, 그 진리를 실천하는 선용을 갈망하는 사람은 누구나 다른 지구에서 온 영들과 대화하는 것이 허락되고 있기 때문이다. 그것에 의해서 세계가 다종 다양하다는 것이 납득이 가겠고, 인류도 다만 하나의 지구로부터가 아니라 무수한 지구들에서 비롯되었다는 것도 확실히 알 수 있다. 나는 우리들의 지구 출신의 영들과 이 사실에 관해서 여러번 이야기를 나누었는데, 그 내용은 다음과 같다. 총명한 사람이라면 종래 가지고 있던 많은 지식에 의해서, 수많은 지구들이 있고 그 곳에는 사람이 살고 있다는 것을 알고 있다. 왜냐하면 논리적으로도 쉽게 결론을 내릴 수 있는 것인데, 그 크기로는 지구의 몇배가 되는 혹성도 있고, 어떤 것들은 다만 태양 둘레를 빙빙 돌면서 하나의 지구에 빈약한 빛을 보내기 위한 목적으로만 창조된 속이 텅빈 무인(無人)의 돌덩이가 아니라, 그 이상 굉장한 선용을 위해서 만들어졌을 것이라는 것을 알게 될 것이다. 그는, 모든 사람이 믿고 있는 것처럼, 신령존재께서 우주를 만드신 것은 인류가 거기 살고, 거기서 천계로 갈 수 있게 하기 위한 것 이외의 다른 목적이 없다는 것을 믿지 않으면 안 된다. 그 까닭은 인류가 천계의 묘포(苗圃)이기 때문이다. 이렇게 믿으면 지구가 있는 곳에는 어디나 반드시 사람이 살고 있다고 믿지 않을 수 없다. 이 태양계의 테두리 안에 육안으로 보이는 혹성이 모두 지구인 것은 다음의 사실에서 명백하게 된다. 결국 태양의 빛을 반사시키고 있는 이상 이 지구와 같은 물질로 된 물체로 되어 있으며, 천체 망원경으로 바라보아도 붉은 불길을 발하는 별이 아니라 막연하고 다양하게 변화하는 토지처럼 보인다는 것이다. 또 우리들의 지구와 같이 태양 주위를 황도대(黃道帶)를 따라 운행하고, 연수를 찍고, 춘하추동의 계절을 만들어 내고 있다. 또 우리들의 지구와 같이 축을 중심해서 회전하면서 그 결과로 하루가 결정되게 하고, 조주석야(朝晝夕夜)라는 하루의 시간대도 만들고 있다. 어떤 혹성에는 위성이라고 부르는 달이 있고, 우리들의 지구의 달처럼 자기가 속하는 천체를 주기적으로 돌고 있다. 태양에서 가장 멀리 떨어져 있는 토성에는 빛을 내며 반짝이는 대규모의 띠가 있어서 반사광이기는 하지만 많은 빛을 토성을 향해서 던지고 있다. 이상의 사실을 알고 이성으로 생각한다면 이 천계들이 무용의 물체라고 말할 수 있는 사람은 없을 것이다. 나는 또 영들과의 대화에서 우주에는 한 개 이상의 지구가 있다고 믿어도 좋은 것이라고 말했다. 그 까닭은 별들이 반짝이는 창공은 광대무변이고, 거기에는 무수한 별들이 있으며, 그 별 하나 하나가 각각 크나큰 차이는 있지만 자기 위치와 자기 세계에서 우리들의 태양과 닮은 태양이 되고 있기 때문이다. 순리대로 생각해 보면 결국 광대무변한 우주의 총체도 창조의 최종 목적에 이르기 위한 수단일 뿐이라는 결론을 도출할 수 있다. 그리고 그 목적이라는 것은 신령존재께서 천사와 인간이 함께 살 주님의 나라(王國)이다. 왜냐하면 눈에 볼 수 있는 우주는 무수한 별들로 되어 있는 창공이지만 그 별들은 모두 태양이고, 그것도 인간이 살 수 있는 지구가 존재해가기 위한 수단에 지나지 않기 때문이다. 그리고 그 인간에 의해서 천계의 왕국이 되는 것이다. 이런 목적의 수단으로써 광대무변한 우주가 있다고 한다면 그것이 오로지 하나의 지구의 인류만을 위한 것이 아니라는 것은 이성이 있는 사람이라면 무엇인가 생각에 떠올라오는 것이 있을 것이다. 무한한 하나님에게 있어서 주민이 가득 살고 있는 지구가 몇 천 있다고 하더라도 또 몇 만이 있다고 하더라도 그리 대단한 것은 되지는 않는다. 어떤 영들은 지식을 획득하는 것을 오직 자신의 노력의 하나의 목표로 삼고 있었다. 그들의 기쁨은 그것 이외에는 아무것도 없었다. 그들은 이 태양계의 세계밖에 있는 어떤 다른 별에 가서 지식을 터득하는 것을 자신의 노력의 오직 하나의 목표로 삼고 있었다. 그들의 기쁨은 그것 이외에 없었다. 그들은 이 태양계의 세계밖에 있는 어떤 다른 별에 가서 지식을 얻겠다고 해서 이리 저리 돌아다니는 것이 허락되었다. 그들은 사람이 살고 있는 지구는 이 태양계에 있는 지구 뿐 아니라 그 이외에도 무수히 있는 창공의 별 세계에도 있다는 것이었다. 그들은 수성에서 온 영들이었다. 만일 우주에 백만 개의 지구가 있어서 그 각각의 지구에 3억의 인간이 있어서 6,000년에 걸쳐서 200대가 계속되었다고 하자. 그리고 한 명의 사람 즉 한 명의 영이 점유하는 공간이 줄잡아 일 입방 미터($1m^3$)라고 상정하고, 그 전원을 한 장소에 모았다고 한다면, 이 지구상의 공간을 채운다는 것은 물론 말도 되지 않고, 혹성 둘레를 돌고 있는 위성 공간을 채운다는 말도 성립되지 않는다. 전 우주에 비한다면 그 공간이란 거의 눈에도 들어오지 않는 매우 협소한 공간이다. 그렇게 말하지만 위성 따위는 육안으로는 보이지 않는다. 또 예컨대 전 우주가 가득 채워졌다고 하더라도 무한하신 분이신 우주의 창조주에게 있어서는 그것이 하발 무엇이겠는가! 이것에 대해서 천사들과 이야기 한 일이 있는데, 그들은 창조주의 무한하심에 비하여 인류의 수가 적은 것에 대해서 그들도 같은 생각을 품고 있다고 말하였다. 또 다만 우리들은 점유하는 공간에 의해서가 아니라 상태에 의해서 생각하고 있다. 지구의 수를 셀 수 있는 단위를 기반으로 한다고 해도 주님에게 있어서는 전혀 그리 대단한 것이 아니지요라고 말하였다.

우주 안의 제 지구나 그 안에 살고 있는 주민들과 거기서 온 영이나 천사들에 대해서는 나의 소저 《우주 안의 제 지구》(the Earths in the Universe)라는 책을 참조하시기 바랍니다. 이상과 같이 내게 여러 지구들에 있는 것이 보여진 것은 주님의 천계가 광대무변하고, 그것이 모두 인류들로 이루어져 있다는 것과 그와 동시에 내 주님께서 그 어디서든지 천지의 하나님으로 우러러 경배 받고 있다는 것을 알려주기 위함입니다.

418. 재차 주님의 천계가 광대무변하다는 것은 다음의 사실에 의해서도 명백합니다. 즉 천계는 그 전체의 모습으로 볼 때에 한 사람으로 비친다는 것, 그리고 천계는 한 사람의 전체와 각 부분에 대응이 있고, 그 대응은 아직도 충분히 채워져 있지 않다는 것입니다. 대체로 말한다면 각 지체나 기관 그리고 내장과의 대응뿐 아니라 부분적으로 하나 하나를 본다고 해도 그 안에 있는 소규모의 기관이나 내장의 전체나 부분과의 대응도, 또 그 하나 하나의 맥관이나 섬유질과의 대응도 아직은 미완성의 상태입니다. 그 뿐 아니라 천계의 입류를 받아가지고 그것에 의해서 사람의 정신작용을 돕고 내적 활동이 가능하게 하는 실체적 여러 기관들과의 대응도 아직 완성되지 않고 있습니다. 그 이유는 사람의 내면에 있는 것은 어느 것이나 실체로서의 형체가 있기 때문입니다. 즉 주체로서 스스로 존재하는 실체성이 없는 것은 존재하지 않는다는 말입니다. 이상과 같이 모두와 천계와의 사이에 대응이 있다는 것은 천계의 모든 것들이 인간의 전체와의 사이에 대응이 있다는 것을 설명한 곳에서 명백하게 알 수 있으리라 믿습니다(87-102항 참조). 이런 종류의 대응에는 채워진다는 것이 불가능합니다. 왜냐하면 하나의 지체에 대응하는 천사의 사회가 늘게 되면 늘수록 그 만큼 천계가 완성되어 가기 때문입니다. 즉 천계는 모두 수가 늘면 늘수록 완성되어 가는 것이기 때문입니다. 천계에서의 완전성이 수의 증가에 비례되는 이유는 천계에서는 존재하는 모든 것 하나 하나에 목적이 있고, 전 구성원의 눈이 일치해서 그

목적을 향하고 있으며, 그 목적은 공동선(共同善·the common good)이기 때문입니다. 그 공동선이 지배할 때 그 공동선에서 오는 개개의 사람에게 선이 미치고, 개개의 선도 공동을 위한 선이 됩니다. 그것도 천계에서는 주님께서 모든 자를 자신에게 향하게 하여(123항 참조) 그것이 모두 주님에게 있어서 하나가 되게 하시고 계시기 때문입니다. 이러한 기원과 유대가 있을 때 비로소 다수의 마음이 일치, 화합하고 그것을 완성에로 향하게 할 수 있는 것입니다. 이것은 이성이 있는 자라면 지각할 수 있는 내용입니다.

419. 천계에서 천사가 살고 있는 곳과 살고 있지 않는 곳의 넓이를 볼 기회가 있었습니다. 천사가 아직 살고 있지 않는 천계의 경우 그 넓이는 우리들의 지구와 같은 분량의 인구를 가지는 지구를 만개나 더 겹친다고 해도 도저히 차고 넘칠 수 없는 넓이임을 알았습니다. 이것에 대해서도 소저《우주 안의 제 지구》(the Earths in the Universe)를 참조해 주시기 바랍니다(108항 참조).

420. 성경말씀의 어떤 구절을 읽고서 그 문자적인 뜻에 따라서 천계가 광대무변하지 않고 한정된 곳이라는 생각을 하고 있는 사람이 있습니다. 예를 들면 천계에 들어갈 수 있는 자는 가난한 자 뿐이라든가, 선택받은 자 뿐이라든가, 교회 안에 있는 자들 뿐이고 교회 밖에 있는 자는 들어갈 수 없다든가, 주님의 은혜에 의한 자만이 들어간다거나 또는 만원이 되면 문이 닫혀진다든가 또는 그 시기는 아무도 모르게 정해져 있다고 하는 구절들을 그렇게 생각하는 기틀로 삼고 있습니다. 그러나 그런 사람들은 천계가 닫혀지는 일은 없고, 예정된 때도 따로 있지 않으며, 천계에 들어갈 사람의 수가 미리 정해진 것도 아님을 알지 못하고 있습니다. 또 "선택된 자"란 선과 진리의 생명을 가지고 있는 자를 뜻하는 말이고,[1] "가난한 자"란 선과 진리를 인식하지 못하고 있지만 그것을 갈망하고 있는 사람을 말하며, 또 그 바람을 가지고 있는 자를 "목마른

자"라고 부르고 있다는데 생각을 돌리지 못합니다.*²⁾ 성경말씀의 뜻을 알지 못한 채 천계를 한정된 곳으로 생각하기 시작한 근거는 천계가 모두 모여 있는 하나의 장소로밖에는 생각하지 않고 있기 때문입니다. 그러나 실제로는 천계는 수를 헤아릴 수 없이 많은 사회들로 구성되어 있습니다(41-50항 참조). 그들은 또 천계에 영접되는 것은 그들에게 대한 무조건적인 자비에 의한 것이라고 생각하지만, 그러나 주님을 받아들이는 사람은 모두 주님의 자비와 긍휼로 말미암아 천계에 들어가는데 주님을 받아들인다는 것이 사랑과 믿음의 계율인 신령질서의 법칙에 따라서 사는 것을 의미합니다. 여기서 자비라고 하는 것은 이 세상에서 유아시로부터 전 생애를 통하여 영원에 이르기까지 주님에 의해서 인도되는 것을 뜻합니다. 그러므로 그들이 반드시 알아야 할 것은 사람은 모두 각각 천계에 가기 위해서 태어났다는 것과 더구나 이 세상에서 자기 마음 속에 천계를 받아들인 사람만이 천계에서 영접을 받는다는 것입니다. 다만 천계를 받아들이지 않는 사람은 천계에 받아들여지지 않고 문이 닫혀져 버린다는 것을 필히 기억하여야 합니다.

---

*1) 선과 진리에 속한 삶 안에 있는 사람을 "선택된 자"라고 부른다(3755·3900항).
천계에서 선택이나 영접은 그 용어 따위를 이해하는 것 같은 자비에서 비롯되는 것이 아니고, 다만 삶에 일치할 뿐이다(5057·5058항).
방법에 관계 없는 주님의 자비 즉 무조건적 자비는 존재하지 않고, 오히려 오직 방법을 통해서, 즉 주님의 계율을 따라서 산 사람들에게는 주님께서 주님의 자비로 그 세계에 인도하시고, 그 뒤에도 영원히 인도하신다(8700·10659항).

*2) 성경말씀에서 "가난한 사람"(貧者)은 영적으로 가난한 사람을 뜻한다. 즉 진리에 관해서 무지(無知)하지만, 그럼에도 불구하고 가르침 받기를 소원하는 사람을 뜻한다(9209·9253·10227항).
이러한 내용은 배고프고, 목마른 사람에게도 꼭같은 뜻인데, 그것은 선과 진리에 속한 지식을 갈급하고, 또 그것에 의하여 교회와, 천계에 입적하는 것을 가리킨다(4958·10227항).

《천계와 지옥》 해설

　무엇보다도 이 책을 이해하기 위해서는 스베덴보리의 생애와 사상을 이해하는 것이 필요할 것입니다. 그러나 우리는 상세한 그의 약력을 말해서 사족(蛇足)을 붙이는 일을 하지 않기로 했습니다. 그간에 그의 저서들을 번역하고 또 예수교회의 신학시리즈를 내면서 불충분하나마 이 일을 했기 때문에 여기서는 단도직입적으로 본론에 들어가기로 합니다.
　한 마디로 해서 스베덴보리는 당시(18세기)에는 세계가 알아주는 대과학자였습니다. 특히 그는 이론 또는 원리를 정립하는 과학자가 아니라 실용적인 과학도(科學徒)였습니다. 이것이 바로 그의 인애의 삶이라는 자신의 신앙에서 우러나온 결과였을 것입니다. 젊어서 학계와 국가를 위해 많은 업적을 남겼지만 스베덴보리의 이름을 영원히 남게 한 것은 그가 노년에 주님의 부르심을 받고서 투신한 신학 분야 때문입니다.
　우리는 그가 신학 연구로 전향했을 때를 돌아보고자 합니다. 그는 위대한 과학자요 철학자로서 얻었던 명성을 아주 흐리게 한 것이 사실인데 그는 명확하고 단호하게 자기가 신학 연구로 들어오게 된 것이 오로지 주님의 부르심이고 주님의 뜻을 후세에 남기는 일을 위임받았기 때문이라고 했습니다. 《천계와 지옥》을 써 내려간 문체와 사상 전개를 보면 알 수 있는데, 학자답게 이론을 전개하고 과학자답게 경험(실험과도 같음)으로 확인해 갑니다. 그런데 그의 문체는 할아버지가 손자에게 일러주듯 친절하며 자상하지만 결코 시골 서당의 훈장식으로 아는 척 하는 말투가 없습니다. 그는 주님의 부르심을 받고 영안이 열렸었고, 천사와도 이야기했고, 영들과도 이야기를 계속했으며, 과학자답게 영계경험을 지상의 사람들에게 증거함에 있어서는 또 육체로 있으면서 보고 생각하듯 말을 했습니다. 그는 자신이 "나는 영으로 있으면서 영들과 이야기를 하고 또 동시에 자연적 상태에 있으면서 영들의 말과 내가 본 것을 이해했다"고 말하고 있습니다.

스 씨는 주님의 부르심을 받고 영계와 교통을 하면서 제일 먼저 《천계비의》를 썼는데 그 저술 매장 첫 머리와 끝에 영계와의 교류에서 얻은 자기의 깨달음을 부연해서 그것들이 성경연구에 밑바탕이 되고 있습니다. 창세기와 출애굽기의 영적 해석을 마친 후에 그 경험과 이해를 가지고 종합한 것이 우리의 《천계와 지옥》(1758년)을 낳았습니다. 그리고 나서 《신령애와 신령지혜》(1763년)를 집필하였고 그리고 그것을 토대로 해서 《신령 섭리》(1764)를 쓰고 마침내는 그의 대작인 《혼인애》와 《묵시록 계현》을 쓴 다음 《순정기독교》(1771년)로 그의 저술생활이 끝납니다.

스 씨의 《천계와 지옥》의 특징은 제2편의 영들의 세계 즉 천계와 지옥 중간의 세계를 상술한 것입니다. 누가 사람의 사후 생에 대해서 이렇게 상세하고 이론이 정연한 고마운 기록을 남길 수 있겠습니까! 현재 지식학에서 말하고 있는 것을 그는 실제로 대응(對應)이라는 체계를 세워서 그 대응에 의해서 주님의 입류를 받고 지각할 수 있다고 증언했습니다. 《천계와 지옥》을 이해하기 위해서는 대응이 무엇인지를 확실하게 알아야 하고, 대응이 단순한 상징이 아니라 실존하고 있는 영적 실체를 우리에게 밝히 보여 주시는 주님의 고마우신 방법입니다. 따라서 천계의 천적인 사회와 영적인 천계의 사회들 사이에 있는 교류 즉 입류도 대응이고, 영계와 자연계의 존립도 대응으로 이룩되고 있다고 설파합니다. 그리고 사람의 재생(再生·重生)이 선과 악 사이의 평형에 의해 생기는 사람의 자유가 없이는 결코 있을 수 없다고 하며 인간의 자유가 주님의 형상이고 창조 원리임을 증거하고 있습니다.

천계와 지옥 〔상〕

번역위원회 : 이모세·이영근·김영민 목사

1998년 10월 24일 인쇄
1998년 10월 31일 발행
지은이 임마누엘 스베덴보리
옮긴이 번역위원회
펴낸이 이 영 근
펴낸곳 예 수 인
       1994년 12월 28일 등록 제11-101호
       ㉾ 157-014·서울 강서구 화곡4동 488-49
       연락처·예수교회 제일예배당·서울 강서구 화곡4동 488-49
       전화·649-8771·644-2188

대금송금·국민은행 848-21-0070-108(이영근)
     한일은행 143-095057-12-008(이영근)

값 25,000원

◇ 예수인의 책들 ◇

순정기독교(상·하권)
스베덴보리 지음·이모세/이영근 옮김 값 각권 20,000원

최후심판과 말세
스베덴보리 지음·이영근 옮김 값 7,000원

천계비의 ①·아담교회
—창세기 1—5장 영해—
스베덴보리 지음·이영근 옮김 값 9,000원

천계비의 ②·노아교회〔1〕
—창세기 6—8장 영해—
스베덴보리 지음·이영근 옮김 값 9,000원

천계비의 ③·노아교회〔2〕
—창세기 9—11장 영해—
스베덴보리 지음·이영근 옮김 값 9,000원

천계비의 ④·표징적 교회〔1〕
—창세기 12—14장 영해—
스베덴보리 지음·이영근 옮김 값 9,000원

예수인의 생명
이모세 지음 값 7,000원

◇ 도서출판 예 수 인 ◇
강서구 화곡4동 488—49·전화 649—8771/644—2188